Peter Tradowsky Kaspar Hauser

Kaspar Hauser

oder

das Ringen um den Geist

Ein Beitrag zum Verständnis des 19. und 20. Jahrhunderts

Peter Tradowsky

Philosophisch-Anthroposophischer Verlag
Goetheanum Dornach/Schweiz

Den Freunden Kaspar Hausers

Frontispiz S. 2: J. F. C. Kreul, Kaspar Hauser 1830

Einbandgestaltung Beppe Assenza
Erste Auflage 1980
Zweite Auflage 1981
Dritte Auflage 1983

Gesamtherstellung Zobrist & Hof AG, CH-4410 Liestal

ISBN 3-7235-0290-3
(ISBN 3-7235-0355-1)

Inhalt

Vorwort zur dritten Auflage

Dem 150. Todestag Kaspar Hausers (17. Dezember 1983) sei die dritte Auflage dieses Buches gewidmet. Im Zusammenhang mit diesem Gedenktag tritt Kaspar Hauser durch eine Reihe von Veröffentlichungen der verschiedenen Medien wieder stärker ins Bewusstsein einer breiteren Öffentlichkeit. Dabei kann schon beobachtet werden, wie sich Unsicherheit gegenüber der Gesamterscheinung Kaspar Hausers wie auch eine schwer verständliche Ignoranz gegenüber jahrzehntelanger wissenschaftlicher Forschung geltend machen. Als ein schwerwiegendes Symptom ist in diesem Zusammenhang anzusehen, dass die badische Abstammung Kaspar Hausers immer wieder in Zweifel gezogen wird, obwohl jeder Sachkenner nur Hermann Pies beipflichten kann, der 1966 im Vorwort seiner Kaspar-Hauser-Dokumentation geschrieben hat: «Nunmehr glaube ich jedoch, einen so handfesten Indizienbeweis für Hausers badisches Prinzentum erbracht zu haben, wie man ihn wohl kaum schlüssiger für *gelungene* dynastische Verbrechen zu erbringen vermag.» (S. 8.) Man kann den Eindruck gewinnen, dass das Ringen um das Verständnis Kaspar Hausers für das zwanzigste Jahrhundert ebenso schwierig und bedeutungsvoll ist wie für das neunzehnte Jahrhundert. Ihn zu würdigen, zu verstehen, zu erkennen, ist nach wie vor eine geistige Aufgabe, an der sich die Geister scheiden.

Um alles nur Mögliche zu tun, die wahre Gestalt Kaspar Hausers sichtbar zu machen, habe ich mich entschlossen, gemeinsam mit Johannes Mayer, der für den Bildteil verantwortlich zeichnet, Kaspar Hausers Leben in Wort und Bild darzustellen unter dem Titel: «Kaspar Hauser, das Kind von Europa» (Stuttgart 1983). Dieses neue und das vorliegende Werk tragen und ergänzen einander.

Nach dem Druck der zweiten Auflage ist bemerkt worden, dass es sich bei dem Bildnis Kaspar Hausers um einen Ausschnitt von dem berühmten Kaspar Hauser-Bild von Kreul handelt, das durch die unzulängliche Reproduktion doch einen eigenartigen Reiz erhielt. Nunmehr wird das Pastellgemälde von Kreul in farbiger Reproduktion gegeben. Dieses Würzburger Bild gehörte früher Daumer. Es gibt ein zweites Bild von Kreul, das diesem sehr ähnlich ist, das Feuerbach gehörte und sich jetzt in Privatbesitz befindet. Es mag als ein gutes Zeichen gelten, dass nun ein farbiges, lebendigeres Bild Kaspar Hausers zum Vorschein gekommen ist.

Berlin, Pfingsten 1983 — Peter Tradowsky

Vorwort zur zweiten Auflage

(Durch ein bedauerliches Versehen sind die beiden letzten Sätze des Vorworts zur zweiten Auflage ausgefallen. Dieses Versehen wird hier durch den Abdruck des ganzen korrigiert.)

Ziemlich schnell nach Erscheinen der ersten Auflage zum Advent 1980 wird eine zweite notwendig. Man kann den Eindruck gewinnen, dass der Ruf, sich an dem Ringen um die Erkenntnis des Schicksals und der Wesenheit Kaspar Hausers zu beteiligen, gehört und verstanden worden ist. Aus dem Kreis der Leser ist zum Ausdruck gebracht worden, dass das Erscheinen dieses Buches gerade in diesem Zeitpunkt als geistige Notwendigkeit empfunden und erlebt werden konnte.

Oft wird im Anblick der bedrückenden Schicksale Mitteleuropas und der ganzen Menschheit die Frage aufgeworfen, was zur Hilfe getan werden kann. Durch das erkennende Erleben und Erleiden, wie es hier für die Individualität Kaspar Hausers, für das Schicksal Mitteleuropas und für das spirituelle Verhältnis der Erde zu dem Kosmos darzustellen versucht wird, kann sich die Seele aktivieren, worin der erste Schritt zur schicksalwendenden Tat liegt. In dem Osterereignis ist das hier gemeinte irdisch-kosmische Verhältnis zukunftweisend geschaffen worden. In diesem Sinne wird der mittätige Leser gesucht.

Berlin, Ostern 1981 — Peter Tradowsky

Vorwort zur ersten Auflage

Im Laufe der letzten Jahre habe ich in verschiedenen Städten Deutschlands über Kaspar Hauser gesprochen. Der erste Vortrag fand in Berlin im September 1970 unter dem Titel «Kaspar Hauser und der Mythos der Zukunft» innerhalb der Anthroposophischen Gesellschaft statt. Damit war in die Richtung gewiesen, in der ich seither weitergearbeitet habe. Es geht mir darum, Kaspar Hauser nicht nur als eine historische, sondern vor allem als eine geistgegenwärtige Individualität, die mit grossen Zukunftsaufgaben der Menschheit verbunden ist, erlebbar werden zu lassen.

Der von vielen Zuhörern immer wieder geäusserte Wunsch, die Inhalte der verschiedenen Vorträge als Ganzes in schriftlicher Form aufnehmen zu können, hat mich schliesslich dazu veranlasst, dieses Buch zu schreiben. Zudem fühlte ich immer stärker die Verpflichtung gegenüber Kaspar Hauser, die erkannten Zusammenhänge einem grösseren Menschenkreis bekanntzumachen. Die Arbeit trägt die Spuren ihrer Entstehung mehr oder weniger deutlich an sich. Von verschiedenen Ausgangspunkten wurde nach und nach

Zugang zu den wesentlichen Fragen gesucht, um deren Vielschichtigkeit zu erfassen. Daraus ergibt sich die wiederholte Behandlung bestimmter zentraler Probleme in anderen Zusammenhängen und unter anderen Gesichtspunkten.

Diese mehr oder weniger vollständige Darstellung alles bisher Vorgebrachten bietet erstmals die Möglichkeit, in einer Zusammenschau das eine durch das andere zu beleuchten. So kann es zum Beispiel bedeutungsvoll sein, auf das, was in den anderen Kapiteln ausgesprochen wird, durch das letzte ein Licht fallen zu lassen. Ja, man kann sagen, dass gewisse Aussagen, die an anderer Stelle gemacht werden, erst durch das Schlusskapitel tiefer verständlich werden können. So bedingt und trägt sich manches gegenseitig.

In das 1. Kapitel sind die klassischen Zeugnisse von dem ersten Auftreten Kaspar Hausers in Nürnberg in etwas grösserem Umfang aufgenommen. Seine ursprüngliche Erscheinung, wie sie von den verschiedenen Beobachtern erfasst wurde, soll dadurch in ihrer Vielfalt lebendig werden. Diese durch nichts zu ersetzenden Quellen der Kunde von Kaspar Hauser werden auch deswegen hier mit abgedruckt, weil sie leider noch immer viel zu wenig bekannt sind. Jede biographische und historische Darstellung muss von ihnen ausgehen, um auf einem festen Grund zu stehen.

Dies Buch wendet sich gezielt an die Freunde Kaspar Hausers. Es will ein Arbeits- und Studienbuch sein. An vielen Stellen werden Fragen aufgeworfen. Sie sollen weiterführen, sie rufen dazu auf, noch tiefer nach des Rätsels Lösung zu suchen.

Auf eine Auseinandersetzung mit den Gegnern, auf die durch diese Schrift manches Licht fällt, glaube ich hier aus zwei Gründen verzichten zu können. Zum einen sei an das Wort Goethes erinnert: «Eine falsche Lehre lässt sich nicht widerlegen; denn sie beruht ja auf der Überzeugung, dass das Falsche wahr sei. Aber das Gegenteil darf, kann und muss man wiederholt aussprechen[1].» Zum anderen hiesse es das Lebenswerk von Hermann Pies missachten, wollte man sich erneut ausführlich mit den Darstellungen und dem Vorgehen derjenigen auseinandersetzen, die insbesondere im vorigen Jahrhundert aus einer unsachlichen oder gar feindlichen Gesinnung über Kaspar Hauser geschrieben haben. Pies hat deren gegnerisches Vorgehen vielfach als solches enthüllt. Es ist sein historisches Verdienst, demgegenüber die tatsächlichen, ursprünglichen Aussagen und Beobachtungen geprüft und zugänglich gemacht zu haben. Auf neuere Veröffentlichungen ist im *Anhang 2* hingewiesen. Dort findet sich auch ein Beitrag über die offenen Fragen der Kaspar-Hauser-Forschung.

Bei den Lesern wird die Kenntnis und das Verständnis der Anthroposohie Rudolf Steiners in einem gewissen Umfang vorausgesetzt. Ohne die Anthroposophie erscheint es aussichtslos, zu wirklichen Lösungen der vielfältigen Fragen zu kommen, die sich um Kaspar Hauser einstellen. Dies liegt sach- und wesensgemäss darin begründet, dass Kaspar Hauser eine spirituelle Erscheinung besonderer Art ist und dass die Anthroposophie als Geisteswissenschaft in der Lage ist, ein derartiges Phänomen wissenschaftlich verständlich zu machen. Hinzu kommt, dass zwischen Rudolf Steiner und Kaspar Hauser schicksalshafte Beziehungen bestehen. Kaspar Hauser selbst lebt in dem geistigen Strom des Rosenkreuzertums, der zur Anthroposopie hinführt.

Diejenigen Freunde Kaspar Hausers, die bisher noch keinen Zugang zur Anthroposophie gefunden haben, können sich in ihrem Streben nach Lösungen der Rätsel veranlasst fühlen, den hier eingeschlagenen Weg mitzugehen und auf ihm die Anthroposophie kennenzulernen. Der Weg zur Anthroposophie kann auch über Kaspar Hauser gehen.

Jede Beschäftigung mit Kaspar Hauser wird durch die Aussagen Rudolf Steiners neue Ziele und Impulse erhalten können. Daher sind alle bisher bekannten und einige bislang unveröffentlichte Aussagen Rudolf Steiners über Kaspar Hauser – soweit möglich in chronologischer Ordnung – im *Anhang 1* zusammengestellt.

Die etwa dreijährige Arbeit an dem Manuskript konnte ich nur durch die intensive Hilfe von Sigrid Gräfe durchführen und vollenden. Sie hat auch das Manuskript sorgfältig durchgesehen. Für ihre beständige Anteilnahme, für die vielen fördernden und klärenden Gespräche bin ich ihr herzlich dankbar.

Aus gegebener Veranlassung möchte ich am Ende dieses Vorwortes ausdrücklich betonen, dass für den Inhalt dieser Schrift ausschliesslich der Autor die Verantwortung trägt.

Berlin, Ostern 1980 Peter Tradowsky

Einleitung

In diesem Buch wird ein Bild der Geschichte des 19. und 20. Jahrhunderts gezeichnet, das im ganzen und in vielen Einzelheiten weit von dem Gewohnten und Üblichen abweicht. Das erste, wodurch diese Veränderung des geschichtlichen Bildes bewirkt wird, ist die Einsicht, die hier dargelegt und begründet werden soll, dass Kaspar Hauser für die Geschichte des 19. und 20. Jahrhunderts der Punkt ist, in dem alle wesentlichen Linien zusammenlaufen, der aber tragischerweise bisher ausserhalb des Gesichtsfeldes liegengeblieben ist. Diese Situation ist durch die Verhinderung der geschichtlichen Mission Kaspar Hausers geschaffen worden. Die Wirkung dieser Tatsache abzuschwächen, ist eine Absicht dieser Schrift. Insofern hat für sie Erkenntnis zugleich Tatcharakter.

Das zweite, wodurch sich das Bild des 19. und 20. Jahrhunderts tiefgreifend verändert, aber auch erhellt, ist der Versuch, die Erkenntnis des 33-Jahr-Rhythmus der Geschichte – als geistiges Forschungsergebnis Rudolf Steiners – unmittelbar anzuwenden. Diese geschichtliche Wirkensgrösse der nachchristlichen Menschheitsgeschichte ist bisher in Erkenntnis und Praxis noch wenig berücksichtigt worden. Es wird sich aber immer mehr und mehr herausstellen, dass ein wirkliches Verstehen der Geschichte ohne diese neue Kategorie unmöglich ist. Tief eingewurzelt im historischen Bewusstsein – soweit es überhaupt noch vorhanden ist – ist das Denken in linear-kausaler Zeitfolge. Bleibt man bei dieser Denkgewohnheit, dann kann sich der Zusammenhang von Keim und Frucht – der über Generationen gehende Geist-Atem der Geschichte – dem Menschen nicht mitteilen. Es muss die grosse Täuschung überwunden werden, dass man als Mensch die Geschichte ohne die Einbeziehung dieses Geistes verstehen könne. Die Geschichte als eine Folge rein irdischer Bezüge darzustellen ist insofern unsachgemäss, als der geistige Lebensgrund nicht einbezogen wird, in dem sich – jenseits menschlicher Willkür und ausserhalb des alltäglichen Bewusstseins – die Entwicklung der Menschheit im Zusammenhang mit übersinnlichen Welten vollzieht. Diese wirklichen und wirkenden Beziehungen zu erfassen, ist die sachliche Aufgabe, deren Lösung den Geist in der Geschichte offenbar und wirksam macht. Dadurch kann allmählich das geschichtliche Verstehen und Handeln auf eine sichere Grundlage gestellt werden. Solange der tatsächlich in der Geschichte wirkende Geist – wie er im 33-Jahr-Rhythmus lebt – nicht erfasst wird, herrscht nichts anderes als der Ungeist, der verhüllt, worum es eigentlich geht.

Den Geist zu erringen oder zu verlieren, das ist das wahre Thema der Geschichte des 19. und 20. Jahrhunderts. Bei dem Ringen um den Geist geht es real um Sein oder Nichtsein einer menschenwürdigen Existenz.

Meine Arbeit hat geistige Ahnen, ohne die sie nicht denkbar wäre. Im 19. Jahrhundert sind dies Georg Friedrich Daumer, Anselm Ritter von Feuerbach und Heinrich Fuhrmann[2]. Im 20. Jahrhundert sind es Jakob Wassermann, Hermann Pies und Karl Heyer[3]. Der Titel dieses Buches lehnt sich an Wassermanns Untertitel «Caspar Hauser oder die Trägheit des Herzens» bewusst an, denn zu diesem Herzens-Aspekt muss der andere der Erkenntnis treten, der Kaspar Hauser im Mittelpunkt des Ringens um die Verwirklichung des Geistes zeigt.

Es ist mir ein Anliegen, hier zunächst auf Daumers 100. Todestag im Jahre 1975 hinzuweisen, dessen zu gedenken als geistige Verpflichtung empfunden werden kann (* 5. März 1800 in Nürnberg, † 13. Dezember 1875 in Würzburg). Wer zur Persönlichkeit und Geschichte Kaspar Hausers einen Zugang sucht, wird immer auch zu Georg Friedrich Daumer geführt werden. Dies wird insbesondere dann der Fall sein, wenn man bestrebt ist, sich in den lebendigen Strom, der von Kaspar Hauser ausgeht, hineinzustellen und sich mit dem Ringen und Streben derjenigen Persönlichkeiten zu verbinden, die bisher daran gearbeitet haben, das Kaspar-Hauser-Schicksal durch Erkenntnisse zu erhellen.

Daumer ist nicht nur als Lehrer und Freund Kaspar Hausers bedeutungsvoll. Er ist vor allem der unvoreingenommen beobachtende Phänomenologe im Sinne Goethes, der den Mut und die Kraft findet, sich durch die Erscheinungen belehren zu lassen oder sie wenigstens als solche stehen lässt und getreulich aufzeichnet. Noch wichtiger ist, dass er sein ganzes Leben lang ein mutiger, ungebrochener Verteidiger Kaspar Hausers in seiner geschichtlichen Einmaligkeit gewesen ist. Charakteristischerweise schreibt er sein abschliessendes, zusammenfassendes Werk «Kaspar Hauser»[2], das in seiner Bedeutung kaum zu überschätzen ist und das eine bibliophile Rarität geworden ist, um den durch Julius Meyers Buch «Authentische Mitteilungen über Kaspar Hauser»[4] übel Verfolgten und Verleumdeten zu verteidigen und zu schützen. Die Verantwortung, die Daumer gegenüber Kaspar Hauser empfindet, und sein Glaube, in einem höheren Auftrag zu handeln, werden in folgenden Worten aus der Vorrede deutlich:

«Es ist im Sinne eines *letzten Wortes* über diese Angelegenheit, dass ich vorliegende Schrift herausgebe. Ich glaube hiermit Alles gethan zu haben, was mir in diesem Punkte oblag; ich bin ein Greis und meinem Ende, wie es scheint, bereits ganz nahe gerückt; bei meinen physischen Umständen ist es ein Wunder, dass ich noch lebe. Ich glaube indessen noch immer so viel geistige Kräfte zu besitzen, um eine solche Pflicht erfüllen zu können und einem solchen Conflikte gewachsen zu sein; ein alter Kriegsmann, wie ich bin, kann, selbst wenn er sich bereits zur Ruhe begeben, doch wohl gelegentlich wieder einmal zu seinem Schwerte greifen und die Stärke seines Armes versuchen; es wird dem zum Streite *Genöthigten* und *Verbundenen* auch wohl ein höherer Beistand nicht fehlen. Dass mir, wie von jeher, so auch jetzt, die Wahrheit heilig, und dass ich nirgend in dieser Schrift mit Wissen und Willen ein unwahres Wort gesprochen, betheuere ich auf das Feierlichste[5].»

In gewisser Weise muss man Julius Meyer, dem Sohn des berühmt-berüchtigten Lehrers Kaspar Hausers in der Ansbacher Zeit, dankbar sein, dass er Daumer zu seinem Werk nötigte. Daumer selbst übrigens war der Auffassung, dass Meyer sein Werk veröffentlichte, weil er irrtümlicherweise annahm, er, Daumer, sei gestorben. Der Verstorbene war ein Bruder Daumers[6].

Daumer ist eine Persönlichkeit, die im letzten Drittel des 19. Jahrhunderts in der Hoffnung lebt, dass die materialistische Zeit ein Ende findet, die das Herannahen einer neuen geistigen Offenbarung erwartet und spürt. Er ist sich bewusst, dass sich die Menschheitsentwicklung in der damaligen Form in eine Katastrophe hineinbewegt, wenn sie sich in der materialistischen Weise fortsetzt. Wie kaum ein anderer Zeitgenosse ersehnt Daumer den Beginn einer neuen geistigen Offenbarung, wie sie ja dann durch den jungen Rudolf Steiner wenige Jahre später mit dem Beginn des Michael-Zeitalters eingeleitet wird. Man kann es nur so ausdrücken, dass eine Seele wie diejenige Daumers gejubelt hätte, wenn sie hätte erleben können, wie nach der Jahrhundertwende mit dem Beginn des lichten Zeitalters Rudolf Steiner seine Erkenntnisse der geistigen Welt und ihrer Wesen der Menschheit mitteilte. Eine Stelle, die deshalb hier zitiert sei, klingt geradezu prophetisch. In ihr wird auch die Hoffnung auf den als so dringend notwendig empfundenen Umschwung der menschlichen Seelenverfassung deutlich, – eine Hoffnung, die sich in dem weiteren Verlauf nicht so schnell hat bestätigen können, die wohl erst durch langen Geisteskampf zu erfüllen sein wird.

«Ich kann dieses Thema hier nicht erschöpfender behandeln. Man sieht jedoch: es findet eine geistige Gährung statt, von der zur Zeit noch nicht zu sagen ist, was sich aus ihr herausgestalten werde, die aber anzuzeigen scheint, dass eine dem Materialismus keineswegs günstige Wendung der Dinge bevorstehe. Der verschiedenartig gestaltete Spiritualismus oder Spiritismus unserer Tage, dessen Trieb und Sinn im Allgemeinen dieser ist, statt des rohen Stoffes und seiner äusserlichen Notwendigkeiten den Geist und seine Thaten wieder an die Spitze zu stellen, wie ich es von jeher stets gewollt, macht dem Materialismus die geistige und sittliche Weltherrschaft bereits in der Art streitig, dass sich derselbe schon jetzt nicht mehr für den alleinigen Gebieter und Gestalter der Dinge halten und ausgeben kann, und dass er noch weit Schlimmeres von einer künftigen Epoche, zu welcher die Gegenwart den Übergang zu bilden scheint, zu befürchten hat. Die Weltgeschichte ist ein ewig rollendes Rad; die Throne stürzen so gut, wie in der Politik, auch in den Regionen des Glaubens, des Denkens und der Wissenschaft; und Manches prahlt und prangt, als wäre ihm ein unsterbliches Leben gewiss, während die Füsse derer, die es hinaustragen werden, schon vor der Thüre sind[7].»

Im Zusammenhang mit dieser Erwartungshaltung gegenüber der kommenden Spiritualität ist der Ausspruch Rudolf Steiners zu sehen, in dem er Daumer als den «letzten Rosenkreuzer» bezeichnet. In dem Werk selbst tritt dieser Gesichtspunkt unmittelbar nicht hervor. Es fällt aber auf, dass sich Daumer bei allem, was er für Kaspar Hauser tut, auf einen höheren Auftrag bezieht, ja, in seinem Widmungsgedicht lässt Daumer den verstorbenen Kaspar Hauser in ergreifender Weise zu Daumer selbst sprechen. Es ist ein Gespräch zwischen der Seele eines Verstorbenen und der eines Lebenden, das deutlich macht, dass sich Daumer nicht auf die eigene Persönlichkeit, sondern auf einen Impuls bezieht, der sich eben durch einen Verstorbenen aus der geistigen Welt selbst ergibt. Für den, der das wahr- und ernstnehmen kann, hat damit Daumers Werk einen ganz anderen Rang als viele andere Veröffentlichungen in diesem Zusammenhang. Das Widmungsgedicht, das auch die Stimmung angibt, in der hier über Kaspar Hauser versucht wird zu sprechen, lautet:

«Zu Ende geht mein Erdenlauf,
Bald wird die letzte Kraft ermatten;
Da steigt noch einmal vor mir auf,
Du armes Kind, dein blut'ger Schatten.

Dein Geistermund, er haucht mir zu:
‹O Du mein Freund zu allen Zeiten,
Mein Kämpfer und mein Schützer Du
In allen noch so harten Streiten!

Ich war – das ist Dir tief bewusst –
Gräu'lhaft zu handeln nie im Stande;
Der Eine traf mich in die Brust,
Die Andern deckten mich mit Schande.

Du strittest hier, Du strittest dort;
Der Sieg der Unschuld war entschieden;
Und ich in meinem dunklen Port
Schlief wiederum in tiefem Frieden.

Doch nimmer ruht der Hölle List,
Der Hölle Grimm auf dieser Erden;
Auf's Neue nach so langer Frist
Soll ich beschimpft, zertreten werden.

Lass Deine Lieb' und Deinen Mut
Mich auch in diesem Kampf erproben;
Nimm mich auch jetzt in Deine Hut!
Nicht fehlen wird die Kraft von oben.›

Du sprichst es und ich bin zur Hand;
Ich und mein Schwert, wir sind die alten,
Und heilig ist der Treue Band;
Wir werden unser Amt verwalten.»

Einen anderen Auftrag als diesen spirituellen fühlte der berühmte Kriminalist Feuerbach Kaspar Hauser gegenüber. Sein Leben lang suchte er nach dem wirklichen Motiv des Verbrechens an Kaspar Hauser. Trotz seines tiefen Verständnisses für Kaspar Hauser kam er nicht zur Aufklärung des Verbrechens, weil er dessen Motive nicht erkennen konnte. Diese mussten – das war ihm wie keinem anderen klar – äusserst bedeutungsvolle sein. Wenn es ein dynastisches Verbrechen war, warum wurde Kaspar Hauser dann nicht gleich getötet? Auf diese Frage konnte Feuerbach letztlich keine Antwort finden, weil die Gründe dafür auf spirituellem Gebiet liegen. Man darf wohl sagen:

Hätte Feuerbach die anthroposophische Menschenkunde und die Lehre der Reinkarnation gekannt, ein Mann seines Formats hätte sofort das Motiv für dieses okkulte Verbrechen gefunden.

Pfarrer Fuhrmanns kleine Schriften sind zu Unrecht leider sehr unbekannt. Seine gedruckten Reden sind wahre Kleinodien christlicher Gesinnung.

Nach wie vor ist Wassermanns Roman der am leichtesten zu gehende Weg zu Kaspar Hauser. Man muss nur berücksichtigen, dass dieser Roman im besten Sinne «Dichtung und Wahrheit» ist und auf dem Wissensstand vom Anfang dieses Jahrhunderts fusst. Wassermanns Roman geht letztlich auf eine «Vision» zurück, wie er selbst sagt,* also auf einen übersinnlichen Impuls, wie ihn auch Daumer empfindet. Dadurch hat sein Roman eine bleibende Lebenskraft in sich, er enthält eine Fülle von Intuitionen (zum Beispiel die Beziehung Lord Stanhopes zu dem im Hintergrund bleibenden «Grauen»), die das Verständnis der Vorgänge wesentlich vertiefen können.

Durch Wassermanns Roman ist auch Hermann Pies zu seiner Lebensaufgabe gekommen. Er fühlte durch das Lesen dieses Romans die Verpflichtung, die historische Wahrheit herauszufinden. Hermann Pies hat die vielfältigen Fakten in einer lebenslangen, bewundernswerten, der Wahrheit verpflichteten Kleinarbeit herausgestellt und festgehalten. In einer bald 60jährigen Forscherarbeit hat er alle einschlägigen Dokumente geprüft und veröffentlicht. Diese füllen sechs Bände. In einem abschliessenden zusammenfassenden siebenten Werk, das 1966 unter dem Titel «Kaspar Hauser – Eine Dokumentation» erschienen ist, fasst er seine Forschungsergebnisse auf historischem Gebiet zusammen. Diese Arbeit bildet heute die unumgängliche Voraussetzung für jede Beschäftigung mit Kaspar Hauser[8].

Erschütternd und beschämend zugleich ist es, wenn in den Arbeiten von Hermann Pies immer wieder deutlich wird, wie von Persönlichkeiten, die doch nicht müde werden, ihre Verpflichtung gegenüber Wahrheit und Wissenschaft zu betonen, nachweislich gefälscht und gelogen worden ist. Dieses Phänomen, das ja Daumer schon beobachtet hat, dass im Zusammenhang mit Kaspar Hauser auch die einfachsten wissenschaftlichen Ansprüche ungeniert aufgegeben werden, gehört mit zu den im Zusammenhang mit ihm zu betrachtenden Erscheinungen. Was von den Gegnern Kaspar Hausers auf diesem Gebiet geleistet worden ist, kann nur als ein Schandfleck der Wissenschaft bezeichnet werden. So konnte Hermann Pies zum Beispiel nachweisen, dass die «Authentischen Mitteilungen» von Julius Meyer, die er doch mit so grossem Nachdruck als die historische Wahrheit, die auch aktenmässig gesichert sei, hingestellt hat, sinnentstellende Veränderungen, Auslassungen, ja Fälschungen in grosser Zahl enthalten.

Karl Heyer mit seinem Werk «Kaspar Hauser und das Schicksal Mitteleuropas im 19. Jahrhundert» ist es zu verdanken, dass für uns Nachgeborene die Aussagen Rudolf Steiners, die er nicht in Vorträgen gemacht hat, getreu und auf ihre Zuverlässigkeit hin überprüft, überliefert werden. Die wenigen, wichtigsten Angaben über Kaspar Hauser, die für diese Arbeit wie Zielmarken sind, hat ja Rudolf Steiner im Gespräch gegenüber Mitgliedern der Anthroposophischen Gesellschaft gemacht. Darüber hinaus hat Heyer Kaspar Hauser – was unumgänglich ist – in die Betrachtung der neueren Geschichte einbezogen; er hat als erster Kaspar Hauser in grösserem Zusammenhang im Rahmen seiner «Beiträge zur Geschichte des Abendlandes» anthroposophisch erfasst.

1. Vom Opfergang Kaspar Hausers

Das Kind Europas – Zur Biographie und Historie Kaspar Hausers

Wer vom Leben und Schicksal eines Menschen etwas erzählen will, beginnt naturgemäss mit der Geburt, mit dem Blick auf Mutter und Vater, auf Ort und Zeit. Will man aber von dem Findling Kaspar Hauser sprechen, so stösst man als erstes auf die bezeichnende Tatsache, dass Ort und Zeit der Geburt und die Abstammung lange Zeit umstritten oder in Zweifel gezogen waren. Von vornherein entsteht der Eindruck, dass die Geburt dieses Kindes solch ein Ereignis war, dass es Menschen auf den Plan rief, die es verbergen und möglichst unwirksam machen wollten.

Das Verständnis für die Biographie Kaspar Hausers wird durch die Rätselhaftigkeit seiner Geburt wesentlich erschwert. Die erste Aufgabe, die jeder erfüllen muss, der das Leben Kaspar Hausers verstehen will, ist daher die Lösung der Identitätsfrage, weil gerade mit seiner Geburt die Umstände verbunden sind, die Anlass zu dem «allermerkwürdigsten aller merkwürdigen Kriminalprozesse, dergleichen in Jahrtausenden vielleicht noch nicht ein einziges Mal vorgekommen»[9] gegeben haben. Unendlichem Forscherfleiss ist es im Laufe der Zeit gelungen, die Geburtsfrage so zu klären, dass man auf einem sicheren Grund stehen kann.

Es ist nach dem jetzigen Stand der wissenschaftlichen Untersuchung vernunftwidrig, nicht anzuerkennen, dass Kaspar Hauser der am Michaelstage, am 29. September 1812, in Karlsruhe geborene Thronfolger des Zähringischen Hauses ist, Sohn des damals regierenden Grossherzogs Karl und seiner Gemahlin Stephanie de Beauharnais, der Adoptivtochter Napoleons. Es gibt heute keinen Grund mehr, daran zu zweifeln, dass sich die Persönlichkeit, die wir unter dem Namen Kaspar Hauser kennen, so in das Dasein hineingestellt hat, dass sie eben am Michaelstage 1812 geboren wurde. Man kann sehr wohl verstehen, dass den Gegnern Kaspar Hausers bis heute daran liegt, diese bedeutungsvolle Tatsache zu verhüllen oder zu verschleiern, indem sie behaupten, dass es nicht möglich sei, festzustellen, wer Kaspar Hauser gewesen sei und wann er geboren wäre. Zu dem aber, was einen an jedem Michaelsfest bewegen kann, mag auch gehören, dass der Michaelstag eben der Geburtstag Kaspar

Hausers ist und dass diese Tatsache auf eine wesentliche Komponente seines Lebens hinweist.

Hier seien nur kurz die Gründe genannt, die zur Überzeugung davon führen müssen, dass Kaspar Hauser der badische Thronfolger war. Nachdem schon früh im Volke aus unbekannten Quellen diese Aussage als Vermutung aufgetreten war, hat vor allem Feuerbach in seinem berühmten Memoire von 1832, das er an die Tante Kaspar Hausers, die Königin Karoline von Bayern, richtete, als erster begründet diese Auffassung vertreten. Er stützt sich dabei zunächst auf den Gedanken, dass Kaspar Hauser nur ein eheliches, hochgeborenes Kind sein kann. Es ist schlechterdings keine Situation denkbar – Feuerbach untersucht das im einzelnen – dass ein uneheliches oder aus einem niederen Stande kommendes Kind Anlass zu einem so umfangreichen über zwei Jahrzehnte reichenden Verbrechen geben könnte. In der Geburt Kaspar Hausers müssen bereits Umstände liegen, die ein derartig gefährliches, damals mit der Todesstrafe bedrohtes Verbrechen, notwendig erscheinen lassen. Durch die Untersuchung der deutschen Fürstenhäuser in der in Betracht zu ziehenden Zeit kommt Feuerbach zu dem Ergebnis, dass nur im Zähringischen Hause Erscheinungen zu beobachten sind, die den Verdacht eines Verbrechens nahe legen. Es fällt auf, dass Stephanie de Beauharnais fünf Kindern das Leben schenkte, darunter zwei Söhnen, deren Gesundheit von den Ärzten ausdrücklich bestätigt wird, die aber beide im Kindesalter plötzlich versterben: der erste Thronfolger, am 16. Oktober 1812, sein Bruder, der Prinz Alexander, als einjähriges Kind 1817. Drei weitere Thronanwärter versterben unter mehr oder weniger merkwürdigen Umständen, worauf auch Hermann Pies hinweist, so dass sich die auffällige Tatsache ergibt, dass, obwohl fünf Thronberechtigte vorhanden gewesen sind, die reguläre Zähringische Linie im Mannesstamm ausstirbt. Auf diese Weise wird der Sohn der Reichsgräfin von Hochberg, Leopold, 1830, also noch zu Lebzeiten Kaspar Hausers, der badische Grossherzog. Es gehört eine ausgeprägte Naivität dazu, hier noch an einen Zufall zu glauben. Ausserdem kann Feuerbach darauf hinweisen, dass Daten, die in den Briefen, die Kaspar Hauser bei seinem Erscheinen bei sich trug, stehen, zu den Lebensdaten seines wohl auch ermordeten Bruders Alexander passen. Er ist mit Recht der Auffassung, dass hier nach über 10 Jahren gewisse Verwechslungen zwischen den beiden Söhnen der Stephanie de Beauharnais stattgefunden haben. Gewiss, die Überlegungen, die Feuerbach angestellt hat, auch wenn sie von einem sehr scharfen kriminalistischen

Denken getragen sind, können zunächst nur einen – allerdings sehr hohen – Grad von Wahrscheinlichkeit in dieser Sache herbeiführen.

Im Jahre 1875 sollte die Diskussion um das badische Prinzentum Kaspar Hausers dadurch beendet werden, dass die Dokumente der Geburt, der Krankheit und des Todes des Erbprinzen von 1812 veröffentlicht wurden. Diese Angelegenheit hat sich im folgenden zu einer Kuriosität entwickelt. Der damalige Hohenzollernkaiser, Wilhelm I., veranlasste selbst die Veröffentlichung dieser Dokumente. Es charakterisiert die Kritiklosigkeit des Kaisers und seiner Umgebung, dass sie die wirkliche Bedeutung dieser Dokumente gar nicht erkannten. Aus diesen ergibt sich nämlich keineswegs eine Harmlosigkeit oder unanfechtbare Korrektheit der Vorgänge, vielmehr wird deutlich, dass eine wirkliche Identifizierung des verstorbenen Erbprinzen durch die Mutter oder die Säugamme gar nicht stattgefunden hat. Weiterhin ist auffallend, dass es sich offenbar um eine verworrene, von niemandem wirklich im Augenblick bewusst durchdrungene Situation bei der Krankheit und dem Tod des Erbprinzen handelte. Auch die Sektion ist offenbar nicht mit der notwendigen Sorgfalt durchgeführt worden. Vor allem aber ist zu bemerken, dass dem am 29. September geborenen Erbprinzen ausdrücklich die beste Gesundheit bescheinigt wird, was so weit geht, dass in den folgenden Tagen die Veröffentlichung weiterer ärztlicher Bulletins aufgegeben wird, weil der Gesundheitszustand des Kindes dazu keinerlei Veranlassung mehr bietet. Die Erscheinungen, die an dem verstorbenen Kind beobachtet werden und zu seinem Tode geführt haben, lassen sich mit diesem Befund schlechterdings nicht vereinbaren. Es ergibt sich aus diesen Dokumenten, dass von einer zweifelsfreien Identifikation des verstorbenen Kindes keine Rede sein kann. Ausserdem heben diese Dokumente den Verdacht nicht auf, dass der Erbprinz gegen ein sterbendes Kind vertauscht worden ist[10].

Es musste nun natürlich die Frage auftreten, wer das Austauschkind gewesen ist und in welchem Zusammenhang es mit den an den Verbrechen Interessierten, also insbesondere der Reichsgräfin von Hochberg, gestanden hat. Tatsächlich ist es dem Kaspar Hauser-Forscher Fritz Klee 1929 gelungen, diesen Zusammenhang herzustellen und zu klären, wer das Austauschkind gewesen ist. Unter den Bediensteten der Reichsgräfin von Hochberg war eine Familie Blochmann, der am 26. September 1812 ein Knabe mit Namen Johann Ernst Jakob Blochmann geboren wurde. Dieses Kind war offenbar, wie auch andere in der Familie Blochmann geborene Kinder, nicht lebensfähig. Die Befunde, die an dem am 16. Oktober 1812 verstorbenen Kind konstatiert worden sind, passen zu diesem Bild sehr gut. Klee stellte sich nun die Aufgabe, die Lebensdaten dieses am 26. September 1812 geborenen Johann Ernst Jakob Blochmann aufzufinden. Dabei stiess er auf wirklich erstaunliche Tatbestände. Zunächst bemerkte er, dass nicht wie bei den anderen neun Kindern der Familie Blochmann neben dem Taufvermerk der Todesvermerk eingetragen ist, dagegen fand er im Protestantischen Sterberegister von 1833 eine Eintragung, die besagt, dass am 27. November 1833 in München ein Kaspar Ernst Blochmann als Soldat verstorben sei. Es fällt natürlich sofort auf, dass hier dem Blochmann-Sohn fälschlicherweise der Vorname Kaspar beigelegt wird. Noch auffallender wird diese Beobachtung dadurch, dass Klee im Sterberegister der Protestantischen Stadtpfarrei München feststellen konnte, dass dort am 27. November 1833 ein Ernst Blochmann verstorben ist. Eine entsprechende Eintragung ist auch im Bestattungsbuch der Friedhofsverwaltung vorhanden. Der zweite Vorname Kaspar erscheint also nur im Karlsruher Sterberegister. Da die Vermutung nahe lag, dass diese Eintragungen auf falschen Angaben beruhen, kam es für Klee darauf an, nachzuprüfen, ob ein Soldat Blochmann im bayerischen Heer tatsächlich gedient hat. Erstaunlicherweise liess sich aufgrund der erhaltenen Listen der Soldaten nachweisen, dass es zu dieser Zeit im bayerischen Heer einen Soldaten Blochmann nicht gegeben hat. Damit glaubte Klee wohl mit Recht, den Beweis dafür erbracht zu haben, dass es im Jahre 1833 den im Hintergrund des Verbrechens Stehenden darauf ankam, das Austauschkind von 1812 aktenmässig sterben zu lassen. Dadurch wird der Abgrund sichtbar, der sich in dieser ganzen Angelegenheit auftut, und die Raffinesse, mit der hier vorgegangen worden ist; denn es handelt sich doch um nichts anderes als um den Versuch, ein perfektes Verbrechen zu begehen. Wenn das Blochmann-Kind von 1812 tatsächlich 1833 in München verstorben war, dann konnte es selbstverständlich gar nicht das Austauschkind gewesen sein. Die Ermordung Kaspar Hausers im Dezember 1833 wurde offenbar im Herbst 1833 geplant und sorgfältig vorbereitet. Dazu gehörte auch perfiderweise, das Austauschkind 17 Tage vor dem geplanten Anschlag aktenmässig sterben zu lassen.

Kriminalistische Überlegung und historische Forschung führen also gemeinsam zu dem klaren Ergebnis, dass Kaspar Hauser der am Michaelstag 1812 geborene badische Thronfolger gewesen ist. Könnte man vielleicht bei sehr grosser Skepsis einen der angeführten Gründe für nicht tragfähig halten, so ist im Zusammenhang der dargestellten Fakten eine andere Möglichkeit undenkbar. Zu den immer noch wirkenden Verdunkelungen gehört es, dass die Tatsache des badischen Prinzentums in den einschlägigen Lexika und auch in vielen anderen Büchern immer noch in Zweifel gezogen wird.

In diesem Zusammenhang sei noch ein kurzer Blick auf den Prinzen Max von Baden geworfen. Er stammte aus der Hochbergischen Linie des Hauses Zähringen, also aus der Linie, die durch die Beseitigung Kaspar Hausers auf den Thron gekommen ist. Als letzter Reichskanzler der deutschen Monarchie hatte er am 9. November 1918 die Aufgabe, Wilhelm II. als deutschen Kaiser zur Abdankung zu veranlassen. Von Prinz Max von Baden ist der Ausspruch überliefert, dass er nach seiner Thronbesteigung, die dann nicht erfolgte, die sterblichen Reste Kaspar Hausers nach Pforzheim in die badische Fürstengruft überführen wollte[11]. Aus dieser Bemerkung des Prinzen Max von Baden geht ja hervor, dass er – wie übrigens viele andere deutsche Adlige – der Überzeugung war, dass Kaspar Hauser der rechtmässige badische Thronerbe gewesen ist.

Wenn nun vom Lebensgang Kaspar Hausers die Rede sein wird, so soll es sich hier nur um eine biographische Skizze handeln. Kaspar Hauser wird nach seiner Entführung weggebracht, offenbar sorgfältig gepflegt, sogar geimpft. Er wächst zunächst abgeschieden, aber wie ein normales Kind auf. Man wartet auch ab, bis sich das Kind aufrichten kann und es gehen gelernt hat. Man lässt sich das Kind erst einmal in seiner Inkarnation befestigen. Auch das Sprechen und Denken hat man in kindlicher Form sich entwickeln lassen. Entscheidend für diejenigen, die das Verbrechen an Kaspar Hauser begingen, muss von vornherein der Augenblick gewesen sein, in dem sich in dem Kinde die ersten bleibenden Erinnerungen bilden konnten. Das Grossangelegte des Vorgehens wird deutlich, wenn man bedenkt, dass sie in dem Augenblick der Erinnerungsbildung seine Behandlung grundsätzlich verändert haben. Zu einem Zeitpunkt, der also zwischen dem zweiten und dritten Lebensjahr gelegen haben muss, wird Kaspar Hauser in ein Verliess gesperrt, in einen Käfig, in dem er die nächsten 12 bis 13 Jahre gesessen hat. Dieser Käfig war nach seinen eigenen Aussagen so beschaffen, dass er im Dämmerlicht beziehungsweise im Dunkeln sitzen musste. Er hat nie den Himmel, die Sonne, den Mond, die Sterne erblickt. In diesem ganzen Zeitraum hat er auch nie einen Menschen zu sehen bekommen. Das Essen, Wasser und Brot, wurde ihm hereingestellt, die pflegerischen Verrichtungen wurden an ihm in einer Betäubung vollzogen. Als Spielzeug hatte er nur zwei Holzpferde. Der Käfig war so konstruiert, dass er sich in ihm nicht aufrichten konnte. Das Aufrichten und das Gehen, wie auch das Sprechen und Denken werden wieder zurückgedrängt. So lebte er in einem dämmernden Bewusstsein dahin, das es ihm zum Beispiel auch unmöglich machte, die Dauer seiner Haft zeitlich zu bestimmen.

Dann wird er – es muss im Frühjahr 1828 gewesen sein, er war damals also 15 Jahre alt – im wahrsten Sinne des Wortes auf die Füsse gestellt. Man bringt ihm etwa 40 Worte im Dialekt bei, ausserdem wird ihm von dem Mann, bei dem er immer gewesen ist – wie er sich ausdrückt – beigebracht «Kaspar Hauser» zu schreiben. Dann wird er in die Welt hinausgestossen. Am 26. Mai 1828, an einem Pfingstmontag, erscheint er am Nachmittag in Nürnberg. Er kann kaum laufen, er hat Schmerzen an den Füssen und in den Hüften. Die ersten Menschen, denen er begegnet, zwei Schuster, schildern als Augenzeugen, dass er die Strasse heruntergewackelt kam und einen Brief in der Hand trug. Der Versuch, ein Gespräch mit ihm zu beginnen, schlägt fehl. Der Brief weist ihn zum Rittmeister von Wessenig. Da dieser nicht zu Hause ist, soll er im Stall auf ihn warten. Das ihm angebotene Bier und Fleisch weist er unter Ekel zurück, nimmt aber gern Wasser und Brot an und schläft dann ein.

Der entscheidende Augenblick, in dem der Plan seiner Peiniger – ihn in der Welt als Stallbursche oder Pferdeknecht verschwinden zu lassen – fehlschlägt, kommt, als der Rittmeister von Wessenig abends zu Hause erscheint. Kaspar Hauser wird mit einiger Mühe geweckt. Als er die glitzernde Uniform des Rittmeisters erblickt, ist er von diesem Sinneseindruck so fasziniert, dass er ihn in kindisch-kindlicher Weise betastet und betatscht. Verständlicherweise fühlt sich der Rittmeister von diesem Verhalten des jungen Burschen, der ihm ja nicht als ein Kind erscheinen kann, zurückgestossen. Da er weder aus dem Brief noch aus den Reden des jungen Menschen klug werden kann, lässt er den jungen Burschen kurzerhand zur Polizei abführen. Der Weg zur Polizei war für seinen Zustand, wie Feuerbach so treffend sagt, «ein Marterweg[12].» Aber auch die Polizisten wissen mit ihm nichts anzufangen. Ohne Sinn und Zusammenhang wiederholt er immer die wenigen ihm angelernten Worte. Er greift in das Licht einer Kerze, verbrennt sich und weint. Schliesslich schreibt er auf einen vorgelegten Zettel seinen Namen, den er fortan in der Welt trug, den Namen «Kaspar Hauser». Dann wird er unter Schmerzen und Qualen, weil er nicht laufen kann, in das Gefängnis abgeführt, wo er zu einem Metzgergesellen in die Zelle gesteckt wird, der ihn aushorchen soll. Er sinkt aber auf den Strohsack und fällt in tiefen Schlaf.

Als eine gütige Fügung des Schicksals muss man es ansehen, dass Kaspar Hauser am ersten Tage seines Erscheinens in der Welt in die Obhut des Gefangenenwärters Hiltel auf der Nürnberger Burg kommt. Hiltel ist ein einfacher

Mann, ein Herzensmensch, der in der Beobachtung und Beurteilung von Menschen eine erstaunliche Erfahrung hat. Im Umgang mit Spitzbuben aller Art hat er sich sein seelisches Wahrnehmungsvermögen rein erhalten und geschärft. Als erster nimmt Hiltel in dem unscheinbaren jungen Mann, der sich in keiner Weise verständlich äussern kann, das reine, unschuldige, kindhafte Seelenwesen wahr. Es handelt sich dabei um eine Wesensberührung, um ein unmittelbares menschliches Erleben einer Wirklichkeit, die mit Kaspar Hauser verbunden ist. Dies Ereignis des unmittelbar menschlichen Betroffenseins vollzieht sich bezeichnenderweise an einem Menschen aus dem Volk, dessen Herz dafür aufgeschlossen ist. Den Eindruck dieses Ereignisses hat sich Hiltel sein ganzes Leben bewahrt. Sicher, entschieden, unbeirrbar blieb er zeitlebens ein aufrechter Zeuge für Kaspar Hauser. Nichts konnte ihn irre machen, selbst Stanhope gelang es später nicht, ihm eine ungünstige Aussage zu entlocken. Daumer hat ein Gespräch mit Hiltel aufgezeichnet, aus dem der aussergewöhnliche Eindruck, den Kaspar Hauser auf ihn gemacht hatte, ebenso sichtbar wird wie die innere Selbständigkeit diesem Ereignis gegenüber. Die denkwürdigen Worte lauten: «Hauser, so versichert Hiltel weiter, sei anfangs ein pures Kind gewesen, ja noch weniger als ein Kind. Eine solche Erscheinung aber betrüglich darzustellen gehe über menschliche Kräfte. Seine Unschuld sei ihm so gewiss, dass er sie würde bezeugen müssen, wenn Gott selber das Gegenteil behaupte. Als der Mann so sprach, ward er vor Eifer ganz rot im Gesicht[13].»

Die menschliche Beziehung Hiltels zu Kaspar Hauser leuchtet auch durch eine Bemerkung im Gerichtsprotokoll von 1834 durch. Hiltel äussert, Kaspar Hauser habe ihm «durch seine Gutmütigkeit und Gelehrigkeit so sehr gefallen, dass ich ihn gar nicht aus meinem Hause gelassen hätte, wenn ich nicht selbst mit 8 Kindern versehen gewesen wäre[14].» Kann das Gefühl der Wahlverwandtschaft bescheidener ausgedrückt werden?

Hiltel war sich nicht nur sicher, dass es sich bei Kaspar Hauser um keinen Betrüger handeln konnte, er ist auch der erste Zeuge für die einmalige Kindhaftigkeit Kaspar Hausers, für den Zustand, in dem er sich bei seinem Erscheinen befand. «Sein ganzes Benehmen war sozusagen ein reiner Spiegel kindlicher Unschuld; er hatte nichts Falsches an sich; wie es ihm ums Herz war, so sprach er sich aus, soweit es nämlich seine dürftige Sprache zuliess. Einen sicheren Beleg seiner Unschuld und Unwissenheit gab er auch bei Gelegenheit, als ich und meine Frau ihn das erstemal entkleideten und seinen Körper reinigten; sein Benehmen hierbei war das eines Kindes, ganz natürlich und ungeniert[15].» So gewiss das Schicksalsglück ist, dass Kaspar Hauser zuerst diesem Menschen begegnete, so unbegreiflich muss es dem unvoreingenommenen geschichtlichen Beobachter erscheinen, dass trotz dieses eindeutigen, aufrechten, in jeder Hinsicht seriösen Zeugen Kaspar Hauser später als Betrüger hingestellt werden konnte. Viele Bücher sind darüber geschrieben worden, die doch wahrhaft nichts bedeuten, wenn ein Mann wie Hiltel ernstgenommen wird.

Am 28. Mai 1828 wird Kaspar Hauser dann dem Nürnberger Stadtgerichtsarzt Dr. Preu vorgeführt, der klären soll, ob es sich um einen Kranken oder einen Betrüger handelt. So tritt Kaspar Hauser zum erstenmal einem kritischen, wissenschaftlich geschulten Beobachter entgegen. Dr. Preu ist ein wacher, unbefangener Phänomenologe, von Berufs wegen zunächst recht skeptisch. Die Beobachtungen, die er an Kaspar Hauser zu konstatieren hat, führen ihn sofort zu der Erkenntnis, dass es sich bei Kaspar Hauser um einen noch nie beobachteten, einzigartigen Sonderfall handelt. In seinem Gutachten kommt Preu zusammenfassend zu dem Ergebnis: «Dieser Mensch ist weder verrückt noch blödsinnig, aber offenbar auf die heilloseste Weise von aller menschlichen und gesellschaftlichen Bildung gewaltsam entfernt worden[16].» Preu stützt sein ärztliches Gutachten durchaus auf objektive Befunde. Ein wesentlicher, das Kniekehlenphänomen, sei hier erwähnt. Preu beschreibt es folgendermassen: «Beide Knie zeigen eine eigentümliche Bildung. Die Gelenkköpfe der Ober- und Unterschenkel treten stark nach hinten zurück und sinken dagegen vorn samt der Kniescheibe beträchtlich hinein; daher liegen, wenn Hauser sich auf die platte Erde setzt, die Füsse in der Kniekehlengegend so scharf auf, dass auch nicht ein Blättchen Papier durchgeschoben werden kann, während bei andern Menschen man füglich eine geballte Faust durchbringt.

Mit dieser Sonderbarkeit ist sogleich eine andere in Verbindung zu bringen, welche sich an Hauser in der oben angegebenen Stellung bemerken lässt. Er hält nämlich dabei seinen Rücken ganz gerade aufrecht, die Hände frei in die Luft hinausstreckend; dagegen jeder andere Mensch in dieser Lage seines Körpers und seiner Hände den Rücken zu krümmen gezwungen ist[17].» Diese Beobachtung ist deshalb besonders wichtig, weil sie die späteren Aussagen Kaspar Hausers über seine Gefangenhaltung untermauert. Ausserdem kann auf diese Weise der Zeitpunkt seiner Einkerkerung in dem oben beschriebenen Käfig, in dem er nur sitzen konnte, nochmals bestimmt werden. Es ist klar, dass nur an einem kleineren Kind, dessen Knochen noch biegsam sind, durch ein langjähriges Sitzen eine solche Missbildung hervorgerufen werden kann. Es ist für die Kaspar-Hauser-Angelegenheit bezeichnend, dass sich meines Wissens nie ein Gegner mit diesem Phänomen auseinandergesetzt hat. In seinem Körper, an seinen Knochen trug er die verfestigten Spuren seiner Gefangenschaft an sich, und dennoch schenkte ihm mancher keinen Glauben.

Alle medizinischen Beobachtungen hat Preu in einem späteren ausführlichen Gutachten (vom 3. Dezember 1830) nochmals zusammengefasst. Er kommt zu der allgemeinen Schlussfolge, «dass Kaspar Hauser wirklich, von seiner frühesten Kindheit an, aus der menschlichen Gesellschaft entfernt und an einem Orte, zu welchem das Tageslicht nicht zu dringen vermochte, verborgen aufgezogen worden und in diesem Zustande bis an jenen Zeitpunkt hin verblieben ist, wo er mit einem Mal, wie aus den Wolken gefallen, unter uns erschien. Und somit wäre anatomisch-physiologisch erwiesen, dass Kaspar Hauser nicht als ein Betrüger zu uns gekommen ist[18].»* Das Gutachten von Preu wird durch das noch ausführlichere von Dr. Osterhausen gestützt und durch weitere Einzelheiten ergänzt. Dr. Osterhausen hatte im Juni 1828 in Vertretung des erkrankten Dr. Preu die ärztliche Untersuchung und Betreuung Kaspar Hausers übernommen. Auch Osterhausen kommt zusammenfassend zu dem klaren Ergebnis: «Kaspar Hauser ist demnach kein Betrüger[19].» So hat es das Schicksal selbst gefügt, dass Kaspar Hauser von zwei wissenschaftlich geschulten Beobachtern unabhängig voneinander in seiner einmaligen Erscheinung beschrieben und erkannt wurde, noch bevor irgendeine Behauptung sich an diesen Fall geknüpft hatte. Dieser Umstand wird in der Regel übersehen, wenn in diesem Zusammenhang polemisiert wird.

Zuerst wurde das Wesen Kaspar Hausers von dem Herzen eines Menschen (Hiltel) wahrgenommen, dann wurde seine Erscheinung mit den wissenschaftlichen Mitteln seiner Zeit erfasst und erkennend gewürdigt.

Aufgrund des Gutachtens von Preu (vom 1. Juni 1828) übernimmt nun der damalige Nürnberger Bürgermeister Binder als Polizeichef selbst die Vernehmung Kaspar Hausers, da die Polizei – verständlicherweise – nichts sinnvoll Weiterführendes aus Kaspar Hauser herausbringen konnte. In Binder begegnet Kaspar Hauser nun zwar einem ersten hochgestellten Vertreter des öffentlichen Lebens, aber viel mehr als der Bürgermeister und Polizeivorstand beschäftigte sich der Mensch Binder mit der einzigartigen Erscheinung, die im Verhör vor ihm stand. Seine tiefe Ergriffenheit, die ihn manche Regel polizeilichen Vorgehens vergessen liess, veranlasste ihn am 7. Juli 1828 zu der «Bekanntmachung» der «merkwürdigsten aller merkwürdigen Bekanntmachungen»[20], wie es mit einem gewissen Recht heisst. Denn diese Bekanntmachung war – schon wegen ihrer ungewöhnlichen Länge – ziemlich ungeeignet, die polizeiliche Aufklärung des Falles zu fördern, und trug Binder daher – nicht ganz zu Unrecht – eine Rüge der vorgesetzten Behörde ein. Die ganze Bekanntmachung ist aber ein beredtes Zeugnis für die tiefste Anteilnahme, die Binder für Kaspar Hauser empfand, und die er – auch als Bürgermeister – in keiner Weise verbergen wollte. Es ging ihm nicht um den Verstand, sondern um das Herz, das besonders in folgenden Zeilen aus unmittelbarem Erleben spricht: «Sein reiner, offener schuldloser Blick dagegen, die breite hohe Stirn, die höchste Unschuld der Natur, die keinen Geschlechtsunterschied kennt, nicht einmal ahnet, und erst jetzt die Menschen nur nach den Kleidern zu unterscheiden gelernt hat, seine unbeschreibliche Sanftmuth, seine alle seine Umgebungen anziehende Herzlichkeit und Gutmüthigkeit, in der er anfangs immer nur mit Thränen und jetzt, nach eingetretenem Gefühl der Freiheit, mit Innigkeit selbst seines Unterdrückers gedenkt, die zuerst in heisser Sehnsucht nach seiner Heimath, seinem Kerker und seinem Kerkermeister bestandene, dann aber in wehmütige Erinnerung übergegangene und erst jetzt durch liebevolle Behandlung allmählich verschwindende Anhänglichkeit an das Vergangene, die eben so aufrichtige als rührende Ergebenheit an alle diejenigen, welche häufig mit ihm umgehen und ihm Gutes erweisen, sein Vertrauen aber auch gegen alle andere Menschen, seine Schonung des kleinsten Insects, seine Abneigung gegen alles, was einem Menschen oder Thier nur den leisesten Schmerz verursachen könnte, seine unbedingte Folgsamkeit und Willfährigkeit zu allem Guten, eben so sehr als seine Freiheit von jeder Unart und Untugend, verbunden gleichwohl mit der Ahnung dessen, was böse ist – und endlich seine ganz ausserordentliche Lernbegierde, durch die er mit Hülfe eines eben so schnell fassenden als treuen Gedächtnisses seinen Wörter-Vorrath, der anfangs kaum in 50 Wörtern bestand, bereichert und bereits Vorstellungen und Begriffe von vielen Gegenständen – deren er ausser denen, welche in seinem Kerker waren, keine kannte – und jetzt auch von Zeit und Raum erlangt hat, seine ganz besondere Vorliebe für die ihm früher ganz unbekannt gewesene Musik und das Zeichnen, seine Neigung und Geschicklichkeit beide zu erlernen, und seine ganz ungemeine Ordnungsliebe und Reinlichkeit – so überhaupt sein ganzes kindliches Wesen und sein reines unbeflecktes Innere – diese wichtigen Erscheinungen zusammen geben in demselben Masse, in welchem sie seine Angaben über seine widerrechtliche Gefangenhaltung unterstützen und bekräftigen, die volle Überzeugung, dass die Natur ihn mit den herrlichsten Anlagen des Geistes, Gemüths und Herzens reich ausgestattet hat[21].»

Die Schicksalhaftigkeit der Begegnung deutet Binder an, wenn er als Bürgermeister erklärt: «Die Gemeinde, die ihn in ihrem Schoss aufgenommen, liebt ihn und betrachtet ihn als ein ihr von der Vorsehung zugeführtes Pfand der Liebe[21].»

Die Bindersche Bekanntmachung erregte in Deutschland und bald in weiten Teilen Europas das grösste Aufsehen. Durch die ausführliche Darstellung aller damals bekannten Umstände wurde das Schicksal Kaspar Hausers tatsächlich weiten Kreisen sogleich bekanntgemacht. Dies geschichtliche Verdienst hat die impulsive Bekanntmachung Binders gerade wegen ihrer polizeilichen Unklugheit. Die Bekanntmachung Binders löste im Umkreis das Echo aus, das dem Herzensruf dieses Menschen entsprach: Das Kind Europas! Aus der ersten Berührung und Erschütterung ist Bürgermeister Binder sein ganzes Leben Kaspar Hauser verbunden geblieben. Von seiner ersten, für Kaspar Hauser so bedeutungsvollen Tat spannt sich der Bogen zu der Todesanzeige im «Nürnberger Korrespondenten» vom 19. Dezember 1833, die mit den Worten beginnt: «Kaspar Hauser, mein geliebter Kurand, ist nicht mehr[22].»

Schon wenige Tage nach seinem Erscheinen in Nürnberg besucht Daumer Kaspar Hauser auf dem Luginsland. Was Daumer bei dieser ersten Begegnung erlebt hat, hat er nicht aufgezeichnet. Der 28jährige Daumer findet in dem 12 Jahre jüngeren Kaspar seine Lebensaufgabe, seinen Schicksalsauftrag. Ohne zu zögern ergreift er mit sicherem Schicksalsgespür sofort tatkräftig die ihm gestellte Aufgabe, deren Erfüllung ihn unsterblich machen sollte. Er begibt sich fortan täglich zu Kaspar, um ihm etwas beizubringen, und war über die unfassbare Lernfähigkeit seines Zöglings in höchstem Masse erstaunt. Am 18. Juli 1828 wird Kaspar Hauser auf Veranlassung des Bürgermeisters Binder Daumer zur Pflege und Erziehung übergeben. Er nimmt ihn in sein Haus auf, in dem er mit seiner Mutter und Schwester wohnte. Kaspar hatte zum erstenmal eine Heimstatt gefunden, physisch und geistig-seelisch. Daumer selbst berichtet über diese erste Zeit:

«Ich wurde mit Kaspar Hauser ungefähr drei Wochen vor seinem (am 18. Juli 1828 erfolgten) Eintritt in mein Haus bekannt, also Ende Juni 1828, da ich ihn in dem Turme, in welchem er sich damals befand, besuchte. Ich fand mehr, als ich erwartet hatte, nahm persönlichen Anteil an dem jungen Menschen, und besuchte ihn seitdem täglich in der Absicht, zu seiner Entwicklung etwas beizutragen. Der Andrang der Neugierigen, die ihn in Anspruch nahmen, erlaubte mir oft kaum eine halbe Stunde mit ihm allein zu sein, gleichwohl lernte er in drei Wochen notdürftig Lesen, Zählen, Zahlenreihen aussprechen, addieren und subtrahieren, machte Fortschritte im Schönschreiben und erlernte ein einfaches Musikstückchen auf dem Klaviere. Das Lesen lehrte ich ihn vermittelst grosser, auf einzelne Blättchen zum Behuf des Zusammensetzens für Kinder gedruckter Buchstaben; im Schönschreiben übte er sich selbst nach Mustern, die ich ihm gebracht. Aber schon in der dritten Woche musste ich fast ganz aufhören, ihn zu unterrichten, weil nicht lange nach dem Anfang des Unterrichts Schweiss auf Hausers Stirn trat und Kopfschmerz sich einstellte. Die Zuckungen, die er fast bei jeder Erregung im Gesicht bekam, wurden stärker; endlich zu eben der Zeit, da er mir zur Verpflegung übergeben wurde, erkrankte er so völlig, dass er sich kaum mehr aufrecht erhalten konnte. Schon am zweiten Tag nach seinem Eintritt in mein Haus hoben sich zwar die Obstruktionen, an denen er litt, aber seine Verdauungsorgane zeigten sich seitdem fortwährend geschwächt, und sein Nervensystem war in der grössten Zerrüttung. Die konvulsivischen Bewegungen waren von erschrekkender Art; jedes laute Wort, jeder Griff auf dem Klaviere tat seinem Ohre, ein paar Worte, die er las oder schrieb, alles Weisse und Helle, auf welches er hinblickte, seinem Auge weh; er zitterte mit der Hand, wenn sie einen Gegenstand hielt, wie ein Greis; alles Nachdenken vermehrte seine Krankhaftigkeit, von der er sich erst seit ungefähr 8 Tagen zu erholen anfängt. Bei diesem Zustand mussten alle geistigeren Beschäftigungen, die er bis dahin getrieben, Lesen, Schreiben, Rechnen, Zeichnen, Klavierspielen usw. unterbleiben, und ich setzte einen Teil der Belehrungen nur in der Form gelegentlicher Unterhaltung fort. Ich beschäftigte ihn übrigens mit Papp-, Tischler- und Gartenarbeiten, soweit er ihnen gewachsen war, und mit einigen Spielen, liess ihn soviel als möglich sich im Freien bewegen, und zuweilen ein laues Bad nehmen (auch dies letztere zeigte sich wohltätig). Der Versuch, leichte Übungen auf dem Gymnasiumsturnplatze mit ihm anzustellen, war nicht von befriedigendem Erfolge, vortrefflich aber bekommt ihm das Reiten, in welchem ihn Herr Stallmeister von Rumpler in meinem Beisein unterrichtet. Die konvulsivischen Bewegungen, das Zittern und die Folgen der Überreizung überhaupt fangen an zu verschwinden.

Er geniesst ausser schwarzem Brot und Wasser, was früher sein einziger Genuss war, eine mit Mehl gekochte Wassersuppe mit grossem Appetit, auch ungewürzte Schokolade, weisses Brot und Milchspeisen fangen an, ihm zu behagen, und er empfindet hiervon bei seiner immer noch geschwächten Verdauungskraft, welche schwarzes Brot nicht mehr so leicht als früher verarbeitet, grosse Erleichterung. Sein Aussehen verbessert sich auffallend, und er wächst mit ungewöhnlicher Schnelligkeit; er ist in den letzten 4 Wochen fast um 2 Zoll grösser geworden.

Zur Bezeichnung seiner physischen Beschaffenheit überhaupt bemerke ich folgendes: Er ist, solange ich ihn kenne, hauptsächlich aber gegenwärtig, von gutem Aussehen und gesunder Gesichtsfarbe, aber sein Körper ist in Hinsicht auf Leistungen und äussere Einflüsse von kaum glaublicher Empfindlichkeit, Schwäche und Reizbarkeit. Eine gelinde Berührung mit der Hand macht die Wirkung eines Schlages auf ihn; wenn er einige Zeit lang gegen den Wind geht, wird er heiser; vom kleinsten Spaziergang wurde er früher bis zum Hinsinken müde, seit kurzem jedoch kann er stundenlang gehen, ohne sich gänzlich erschöpft zu fühlen. Er stand und ging früher mit eingekehrten Füssen und war in beständiger Gefahr, das Gleichgewicht zu verlieren; er konnte nicht den kleinsten Sprung machen, ohne umzufallen; jetzt ist sein Gang wenig mehr von dem anderer Menschen unterschieden. Seine Hände und Fusssohlen waren früher so weich, schwielenlos und verwundbar, dass man deutlich die Ungewohnheit des Gehens und Arbeitens ersehen konnte.

Ich fand, als er mir übergeben worden war, an seinen Füssen noch bedeutende Spuren der vielen durch das ungewohnte Gehen erhaltenen Blasen und wunden Stellen. Bei Erregungen der Sinne, bei Kraftanstrengungen, Aufmerksamkeit und Nachdenken ist das Gesicht, vorzüglich der Mund nach der linken Seite zu und der linke Arm konvulsivisch bewegt. Von Fleischspeisen bekommt er fieberhafte Zufälle, Pflanzensäure macht empfindlichen Reiz, das Süsse ist ihm widerlich, alles Gewürzhafte und Geistige bringt Erscheinungen schreckhafter Art hervor. Alle seine Sinne sind von ungeheurer Schärfe und Feinheit. Er riecht zum Beispiel Dinge, die für gewöhnliche Organe ganz geruchlos sind, in beträchtlicher Entfernung, schmeckt einen Tropfen Fleischbrühe, der unter seine Wassersuppe gekommen, und unterscheidet in einer Entfernung von etwa 100 Schritten die einzelnen Beeren der Trauben eines Holunderbaumes, in mehr als der Hälfte dieser Entfernung erkennt er den Unterschied einer Holunderbeere von einer Schwarzbeere. Sein an die Finsternis gewöhntes Auge sieht in einer Dunkelheit, in welcher ein gewöhnliches Auge weder Farbe noch Umriss erkennt, noch ziemlich gut. Er unterscheidet in einer für andere gänzlichen Finsternis noch Dunkelbraun und Dunkelrot, Dunkelgrün und Schwarz und dergleichen und braucht in der Nacht kein Licht, um sich im Hause überall zurecht zu finden und mit Sicherheit umherzugehen; ja, er sieht in der Dämmerung besser als bei hellem Tage, da ihn das Tageslicht blendet.

Am merkwürdigsten sind die bei ihm vorkommenden Erscheinungen, die in das Gebiet des animalischen Magnetismus und des Hellsehens hinüber streifen. In der Nacht, in welcher sich seine Krankheit brach, hatte er einen Traum, in welchem sich der Übergang zur Genesung in einem freundlichen Bilde darstellte. Wenn von hinten sich jemand auch ungesehen und ungehört ihm nähert, so weiss er es vermöge einer ganz eigentümlichen Empfindung, welche ihm die Nähe lebendiger Wesen erregt. Wenn man die Hand gegen ihn richtet, so fühlt er eine Strömung von ihr ausgehen, die er mit dem Ausdruck ‹Anblasen› belegt; beim Anfassen mit einer Hand befällt ihn mit wenigen Ausnahmen (bei alternden Personen) ein kalter Schauder. Die meiste Empfänglichkeit für solche Eindrücke zeigt er (aus unbekannten Gründen) in Beziehung auf mich. Er empfindet es, rückwärts gekehrt, wenn ich in einer Entfernung von 125 Schritten die Hand gegen ihn ausstrecke. Eine ähnliche Empfindlichkeit äussert er gegen Metalle; er fühlt und unterscheidet durch die Stärke des Zuges Metalle, die man, ohne dass er es gesehen oder weiss, unter Papier verborgen hat. Diese Erscheinungen vermindern sich jedoch, sowie er jetzt kräftiger und gesunder wird.

Zur Schilderung seiner geistigen Eigentümlichkeit, wie sie sich bis jetzt gezeigt hat, mögen folgende Züge dienen: Er ist von der grössten Gutmütigkeit und Weichherzigkeit. Allen Menschen aber misstraut er mehr oder weniger, was eine begreifliche Folge seiner bisherigen Erfahrungen ist. Sein Urteil ist scharf und treffend, seine Beobachtung ausserordentlich fein. Autoritäten gelten nichts bei ihm; er vertraut nur eigener Anschauung, Erfahrung und Einsicht. Sein Verstand erkennt in seinen Anforderungen keine Grenzen an und will absolut befriedigt sein; sein moralisches Gefühl äussert sich rigoristisch; in Hinsicht der äusseren Ordnung und Reinheit ist er pedantisch. Seine Beharrlichkeit in Dingen, zu denen er sich selbst bestimmt hat, geht oft in Eigensinn über. Als seine hervorstechendsten Talente zeigen sich die technischen und künstlerischen. In Hinsicht seines mündlichen Ausdruckes ist er soweit, dass man sich mit ihm über alles, was in dem nun verhältnismässig schon sehr weiten Kreise seiner Vorstellung und seiner Fassungskraft liegt, ohne grosse Schwierigkeiten verständigen kann.

Die zwei grössten Veränderungen, die mit seiner Sinnesweise und Ansicht der Dinge vorgingen, waren nach seiner eigenen Angabe folgende: Die erste trat ein, als ich ihm ein Buchstabenkästchen zum Lesen gebracht und angefangen hatte, ihn die Buchstaben kennen zu lehren. Von der Zeit an, sagte er, sei es mit dem Spielen ausgewesen, die Spielpferde, bis dahin seine grösste Freude, wurden zurückgestellt, und er war von nun an nur aufs Lernen bedacht. Die zweite grosse Veränderung brachte die Wahrnehmung des Keimens und Wachsens in ihm hervor. Er glaubte nämlich früher, dass Bäume, Blätter, Blumen, Früchte von Menschenhand gemacht und geformt wären, und da ich mich bemühte, ihm eine Vorstellung vom Wachstum der Vegetabilien zu geben, verhielt er sich ganz ungläubig dagegen. Ich liess ihn daher (August 1828) einige Samenkörner von verschiedenster Art in Blumentöpfe stecken und verkündigte ihm, was geschehen würde. Er wolle mir alles glauben, sagte er, wenn sich das bestätigte. Als nun die Körner wirklich aufgingen, geriet er in nicht zu beschreibende Freude und Verwunderung und sieht seit dieser Zeit die Natur mit ganz anderen Augen an[23].»

Zu denen, die Kaspar Hauser in der ersten Nürnberger Zeit kennengelernt haben, gehört auch Anselm Ritter von Feuerbach, der Präsident des Appellationsgerichtes in Ansbach, der Strafrechtslehrer und Kriminalist. Er nimmt sich seiner mit der ganzen Kraft seiner feurigen Persönlichkeit an und wird zu einem Darsteller der Unschuld Kaspar Hausers und zu einem Sucher, den das Rätsel um die Herkunft und das Schicksal Kaspar Hausers nicht mehr loslässt. Im Jahre 1832 löst er im Grunde das Rätsel der Herkunft Kaspar Hausers. Weitere Untersuchungen Feuerbachs werden durch seine Krankheit im Jahre 1832 und seinen plötzlichen Tod am 29. Mai 1833 unmöglich gemacht. Daumer war der Auffassung, dass Feuerbach nicht eines natürlichen Todes gestorben ist[24].

Der Bericht Feuerbachs über seinen ersten Besuch bei Kaspar Hauser gehört zu den klassischen Zeugnissen: «Schon war Kaspar Hauser weit über einen Monat zu Nürnberg, als ich unter den neuesten Neuigkeiten von diesem Findling erzählen hörte. Amtliche Anzeigen über dieses Ereignis waren den obersten Behörden der Provinz noch nicht zugekommen. Bloss als Privatmann, aus menschlichem und wissenschaftlichem Interesse, begab ich mich daher am 11. Juli (1828) nach Nürnberg, um diese in ihrer Art einzige Erscheinung zu beobachten.

Kaspar hatte damals noch immer seine Wohnung auf dem Luginsland am Vestner Tore, wo jedermann zu ihm gelassen wurde, der ihn zu besehen Lust hatte. Wirklich genoss Kaspar vom Morgen bis zum Abend kaum eines geringeren Zuspruchs als das Känguruh und die zahme Hyäne in der berühmten Menagerie des Herrn van Aken.

So machte ich mich denn in Begleitung des Herrn Obristen von D., zweier

Damen und zweier Kinder, ebenfalls zu ihm auf den Weg und traf glücklicherweise eine Stunde, wo der Schauplatz keinen anderen Zuspruch hatte. Kaspars Wohnung war ein kleines, doch reinliches, helles Stübchen, dessen Fenster ins Freie geht, wo sich dem Auge eine weite, freundliche Landschaft darbietet. Wir trafen ihn barfuss, mit einem Paar alten, langen Beinkleidern bekleidet, übrigens bloss im Hemde.

Die Wände des Zimmers, soweit man reichen konnte, hatte sich Kaspar mit gemalten Bilderbogen, Geschenke der vielen Besuchenden, ausgeschmückt. Er klebte sie jeden Morgen von neuem mit seinem damals wie Leim zähen Speichel (Anm. Feuerbachs: Der Speichel war so sehr leimartig, dass beim Wegnehmen der Blätter entweder Stückchen von diesen an der Wand oder Teile vom Bewurf der Wand an dem Papier hängen blieben) an die Wand und nahm sie, sobald es dämmerig wurde, wieder herab, um sie neben sich zusammenzulegen. Auf der an den Wänden umherlaufenden, festgemachten Bank befand sich in der Ecke sein Bett – ein Strohsack, mit einem Kopfkissen und einer wollenen Decke. Der ganze übrige Raum der Bank war dicht mit einer Menge des mannigfaltigsten Kinderspielzeugs, mit Hunderten bleierner Soldaten, mit hölzernen Hündchen, Pferdchen und andern Nürnberger Waren überdeckt. Bei Tag beschäftigte er sich jetzt schon wenig damit; doch machte er sich noch die nicht geringe Arbeit, alle diese Sachen und Sächelchen abends sorgfältig zusammenzulegen, dann, sogleich nach seinem Erwachen, wieder auszupacken und in eine gewisse Ordnung nebeneinander zu reihen. Der Wohltätigkeitssinn der wackern Nürnberger hatte ihn überdies mit mehreren Kleidungsstücken beschenkt, die er unter seinem Kopfkissen verwahrte und uns mit kindischem Behagen, nicht ohne einige Eitelkeit, vorzeigte. Auf der Bank, unter den Spielsachen, lagen auch verschiedene Geldstücke umher, denen er aber keine Aufmerksamkeit schenkte. Ich nahm davon einen beschmutzten Kronentaler und einen noch ganz neuen Vierundzwanziger in die Hand, ihm andeutend: welches von den beiden Stücken er am liebsten habe? Er wählte das kleine, glänzende; das grosse nannte er garstig und machte dabei die Miene des Widerwillens. Als ich ihm begreiflich zu machen suchte, dass gleichwohl das grössere Stück mehr wert sei und dass man dafür bei weitem mehr schöne Sachen bekommen könne als für das kleine, horchte er zwar aufmerksam zu, verfiel auch sogleich in starres Nachdenken, gab mir aber zuletzt zu erkennen, dass er nicht wisse, was ich sagen wolle.

Er zeigte, als wir bei ihm eintraten, nichts weniger als Menschenscheu oder Schüchternheit, vielmehr zutrauliches Entgegenkommen und Freude über unseren Besuch. Am ersten machte er sich mit der glänzenden Uniform des Obristen zu schaffen; den von Gold strotzenden Helm konnte er nicht satt werden zu bewundern; dann zogen die Frauenzimmer mit ihren bunten Kleidern seine Aufmerksamkeit auf sich; ich, in einem bescheidenen schwarzen Frack, wurde anfangs kaum eines Blickes gewürdigt. Jeder von uns stellte sich ihm besonders vor und nannte ihm seinen Namen und Titel. Kaspar trat bei jeder solchen Vorstellung nahe zu dem Vorgestellten hin, sah ihn scharf stierend an, überflog mit schnellem durchdringendem Blick der Reihe nach jeden besonderen Teil des Gesichts als: Stirn, Augen, Nase, Mund, Kinn usw. und fasste ganz zuletzt, wie ich deutlich beobachtete, die erst stückweis zusammengelesenen Teile der Physiognomie in ein Ganzes zusammen. Er wiederholte hierauf den Namen der Person, den man ihm vorgesagt hatte. Und nun kannte er die Person und kannte sie, wie die späteren Erfahrungen zeigten, für immer.

Seine Augen wendete er, so viel er nur konnte, vom hellen Tageslicht ab. Dem vom Fenster her gerade einfallenden Sonnenstrahl wich er auf das sorgfältigste aus. Hatte einmal zufällig ein solcher Strahl seine Augen getroffen, so blinzelte er heftig, runzelte die Stirn und verriet unverkennbar Schmerzen; seine Augen waren überdies etwas entzündet und zeigten überhaupt grosse Empfindlichkeit gegen das Licht.

Die linke Hälfte seines in späterer Zeit vollkommen regelmässigen Gesichts war damals auffallend von der rechten Seite desselben verschieden. Jene war merklich verzogen und verzerrt; öfters fuhren heftige Zuckungen wie Blitze darüber hin. An diesen Zuckungen nahm stets die linke Seite des ganzen Körpers, besonders der Arm und die Hand, sichtbaren Anteil. Wurde ihm etwas gezeigt, was seine Neugier in Bewegung setzte, sprach man ein ihm auffallendes, nicht verständliches Wort, sogleich stellten sich diese Zuckungen ein, die meistenteils zuletzt in eine Art von Erstarrung übergingen. Er stand dann unbeweglich da, kein Muskel des Gesichts regte sich, die Augen stierten, ohne zu blinzeln, wie leblos vor sich hin; er stellte eine Bildsäule dar, die weder sieht noch hört und durch keine äussern Eindrücke zu einer Lebensregung geweckt werden kann. Diesen Zustand konnte man an ihm beobachten, sooft er über etwas nachsann, sooft er zu einem neuen Wort den entsprechenden Begriff, zu einem neuen Ding das entsprechende Wort suchte oder irgend etwas ihm noch Unbekanntes an schon Bekanntes anzuknüpfen, jenes aus diesem sich begreiflich zu machen bestrebte.

Die Worte, die er sagen konnte, sprach er bestimmt und deutlich, ohne Stocken oder Stammeln. Allein an eine zusammenhängende Rede war bei ihm noch nicht zu denken, und seine Sprache war so dürftig wie der Vorrat seiner Begriffe. Schwer war es daher auch, sich ihm verständlich zu machen. Kaum hatte man ein paar Sätze zu ihm gesagt, die er zu verstehen schien, so hatte man etwas ihm Fremdes beigemischt, wobei er dann, wenn er es zu begreifen wünschte, sogleich wieder in seine Zuckungen verfiel. In allem, was er sprach, fehlten noch meistens die Bindewörter, Partikel und Hilfszeitwörter; seine Konjugation umfasste wenig mehr als die Infinitive; und am schlimmsten stand es mit der Syntax, deren Teile gar erbärmlich zerzaust und durcheinandergeworfen wurden. ‹Kaspar sehr brav›, statt: ich bin sehr brav, ‹Kaspar scho Juli sage›, statt: ich will es dem Julius (Sohn des Gefangenenwärters) sagen, war seine durchgängige Redeweise. Das ‹ich› kam noch selten vor; er sprach fast immer von sich in der dritten Person: ‹Kaspar›; zu andern, statt in der zweiten Person, ebenfalls in der dritten, zum Beispiel statt: Sie, nicht anders als: Herr Obrist, Frau Generalin usw.. Auch zu ihm musste man nicht ‹Du›, sondern ‹Kaspar› sagen, wenn er sogleich verstehen sollte, wen man meine. Ein und dasselbe Wort wurde häufig in den verschiedensten Bedeutungen gebraucht, was dann oft gar manches lächerlich possierliche qui pro quo zum Vorschein brachte. Viele bloss eine Spezies bezeichnende Worte gebrauchte er für die ganze Gattung! So zum Beispiel galt ihm das Wort Berg für jede Wölbung oder Erhöhung, weshalb er einen dickbauchigen Herrn, dessen Namen ihm entfallen war, als den ‹Mann mit dem grossen Berg› bezeichnete; eine Dame, deren Schal hinten so tief herabhing, dass der Zipfel auf dem Boden schleifte, hiess er ‹die Frau mit dem schönen Schweif›. Man wird wohl erwarten, dass ich nicht unterliess, ihm durch mancherlei Fragen zur Erzählung seines Schicksals Veranlassung zu geben. Allein alles, was ich aus ihm herausbringen konnte, war ein so kauderwelsches, verworrenes, unbestimmtes Zeug, dass ich, mit seiner Sprechweise noch nicht vertraut, das meiste nur erraten, vieles gar nicht verstehen konnte.

Es schien mir nicht unwichtig, seinen Geschmack hinsichtlich der verschiedenen Farben auf die Probe zu stellen. Er zeigte auch in dieser Beziehung ganz den Sinn der Kinder und der sogenannten Wilden. Die rote Farbe, und zwar die recht schreiend rote, ging ihm über alles; die gelbe war ihm zuwider, ausser wenn sie als Gold glänzend in die Augen stach, in welchem Falle seine Wahl zwischen diesem Gelb und jenem Rot schwankte; weiss liess ihn gleichgültig; aber grün war ihm fast so abscheulich wie schwarz. – Dieser Geschmack, besonders seine Vorliebe für das Rote, hing ihm, wie die späteren Beobachtungen des Professor Daumer bekunden, noch lange nachher an, als seine Bildung schon um eine grosse Strecke weiter vorgeschritten war. Wäre es ihm freigestellt worden, er würde sich selber und andere, denen er wohlwollte, von Kopf bis zu den Füssen in Scharlach oder Purpur gekleidet haben. An der Natur hatte er, schon wegen der Grundfarbe ihres Gewandes, des Grün, keinen Gefallen. Sollte er sie schön finden, so musste man sie ihn durch ein rotgefärbtes Glas ansehen lassen. In der Wohnung des Professor Daumer, die er bald nach meinem Besuch bei ihm gegen seinen Aufenthalt auf dem Luginsland vertauschte, gefiel es ihm darum nicht ganz recht, weil er da nur die Aussicht in den Garten auf die vielen, wie er meinte, garstigen grünen Bäume und Pflanzen hatte. Die in einer engen, unfreundlichen Strasse gelegene Wohnung eines Freundes seines Lehrers gefiel ihm dagegen ungemein, weil da gegenüber und rings umher lauter schön rot angestrichene Häuser zu sehen waren. Als ihm einst ein Baum voll roter Äpfel gezeigt wurde, äusserte er darüber grosses Wohlgefallen; nur, meinte er, würde der Baum noch viel schöner sein, wenn auch die Blätter ebenso rot wären. – Als er, der bloss Wasser trank, einst roten Wein trinken sah, sagte er: ‹Wenn ich nur auch Sachen trinken könnte, die so schön aussehen!› – Seinen Lieblingstieren, den Pferden, wünschte er nur noch einen Vorzug: statt der schwarzen, braunen, weissen, die scharlachrote Farbe.

Die Neugier und der Wissensdurst sowie die eiserne Beharrlichkeit, womit er bei einer Sache aushielt, die er zu lernen oder zu begreifen sich vorgesetzt hatte, überstiegen jede Vorstellung und waren in ihren Äusserungen herzergreifend. Mit seinen Spielsachen beschäftigte er sich, wie schon früher bemerkt worden, des Tages über nicht mehr; seine Tagesstunden füllte er mit Schreiben, Zeichnen und andern Lehrgegenständen aus, womit ihn Professor Daumer beschäftigte. Bitter beklagte er sich gegen uns, dass die vielen Leute, die ihn immer besuchten, ihm keine Ruhe liessen und er nichts lernen könne. Rührend war es, seinen oft wiederkehrenden Jammer darüber zu hören, dass die Leute auf der Welt so vieles wissen und er so vieles noch gar nicht gelernt habe. Eine seiner Lieblingsbeschäftigungen neben dem Schreiben war das Zeichnen, zu welchem er ebensoviel Fähigkeit als Beharrlichkeit mitbrachte. Seit mehreren Tagen hatte er sich es zur Aufgabe gemacht, das lithographierte Bildnis des Herrn Bürgermeisters Binder abzuzeichnen. Ein ganzer grosser Pack Quartblätter war mit diesen Kopien vollgezeichnet; sie lagen, wie sie allmählich entstanden waren, in langer Reihenfolge geordnet aufeinander. Ich ging sie einzeln durch; die ersten Versuche glichen ganz den Bildern unserer kleinen Kinder, die ein Gesicht gezeichnet zu haben meinen, wenn sie eine

Figur, welche ein Oval vorstellen soll, mit einem Paar runder Schnörkel, nebst einigen langen und Querstrichen darin, auf ein Papier hingesudelt haben. Allein fast in jedem der folgenden Versuche waren Fortschritte sichtbar, so dass allmählich jene Striche einem Menschengesicht immer ähnlicher wurden, und endlich das Original, obgleich noch ziemlich unvollkommen und roh, bis zur Kenntlichkeit darstellten. Ich äusserte ihm über seine spätesten Versuche meinen Beifall; er aber zeigte sich nicht befriedigt und gab mir zu verstehen, er werde das Bild noch gar vielmal abzeichnen müssen, bis es ganz recht sei; dann werde er es dem Herrn Bürgermeister schenken.

Mit seinem Leben auf der Welt zeigte er sich nichts weniger als zufrieden; er sehnte sich zu dem Manne zurück, bei dem er immer gewesen. Zu Haus (in seinem Loch), äusserte er, habe er niemals so viele Schmerzen im Kopf gehabt, und man habe ihn nicht so gequält wie jetzt auf der Welt. Er deutete damit auf die Unbehaglichkeiten und Schmerzen, welche die vielen ihm ganz ungewohnten neuen Eindrücke, die verschiedenen ihm widrigen Gerüche usw. verursachten, wie auf die vielen Besuche der Neugierigen, ihr ewiges Fragen und manche ihrer unbesonnenen, nicht eben humanen Experimente. Dem Manne, bei dem er immer gewesen, hat er daher auch weiter nichts vorzuwerfen, als dass er noch nicht gekommen, um ihn wieder nach Haus zu bringen, und dass er von so viel schönen Sachen auf der Welt ihm gar nichts gezeigt noch gesagt habe. Er will so lange in Nürnberg bleiben, bis er gelernt, was der Herr Bürgermeister und der Herr Professor (Daumer) wissen; dann soll ihn der Herr Bürgermeister nach Haus bringen, und dann will er dem Mann zeigen, was er unterdessen gelernt hat. Als ich ihm darauf äusserte: wie er doch zu dem bösen, abscheulichen Mann wieder zurück möge, fuhr er mich sanft zürnend mit den Worten an: ‹Mann nit bös, Mann mir nit bös tan.›

Von seinem erstaunenswürdigen, ebenso schnellen als zähen Gedächtnis bekamen wir bald die auffallendsten Proben. Bei jedem der vielen kleinen und grossen Dinge, bei jedem Bild und Bildchen in seinem Haushalt nannte er uns den Namen und Titel der Person, von der er es zum Geschenk erhalten hatte, und kamen hierbei verschiedene Personen mit demselben Hauptnamen vor, so unterschied er sie entweder durch ihren Vornamen oder durch andere Prädikate. Ungefähr eine Stunde, nachdem wir ihn verlassen hatten, trafen wir mit ihm auf der Strasse zusammen, als er eben zum Herrn Bürgermeister geführt wurde. Wir redeten ihn an, und als wir ihn aufgefordert hatten, uns unsre Namen zu sagen, nannte er jeden von uns, ohne sich zu besinnen oder zu stokken, mit unserm vollen Namen, samt Titulaturen, die gleichwohl für ihn nur barer Unsinn sein konnten. Der Arzt Dr. Osterhausen machte zu einer andern Zeit an ihm die Erfahrung, dass er, nachdem man ihm einen Blumenstrauss gezeigt und die Namen der einzelnen Blumen vorgesagt hatte, er mehrere Tage nachher jede dieser Blumen wieder zu erkennen und mit ihrem Namen zu bezeichnen wusste. Dieses Gedächtnis hat jedoch späterhin, und wie es scheint, in demselben Verhältnis abgenommen, in welchem es reicher geworden war und sein Verstand mehr Arbeit bekommen hatte.

Seine Folgsamkeit gegen alle diejenigen Personen, welche väterliche Autorität über ihn erlangt haben, besonders gegen den Herrn Bürgermeister, Herrn Professor Daumer und den Gefangenwärter Hiltel war unbedingt und ohne Schranken. ‹Der Herr Bürgermeister, der Herr Professor hat es gesagt›, war für ihn der letzte, jedes weitere Fragen und Überlegen ausschliessende Grund für sein Handeln oder Unterlassen. Als ich ihn fragte: warum er denn glaube, so pünktlichen Gehorsam leisten zu müssen, gab er zur Antwort: ‹Der Mann, bei dem ich immer gewesen, hat mich gelehrt, dass ich tun müsse, was man mir heisst.›

Allein diese Unterwerfung unter fremde Autorität bezog sich bei ihm bloss auf Tun oder Nichttun und hatte mit seinem Wissen, Glauben und Meinen nichts zu schaffen. Um etwas als gewiss und wahr anzunehmen, dazu bedurfte es für ihn der eigenen Überzeugung, und zwar entweder durch sinnliche Anschauung oder durch irgendeinen, seinen Fassungskräften und seinem fast noch ganz leeren Kopf anpassenden, für ihn schlagenden Grund. Wo man seinem Verstand weder auf diese noch jene Weise beikommen konnte, widersprach er zwar nicht, liess aber einstweilen die Sache dahingestellt, bis er, wie er zu sagen pflegte, mehr gelernt habe. Ich sprach zu ihm unter anderem von dem bevorstehenden Winter und sagte: dann werde er oft die Dächer der Häuser und alle Strassen der Stadt ganz weiss sehen, so weiss wie die Wände seines Zimmerchens. Er meinte: dies müsse dann recht schön sein; gab jedoch deutlich zu verstehen, dass er daran nicht eher glaube, als bis er es werde gesehen haben. Als im folgenden Winter der erste Schnee gefallen war, bezeigte er grosse Freude, dass jetzt die Strassen, die Dächer, die Bäume so gut ‹angestrichen› seien, und ging schnell in den Hof, um sich von der ‹weissen Farbe› zu holen, kam aber alsbald weinend und plärrend mit weit auseinandergespreizten Fingern zu seinem Lehrer wieder hinauf, indem er schrie: die weisse Farbe habe ihn in die Hände ‹gebissen›.

Höchst auffallend und ganz unerklärbar bei diesem Menschen war die bis zur Pedanterie getriebene Liebe zur Ordnung und Reinlichkeit. Von den vielen hundert Dingen seines kleinen Haushalts hatte ein jedes seinen bestimmten Platz, wurde gehörig zusammengepackt, sorgfältig auseinandergelegt, symmetrisch geordnet usw. Unreinlichkeit, oder was er dafür hielt, war ihm, an ihm selbst und an andern, ein Abscheu. Er bemerkte fast jedes Stäubchen auf unsern Kleidern, und als er auf meiner Halskrause einige Körner Schnupftabak sah, machte er mich darauf mit Unwillen aufmerksam, mir hastig andeutend, dass ich diese garstigen Dinge wegwischen möge[25].»

Dieser Bericht wird ergänzt durch einen Brief Feuerbachs vom 20. September 1828 an Elise von der Recke: «Doch lieber zu dem armen Nürnberger Findling, dem guten Kaspar Hauser, an dem ich fortwährend amtlich und ausseramtlich den innigsten Anteil nehme. Manches ist bei dieser noch nie erhörten Begebenheit ein Rätsel, wird es auch vielleicht, aller vereinten Bemühungen der Gerichts- und Polizeibehörden ungeachtet, immer bleiben; wenigstens waren bisher alle Versuche, dem Orte der Greueltat und ihrem Urheber auf die Spur zu kommen, ohne allen Erfolg. Aber das ist unbezweifelhaft: die Tat ist geschehen, und in Kaspar Hauser sehen wir einen 17- bis 18jährigen Wundermenschen, wie ihn die Welt noch nie gesehen, einen Menschen, der seit seiner frühesten Kindheit gleichsam begraben, vor ungefähr 6 (muss heissen: 4) Monaten zum ersten Male die Sonne gesehen und die Erfahrungen gemacht hat, dass es ausser ihm und dem Ungeheuer, das ihn mit Wasser und Brot auffütterte, noch andere Menschen auf dieser Erde gibt.

Er konnte, als man ihn zuerst in Nürnberg traf, nur wenige Worte sprechen, und hatte von den alltäglichsten Erscheinungen der Natur nicht die allermindeste Vorstellung, wie er zum Beispiel in die Flamme der Lichter griff, die Nähe oder Entfernung der Gegenstände nicht zu unterscheiden wusste, Belebtes und Unbelebtes miteinander verwechselte, vielmehr diesen Unterschied ebenso wenig als die Verschiedenheit der Geschlechter kannte usw. Nur mit grosser Mühe konnte er vor sich hin tappen und zwar die Hände, aber die Finger einzeln höchst unbehilflich gebrauchen. Das Sonnenlicht verletzte ihn; der Geruch der zartesten Blumen, zum Beispiel der Rose, war ihm nicht nur höchst widerlich, sondern machte ihm auch grosse Schmerzen. Als er zuerst die Regimentsmusik aus der Ferne hörte, war er vor Entzücken ausser sich, in der Nähe war sie ihm schmerzlich. Er konnte nur Wasser und Brot geniessen; jedes andere Getränk, selbst Milch, und das kleinste bisschen Fleisch, erregten ihm nicht bloss Ekel und Grausen, sondern auch Fieber. Auch noch jetzt geniesst er weder Fleisch noch Gemüse noch Obst.

Als ich ihn vor 2 Monaten in Nürnberg besuchte, hatte er noch nicht den

Mond noch den Sternenhimmel gesehen, wusste nicht, was der Winter sei, konnte nicht begreifen und wollte nicht glauben, dass er jemals kleiner gewesen, als er jetzt ist, und hatte – was auch noch jetzt der Fall – keinen Sinn für die Schönheit einer Landschaft und der Natur überhaupt. Einzelne Blumen gefielen ihm, zum Beispiel die Rose, wie er denn überhaupt die rote Farbe allen andern vorzieht, aber nächst Schwarz war ihm alles Grün zuwider, und er freute sich daher sehr auf den Winter, als ich ihm sagte, dann werde er diese Landschaft vor seinem Fenster nicht mehr grün, aber sehr oft und lange ganz weiss sehen, wie die Wände seines Zimmers. Was das heisst, Pflanzen wachsen, hat er vor noch nicht langer Zeit erst dadurch gelernt, dass man Bohnen und andere Samen ihn in die Töpfe setzen liess, und dann auf ihre Entwicklung aufmerksam machte; vorher betrachtete er alle Pflanzen als menschliche Kunstprodukte und wunderte sich, wie es doch möglich sei, dass die Menschen so viele Blumen machten, so viele Blätter auf den Bäumen ausschnitten und wozu.

Kaspar ist übrigens ein Mensch von den herrlichsten Naturanlagen, begabt mit der schnellsten Fassungskraft und einem bewundernswürdigen Gedächtnis. Seinen Durst nach Wissen, um alles das nachzuholen, wozu ihm ‹der, bei dem er gewesen›, nichts gesagt, äussert er immer auf eine wahrhaft rührende Weise. Was er nur immer sieht, davon will er die Erklärung, und hängt diese von Begriffen ab, die ihm noch fremd sind, so sagt er traurig: ‹Auch das noch lernen; auch davon hat der, bei dem ich gewesen, nichts gesagt.› Seine Fortschritte sind ausserordentlich; wozu andere Monate oder Jahre brauchen, lernt er in Tagen. Gegenwärtig ist er schon so weit, dass kaum noch interessante psychologische Betrachtungen an ihm zu machen sind. Er spricht schon vollkommen verständlich und zusammenhängend, nur konstruiert er oft noch die Sätze wie ein Kind; seine Handschrift ist fest, beinahe schön, und vor einigen Tagen erhielt meine älteste Tochter, die ihn zu Nürnberg besuchte und dann beschenkt hatte, einen recht artigen Brief von ihm. Ganz für sich selbst fing er zu zeichnen an und machte darin bald ebenfalls bewundernswürdige Fortschritte. Sieht er einen Kunst oder Fertigkeit üben, die ihn interessiert, sogleich will er sie lernen, lässt sich zeigen, wie man es macht, ahmt es in einem oder einigen Tagen schon bis zu einer gewissen Vollkommenheit nach, gibt es aber, sobald er es gelernt hat, wieder auf. Überhaupt ist es merkwürdig, dass ihn nicht sowohl die Gegenstände des Lernens interessieren, als das Lernen selbst, das seine einzige Leidenschaft ist. Was kaum erklärbar, ist die erstaunliche Liebe zur Reinlichkeit und Ordnung, die er gleich nach seinem Erscheinen in Nürnberg äusserte, obgleich sein Leib mit einer Haut von vieljährigem Schmutz überzogen war. Alle die unzähligen Dinge, womit ihn die Nürnberger beschenkt hatten, Spielsachen, Kleidungsstücke usw., standen in seinem Zimmerchen auf das schönste symmetrisch geordnet da, als ich ihn besuchte, jedes Papierchen, das auf dem Boden lag, war ihm zuwider und wurde sorgfältig aufgehoben; an seinen oder eines andern Kleidern bemerkte er jeden Schmutzfleck, jedes Stäubchen. Die Nürnberger haben ihn mit allem Nötigen, sogar mit vielem Überflüssigen, mit modischen Fracks, Westen usw. versehen, und nun glaubt man in ihm, wenn er ausgeht, einen halben Petit-maître vor sich zu haben.

In sittlicher Beziehung ist Kaspar Hauser eine lebendige Widerlegung des Lehrsatzes von der Erbsünde. Die reinste Unschuld und Herzensgüte zeigte sich in allem seinem Tun und Reden, obgleich er von Recht und Unrecht, Gut und Böse nicht die allermindeste Vorstellung hatte. Vor Menschen hatte er durchaus keine Furcht oder nur Schüchternheit; alle waren ihm gut und alle hielt er für schön. Als ich ihm unter anderem meinen Unwillen gegen den Bösewicht äusserte, der ihn so lange gefangen gehalten, wies er mich strafend zurecht: ‹Der, bei dem er gewesen›, sei nicht bös, sondern sein Vater, – so nannte er damals, als ich ihn besuchte, jeden Menschen, dessen Aufsicht er übergeben war, – der ihm zu essen und trinken gegeben. Erst seit ungefähr zwei Monaten scheint es ihm klar geworden zu sein, dass er der Gegenstand einer Missetat gewesen, und er äusserte seitdem die grösste Furcht bei dem blossen Gedanken an die Möglichkeit, seinem Kerkermeister wieder in die Hände zu fallen. Von Leidenschaften oder üblen Neigungen hat sich ausser der nunmehr erwachten Eitelkeit noch nichts in ihm geäussert.

Dass die Idee von Gott dem Menschen nicht angeboren ist, sondern nur von aussen entweder durch die Betrachtung der Natur oder durch Unterricht in uns kommt, zeigt sich an unsrem Kaspar ebenfalls ganz deutlich. Wie es in diesem Augenblick in dieser Hinsicht mit ihm steht, weiss ich zwar nicht; aber vor nicht langer Zeit liess sich noch nichts wahrnehmen, woraus sich hätte schliessen lassen, dass er von Gott, von einem ersten Urheber der Natur, irgendeine Vorstellung in sich habe. Die Dogmatik und die Geistlichkeit hat man glücklicherweise bis jetzt noch von ihm entfernt zu halten gewusst.

Das Aussehen Kaspars ist gesund; indessen waren seine Nerven infolge der gewaltigen Eindrücke von der unendlichen Masse neuer Dinge, die auf einmal ununterbrochen durch alle Sinne auf ihn eindrangen, äusserst reizbar, so dass man für sein Leben einigermassen besorgt sein konnte. Jetzt ist er durch sorgsame Pflege und die zarte, anständige Behandlung seines Pflegevaters und Erziehers, des Professors Daumer, dem er übergeben worden, ausser Gefahr gestellt. Seit einiger Zeit zeigen sich an ihm die merkwürdigsten physiologischen Erscheinungen; er sieht, ohne Kakerlak zu sein, bei finsterer Nacht ebensogut als bei Tag, unterscheidet auf weite Entfernung die Gegenstände durch den blossen Geruch usw. Seine Physiognomie hat nichts Ausgezeichnetes, und besonders wenn er spricht, gerät die ganze linke Hälfte seines Gesichts in unangenehme Zuckungen; gleichwohl übt seine Gesichtsbildung durch die in ihr ausgeprägte Unschuld und Herzensgüte einen unwiderstehlichen Zauber. Wer ihm naht, gewinnt ihn sogleich lieb. Wer übrigens glauben wollte, Kaspar müsse sich in seiner dermaligen Lage, welche äusserlich durchaus nichts zu wünschen übrig lässt, besonders glücklich fühlen, würde sich sehr irren. Er freut sich wohl abwechselnd über viele einzelne Dinge, wenn sie seine Sinne angenehm berühren oder seinem Heisshunger im Lernen Befriedigung gewähren, allein der Grundton seiner Gemütsstimmung ist eine stille Schwermut, die er, zumal jetzt, nicht selten in deutlichen Äusserungen zu erkennen gibt.

In der Geschichte seiner Gefangenhaltung und Transportierung nach Nürnberg ist manches unglaublich oder rätselhaft, gewiss auch manches unwahr. Diese Geschichte wurde ihm abgefragt zu einer Zeit, wo er fast gar keine Begriffe, keine Vorstellungen von der Natur und menschlichen Dingen, am wenigsten die gehörigen Worte dafür hatte, wo er also öfter in seinem verworrenen, dunklen Kauderwelsch etwas anderes sagte, als er sagen wollte, oder der Fragende Spielraum genug hatte, seine eigenen Gedanken, Meinungen und Hypothesen den ihm gegebenen Antworten unterzulegen. Ausserdem aber habe ich Ursache zu glauben, dass der Barbar, in dessen Gewalt Hauser gewesen, ihm durch fürchterliche Drohungen über gewisse Punkte eine Lektion eingeprägt hat, welche hauptsächlich bezweckt, der Nachforschung nach dem Ort und dem Urheber der Tat den erforderlichen Leitfaden zu verstekken. Es ist wohl zu bemerken, dass Kaspar gegen alle Personen, denen er Achtung und Dankbarkeit schuldig zu sein glaubt, den unbedingtesten Gehorsam zu leisten pflegt. Erst wenn Kaspars Verstand vollkommen entwickelt und mit den nötigen sittlichen Begriffen ausgerüstet ist, wenn die Vorstellung von dem Bösewicht, mit dem er sein Leben lang gleichsam nur eine Person ausmachte, allen Einfluss auf sein Gemüt verloren hat, und wenn er durch längere Erfahrung von der Überzeugung durchdrungen ist, dass er für immer unter einem Schutze steht, gegen welchen sein ehemaliger Herr nichts vermag, erst alsdann lässt sich hoffen, mehr und anderes von ihm zu erfahren, was vielleicht zum Ziele führt.

Von der äussersten Wichtigkeit wäre es, wenn man von Anfang an ein umständliches Tagebuch über die vielen psychologischen und physiologischen Erscheinungen an Kaspar geführt hätte. Aber das fiel den Nürnberger Philistern nicht ein; ich selbst habe erst die Veranlassung dazu gegeben, dass die Bruchstücke jener merkwürdigen Erfahrungen nachträglich gesammelt werden. Überhaupt behandelten diese Nürnberger unseren Kaspar monatelang bloss als einen Gegenstand der Neugier; sein Pflegevater war ein Gefangenwärter; wie ein fremdes Tier wurde er in Gesellschaften und Wirtshäusern zur Schau herumgeführt, war den ganzen Tag der Schaulust von Neugierigen preisgegeben, musste an sich beständig experimentieren lassen, indem man ihm zum Beispiel Wein und anderes dergleichen, wovon man wusste, dass es seine Natur nicht vertragen konnte, heimlich in sein Wasser goss, und er stand so in der nahen Gefahr, in kurzer Zeit geistig und körperlich zugrunde gerichtet zu werden. Daran, dass man diesen Unglücklichen der Erziehung eines gebildeten Mannes ausschliesslich übergeben müsse, war von dem Herrn Bürgermeister, der in seiner öffentlichen, übrigens ganz ungeeigneten, voreiligen Bekanntmachung so viel Humanität affektiert, gar nicht gedacht worden. Meine Reise nach Nürnberg gab erst der Sache eine andere Wendung, indem ich den ganzen Unfug, der mit Kaspar getrieben wurde, meinem würdigen Kollegen, dem Regierungspräsidenten Herrn von Mieg anzeigte, diesen auf das Erforderliche aufmerksam machte und denselben veranlasste, sogleich selbst nach Nürnberg zu reisen und sich mit eigenen Augen zu überzeugen. Hierauf erst wurde Kaspar dem Professor Daumer übergeben, der ein sehr braver und einsichtsvoller Mann ist und, sowie seine Familie, ganz für diesen ausserordentlichen Zögling lebt. Bald nach dem Eintritt in das friedliche Stillleben dieser Familie wurde Kaspar ernstlich krank, gewiss nur infolge der einfältigen, unbesonnenen Behandlung, die er nach seiner Befreiung aus dem Kerker zu Nürnberg zu erleiden hatte. Sobald sich etwas mit Kaspar ereignet, was von einiger Bedeutung ist, werde ich es Ihnen, sofern es mitteilbar ist, sogleich zu schreiben nicht unterlassen[26].»

Feuerbachs Fähigkeit, das Aussergewöhnliche zu erkennen und zu beschreiben, beweist unter vielem anderen ein nicht zu vergessender Satz, den er über die erste Zeit Kaspar Hausers geschrieben hat. «In seiner Seele voll kindlicher Güte und Milde, die ihn unfähig machte, einem Wurm oder einer Fliege, geschweige einem Menschen wehe zu tun, die sich in jeder Beziehung so fleckenlos und rein erwies, wie der Abglanz des Ewigen in der Seele eines Engels, brachte er, wie schon früher bemerkt worden, keine Idee, keine Ahnung von Gott, nicht einen Schatten eines Glaubens an irgendein höheres, unsichtbares Dasein aus seinem Kerker mit sich in die Welt des Lichts[27].»

Die Haltung Feuerbachs gegenüber der Persönlichkeit Kaspar Hausers und der an ihm begangenen Tat wird mit den folgenden Sätzen unterstrichen: «Auch über die Geschichte der Tat haben wir vorderhand keine andere Kunde als die Erzählung desjenigen, an dem sie begangen worden ist. Aber die Wahrheit der Erzählung ist uns verbürgt durch die Persönlichkeit des Erzählenden, an dessen Leib, Geist und Gemüt die Tat selbst in sichtbaren Zügen deutlich geschrieben steht. Nur wer das, was Kaspar erfahren und gelitten hat, kann wie Kaspar sein. Und wer sich so zeigt wie Kaspar, muss in dem Zustande gelebt haben, wie ihn Kaspar von sich erzählt hat. So ruht zugleich die Würdigung der Glaubwürdigkeit des eine fast unglaubliche Begebenheit Erzählenden ebenfalls zum allergrössten Teil nur auf psychologischem Grund. Es gewähren aber die auf diesem Boden gefundenen Ergebnisse eine Beglaubigung, die jeden anderen Beweis an Stärke überwiegt. Zeugen können lügen. Urkunden können verfälscht sein. Aber kein anderer Mensch, er müsste dann mindestens ein mit etwas Allmacht und Allwissenheit ausgerüsteter Zauberer sein, vermöchte eine Lüge dieser Art so zu lügen, dass sie, wo man sie auch beleuchtete, wie die lauterste, reinste Wahrheit, wie die in Person erscheinende Wahrheit selbst aussähe. Wer an Kaspars Erzählung zweifelt, müsste an Kaspars Person zweifeln[28].»

In Nürnberg wird dann auf Veranlassung des Bürgermeisters Binder, während sich Kaspar Hauser in der Pflegschaft von Daumer befindet, Freiherr von Tucher zu seinem Vormund bestimmt. Tucher hat sich im Jahre 1834, also nach dem Tode Kaspar Hausers, in einem gerichtlichen Gutachten zusammenfassend wie folgt geäussert:

«Ich lernte Kaspar Hauser in den ersten Tagen seines Aufenthaltes in Nürnberg, d.i. im Monat Juni 1828, kennen, hatte jedoch erst vom August jenes Jahres an Gelegenheit, ihn genauer zu beobachten. Dies geschah von dieser Zeit an in fast täglichen Besuchen und in stetem Verkehr mit seinem damaligen Pflegevater, Professor Daumer, bis mir im Dezember 1829, kurz nachdem aus Veranlassung des stattgehabten Mordversuches die Untersuchung in die Hände des kgl. Kreis- und Stadtgerichts Nürnberg gekommen war, die Vormundschaft über ihn übertragen wurde. In dessen Folge nahm ich ihn im Mai 1830 zu mir ins Haus, wo er auch bis zum November 1831 verblieb, solange nämlich, als noch sein Aufenthalt in Nürnberg und damit auch meine Vormundschaft dauerte. Ich habe deshalb die Entwicklung dieses merkwürdigen Menschen von der Zeit seiner geistigen Geburt bis zu demjenigen Zeitpunkte genau zu beobachten Gelegenheit gehabt, von welchem an die Charakterentwicklung desselben wohl keine bedeutenden Fortschritte mehr machen konnte, das ist nämlich bis zu der Zeit, in welcher er in moralischer und gemütlicher Hinsicht einem jungen Menschen von 18–20 Jahren glich, wiewohl er in geistiger Hinsicht damals nicht weiter zu sein schien als ein Knabe von 13–14 Jahren. – Diese moralische und geistige Entwicklung erschien nun als eine durch die eigentümlichen Verhältnisse des wunderbaren Menschen bedingte, übrigens aber ganz normale, d.h. wie sie in der Natur des menschlichen Geistes notwendig begründet war, und es gab sich in diesem stufenweisen, natürlichen und an sich notwendigen Entwicklungsvorgange auch nicht ein einziger Moment, welcher der Natur der Sache widersprochen hätte.

Dieses allein ist schon hinreichend, alle und jede Vermutung, es könnte dieser Erscheinung ein Betrug zu Grunde liegen, für durchaus unstatthaft, ja selbst bei Erwägung aller Umstände, namentlich auch in Beziehung auf die meist höchst merkwürdigen physiologischen Erscheinungen für Unsinn zu erklären. – Ich meine nämlich den Betrug, den leichtsinnige und mit der Erscheinung selbst gar nicht bekannte Menschen auf mannigfache Weise in die Sache hinein zu deduzieren gesucht haben: Kaspar Hauser habe fälschlich vorgegeben, oder durch sein Benehmen die irrige Meinung zu erwecken gesucht, er sei von seinen ersten Lebensjahren an in einsamer Gefangenschaft gehalten und dann auf eine ihm unbekannte Weise nach Nürnberg gebracht worden. Den möglichen Zweck, welchen Kaspar Hauser bei einem solchen Betrug vernünftigerweise hätte haben können, unterlassen freilich solche Herren anzugeben.

Wollte man den Glauben an die Möglichkeit eines solchen Betruges für statthaft halten, so würde man, selbst auch ohne sich auf einen direkten Gegenbeweis, der so nahe liegt und so leicht zu führen ist, einzulassen, denselben zunächst dadurch entkräften, dass die Durchführung eines solchen Betrugs etwas noch unendlich Rätselhafteres, als die wirkliche Wahrheit, ja sogar ein ganz unbegreifliches Wunder wäre, da dieselbe nicht allein erforderte, dass ein solcher Betrüger mit eminentem Verstande und tiefer Erforschung des menschlichen Geistes, wie sie kaum dem gebildetsten Philosophen möglich wäre, zugleich mit genauem Studium der wenigen von der Geschichte aufbewahrten, ähnlichen Fälle ausgerüstet, auch noch eine Gabe der Verstellung besässe, die der vollendetste Schauspieler kaum zu entwickeln imstande sein könnte – sondern auch noch überdies eine Gewalt über seinen ganzen Körper und alle Lebensfunktionen desselben hätte, von der man seither noch keinen Begriff gehabt hat.

Es springt nun in die Augen, dass ein Mensch von solchen ausserordentlichen Gaben und Fähigkeiten wohl niemals nötig hätte, eine Rolle zu spielen, wie die Kaspar Hausers gewesen – eine Rolle, welche nun doch der unausgesetzten, sorgfältigsten Beobachtungen vieler gebildeter und erfahrener, ja selbst auch geistreicher Menschen, auch was noch mehr sagen will, vieler feindlich gegen ihn gesinnter Menschen ungeachtet, glücklich durchgespielt worden wäre, einzig zu dem Zwecke, um erst lange Zeit sich mit Wasser und Brot nähren und auf Stroh schlafen zu dürfen, nach unendlich mühevollem, angestrengtem Lernen es bis zum Kopisten in einer Kanzlei zu bringen, und endlich, nachdem bei seinen Beschützern und Wohltätern aller Verdacht eines Betruges entfernt gewesen, und am ehesten noch eine sorgenfreie Zukunft ohne sein Zutun eröffnet war, um sich dann – ohne alle Ursache ums Leben bringen zu können!

Ich glaube, man würde eher einen solchen Menschen für einen Verrückten als für einen Betrüger erklären. Kaspar Hauser war aber keines von beiden. Er war in der ersten Zeit seines geistigen Lebens das unschuldige Kind von dem reinsten, fleckenlosen Gemüte, mit allen kindlichen Neigungen und Trieben, das keine Ahnung eines Unterschiedes von Gut und Böse hat und kein Übel kennt als den körperlichen Schmerz. Seine Begriffe waren die eines Kindes, seine Seelenkräfte aber, die auf ganz andere Weise beschaffen waren als die eines Kindes, schienen auf eine dem Körper analoge Weise gebildet zu sein; sein Geist nämlich glich vollkommen einer tabula rasa, der mit unendlicher Rezeptivität die ganze Welt von Begriffen in sich aufnahm, und das mit einer intensiven, reproduktiven Kraft, die alles in Verwunderung setzte, und zu leicht die Meinung von ausserordentlichen Geistesgaben erzeugte.

Bald zeigte sich indes auch die Folge unverständiger Behandlung, die ihm in den ersten Monaten zuteil wurde, vielleicht auch die Folge der geänderten Lebensweise, zu der er, z.B. zum Fleischessen, gezwungen werden musste, in einem Überreize seines ganzen Seelen- und Nervenlebens, der seinem Geist und Körper grosse Gefahren drohte, zunächst aber Stumpfsinn und krankhafte Reizbarkeit der Nerven hervorbrachte.

In dieser Periode war es vernehmlich, in welcher leider der Keim einer sehr bedauerlichen moralischen Verderbtheit, die sich in der Folge als Lügenhaftigkeit und Eitelkeit darstellte, gelegt wurde. Es musste mit dem Lernen fast ganz inne gehalten und alle anstrengende Beschäftigung vermieden werden. Das brachte mit sich, dass man ihn des Tags über mehr sich selbst und Zerstreuungen überliess, die, was in den damaligen Verhältnissen nun eben nicht zu verhindern war, auf seine Moralität in der schon erwähnten Hinsicht von sehr nachteiligem Einfluss waren. Diese Fehler seiner moralischen Ausbildung waren aber gewiss weniger dem Unglücklichen, als einem Zusammenfluss ungünstiger Verhältnisse zuzumessen.

Der im Oktober 1829 stattgehabte Mordversuch brachte eine grosse Veränderung in Hausers geistigen Kräften hervor. Der heftige dadurch erregte Schrecken machte die Fesseln seines Geistes lockerer, die geistige Gedrücktheit wich beinahe vollkommen, er konnte wieder ordentlich lernen, und nun erst konnte ein geregelter Unterricht beginnen, den er denn auch nach Anleitung erfahrener, geistvoller Pädagogen erhielt, und von welchem, sowie von allem, was von mir nun als Vormund vorgenommen wurde, der verstorbene Herr Präsident von Feuerbach in Kenntnis gesetzt wurde, sowie ich denn überhaupt nichts mit meinem Kuranden vornahm, was nicht jenem geistreichen Manne zur Prüfung und Billigung vorgelegt worden wäre ...

Im Übrigen aber zeigte Hauser einen hohen Grad natürlicher Gutmütigkeit und uneigennütziger Bereitwilligkeit, andern nützlich zu sein, wiewohl auch das Gefühl seiner mehr oder weniger abhängigen Lage ihn dazu brachte, sich bei andern, besonders bei denen, an deren Gunstbezeigung ihm etwas lag, zu insinuieren, weshalb er auch mit bewundernswürdiger Gewandtheit deren Schwächen kennen zu lernen und zu benützen, überhaupt aber sich in alle Menschen zu fügen verstand. Er war in hohem Grade verträglich mit allen Menschen, vielleicht auch nur aus Feigheit, einer sicheren Folge des Gefühls seiner körperlichen Schwäche.

Diese Feigheit, die in dem Gedanken an den im Oktober 1829 stattgehabten Mordversuch reiche Nahrung fand, kannte überhaupt keine Grenzen, und keine, auch nicht die ernstesten Ermahnungen, Befehle, Drohungen konnten ihn dazu bringen, irgend etwas zu unternehmen, was sein Leben entfernt in Gefahr bringen konnte; so war er zum Beispiel durch keine Gewalt zum Baden im Flusse zu zwingen, aus Furcht vor dem Ertrinken; das Fahren in einem Schiffe auf einem Teiche, zu welchem er von mir gezwungen wurde, machte ihn krank, und ich bin es überzeugt, mehr infolge der ausgestandenen Todesangst, als weil er etwa die schaukelnde Bewegung des Fahrens nicht vertragen konnte. Mit Zittern und Beben fuhr er mit mir zweimal über eine

Schiffbrücke, was ganz bestimmt, hätte die ausgestandene Angst länger angedauert, bedeutendes Übelbefinden hervorgebracht hätte.

Wer wollte ihm auch gerade diese Furcht vor dem Tode übel nehmen, ihm, der ja kaum erst zu leben begonnen hatte, und dieses ihm so teure Leben schon einmal auf so grauenhafte Weise bedroht sah! Unzählige Male sprach er dieses auch mit Anführung desselben Grundes aus.

Er zeigte sonst aber eine ausserordentliche Beharrlichkeit und kräftige Ausdauer in allem, was er unternahm. Ich erwähnte oben schon, dass ich nichts an ihm zu tadeln gewusst hätte als einen allzu angestrengten Eifer im Lernen. Er trieb dies auf eine Weise, die, wie gesagt, oft die gerechtesten Besorgnisse für seine Gesundheit erweckte. Was in den ersten Zeiten seines Aufenthaltes in Nürnberg unbegrenzte und nicht zu sättigende Wissbegierde und Verlangen, alles zu begreifen, alles verständig zu erfassen, war, das zeigte sich in der Folge als eine unermüdliche Begierde, zu lernen, welche mit dem ausdauerndsten, wahrhaft eisernen Fleisse begleitete Begierde, nur leider nicht mit dem Erfolge gekrönt war, als sie es verdient hätte, da seine Verstandeskräfte immerhin, wenn gerade nicht beschränkt, doch eben auch nicht ausgezeichnet genannt werden konnten.

So hatte sich Hausers Charakter unter meinen Augen entwickelt. Darüber, dass er in der ersten Zeit keine Spur einer Lügenhaftigkeit, vielmehr eine seltene Wahrheitsliebe zeigte, und jene nichts anders als eine üble, aus jugendlichem Leichtsinne entsprungene Angewöhnung und erst Folge der unglückseligen Verhältnisse gewesen, das wird Professor Daumer, sodann Professor Herrmann in München, der im Jahre 1828 und 1829 zugleich mit diesem und mir Beobachtungen über diese ausserordentliche Erscheinung anstellte, bestätigen.

Ich bin nun aber seit November 1831 ganz ausser Verkehr mit Hauser gekommen; welche Richtung sein Charakter seitdem genommen, hierüber kann ich keine Auskunft geben[29].» Hiltel, Preu, Binder, Daumer, Feuerbach und Tucher bilden in Nürnberg den engsten Menschenkreis um Kaspar Hauser. Sie erscheinen wie vom Schicksal ausersehen, um ihn zu sein und ihm zu dienen. Keiner von ihnen ist in seinem Leben an ihm irre geworden, keiner hat sich zu der späteren Kampagne der Verleumdung Kaspar Hausers hergegeben. Aus einem teils gefühlsmässigen, teils gedanklichen Verstehen, ohne die Hintergründe des Falles im einzelnen zu überschauen, haben sich diese Männer zeitlebens aus der Überzeugung und dem Bewusstsein der Wahrheit für ihn eingesetzt.

Die wichtigsten Phänomene, die sich an Kaspar Hauser vor allem in der ersten Zeit zeigten, sind durch die zitierten Zeugnisse der ersten Beobachter belegt. Das kindliche Wesen, das in dem 15jährigen deutlich die künstlich zurückgehaltene Entwicklung bewies, lebte sich in Unschuld und Reinheit dar.

Ein ausgesprochener Gehorsam und eine kindliche Verehrung der Autorität zeichneten ihn aus. Sein Gedächtnis grenzte ans Unwahrscheinliche. Er konnte noch nach Wochen die Namen und die komplizierten Titel einer grösseren Anzahl von Personen, die ihm vorgestellt worden waren, wortgetreu aus dem Gedächtnis wieder hersagen, natürlich ohne etwas davon zu verstehen. Eine ungeheure Lernfähigkeit ermöglichte es ihm in den ersten Wochen und Monaten, in Tagen das aufzunehmen und nachzuholen, wozu andere Jahre brauchen. Kaspar Hauser war insbesondere am Anfang ein sehr lernwilliges und lernfähiges Kind, das keineswegs im gewöhnlichen Sinne als heilpädagogisch zu bezeichnen ist.

Am auffallendsten waren wohl die Sinnesqualitäten Kaspar Hausers. Zu den Tatsachen, die immer wieder auf Unglauben gestossen sind, obwohl sie von vielen Zeugen und auch im ärztlichen Gutachten von Preu und Osterhausen ausdrücklich bestätigt werden, gehört seine Nachtsichtigkeit. Er konnte in vollkommener Nachtfinsternis so gut sehen, dass er Geschriebenes und Gedrucktes lesen konnte, nachdem er erst lesen gelernt hatte. Die Merkwürdigkeit seines sinnlichen Wahrnehmungsvermögens liegt aber nicht nur in der ungeheuren Empfindlichkeit begründet, sondern auch darin, dass sich in ihm das kindliche, reine Wahrnehmen erhalten hatte. Was sonst der Mensch in einer frühkindlichen Phase, in die seine Erinnerung nicht zurückreicht, durchmacht, daran konnte sich Kaspar Hauser durch die gestörte Entwicklung erinnern. Feuerbachs Aufmerksamkeit ist es zu danken, dass ihm das Besondere an Kaspar Hauser überhaupt auffiel, des weiteren, dass er später Gelegenheit nahm, als Kaspar gelernt hatte, sich auszusprechen, ihn über diese Erfahrung zu befragen. Er schreibt darüber folgendes: «Die merkwürdigste Erfahrung, die aber erst einige Jahre später für mich ihre vollständige Bedeutung erlangte, verschaffte ich mir durch folgende Probe, auf welche ich dadurch geleitet wurde, dass mir, nach einer sehr naheliegenden Ideenverbindung, bei dem aus dunklem Kerker, erst im Jünglingsalter, zum Tageslicht hervorgekommenen Kaspar der berühmte Blinde des Cheselden einfiel, welcher wenige Wochen nach seiner Geburt erblindet, erst im Jünglingsalter, nach glücklich vollbrachter Staroperation, wieder sehend geworden war. Ich befahl Kaspar nach dem

Fenster zu sehen, deutete auf die grosse, weite Aussicht in die schöne, im Schmuck des Sommers prangende Landschaft und fragte ihn, ob das nicht schön sei, was er da draussen sehe? Er gehorchte, fuhr aber sogleich mit sichtbarem Abscheu wieder zurück, indem er ausrief: ‹Garstig! Garstig!› Dann deutete er auf die weisse Wand seines Zimmers und sagte: ‹Da nicht garstig!› Dass sein Wegwenden von jener Gegend nicht bloss aus dem empfindlichen Eindruck des Lichts auf seine Sehnerven zu erklären sei, glaubte ich deutlich wahrzunehmen. Seine Mienen drückten diesmal nicht gerade Schmerz, sondern vielmehr Abscheu und Grauen aus. Auch stand er in einiger Entfernung vom Fenster seitwärts, so dass er zwar die Gegend sehen, aber vom gerade einfallenden Lichtstrahl nicht getroffen werden konnte. Als nun Kaspar im Jahre 1831 einige Wochen lang bei mir als Hausgenosse war, wo ich fortwährend Gelegenheit hatte, ihn aufs genaueste zu beobachten und meine früheren Beobachtungen zu vervollständigen oder zu berichtigen, kam unter anderem auch das obige an die Reihe. Ich fragte ihn, ob er sich noch meines Besuches bei ihm auf dem Turm und dann besonders des Umstandes erinnere, dass ich ihn fragte, wie ihm die Gegend draussen vor dem Fenster gefalle? Er habe sich damals mit Abscheu von diesem Anblick weggewendet und immer ausgerufen: ‹Garstig! Garstig!› Warum habe er das getan? Was sei ihm denn da vorgekommen? ‹Ja freilich›, antwortete er mir, ‹war das sehr garstig, was ich damals sah. Wenn ich nach dem Fenster blickte, sah es mir immer so aus, als wenn ein Laden ganz nahe vor meinen Augen aufgerichtet sei, und auf diesem Laden habe ein Tüncher seine verschiedenen Pinsel mit Weiss, Blau, Grün, Gelb, Rot, alles buntdurcheinander ausgespritzt. Einzelne Dinge darauf, wie ich jetzt die Dinge sehe, konnte ich nicht erkennen und unterscheiden. Das war denn gar abscheulich anzusehen. Dabei war es mir ängstlich zu Mut, weil ich glaubte, man habe mir das Fenster mit dem buntscheckigen Laden verschlossen, damit ich nicht ins Freie sehen könnte. Dass das, was ich so gesehen, Felder, Berge, Häuser gewesen, dass manches Ding, das mir damals grösser vorkam als ein anderes, viel kleiner sei als dieses, manches Grosse viel kleiner als ich es sah, davon habe ich mich erst später auf meinen Spaziergängen ins Freie überzeugt. Endlich habe ich nichts mehr von dem Laden gesehen›[30].»

Dies ist ein einzigartiges Zeugnis für das ursprüngliche Auftreten der reinen Wahrnehmung im Menschen. Rudolf Steiner beschreibt sie in der «Philosophie der Freiheit» im Kapitel «Die Welt als Wahrnehmung» wie folgt: «Wir müssen uns vorstellen, dass ein Wesen mit vollkommen entwickelter menschlicher Intelligenz aus dem Nichts entstehe und der Welt gegenübertrete. Was es da gewahr würde, bevor es das Denken in Tätigkeit bringt, das ist der reine Beobachtungsinhalt. Die Welt zeigte dann diesem Wesen nur das blosse zusammenhanglose Aggregat von Empfindungsobjekten: Farben, Töne, Druck-, Wärme-, Geschmacks- und Geruchsempfindungen; dann Lust- und Unlustgefühle. Dieses Aggregat ist der Inhalt der reinen, gedankenlosen Beobachtung. Ihm gegenüber steht das Denken, das bereit ist, seine Tätigkeit zu entfalten, wenn sich ein Angriffspunkt dazu findet. Die Erfahrung lehrt bald, dass er sich findet. Das Denken ist imstande, Fäden zu ziehen von einem Beobachtungselement zum andern. Es verknüpft mit diesen Elementen bestimmte Begriffe und bringt sie dadurch in ein Verhältnis[31].»

Es sei noch darauf hingewiesen, dass Kaspar, der immerhin mit einem gewissen Bewusstsein diese Wahrnehmungen macht, von Abscheu und Grauen erfasst wird, bis es ihm gelingt, zu einer gedanklichen Durchdringung des Wahrgenommenen zu kommen. Die Begriffe, die allmählich mit dem Wahrgenommenen verbunden werden, verändern tiefgehend den Eindruck des Wahrgenommenen. Die beiden Quellen des bewussten menschlichen Seelenlebens, wie sie von Rudolf Steiner als Wahrnehmung und Denken in der «Philosophie der Freiheit» unterschieden werden, treten in Kaspar Hauser noch getrennt auf, und es wird deutlich, in welcher Weise das gewöhnliche Bewusstsein beide Elemente chaotisch vermischt.

Daumer kam zu spät zu der Erkenntnis, dass Kaspars ganze Seelenverfassung auch damit zusammenhing, dass er bis dahin keinerlei Fleischkost zu sich genommen hatte. Als seinen einzigen, aber grossen Fehler in der Erziehung und Pflege Kaspar Hausers bezeichnete er es später, dass er es unternommen hat, ihn an die Fleischkost zu gewöhnen. Die besänftigende, beruhigende Wirkung auf wilde oder ungebärdige Tiere, die für die erste Zeit gelegentlich berichtet wird, trat zurück in dem Masse, in dem Kaspar Hauser lernte, sich in der üblichen Weise zu ernähren. Überhaupt ist zu bemerken, dass mit dem Erwachen der Intelligenz, dem Ergreifen der Begriffe, der Veränderung der Wahrnehmung, dem Umgewöhnen in der Ernährung ein allmähliches Zurückgehen seiner ursprünglichen Fähigkeiten zu beobachten ist.

Seine Entwicklung verläuft unter der Leitung Daumers so günstig, dass im Sommer 1829 in der Öffentlichkeit Kaspars Absicht laut wird, seine Autobiographie zu schreiben. Dies rief die Gegner offenbar erneut auf den Plan. Wie aus den überlieferten oder vor der Polizei gemachten Aussagen Kaspars hervorgeht, war er aber tatsächlich nicht in der Lage, sich an Genaueres, für die Täter Gefährliches zu erinnern. Die im Hintergrund des Verbrechens Stehenden hatten ihn in die Welt gestossen, damit er darin verschwinde oder umkomme. Seine ganze Entwicklung in Nürnberg, die Aufnahme und Anteilnahme, die er gefunden hatte, konnten gewiss nicht im Interesse derer liegen, die ihn ausschalten und verderben wollten. Sie mussten erkennen, dass ihr Plan, ihn verschwinden zu lassen, misslungen war. Alarmierend mussten für sie die Nachrichten über die Autobiographie wirken, sie fühlten sich in ihrer Sicherheit bedroht und beschlossen, das Äusserste zu wagen, um ein Risiko für sie zu vermeiden. Feuerbach schreibt: «Wer sein Leben beschreibt, muss von seinem Leben etwas zu erzählen wissen. Es musste daher denen, die alle Ursache hatten, in der Dunkelheit zu bleiben, die sie um sich selbst und die zu ihnen führenden Spuren gezogen hatten, bei der Nachricht von einer Autobiographie Kaspars etwas eng um die Brust werden. Der Plan, den armen Kaspar in den Wellen der ihm fremden Welt lebendig zu begraben, war vereitelt. Nun erst wurde, wie die geheimen Verbrecher glauben mochten, Kaspars Ermordung für sie eine Art von Notwehr[32].»

Am 17. Oktober 1829 wird im Hause Daumers auf Kaspar Hauser ein Mordversuch von einem schwarzmaskierten Mann verübt. Feuerbach vertrat – im Gegensatz zu Pies[33] – die Auffassung, dass dieser Mordversuch ernst gemeint war und nur durch eine schnelle, unwillkürliche Bewegung Kaspar Hausers nicht sein Hals, sondern seine Stirn von dem waagerecht geführten Mordinstrument getroffen wurde. Von der Verletzung erholt sich Kaspar Hauser ziemlich schnell, eine für jeden sichtbare Narbe bleibt aber auf seiner Stirn zurück. Seine Haltung gegenüber diesem Ereignis beschreibt Fuhrmann, von dem später noch die Rede sein wird, so: «Sein kindlicher Sinn fühlte über dieses Ereignis nur Schmerz und Furcht, durchaus keine Erbitterung, keinen Zorn[34].»

Seine so oft beschriebene Güte leuchtet hier auf, eine gewisse Ängstlichkeit – wer könnte es nicht verstehen? – bemächtigt sich seines Wesens. Besonders gegenüber Messern und Waffen empfindet er eine unüberwindliche Furcht. Fühlt er schon das Ende voraus, das man ihm bereiten würde? Vom Psychologischen her ist es daher unvorstellbar, dass er einen Selbstmordversuch hätte unternehmen können, wie es von seinen Gegnern immer wieder behauptet wurde. Erst versetzte man ihn in tiefe Furcht vor der äusseren Gewalt, – dann besass man auch noch die Frechheit, ihn zu beschuldigen, er habe diese gegen sich selbst angewandt.

Zur Zeit des Mordversuches befindet sich Lord Stanhope, der später eine so einschneidende und verhängnisvolle Rolle im Leben Kaspar Hausers spielen sollte, in Nürnberg, wie es heisst in persönlichen Angelegenheiten auf Reisen befindlich, ohne von Kaspar Hauser Notiz zu nehmen, der doch wohl damals in Europa der bekannteste Bürger der Stadt war. Man muss es als symptomatisch ansehen, dass Lord Stanhope in diesem Augenblick auf der Bildfläche erscheint. Soll nicht die offen zur Schau getragene Beziehungslosigkeit zu Kaspar Hauser die vorliegende Beziehung verdecken?

Einige Zeit nach dem Mordversuch verlässt Kaspar Hauser aus verschiedenen Gründen Daumers Haus, wird aber weiter von ihm unterrichtet und erzogen. Nach einem kurzen Aufenthalt im Hause des Kaufmanns Biberbach wird er von seinem Vormund Tucher aufgenommen. Eine kurze Zeit des Einlebens in eine bürgerliche Existenz, ein Hinarbeiten auf eine künftige berufliche Arbeit folgen. Da erscheint Ende Mai 1831 Lord Stanhope wieder in Nürnberg. Nicht anders als ein schlangenhafter Verführer macht er sich an den unerfahrenen Jüngling heran, den er durch Versprechungen und Geschenke zu blenden, wie auch durch Anstachelung von Eitelkeit und Lügenhaftigkeit seelisch zu verwirren vermag. Lord Stanhopes Verhalten ist nicht nur unpädagogisch, sondern geradezu antipädagogisch, so dass der böse Wille schwerlich zu verkennen ist. Der Lord muss aber ein grandioser Schauspieler und Diplomat gewesen sein, denn zunächst gelingt es ihm, alle zu täuschen und jedem seine Absichten uneigennützig und edel erscheinen zu lassen, bis auf Kaspar Hausers Vormund Tucher, der die üble Wirkung Stanhopes auf die Seele Kaspar Hausers deutlich bemerkt, den Lord in seiner Hinterhältigkeit erkennt und ihm auch energisch entgegentritt – sich aber leider nicht durchsetzen kann. Tucher selbst sagt darüber (im gerichtlichen Gutachten von 1834):

«Ich kann nun bei meinem geleisteten Eide versichern, dass ich während der anderthalb Jahre, welche Hauser in meinem Hause zubrachte, und ehe Lord Stanhope nach Nürnberg kam, kein einzigesmal Veranlassung zum Tadeln, noch viel weniger zum Schelten bekam, und nur das Einzige meine Missbilligung erhielt, dass er durch allzu angestrengtes Lernen seinem Körper schade. Es beweist dieses hinreichend, dass in seinem Wesen keine natürliche Bösartigkeit war, und es bei seinem Leichtsinne nur einiger Aufsicht und konsequenter, kräftiger Behandlung bedurft hätte, um ihn vor dem Fehler der Lügenhaftigkeit und Eitelkeit zu bewahren und ihn sukzessive durch Gewöhnung ans Gute wieder auf die rechte Bahn zu leiten.

Leider konnte aber der eingeschlagene, durch die Erfahrung als der beste erprobte Weg nicht lange verfolgt werden. Lord Stanhope, welcher grosse Zuneigung zu dem Jungen gewann, übte einen gerade hinsichtlich der beiden genannten Fehler höchst nachteiligen Einfluss auf ihn aus, was mich zwang, meiner Vormundspflicht gemäss, jenen zu bitten, er möge sich aller, für den moralischen Charakter Hausers nachteiliger Insinuationen enthalten oder mich der Verantwortlichkeit eines Vormundes dadurch entheben, dass er die fernerweite Vorsorge für meinen Kuranden übernehme. Lord Stanhope wählte das letztere, worauf sich die Führung meiner Vormundschaft endigte, und ich von meiner Oberkuratelbehörde vollkommen dechargiert wurde. Das geschah, wie schon oben erwähnt, im November 1831[35].»

Lord Stanhope entwickelt sich im folgenden schnell vom väterlichen Freund, Wohltäter und Beschützer zum skeptischen, distanzierten Zweifler, schliesslich zum übelsten Gegner. Dass diese Ansicht berechtigt ist, ergibt sich aus einem Erlebnis, das Daumer mit Lord Stanhope hatte, und das diesem, der zunächst Stanhope arglos gegenüberstand, die Augen über die wahren Beweggründe des Lords öffnete. Daumer hat zuerst von der «unbegreiflichen Metamorphose» des Lords vom Freund zum Feind gesprochen, unbegreiflich deswegen, weil sie gar keine gewesen ist. Die so entscheidende, das Wesen Lord Stanhopes kennzeichnende Begegnung schildert Daumer so:

«Lord Stanhope beehrte nämlich nach Hauser's Tode, als er zum Behufe der Beschimpfung des Gemordeten eine so erstaunliche Tätigkeit entfaltete, mit mehreren Besuchen auch meine Wenigkeit und suchte mich, zu meinem grössten Erstaunen, da ich noch weit entfernt war, einen Feind der Hauser'schen Sache in ihm zu sehen, zu einem Zeugnisse wider Hauser zu verleiten. Er ging hierbei auf Nichts ein, was ihm zu Gunsten des Findlings von mir und meiner Mutter aus eigenster, sicherster Wahrnehmung und Beobachtung mitgeteilt wurde, da es ihm doch, wie man denken sollte, hätte erwünscht sein müssen, zu erfahren, dass sein ehemaliger Liebling kein so völlig schlechtes und unwürdiges Subjekt, und er selbst, der Graf, kein so gar schmählich Betrogener gewesen. Meine Mutter, merkend, was er im Schilde führte, bat und beschwor ihn mit tiefbewegter Seele, die Asche eines Unglücklichen, der ihm einst, als seinem väterlichen Freunde und Wohltäter, so kindlich vertraut habe und von dem sie gewiss wisse, dass er kein Betrüger und Bösewicht gewesen, nicht mit Schimpf und Schande zu bedecken. ‹Es schadet ihm ja nichts mehr›, antwortete er, wurde rot im Gesichte, kürzte seinen Besuch ab, rannte die Treppe hinab und liess sich nie wieder in meiner Wohnung sehen.

Was damals meine Mutter gemeint und ausgesprochen (der Graf hat eine ähnliche Äusserung sogar aus dem Munde einer königlichen Person zu vernehmen gehabt), wiederhole ich nicht; der Schein kann trügen, sie kann sich getäuscht haben. Ich erzähle bloss das tatsächlich Vorgegangene, das ich eidlich bezeugen kann und das mir auch mit zu dieser dunklen, schauerlichen Geschichte zu gehören scheint, ohne den Grafen eines Verbrechens oder einer Teilnahme daran zu beschuldigen. Ich gebe als meine Meinung nur so viel kund, dass es dem Grafen bei seinem Handeln so ganz einfach um die Wahrheit nicht zu tun gewesen sei; dass er versteckte Motive gehabt haben müsse, und dass er daher einer wahren Kritik nicht als der aufrichtige Charakter und glaubwürdige Gewährsmann erscheinen könne, als welchen man ihn gegnerischerseits, wo alles dem unglücklichen Opfer Feindliche vortrefflich, edel, verdachtlos und autoritätsvoll ist, gelten lässt und geltend macht[36].»

Lord Stanhope hat sich im übrigen noch auf andere Weise verdächtig gemacht, nämlich dadurch, dass er im Zusammenhang mit der Ermordung gezielt, bewusst unverdächtig erscheinen wollte. Zur Zeit der Ermordung befindet er sich in Wien, begibt sich dann nach München, wo er am 25. Dezember 1833 einen Brief an Kaspar Hauser aufgibt und mit dem Poststempel versehen lässt. Soll man glauben, dass der Lord von dem Mordanschlag vom 14. und dem am 17. Dezember eingetretenen Tod seines Pflegesohnes und Mündels noch nichts gehört hatte, obwohl dies Ereignis als Sensation des Tages in aller Munde war? Hier bleibt nur zu sagen: Man spürt die Absicht, und man ist – entsetzt.

Dieser Mann ist nun der neue Vormund Kaspar Hausers und trennt ihn von Daumer und den Nürnberger Freunden dadurch, dass er ihn nach Ansbach bringt. Nur Feuerbach, der in Ansbach wohnte, blieb unmittelbar mit ihm verbunden. Man darf nicht ausser Acht lassen, dass Lord Stanhope es ist, der sein Mündel zu dem Lehrer Meyer in Ansbach bringt, mit dem gemeinsam er später den verstorbenen Kaspar Hauser schmähte und verfolgte und dessen Sohn die schon früher erwähnte unrühmliche Rolle gespielt hat. Über die Art des Unterrichts wie auch über die Wirkung, die der Lehrer Meyer auf die Seele Kaspar Hausers hatte, äussert sich Feuerbach folgendermassen:

«Dieser arme verwahrloste Jüngling, der erst seit kurzem den ersten Blick in die Welt getan und noch nachzuholen hatte, was unsere Kinder schon an der Mutterbrust, im Schosse ihrer Wärterinnen lernen, musste auf einmal mit der lateinischen Grammatik, mit lateinischen Exerzitien, mit Cornelius Nepos und endlich gar mit Caesar ‹De bello Gallico› seinen Kopf zermartern. In lateinische Schulschrauben eingezwängt, erlitt nunmehr sein Geist gleichsam seine zweite Gefangenschaft. Wie früher die Kerkermauern, sperrten ihn jetzt die bestaubten Wände der Schulstube von der Natur und dem Leben aus. Statt nützlicher Dinge gab man ihm Worte und Phrasen, deren Sinn und Beziehung er nicht zu begreifen fähig war, und verlängerte so auf das widernatürlichste von neuem seine Kindheit. Während er an dürrem Schulkram seine Zeit und seine ohnehin geringen Kräfte vergeuden musste, darbte er fortwährend an der notdürftigsten Kenntnis von Dingen, die seine Seele nähren und erfreuen, seinem wunden Gemüt einigen Ersatz für die verlorene Jugend gewähren und ihm zur Grundlage für irgend einen künftigen Beruf dienen konnten. ‹Ich weiss gar nicht›, sagte er öfters in Unmut und halber Verzweiflung, ‹wozu ich alle die lateinischen Sachen brauchen soll, da ich doch kein Pfarrer werden kann und kein Pfarrer werden mag›. Als ihm einst hierauf ein Pedant erwiderte, dass ihm das Erlernen der lateinischen Sprache wegen der deutschen Sprache unentbehrlich sei, und dass man, um gründlich Deutsch zu lernen, man gründlich Latein zu lernen habe, erwiderte sein gesunder Menschenverstand: ‹Ob denn auch die Römer Deutsch hätten lernen müssen, um gründlich lateinisch sprechen und schreiben zu können?›[37]»

Bei dem Lehrer Meyer, der gewiss für derart humoristische Wendungen keinen Sinn hatte, verbrachte Kaspar Hauser die letzten zwei Jahre seines Erdenlebens. Ist es nicht natürlich, dass sein Wesen nach aussen verkrustete, dass diese Behandlung seine Fähigkeiten nicht erweckte, dass er sich einem Menschen wie Meyer nicht anvertrauen und offenbaren konnte? Man behandelte ihn in der allerverkehrtesten, lieblosesten Weise, um dann die Folgen dieser Behandlung gegen ihn zu benutzen und durch einen Augenzeugen und Lebensgenossen gegen ihn zeugen zu können, wie es Meyer und Sohn später taten. In unübertroffener Weise hat Jakob Wassermann in seinem Roman Meyer in der Gestalt des Lehrers Quandt charakterisiert.

Einer gütigen Wendung des Schicksals ist es zu danken, dass Kaspar Hauser in Ansbach bei Pfarrer Fuhrmann Konfirmationsunterricht bekommt. Dieser Persönlichkeit, die als christlicher Gottesstreiter Stanhope und Meyer entgegensteht, zu begegnen, ist für Kaspar Hauser deshalb so bedeutungsvoll, weil er in ihr das lebendige, wirkende Christentum finden konnte. Fuhrmann, evangelischer Pfarrer an der Gumbertus-Kirche, erscheint in seinen später gedruckten Reden anlässlich der Konfirmation und des Begräbnisses von Kaspar Hauser als ein Mann, dem das Evangelium noch sicher gefühlte Wahrheit ist und der von den Grundtatsachen des Christentums in seinem Gemüt jenseits von Zweifel und Kritik tief durchdrungen ist.

Von Pfarrer Fuhrmann wird er am 20. Mai 1833, wenige Tage vor dem Tode Feuerbachs, in Ansbach konfirmiert. Dass es sich dabei nicht nur um etwas Formelles oder Äusserliches handelte, geht aus den Worten Fuhrmanns bei der Trauerrede hervor: «Am 20. Mai dieses Jahres beging er seine Konfirmationsfeier und seinen erstmaligen feierlichen Abendmahlsgenuss mit einer Rührung und Erhebung des Gemütes zum Heilande, die alle ergriff, die Zeugen davon waren und mir, seinem Religionslehrer, die Überzeugung gewährten, dass das Evangelium von Christo, das da selig machet alle, die daran glauben, tiefe Wurzel in seinem Herzen geschlagen habe[38].»

Die unmittelbare Wirkung, die von seinem Wesen ausging, wird durch die Wirkung des Sakramentes gesteigert und erhöht. Das wird in folgenden bewegten und bewegenden Worten Fuhrmanns deutlich. Er sagt: «Der 20. Mai des vorigen Jahrs war der feierliche Tag, von welchem noch jetzt Hunderte als von einem Tage der Erhebung für sie sprechen. Es war Hausers Konfirmationstag. Die angesehensten hiesigen Familien, in welchen mit wahrer Christenmilde kindliche Gefühle für den Bedauernswerten erweckt worden waren, umgaben ihn und seine Pfleger und Führer, welche ihn auf seinem heiligen Gange in die zum Erdrücken angefüllte Kapelle [– die eine Schwanenritterkapelle ist –][39] der schönen hiesigen Gumbertus-Kirche begleitet hatten... Ein Sängerchor trug das Gebet: ‹Schaffe in mir, Gott, ein reines Herz und gib mir einen neuen gewissen Geist; verwirf mich nicht von deinem Angesicht –, und nimm deinen heiligen Geist nicht von mir› vierstimmig vor.

Während dieses Gesanges kniete Hauser auf einem Betschemel vor dem Altare. Der Augenblick aber, in welchem er sich niederliess, die Rührung, mit der er im Stillen obige Worte betete, brachten auf die ganze Versammlung eine ausserordentliche Wirkung hervor. Aller Lippen regten sich leise; aller Herzen beteten mit ihm und für ihn[40].»

Am 29. September 1833 wird Kaspar Hauser 21 Jahre alt. Daumer ist in diesem Jahre 33 Jahre alt geworden. Nach seinem Geburtstag macht Kaspar Hauser im Herbst einen Besuch in Nürnberg. Er trifft Binder und Daumer wieder, und er fasst den Entschluss, zu Daumer zurückzukehren, wenn es ihm die Umstände erlauben. In seiner Naivität hofft er, dass ihm Lord Stanhope es in nächster Zeit ermöglichen würde, den Lehrer Meyer in Ansbach zu verlassen und ein unabhängiges Dasein zu führen. Wie sehr die geheimen Verbrecher durch die Entwicklung Kaspar Hausers beunruhigt wurden, kann man nur ahnen. Merkten sie, dass sein Genius seine Flügel dennoch ausbreiten wollte, obwohl sie doch alles getan hatten, um diese zu verstümmeln? Sicher ist jedenfalls, dass in diesem Herbst 1833 sein Tod in einem geheimen Rat beschlossen wird. Am 27. November 1833 lässt man das Austauschkind Kaspar Ernst Blochmann aktenmässig sterben. Am 14. Dezember 1833 wird Kaspar Hauser von einem Unbekannten, der ihn unter einem Vorwand in den Hofgarten von Ansbach lockte, niedergestochen, als er einen Beutel öffnen will, der ihm zur Ablenkung übergeben worden war. Als er an diesem Sonnabend Nachmittag gegen vier Uhr wankend bei Meyer ankommt, schenkt dieser seinem Bericht keinen Glauben. Er packt den, wie sich später herausstellt, vierfach tödlich Getroffenen und zwingt ihn, zum Hofgarten zurückzugehen. Ein erstaunlicher Ausdruck todesbezwingender Lebenskraft ist es, dass Kaspar Hauser den grössten Teil des Weges noch zurücklegen kann, bevor er zusammensinkt und in Meyers Haus zurückgebracht werden muss. Meyer hält Kaspars Aussage weiterhin für eine Erfindung. Die Wunde habe er sich selber beigebracht, um aufzufallen. Als die Ärzte feststellen, dass Kaspar Hausers Leben unrettbar verloren ist, bringt Meyer die verleumderische Ansicht auf, dass er ein unfreiwilliger Selbstmörder und im ganzen ein Betrüger und Lügner sei. Dadurch werden auch noch die letzten drei Tage seines Lebens in gewisser Weise überschattet. «So abkratzen müssen mit Schimpf und Schande», lässt ihn Wassermann sagen[41].

Am Dienstag, dem 17. Dezember 1833 abends 10 Uhr, neigt sich sein Leben dem Ende zu. Wie ein schmerzliches Hinblicken auf die Mission, die er nicht erfüllen konnte, klingt sein Wort: «Das Ungeheuer war stärker». Aber das Ungeheuer ist nicht so stark, dass es hätte verhindern können, dass der Pfarrer Fuhrmann an seinem Todeslager steht. Im Todesaugenblicke leuchtet das Licht des Christentums hell in ihm auf, und Fuhrmann ist der weltgeschichtliche Zeuge dieses Ereignisses. Kaspar Hauser dankt und vergibt allen, auch dem Lehrer Meyer und sogar seinem Mörder. Fuhrmann berichtet: «Der Entschlummerte hat das Wort der Vergebung noch mit sterbender Lippe ausgesprochen[42].» Das zentrale Geschehen des Christentums wird durch Fuhrmann in Kaspar Hausers Bewusstsein versetzt. «Je mehr wir seine (des Christus) Erkenntnis uns angelegen sein lassen, je tiefer wir in dieselbe eindringen, je inniger wir uns an den halten, der der Weg, die Wahrheit und das Leben ist, und ohne den niemand zum Vater kommen kann, desto williger ergeben wir uns seinen Fügungen, desto lebendiger ist die Überzeugung, dass sie Heil und Segen auch unter Tränen und Seufzen uns gewähren, desto herzlicher und zufriedener beten wir dann: ‹Vater, ist's möglich, so gehe der Kelch von mir, doch nicht mein, sondern Dein Wille geschehe!› Brüder und Schwestern, die ihr mit tiefem Schmerzgefühle unter den Todenhügeln, von denen wir umgeben sind, auch den des Jünglings erblicket, der die Teilnahme und Aufmerksamkeit fast eines Weltteils in Anspruch nahm, vernehmet bei dieser Gelegenheit zum Trost und zur Lehre, dass jenes Gebet, welches wir bei Matth. XXVI, 39 finden, eines seiner letzten Worte war. Und ein Wort an der Grenze des Lebens, ein Wort in der Nähe des Todes, und eben damit auch des Thrones der ewigen Gerechtigkeit, kommt nicht leicht aus einem heuchlerischen Herzen, sondern es enthält die ganze Seele des Menschen, und lässt uns untrügliche Blicke in sein Innerstes tun[42].»

Kaspar Hauser, dessen ganzes Leben durch verbrecherische Impulse zu einem Opfergang wird, nimmt sein Schicksal, nimmt seinen Tod an in dem Bewusstsein: «Vater, nicht mein Wille geschehe, sondern der deinige.»

Fuhrmann lenkt die Aufmerksamkeit des Sterbenden darauf, dass der Christus diese Worte gesprochen hat, als er sich bereit machte, sich im Leiden und im Tode zu opfern. So in seiner Seele von dem Christus-Impuls erfüllt, tritt Kaspar Hauser über die Schwelle des Todes in die geistige Welt ein.

Auch Daumer spricht über das Sterben Kaspar Hausers. Sein Bericht schliesst mit einer unvergesslichen Wendung, die wie ein intuitiver Blitz Kaspar Hausers Wesen erhellt: «Wahrlich, man hat diesem armen Menschen auch von Seiten derer, mit denen er lebte und denen er untergeben war, entsetzlich viel Böses zugefügt; und dennoch sagte er in seiner reinen Güte: ‹Es hat mir niemand Etwas getan›. Er starb mit einer Lüge – *aber es war die Lüge eines Engels*[43].»

«Zwei Tage später wurde er begraben; es war Nachmittags und der Himmel von wolkenloser Bläue. Die ganze Stadt war in Bewegung. Ein berühmter Zeitgenosse, der Kaspar Hauser das Kind von Europa nennt, erzählt, es sei zu der Stunde Mond und Sonne zu gleicher Zeit am Firmament gestanden, jener im Osten, diese im Westen und beide Gestirne hätten im selben fahlen Glanz geleuchtet[44].» So stellt Wassermann den Tod Kaspar Hausers in einen eigentümlichen kosmischen Zusammenhang. Das Kind Europas, das kurz vor Weihnachten ermordet wird, trägt man zu Grabe unter einer Osterkonstellation*.

Als ganz im Sinne Kaspar Hausers muss es empfunden werden, wenn Fuhrmann in der Trauerrede über dessen Mörder sagt: «Mit christlichem Sinne bemitleiden wir die Hand, die seinem Erdenleben ein frühes Ziel gesteckt, mit versöhnlichem beten wir für den Unglücklichen, der eine vielleicht schöne glückliche Wendung seines Erdenschicksals frevelhaft zerstört hat und halten fest an dem Glauben, dass die den Leib töten können, nicht auch über die Seele ihre finstere Macht auszudehnen vermögen[45].»

Als ein unschuldiges, reines Wesen erschien Kaspar Hauser unter den Menschen, und er verlässt die Erde als Opfer verbrecherischer Manipulationen, indem er sich im Tode mit dem Mittelpunktsereignis der Erdenentwicklung, dem Christusimpuls, wie er im Mysterium von Golgatha erschien, innig verbindet.

Verbrechen am Seelenleben eines Menschen aus okkulten Motiven (nach Feuerbach)

Wenn man die skizzierte Kaspar Hauser-Geschichte verfolgt, kann man sie wirklich nur, wie es geschehen ist, als Rätsel der Zeit bezeichnen. Für die Wissenschaft gibt es ausser der Tatsachenfeststellung und dem Hinweis auf das gelungene dynastische Verbrechen keinerlei Erklärungen, denn das Ganze ist mit den Mitteln der heutigen Wissenschaft weder zu erklären noch zu verstehen. Selbst Daumer und Feuerbach empfanden sehr wohl, dass die ganze Angelegenheit letztlich rätselhaft blieb.

Welche tiefreichenden Motive können dazu führen, ein Kind, später einen jungen Mann so zu behandeln, wie es geschehen ist! Es war ein äusserst gefährliches Unternehmen, das von vornherein die Notwendigkeit einschloss, es langfristig – hier schliesslich über zwei Jahrzehnte – durchzuhalten. Eine Reihe von Menschen muss mit diesen Vorgängen lange Zeit beschäftigt gewesen sein. Erhebliche Mittel waren notwendig und sind aufgewandt worden. In diesem Zusammenhang ist es erforderlich, das Vorgehen gegenüber Kaspar Hauser mindestens als ein zweistufiges zu erkennen. Das dynastische Verbrechen, in dem wohl die Reichsgräfin von Hochberg die treibende und entscheidende Rolle spielt, steht so im Vordergrund, als sollte es ein viel bedeutenderes Geschehen im Hintergrund verdecken. Ein Hinweis darauf ist in der Tatsache gegeben, dass aus dem dynastischen Verbrechen die Entführung und insbesondere die spezielle Art der Einkerkerung nicht zu erklären sind. Alle Versuche, die in dieser Richtung gemacht wurden, bleiben schliesslich unbefriedigend. Selbst Feuerbach kam hinsichtlich der Gefangenschaft nur zu der Vorstellung, dass ein Wohltäter Kaspar Hauser dadurch schützen wollte. Aber es ist eben nicht einleuchtend, wie sich ein solcher Schutz mit einer so ungeheuren Grausamkeit einem Kind gegenüber verbinden sollte. Ein Schutz wäre in jedem Falle auch anders möglich gewesen. Aus der Unerklärbarkeit der Gefangenschaft ist schliesslich ein Zusammenhang mit dem dynastischen Verbrechen oder gar dieses selbst bestritten worden.

Kaspar Hausers Gefangenschaft stellt sich vor jeden Betrachter als ein nahezu unlösbares Rätsel hin. Und doch hängt gerade von der Lösung dieses Rätsels Entscheidendes ab. Man beginnt erst mit den Schwierigkeiten zurechtzukommen, wenn man sich bewusst macht, dass das Problem tatsächlich durch keine Sinneserkenntnis lösbar ist, einfach deswegen, weil es ein okkultes ist. «Wo Sinneswissen endet, da stehet erst die Pforte, die Lebenswirklichkeiten dem Seelensein eröffnet», heisst es in einem Wahrspruchwort Rudolf Steiners. An die Schwelle der geistigen Welt wird der notwendigerweise herangeführt, der ein Verständnis für die Behandlung Kaspar Hausers sucht. Und erst die menschenkundlichen Erkenntnisse, die Rudolf Steiner durch das Überschreiten der Schwelle zur geistigen Welt gewonnen hat, sind geeignet, wirklich weiterzuführen. Durch die Tatsache, dass Kaspar Hauser erst in der Anthroposophie in elementarer Weise verständlich werden kann, steht er zu dieser selbst in einer eigentümlichen Beziehung. Wenn man die anthroposophischen Erkenntnisse auf Kaspar Hauser anwendet, fällt ein geradezu erschreckendes Licht auf die Behandlung, der man ihn unterzog.

Zunächst ist festzustellen, dass man das Kind sorgfältig pflegte, dass man es sich entwickeln liess, bis sich das Ich in Gehen, Sprechen und Denken in der Leiblichkeit befestigt hatte. Es kam alles darauf an, über das Geistig-Seelische eine gewisse Macht von der Leiblichkeit aus zu gewinnen, mit der sich das Ich in der Inkarnation verbinden wollte. Die Täter hatten somit nur Interesse an dem lebenden Kaspar Hauser, während das dynastische Verbrechen immer die Tötung forderte, wie es dem Bruder, dem Erbprinzen Alexander, 1817 geschah. Das Verbrechen an Kaspar Hauser liegt also in der zweiten Schicht nur in seiner Persönlichkeit begründet. Diese sollte von ihrer Erdenaufgabe, von ihrer geschichtlichen Mission getrennt werden. Dazu aber war nötig, dass er am Leben blieb. Rudolf Steiner hat den Hinweis gegeben, dass Kaspar Hauser sich bald wieder hätte inkarnieren können, wenn man ihn getötet hätte. Dies entspricht einem gewissen menschenkundlichen Gesetz. Ein kleines Kind, das ein für ein ganzes Leben reichendes Schicksalsnetz ins Dasein mit hineinträgt, kann bald wieder inkarniert werden, besser, sucht sich einen anderen Leib, wenn es aus irgendwelchen Gründen jung verstirbt. Die Täter haben dieses Gesetz gekannt und das kleine Kind entsprechend behandelt.

Dann folgt das Leben in dem von ihm beschriebenen Verlies. In dieses wird es versetzt, als sich in dem Kind bleibende Erinnerungen zu bilden beginnen. Diese hätten zweifellos den Tätern später gefährlich werden können. Das sahen sie voraus. Das sich bildende Erinnerungsvermögen zeigt an, dass das Ich die Leiblichkeit stärker von innen ergreift. Dadurch findet eine weitere Festigung in der Inkarnation statt, so dass nicht mehr so leicht die Gefahr bestand, dass das Kind sterben würde. Es wurde in einen Zustand zwischen Leben und Tod, zwischen Wachen und Schlafen versetzt. Es wurde ihm unmöglich gemacht, sich als Mensch auf der Erde zu entwickeln, zugleich aber wurde verhindert, dass es in die geistige Welt durch den Tod zurückkehren konnte. Es versinkt, wie aus seinen eigenen Darstellungen hervorgeht, in eine Art Dämmerzustand. Die leibliche Entwicklung geht stark verlangsamt vor sich, die geistig-seelische bleibt im wesentlichen stehen. Es ist nicht nur eine leibliche, sondern auch eine Art innerer geistiger Gefangenschaft. Es geht darum, eine Individualität in einem Schwebezustand festzuhalten und dadurch auszuschalten.

Kaspar Hauser im Verlies sitzend – das kann als Urphänomen des modernen Menschen empfunden werden. Der Mensch soll seiner Ichentwicklung und seinem Schicksalsgang entfremdet werden, – er wird unter das ihm mögliche Niveau heruntergedrückt. Kaspar Hauser wird daran gehindert, sich aufzurichten, sein Ich auf die Erde zu stellen. Er darf nicht gehen und damit sein Schicksal finden. Er kann nicht sprechen und denken und vor allem, er kann keinen anderen Menschen finden. Das alles bildet ein Gegenbild zu dem, was Kaspar Hauser in Wahrheit wollte. Aber es ist ihm in seinem Schicksal beschieden, urbildhaft, ins Grausige gesteigert, das Schicksal der modernen Menschheit vorab zu erleben. Unzählige Menschen können heute als in unsichtbaren Käfigen sitzend empfunden werden. Als Kinder werden sie hineingesteckt, durch Medikamente, die das Menschenwesen mehr fesseln als heilen, durch pädagogische Massnahmen, die den jungen Menschen in der Intellektualität erstarren lassen, durch eine Ernährung, die als ein rein chemisch-biologisches Geschehen verstanden wird und durch vieles andere mehr.

Nach über 12jährigem Sitzen in seinem Verlies wird Kaspar Hauser von denen, die ihn verderben wollten, in die Welt hinausgestossen, damit er in ihr verkomme. Der Plan, ihn in einem Reiterregiment verschwinden zu lassen, * ist offenbar misslungen. Seine Entwicklung hat einen anderen Verlauf genommen, als die im Hintergrund stehenden Täter annahmen und wünschten. Dafür sprechen der Mordversuch und die Ermordung selbst, die doch wohl in jedem Falle gefährliche, letzte Mittel waren. Die Gegner haben sich sowohl in Kaspar Hausers Entwicklungsmöglichkeiten als vor allem auch in den Menschen getäuscht, zu denen er kam, zu denen er gehörte und die ihn verstanden.

* allerdings entspricht das Vorgehen, wenn dies wirklich der Plan gewesen sein sollte, nicht dem Vorangegangenen, es erscheint als derart stümperhaft, daß der Erfolg von vornherein in Frage steht — Dahinter muß noch anderes stecken, bzw. der Ablauf der ersten Zeit entspräche durchaus der Intention →

Lord Stanhope wird ihm zu seinem Verderben in den Weg geschickt, als die Entwicklung sich zu weit von dem entfernt hat, was die Verbrecher zulassen konnten. Lord Stanhope tut alles, um seine Seelenentwicklung, die ein grosser Nachholprozess war, zu beeinträchtigen, indem er die Eitelkeit anstachelt und ihn zum Lügen zu verleiten sucht. Dann bereitet er ihm eine zweite Gefangenschaft in dem Philisterium des Lehrers Meyer. Es gelingt ihm auch, ihn von Menschen wie Binder, Daumer und Tucher zu trennen, wenigstens räumlich. Durch Lord Stanhope wird auf die zweite Schicht des Verbrechens an Kaspar Hauser und auf die Hintermänner deutlich hingewiesen, und diese Spur weist unerbittlich nach Westen.

Schliesslich geht auch die Ermordung Kaspar Hausers knapp drei Monate nach seinem 21. Geburtstag offenbar auf menschenkundliche Erwägungen zurück. Sein Ich regte sich. Er hatte sich in der Konfirmationsfeier tief mit dem Christentum verbunden. Gewisse übersinnliche Erlebnisse, wie sie auch Wassermann in seinem Roman berichtet, traten an seine Seele heran. Der Plan der Gegner war in gewisser Hinsicht gescheitert. Sein Tod wurde beschlossen, um ein weiteres Risiko auszuschliessen.

Aus dieser Betrachtung geht klar hervor, in welcher Weise bestimmte Menschengruppen in der Geschichte konkret den Widersachermächten gedient haben. Dem Verbrechen an Kaspar Hauser liegen offenbar tiefgehende okkulte Erkenntnisse zugrunde, die damals noch nicht öffentlich bekannt waren. Diese Erkenntnisse beziehen sich schon vor der Geburt Kaspar Hausers auf das Wann – Wo – Wie seines Erscheinens. Das Herankommen und Hereinkommen dieser Individualität mit ihren Lebensplänen und Erdenaufgaben muss beobachtet worden sein. Die Reichsgräfin von Hochberg diente mit ihren ehrgeizigen Plänen und ihren dynastischen Absichten nur Zwecken, von denen sie wohl nichts ahnte. Die Veranlasser des Verbrechens an Kaspar Hauser besassen bedeutende geistige Erkenntnisse. Ihrem Range, nicht ihrer Moralität nach, sind sie den Heiligen Drei Königen zu vergleichen. Sie haben seinen Stern aufgehen sehen. Ihre geheim gehaltenen Erkenntnisse wenden sie aber nicht zum Heil der Menschheit und zur Entwicklung einer Persönlichkeit an, sondern zur Begründung von Macht und Herrschaft. Ein finsteres Königtum wird sichtbar, dessen eiskalte Weisheit sich bewusst gegen den Christusimpuls stellt. Die Veranlasser verfolgen in diesem Sinne weitreichende Pläne in der Menschheitsgeschichte. Ihre Wirkensweise ist dadurch bestimmt, dass sie Menschen ihrer Sache dienen lassen, ohne dass diese zu einer Erkenntnis kommen können noch sollen. Es ist von fundamentaler, ja wie-

⇒ So wie es einen Grund für die besondere Art und Weise der Einkerkerung gab, muß es auch Gründe geben dafür, daß außer dieser Einkerkerung keine negative Manipulation stattfand, und daß man ihn schließlich freiließ. Beides ist theoretisch betrachtet nicht selbstverständlich. Gleiches gilt dafür, das eine Einwirkung durch jemanden wie Lord Stanhope nicht sofort nach der Freilassung stattfand. Auch ist fraglich, ob Mordanschlag und schließlicher Mord von der gleichen Seite kamen, das Auftreten Stanhopes und daß bis zum Mord 4 Jahre vergehen spricht

derum urphänomenaler Bedeutung, zu erkennen, dass es im Hintergrund der Geschichte solche Menschen gibt, die bedeutende geistige Erkenntnisse wie Reinkarnation und Karma und das Wesen des Menschen in ihrem Sinne menschenfeindlich benutzen und in verheerender Form in die menschheitliche Entwicklungsgeschichte hineinstellen. Wenn es gelingt, in dem Kaspar Hauser-Schicksal das Wirken dieser finsteren, auf ihre Macht bedachten Könige zu erkennen, so wird dadurch schon ein Teil ihrer Macht zerstört.

In vielen Seelen sträubt sich etwas dagegen, einen so finsteren, bewusst bösen Zug in der Geschichte anzuerkennen. Das Kaspar Hauser-Schicksal ist nicht umsonst gewesen, wenn es in einem ernsthaften Erkennen den bösen Hintergrund erhellt, der selbst im Dunkeln bleiben möchte*. So können die, die Kaspar Hauser verderben wollten, durch eine Wissenschaft, die die geistige Welt und ihre Wesen ernst und wirklich nimmt, erkannt und durchschaut werden. An den Menschen, die zu einem Verstehen des Übersinnlichen durch Anthroposophie gekommen sind, liegt es, dem Opfer Kaspar Hausers diesen Sinn zu geben. Nachdem Kaspar Hauser als Opfer dieser unheiligen, eiskaltweisen Könige gestorben war, haben sie aus dem Verborgenen alles getan, um die Wirkungen, die von seinem Wesen ausgehen, zu paralysieren, um sein Wesen zu verschütten und sein wahres Bild zu übermalen. Meines Wissens ist in der neueren Geschichte ausser Rudolf Steiner kein Mensch derart verleumdet und in seinem Wesen verzerrt dargestellt worden wie Kaspar Hauser. Das wird für den nur konsequent erscheinen können, der die okkulten Motive der Veranlasser versteht und dadurch auch wissen kann, dass sie alles tun mussten und wollten, um unerkannt zu bleiben. Kaspar Hauser als Lügner, Betrüger, hergelaufenen Bauernburschen und Selbstmörder erscheinen zu lassen, sind dazu die einfachsten Mittel.

«Er wird so mächtig im Tode sein, als er ohnmächtig im Leben war» (Jakob Wassermann)

Überschaut man die Biographie und das Schicksal Kaspar Hausers mit einem Blick, der zunächst auf die äusseren Erscheinungen gerichtet ist, so ergibt sich das Bild des Unvollendeten, Unterlegenen, Besiegten, ja des Verhöhnten und Verspotteten. Dieser Eindruck wird noch verstärkt durch das, was nach seinem Tode über Kaspar Hauser ergossen worden ist. Nur ein kleiner Freundeskreis nahm sein wahres inneres Wesen in sich auf, schützte es und trug es in die Zukunft. Das Schicksal, das Kaspar Hauser im Leben erlitten hat, ist ein Weg

dagegen, übrigens wäre auch eine Entführung theoretisch denkbar, d.h. auch für die Tatsache des Mordes muß es Gründe gegeben haben. Es ist möglich daß man mit dem Vollzug des Mordes den vollständigen Vollzug der Inkarnation mit 21 abwartete, man ihn von diesem Zeitpunkt an für ungefährlich hielt, und im gleichen Zuge für sinnvoll, da die menschlichen und politischen Umstände zu gefährlich wurden.

letzter Prüfungen, die mit den Leidensstationen Christi verglichen werden können. Indem Kaspar Hauser diese Prüfungen demütig und aufrecht bis in den Tod durchsteht, trägt er ein christliches Schicksal im 19. Jahrhundert. Für die geistige Welt wird dadurch den Gegnern ihr Triumph genommen. Für die Geschichte der Menschheit geschieht dies, wenn diese Tatsache von Menschen erkannt und spirituell realisiert wird.

Kaspar Hausers ganzes Erdenleben war, wie Feuerbach schon für den Anfang treffend sagte, ein Marterweg, ein Martyrium, ein Opfergang. Dieses Opfer ist zunächst von aussen über ihn verhängt. Sein Auftrag wird ausgeschaltet, sein Lebensplan vernichtet. Ein Hinweis Rudolf Steiners, den er Friedrich Rittelmeyer gegenüber in Beziehung auf den Ersten Weltkrieg ausgesprochen hat, der aber wohl für manche geschichtliche Betrachtung gilt, kann hier weiter helfen: «Es hätte durchaus nicht so kommen müssen, wie es gekommen ist. – Aber was geschehen ist, das ist immer notwendig gewesen[46].» Im Sinne dieses schwer verständlichen Wortes handelt Kaspar Hauser, wenn er sich im Todesaugenblick mit dem Christuswort: «Vater, nicht mein Wille geschehe, sondern der deinige», durchdringt. Er lebt in der Bejahung seines Schicksals. Er nimmt sein Kreuz auf sich, er wandelt seinen Opfergang zu einer freien Opfertat. Der Opfergang gewinnt die Bedeutung einer Verchristlichung der Individualität. So betrachtet, wird das Wort Rudolf Steiners einsehbar: «Nächst Christian Rosenkreuz habe Kaspar Hauser die Leiden des Christus am stärksten nachempfunden[47].» Wenn ein Mensch das über ihn verhängte Leiden – das sich nicht aus einer schicksalsmässigen Verschuldung der Persönlichkeit ergibt – wie Kaspar Hauser in christlichem Sinne hinnimmt und wandelt, geschieht das, was die der Menschheitsentwicklung feindlichen Wesen und ihre menschlichen Diener nicht zu verstehen oder vorauszuberechnen vermögen. Ihre Pläne werden durchkreuzt, die Grenzen ihrer Einsicht deutlich, ihre Macht wird beschränkt.

Indem Kaspar Hauser den Opfergang in seine freie Opftertat wandelt, wird er ein Gefährte Christi. Der Opfertod findet seine Erfüllung in der Auferstehung. Dieser wird die Menschheit teilhaftig in einer spirituellen Erkenntnis seines Wesens. Ahnen kann man, wie sein zukünftiges Wirken die Auferstehungskräfte, die sich durch sein Opfer verstärkt haben, offenbaren wird und wie der, den die bösen Mächte in furchtbarster Weise verderben wollten, an der Erlösung des Bösen mitarbeitet. Kaspar Hauser ist durch seinen Opfergang zu einer der grossen christlichen Gestalten der Menschheit geworden.

Für die Gegenwart kann sich das Bild des Besiegten zu dem des Trösters wandeln, des Trösters, der an sich selbst die menschenzerstörenden Auswirkungen der Trägheit des Herzens erlebt hat und der dadurch zum Erwecker des Herzensmutes wird. Wenn man sich fragt, wie Kaspar Hauser zu seinem Schicksal selbst steht, dann kann man das ausgesprochen finden in dem Novaliswort: «Alles, was geschieht, will Ich.» Die höchste geistige Aktivität verbindet sich mit dem, was im Geschichtlichen – wie oben erwähnt (S. 66) – als eine erzwungene Notwendigkeit erscheint. Dadurch eint sich das Ich mit dem Strom des Weltgeschehens und befreit sich – paradoxerweise – gerade dadurch von dem Zwang.

Für den Betrachter, der für sich dieses Geschehen mitvollziehen will, stellt sich in diesem Sinne die Aufgabe, den Aspekt des besiegten Opfers zu überwinden. Man kann empfinden, dass diese Mut erfordernde Aufgabe eine michaelische ist, die zu erfüllen man Kaspar Hauser schuldig ist.

Noch ein anderes Lebensmotiv zeigt die innere Beziehung des am Michaelstage Geborenen zu der Wesenheit, derer an diesem Tage gedacht wird. Durch das Schicksal, das Kaspar Hauser erlitten hat, steht er so vor den Menschen, dass er sie ganz frei lässt. Was er äusserlich auf Erden getan hat, ist unscheinbar. Was von ihm historisch überliefert ist, kann die Möglichkeiten seiner Individualität nicht im entferntesten offenbaren. So geht nichts Zwingendes von ihm aus, er überlässt alles der eigenen Erkenntnis. Sein Wesen wird erst einem Verstehen zugänglich, das sich dazu aufschwingt, die übersinnliche Welt einzubeziehen.

Es muss noch die Frage aufgeworfen werden, wie die Gegner Macht über ihn gewinnen konnten. Das Wirken eines bedeutenden Menschen für eine grössere Menschengruppe hängt nicht nur von diesem, sondern auch davon ab, was ihm aus dem Umkreis entgegengebracht wird. Besonders bei einer spirituellen Mission, die auf die freie Erkenntnis und die selbstlose Tatkraft vieler Menschen vertraut, ist das von entscheidender Bedeutung. Nun kann man durchaus bemerken, dass schon bevor Kaspar Hauser erschienen ist, die spirituelle Leitung der geschichtlichen Entwicklung gehemmt und durchkreuzt worden war. So hatte vor allem der Graf von Saint-Germain alles daran gesetzt, Ludwig XVI. Anregungen zu vermitteln, die die notwendige Umwandlung der sozialen Verhältnisse in gesunder Weise herbeiführen konnten. Dies Wirken des Grafen von Saint-Germain führte aber tragischerweise nicht zu einem geschichtswirksamen Einschlag. Die Französische Revolution mit ihren Idealen der Freiheit, Gleichheit und Brüderlichkeit liess diese tieferen Zukunftskräfte nur chaotisch zum Vorschein kommen. Unverstanden gewannen sie nicht die Kraft, gestaltend in die soziale Wirklichkeit einzugreifen. So trat schliesslich konsequenterweise das Wirken Napoleons an die Stelle dieser Impulse.

Wichtig ist es auch, sich klarzumachen, dass der Geist, der von Goethe und Schiller ausging, doch nicht so angenommen wurde, wie dies notwendig gewesen wäre. Besonders auffallend ist es, dass Schiller 1805 in einen Geisteskampf fällt, als er das Schicksal des Demetrius darstellen will. Dieses Schicksal, das Schiller sieben Jahre vor der Geburt Kaspar Hausers gestalten wollte und worüber er gestorben ist, zeigt eine gewisse Ähnlichkeit mit dem des Kaspar Hauser. Demetrius wird von einer okkulten Clique von Kindheit an zu deren Zwecken manipuliert und soll seinem Schicksal und vor allem seinem eigenen Ich entfremdet werden.

In der Individualität des Demetrius aber liegen – ähnlich wie in der Kaspar Hausers – Kräfte, die dieses Vorhaben durchkreuzen. Der Zugriff auf das Ich gelingt nicht in geplanter Weise. Demetrius aber kann als betrogener Betrüger durch seine Individualität nicht das aufheben, was man ihm angetan hat. Das bedingt seinen tragischen Untergang, der seine zeitliche Erscheinung zerstört, um sein geistiges Wesen um so heller strahlen zu lassen[48].

Die Impulse der geistigen Welt, die sich in Goethe und Schiller und vielen anderen regten, konnten nicht in adäquater Weise in die physische Welt hineinwirken. Die Brücke zwischen der geistigen und der physischen Welt, wie sie in Goethes Märchen im Bilde erscheint, muss aber für die moderne Menschheit immer wieder gebildet werden, wenn sie nicht ganz in den physischen Untergang hineingerissen werden soll. Da musste ein Mensch die Brücke bilden. Kaspar Hausers Opfergang, in dem er seine Persönlichkeit hingab, ist diese Brückenbildung. Das ist die Bedeutung, die er für seine Zeit hatte und die weit ins 19. und 20. Jahrhundert hineinwirkte. Rudolf Steiner hat diese Aufgabe Kaspar Hausers so ausgesprochen: «Wenn Kaspar Hauser nicht gelebt hätte und gestorben wäre, wie er tat, so wäre der Kontakt zwischen der Erde und der geistigen Welt vollkommen unterbrochen[49].» Dieses Wort zeigt, wie anstelle der persönlichen eine kosmische Aufgabe für die Menschheit erfüllt wird. Er lebte, er litt, er starb für andere – für die Menschheit.

Im Opfer verbindet und durchdringt er sich mit dem Christus und kann durch die, die ihn erkennen wollen, hineinwirken in die Gegenwart und Zukunft. «Er wird im Tode so mächtig sein, als er ohnmächtig im Leben war.»

In den drei Abschnitten des ersten Kapitels wurde versucht, drei grosse, bewegte Bilder zu zeichnen. Das vielschichtige und differenzierte Ganze wird sichtbar, wenn die einzelnen Bilder nicht für sich stehen bleiben, sondern das eine durch das andere betrachtet und verbunden wird. In dem dreifach auffordernden Spruch auf seinem Grabstein kann eigenartigerweise eine Zusammenfassung gefunden werden. Dort steht:

«Hic jacet Casparus Hauser
Aenigma sui temporis
ignota nativitas
occulta mors.»

(Hier liegt Kaspar Hauser, ein Rätsel seiner Zeit, unbekannt seine Herkunft, geheimnisvoll sein Tod. 1833)

«Unbekannt seine Herkunft»: Seine Geburt als badischer Thronfolger am Michaelstag 1812 wird enthüllt und sein Leben als Kind Europas so geschildert, wie es heute nach den bekanntgewordenen Tatsachen skizziert werden kann.

«Ein Rätsel seiner Zeit»: Für die Wissenschaft bleiben Entführung und Gefangenschaft Kaspar Hausers ein Rätsel. Erst durch die Anthroposophie wird es möglich, die okkulten Motive zu erkennen und zu verstehen, die zum Verbrechen am Seelenleben eines Menschen geführt haben. Ein finsterer Hintergrund der Geschichte wird sichtbar und muss mutvoll ertragen werden.

«Geheimnisvoll sein Tod»: Etwas von diesem Geheimnis kann gelüftet werden, wenn sein Tod als Abschluss eines Opferganges verstanden wird, der ihn zu einem Gefährten Christi erhebt. Sein Tod gewinnt für die Menschheit und die Erde kosmische Bedeutung.

Ein Spruch Rudolf Steiners, den er für die leitenden Genien der Menschheit gegeben hat und in dem er die Aufgabe, die die Menschen gegenüber diesen Genien haben, ausspricht, stehe hier für Kaspar Hauser:

«Es leuchten gleich Sternen
Am Himmel des ewigen Seins
Die gottgesandten Geister.
Gelingen mög' es allen Menschenseelen,
Im Reich des Erdenwerdens
Zu schauen ihrer Flammen Licht.»

2. Kaspar Hausers Schicksalsumkreis

Gestalten um Kaspar Hauser

Die Menschen, denen Kaspar Hauser nach seiner Aussetzung in Nürnberg begegnete, scheinen in schicksalhafter Weise auf ihn orientiert zu sein. Man lasse nur, in zeitlicher Folge der Begegnungen, die Gestalten an sich vorüberziehen, zu denen er ohne sein Zutun geführt wurde. Da ist zuerst der Gefangenenwärter Hiltel, dessen Herz die Seherkraft für das Reine, Unschuldige, Lautere in Kaspar Hauser hatte. Ihm folgt der Arzt Dr. Preu, der im genauen Anschauen der Phänomene zugleich auf die Idee der absichtlichen Zurückhaltung in einer Gefangenschaft kommt. Nürnbergs Bürgermeister Binder begrüsst Kaspar Hauser als «Pfand der Liebe», das die «Vorsehung» der Gemeinde hat zuteil werden lassen. Durch Binders «Bekanntmachung» wird Kaspar Hauser schnell eine deutsche, ja eine europäische Angelegenheit. Der Findling wird zum «Kind Europas». Die Erscheinung des einzigartigen Kindes zieht den Lehrer und Erzieher Daumer an, der im Sinne wahrer Wahlverwandtschaft sein Pflegevater wird. Er beschreibt Kaspar Hauser allseitig mit der Liebe des Künstlers, er tritt im Leben für ihn ein, verteidigt Kaspar Hausers Wahrheit nach dessen Tode und darf mit Recht im hohen Alter den Verstorbenen durch sich sprechen lassen (Widmungsgedicht zu seinem Kaspar-Hauser-Buch von 1873, siehe Seite 14). «Der nicht hoch genug zu schätzende Professor Daumer» (Rudolf Steiner) hat das historische Verdienst, die Gestalt Kaspar Hausers in einzigartiger Weise aufgenommen und bewahrt zu haben. Ohne Daumers Lebensleistung hätten wir ein wesentlich kleineres, blasseres Bild von Kaspar Hauser.

Ihm zur Seite steht der Präsident Feuerbach als Kriminalist, Rechtsgelehrter und Psychologe, ein Feuerkopf, dem es bis zum Tode keine Ruhe liess, in die Hintergründe des einmaligen Verbrechens einzudringen. «Seit Jahren ist er (Kaspar Hauser) der erste und wichtigste Gegenstand meines Beobachtens, Forschens und Sorgens, meiner höchsten Teilnahme als Mensch, Gelehrter und Staatsbeamter», schreibt er 1830[50]. Ihm gelingt es, das Rätsel der Identität Kaspar Hausers zu lösen (Memoire von 1832), er beginnt, das böse Spiel des zweifelhaften Lord Stanhope zu durchschauen – und muss wohl wegen seiner gefährlich fortschreitenden Erkenntnisse sterben. – Der erste amtliche Vormund Kaspar Hausers wird auf Betreiben Binders der fränkische Edelmann Freiherr von Tucher. In ihm findet Kaspar Hauser ein seltenes Mass an Rechtlichkeit, Geradheit und Adligkeit.

Zu diesen sechs Gestalten, die Kaspar Hauser in Nürnberg kennenlernt, gesellt sich in Ansbach, wo Feuerbach wohnte, Pfarrer Fuhrmann, in dem Kaspar Hauser einen Vertreter des lebendigen Christentums im Gewand des protestantischen Glaubens erlebt. Pfarrer Fuhrmann ist der berufene Zeuge, von der Christlichkeit Kaspar Hausers zu sprechen. Im Wesenseinverständnis mit Kaspar Hauser, der von dem Christus-Impuls wahrhaft ergriffen ist, handelt Fuhrmann, wenn er am Grabe des Ermordeten für den Mörder betet.

Diese sieben Gestalten versammeln sich im engsten Kreis um ihn, jeder von ihnen empfindet, in Kaspar Hauser dem grössten Schicksalsereignis seines Lebens begegnet zu sein. Diese Menschen, die natürlich beispielhaft für einen weiteren Umkreis stehen, bilden ein in sich feingegliedertes Ganzes um ihn, das ihm innerlich zugeordnet ist.

In diesem Menschenkreis konnte Kaspar Hauser so leben, dass in ihm seine Individualität und die mit ihr verbundene Mission zu erwachen begannen. Kein anderer Menschenkreis wäre dazu in der Lage gewesen als gerade der in Nürnberg und Ansbach. Wie hätten sich diese Menschen auf ihn bezogen, wenn er vom Karlsruher Hof aus in die Welt gewirkt hätte? Wenn die hier gezeigte Schicksalsgemeinschaft geistig real ist, dann hätten sich auch unter anderen Umständen die Beziehungen im Leben gestalten müssen.

Ein noch grösseres Rätsel ergibt sich, wenn man bedenkt, dass Kaspar Hauser merkwürdigerweise in Nürnberg ausgesetzt wird. Es ist der Ort, in dem Menschen bereitstehen, die ausersehen und fähig sind, ihn zu verstehen. Wenn man nicht annehmen will, dass seine Gegner ihre Ziele aufgegeben hatten – wofür nichts spricht –, steht man wiederum vor der Tatsache, dass sie die Folgen der Freilassung durchaus nicht erwartet haben können. Denn es konnte nicht im Sinne der Gegner sein, Kaspar Hauser ausgerechnet zu den Menschen kommen zu lassen, die – jeder auf seine Weise – etwas von dem Aussergewöhnlichen, Einmaligen wahrnahmen, die seine geschichtliche Grösse wenigstens ahnten, die ihn vor allem aber schätzten und liebten. Es ist undenkbar, dass sich die Gegner etwa mit Einsicht in diese Situation begeben haben könnten. Im dritten Kapitel wird über die Kräfte zu sprechen sein, die Kaspar Hauser aus der Gefangenschaft herausgeführt haben.

Diese Auffassung bestätigt sich auch dadurch, dass die Gegner natürlich –

in ihrem Sinn – bald bemerkten, dass sie einen entscheidenden Fehler gemacht hatten. Dieser ihr Fehler sollte durch das Erscheinen Lord Stanhopes wettgemacht werden. Es wäre schicksalsgemäss falsch, Lord Stanhope in der Reihe derjenigen zu sehen, die ihn aus einer Schicksalsfügung heraus umgaben. Lord Stanhope wird ihm mit bestimmten feindlichen, letztlich mörderischen Absichten gezielt und bewusst *geschickt.* Welche Beziehung dieser Mensch für sich zu Kaspar Hauser hätte haben können oder sollen, darauf kommt es hier gar nicht an. Entscheidend ist allein der Auftrag, den er bekommen hatte. Dieser Auftrag hatte zum Ziel, Kaspar Hauser moralisch zu verderben und, wenn dies nicht gelang, ihn letztlich gewaltsam auszuschalten.

Die Beziehung zwischen Kaspar Hauser und Lord Stanhope ergibt sich gerade nicht – wie die anderen skizzierten – aus der menschlich-schicksalhaften Begegnung. Durch Lord Stanhopes Treiben wird Kaspar Hauser 1831 von seinen Nürnberger Freunden getrennt und von diesem zu dem unseligen Lehrer Meyer gebracht, der Kaspar Hauser das Leben mehr und mehr zur Qual macht. Meyer steht in Verbindung mit dem Gendarmerieleutnant Hickel, der vermutlich im Auftrag Stanhopes das Leben Kaspar Hausers misstrauisch und feindselig verfolgt.

So ergibt sich, dass diejenigen, die die Gegenspieler Kaspar Hausers waren und die nach seinem Tod gegen ihn zeugten, von Lord Stanhope für diese Rolle ausgesucht wurden. Lord Stanhope stellte diese Verbindungen absichtlich her. Die Feindschaft gegen Kaspar Hauser entstand nicht aus der unvoreingenommenen eigenen Erfahrung, aus einer unbefangenen menschlichen Begegnung, sondern war das Ergebnis eines gezielten Vorgehens. Es verdient wirklich festgehalten zu werden, dass Kaspar Hauser keine Feinde aus der menschlichen Begegnung erwachsen sind. Aus dem unmittelbaren Umgang mit diesem so gutmütigen Menschen hat niemand gegen ihn gezeugt.

Dies wird unterstrichen durch die Tatsache, dass der Berliner Polizeirat Merker, der als erster noch zu Lebzeiten Kaspar Hausers gegen ihn geschrieben hat, sich gar nicht die Mühe einer persönlichen Begegnung gemacht hatte[51]. Aus dem unbefangenen menschlichen Erleben Kaspar Hausers erwuchs für jeden, der es aufnehmen wollte, zumindest eine Ahnung von dem Quell der Güte, der in ihm strömte.

Zum Namen «Kaspar Hauser»

Der Name Kaspar Hauser wird von der Individualität, die diesen Namen im Leben trug, am Abend des Pfingstmontags 1828, dem Tag seines Erscheinens in der Welt, in der Nürnberger Polizeiwachtstube auf ein Blatt Papier geschrieben.

Von der Namensgebung weiss man nur, was er selbst darüber berichtet hat. Danach ist ihm wenige Tage vor seiner Freilassung von dem Mann, «bei dem er immer gewesen ist», das Schreiben dieses Namens beigebracht worden; darüber hinaus konnte er nur noch wenige Buchstaben[52].

Wurde mit dieser Namensgebung nur der äusseren Notwendigkeit Rechnung getragen, einen Menschen nicht namenlos in die Welt auszusetzen? Wollte man vermeiden, dass durch das Fehlen eines Namens dieser Jüngling von vornherein noch auffälliger wurde? Ist die Namensgebung zufällig und unwesentlich oder nicht? All diese Fragen können dazu hinleiten, dem nachzuspüren, was aus dem Namen «Kaspar Hauser» selber spricht. «Seit die Welt besteht, hat wohl kein Monarch Kaspar geheissen», hat Adolf Bartning einmal geschrieben[53]. Bartning übersah dabei – der Zeitbildung verhaftet –, dass Kaspar Hauser den Namen eines der Heiligen Drei Könige trug. Legt man zugrunde, dass «Kaspar» der Name des schwarzen Königs, des Mohrenkönigs ist, so kann eine innere Verbindung durchaus gefunden werden[54].

Der Mohrenkönig repräsentiert in der Dreiheit der Könige das Willenselement, das Junge, Werdende, Zukünftige des Menschen. Der Wille des Menschen ist in aller Bewegung und Tätigkeit immer auf die Zukunft gerichtet. Er ist das, was über das augenblicklich Reale hinausgeht, was im Leben erscheint, aber erst im Nachtodlichen in seiner werdenden Wirklichkeit erlebt wird, eine Wirklichkeit, die aus dem Werden erst in einem zukünftigen Leben des Menschen in das Sein tritt[55]. Kaspar ist in diesem Sinne eine Gestalt der Zukunft, um ihn ist die Verheissung und Erwartung des Kommenden. Kaspar ist der König, der das Erscheinen des Christus, die Epiphanie, aus der jugendfrischen Begeisterung begrüsst. Der Christus-Stern hat ihn aus der grössten Ferne in die Nähe des menschgewordenen Logos geführt, der fortan zum Ziel seines Strebens und Werdens wird.

Kaspar opfert dem Christus die Myrrhe. Während sich das Gold von selbst, der Weihrauch durch das Entzünden den Sinnen offenbart, tut sich die Myrrhe nur dem unmittelbaren Erfahren kund. Die Essenz bleibt verborgen, das Wesentliche hält sich zunächst zurück. Dieses kann sich äusserlich nicht offenbaren, doch hinter der Unscheinbarkeit verbirgt sich Kraft und Wirkung. Man kann den Mohrenkönig Kaspar, der die Myrrhe opfert, imaginativ als den sehen, der im Verborgenen, im Okkulten verbleibt. Der Mohrenkönig trägt die schwarze Hautfarbe nicht nur als Ausdruck der Rasse. An dem Schwarzen kann man erleben, dass es im Hintergrund verbleibt, während das Weisse hervortritt. Schwarz ist ein Bild des verborgenen Geistigen, es verbirgt, was es in sich trägt – wie die schwarze Kohle den lichten Diamanten, mit dem sie gleicher Natur ist. So verstanden, kann das Schwarze als das erfahren werden, was im Wesen der geistigen Welt verweilt, während das Weisse das in die Erscheinungswelt eingetretene Geistige, das Inkarnierte, ausdrückt*. Kann man die Bedeutung und das Geheimnis des Mohrenkönigs Kaspar in dieser Art erfassen, so wird dadurch zugleich der Blick geöffnet für die innere Wesenheit Kaspar Hausers, die sich in seinem Vornamen ausspricht. Das abschliessende Kapitel wird dies besonders verdeutlichen können.

Offen muss die Frage bleiben, ob die Namengebung die Absicht seiner Mutter Stephanie de Beauharnais aufgriff, ihren Erstling Gaspard zu nennen, worüber mit dem Vater, Grossherzog Karl, bis zum angeblichen Tod des Kindes am 16. Oktober 1812 keine Einigung erzielt werden konnte, so dass Namengebung und Taufe noch nicht stattgefunden hatten.

Lenkt man die Aufmerksamkeit auf den Nachnamen «Hauser», so drängt sich einem das «Haus» auf, und man kann den Namen zunächst so verstehen, dass er beschreibt, was das Schicksal dieses Menschen gewesen ist: fast sein ganzes Leben in einem Haus zu sitzen. Gefangen in einem Haus, war er getrennt von der Natur, seinen Sinnen war sie unbekannt, seinem Erleben fremd. Im fünften Kapitel wird verdeutlicht werden können, dass durch das ständige Gefangenhalten in einem «Haus» in Kaspar Hauser ein alter atlantischer Bewusstseinszustand erhalten werden sollte. In diesem Sinne deutet «Hauser» nicht auf den Ort seines Leidens, sondern auf das Bewusstsein hin, das dadurch erreicht wurde.

Eine weitere Möglichkeit, eine Verbindung von Individualität und Namen zu erkennen, besteht darin, den Ausdruck «Haus» als «Hütte» zu verstehen im Sinne des Evangelienwortes: «Hier lasst uns Hütten bauen[56]!» Der im Evangelium gemeinte Hüttenbau drückt das Schaffen eines «festen Ortes» im Geistigen aus, auf das sich alles Streben und Arbeiten dann beziehen kann. Durch den geistigen Hüttenbau wird der Mensch ein Bürger – oder eben ein «Hauser» – in seiner himmlischen Heimat. Er hat damit einen inneren Rang erworben, der ihm erlaubt, souverän in der übersinnlichen Welt zu weilen.

Kann man zweifeln, dass dieser Rang dem zukommt, der den Namen Kaspar Hauser trug? Er hat seine Hütte, sein Haus in der unmittelbaren Nähe der Christus-Wesenheit gebaut. Nur dadurch konnte Kaspar Hauser überhaupt im Leben ein so einmaliges Leiden als Gefangener in einem irdischen Haus ertragen. Fasst man zusammen, was sich aus der Vertiefung in den Namen «Kaspar Hauser» ergibt, so lässt sich sagen, dass der Nachname stärker das Seinselement, Rang, Erfahrung und Leiden, der Vorname das in die Zukunft führende Werdeelement ausdrückt.

Wer hat Kaspar Hauser diese Namen gegeben, die, wenn sie so verständlich werden, durchaus das Wesen seiner Individualität erlebbar machen? Werden hier – wie in der Freilassung überhaupt – die Grenzen der Erkenntnis und der Macht seiner Gegner sichtbar? Die höhere Kraft, die ihn in die Freiheit zu den Menschen, die auf ihn warteten, führte, verlieh ihm auch den Namen, der für ihn spricht. Dies geschah unabhängig davon, was sich der, der ihn diesen Namen schreiben lehrte, dabei gedacht haben mag. Damit ist das Geheimnis * berührt, dass diejenigen, die ihn gefangenhielten, ihn nicht für immer vor der Welt verborgen halten konnten, ja dass sie schliesslich mit der Freilassung – ohne es zu wissen und zu wollen – seiner Individualität dienten.

Kaspar Hauser und der deutsche Volksgeist

Die Grösse des Opfers, das Kaspar Hauser vollbracht hat, kann nur an der Bedeutung seiner Aufgabe ermessen werden. In Beziehung auf den deutschen Volksgeist war ihm die Aufgabe gestellt, diesen Volksgeist in eine möglichst enge Verbindung mit dem Volksleib, mit dem im Physischen lebenden Menschen in Deutschland zu bringen. Mit den vierziger Jahren des 19. Jahrhunderts beginnend, sollte Kaspar Hauser als badischer Thronfolger von Karlsruhe aus das, was als Geist Mitteleuropas in der Goethe-Zeit erarbeitet werden konnte, in soziale Wirksamkeit, in gesellschaftliche Gestaltung überführen. Durch einen Menschen hindurch sollte der Geist als gestaltendes Leben der übersinnlichen Welt in alle menschlichen und materiellen Verhältnisse hineinwirken.

Der Geschichtsstrom Mitteleuropas bedurfte einer wirklichen geistigen Entfaltung, weil der Geist, der nicht in Wirklichkeit übergeführt wird, sich zurückzieht, im Geistigen sich verflüchtigt. Da Kaspar Hauser als Vermittler des deutschen Volksgeistes an seinem Wirken gehindert wurde, trat ein unabsehbares Verhängnis, ein Krankheitsprozess ein: Das deutsche Volk verlor – im

* Dahinter steckt Wesentliches: Im Widersacherbereich ist nur ein Teil der Wirklichkeit verfügbar, der für das Ganze gehalten wird (vgl. Faust), letztendlich fügt sich ihr Tun – wider Willen – in den Entwicklungsgang ein. – Darüber hinaus ist alles was das Christliche betrifft, seinem Wesen nach für sie nicht existent, nicht durchschaubar. Es werden Absichten verfolgt, die aus ihrer Sicht funktionieren müssten, die aber letztendlich doch fehlschlagen.

Laufe des 19. Jahrhunderts fortschreitend – die Verbindung zu seinem geistigen Selbst. Was durch Kaspar Hauser hätte bewirkt werden können, hat Rudolf Steiner im November 1916 im Gespräch mit dem Grafen Polzer-Hoditz mit folgenden Worten skizziert: «Süddeutschland hätte werden sollen die neue Gralsburg der neuen Geistesstreiter und die Wiege künftiger Ereignisse. Wohl vorbereitet war der Geistesraum durch alle jene Persönlichkeiten, die wir als Goethe, Schiller, Herder, Hölderlin usw. kennen. Kaspar Hauser sollte wie um sich herumsammeln all das, was da lebte in diesem so vorbereiteten Geistesraum. Das aber wurde von jenen Kreisen (westliche Logen und Jesuiten) nicht gewollt. Sie konnten keine erwachende Mitte zulassen, wenn sie sich nicht ihrer Macht und Machtbestrebungen entäussern wollten. Goethes Geistesart erschreckt sie*.»

Dadurch, dass Kaspar Hauser an seinem Wirken gehindert wurde, geschah nicht nur für ihn selbst, sondern vor allem für den sozialen Umkreis im weitesten Sinne etwas Verhängnisvolles. In Wahrheit hingen unzählige Menschenschicksale, ja Völkerschicksale daran, dass sich das Schicksal dieses Einzigen geistgewollt erfüllen konnte. Das Schicksal, das Kaspar Hauser erlitten hat, ist die denkbar grösste Katastrophe, die bisher in der deutschen Volksentwicklung eingetreten ist. Im Vollzug dieser Katastrophe ist es im Laufe von einem Jahrhundert dazu gekommen, dass sich in der geschichtlichen Wirklichkeit das krasse Gegenbild von dem realisiert hat, was durch Kaspar Hauser beabsichtigt war. Da es nicht gelang, in den deutschen Volkskörper die Wirkungen des Selbstes einzupflanzen, machten sich notwendigerweise die Kräfte in verheerender Weise geltend, die gegen das Selbst gerichtet sind.

Der wahre deutsche Volksgeist kann nur über die Iche in den Volkskörper hineinwirken. Das Ich ist aber in der Wesenheit des Menschen zweifellos das gefährdetste, labilste Glied. Kann es sich im Geiste als übersinnliche Wesenheit finden und halten, so bestimmt es durch die Geistwirksamkeit den ganzen Menschen. Gelingt dies nicht, kann das Ich nicht im geistigen Werden bleiben, so tritt nicht ein Stillstand, sondern die Leere, ein Sog ein, der die bösesten Kräfte – im Gegensatz zu den möglichen besten – anzieht. Da in der deutschen Volksentwicklung auf die Ich-Natur gebaut wird, kommt alles darauf an, dass dieses Ich real im Geistigen wurzelt, die geistige Erfüllung tatsächlich findet, sonst reissen die furchtbarsten Abgründe auf.

Die Gegner Kaspar Hausers, über die später ausführlicher zu sprechen sein wird, wussten aus Kenntnis des Volkscharakters, welche weitreichenden Wirkungen sie erzielen konnten, wenn sie die durch Kaspar Hauser mögliche

Verbindung zwischen Volksgeist und Volkskörper verhinderten. Im Wissen darum hat Rudolf Steiner in höchster geistiger Anstrengung versucht, die eingetretene verhängnisvolle Entwicklung des deutschen Volkes aufzuhalten. Anknüpfend an Goethe hat er den mitteleuropäischen Geist weiterentwickelt, um diesen Geist zum Erwachen und zu Taten zu bringen. Ein sichtbarer Erfolg in geschichtlicher Dimension war dem zunächst nicht beschieden.

In der Einleitung zu seinem abschliessenden Werk «Kaspar Hauser» (1873) hat Daumer in der Auseinandersetzung mit Meyer einmal das Verhältnis des deutschen Volkes zu Kaspar Hauser umrissen. Bei Daumer lebt intuitiv der Gedanke, dass Kaspar Hauser zutiefst mit dem deutschen Volksschicksal zusammenhängt. Er schreibt: «Dr. Meyer macht am Schlusse seines Werkes die Bemerkung: ‹Schlosser in seiner Geschichte des 18. und 19. Jahrhunderts gedenkt der Geschichte Kaspar Hauser's als einer Fabel, die vom deutschen Volke *geglaubt* werde.› M. unterstreicht das Wort ‹Fabel›, die von uns unterstrichenen Worte natürlich nicht; aber diese sind das für uns Werthvolle. Der Glaube an jene Geschichte ist ein dem deutschen Volke eigener und natürlicher; die Nation braucht sich desselben nicht zu schämen, er beruht auf ihrem Sinn und Gefühl für Wahrheit und Gerechtigkeit, und sie wird sich denselben auch schwerlich entreissen lassen. Wer es zu thun versucht, der steht nicht auf deutschem Grund und Boden*; wohl aber stehen auf solchem wir, die Vertheidiger, und können hoffen, die volksthümlichen Sympathien für uns zu haben. Wir vertreten hier nicht nur den Unglücklichen und uns selbst, die seinethalben Verfolgten, Geschmähten und Gekränkten, sondern auch unsere Nation und unseren Nationalcharakter. Könnte ein Buch, wie das Meyer'sche, eine durchschlagende Wirkung thun; könnte sich das Volk zu der herz- und geistlosen Kritik bekehren lassen, welche aus dieser Geschichte eine Fabel macht und dabei mit so viel Härte, Lüge, Fälschung und Tücke verfährt, so wäre es nicht mehr wahrhaft deutsch; und wir unsererseits würden uns nicht mehr viel darauf zu Gute thun, Deutsche zu sein[6].»

Um die Äusserung Daumers in ihrer ganzen Bedeutung zu würdigen, muss man wissen, welche überragende Stellung er dem Glauben einräumte. «Ich verstehe hier, um es endlich positiv auszusprechen, unter *Glauben* die Anerkennung des Ausserordentlichen, auch wenn es der allgemeinen Begriffswelt widerspricht; die Hingabe an die dasselbe darbietende und nur roher Weise wegzuläugnende Thatsache; an den dadurch bezeugten tiefen, inneren Zusammenhang der Dinge; an das nicht auf platter Hand Liegende, nicht stofflich und mechanisch zu Fassende und Erklärende und dennoch

Wahre und Wirkliche, dem aber der gemeine materialistische Verstand so antipathisch entgegensieht, das er so leidenschaftlich um jeden Preis und auf jedem nur möglichen Wege zu beseitigen sucht. Auf diesem Glauben beruht nicht nur alle Religion, sondern auch alle *Cultur* im vollen, menschlichen Sinne des Wortes; er ist nicht bloss das Gebot einer äusserlichen Satzung und Autorität, sondern eine Forderung der *Vernunft,* der ächten, unbefangenen *Wahrheitsforschung* und *Wissenschaft;* und wenn er fällt, so geht der Weg der Menschheit – trotz all der äusseren Vortheile der Technik, Industrie und materialistisch-rationalistischen Richtung und Rührigkeit – zur Barbarei, zur Vernichtung der menschlichen Totalität, zum Verluste aller höheren Menschenwürde, zur Erstickung aller feineren und edleren Gefühle der Menschenbrust, sowie aller tieferen Einsichten des Menschengeistes, zur unerträglichen Verarmung des Gemüthes und Lebens, und so zur allgemeinen, wenn nicht äusseren, doch inneren Fäulniss und Auflösung fort[57].»

Durch den Glauben des deutschen Volkes an Kaspar Hauser und sein Schicksal sah Daumer die Möglichkeit, ihm die Verbindungsfäden zu erhalten, die es mit dem Geistigen verknüpften. Daumer empfand deutlich die Gefahr, ohne diesen Glauben den Boden unter den Füssen zu verlieren und in den Abgrund zu stürzen. Er war sich der geistigen Lebensbedingungen des deutschen Volkes durchaus bewusst; er spürte, wie durch Kaspar Hauser die Verbindung zum deutschen Volksgeist erhalten werden konnte. Daumer hat entdeckt, dass das deutsche Volk sein wahres Wesen aufgeben würde, wenn es Kaspar Hauser tatsächlich und endgültig verlöre.

Die Zeichen dieses Verlustes stehen im 19. und 20. Jahrhundert am Wege des deutschen Volkes. Zu denen, die schon an der Wende des 18. zum 19. Jahrhundert die Aufgabe, aber auch die Gefahr des deutschen Volkes deutlich sahen, gehörte Schiller, der in dem Entwurf zum Gedicht «Deutsche Grösse» schrieb:

«Das ist nicht des Deutschen Grösse
obzusiegen mit dem Schwert,
in das Geisterreich zu dringen,
Vorurteile zu besiegen,
männlich mit dem Wahn zu kriegen,
das ist seines Eifers wert.

Höhern Sieg hat der errungen,
der der Wahrheit Blitz geschwungen,

der die Geister selbst befreit.
Freiheit der Vernunft erfechten,
heisst für alle Völker rechten,
gilt für alle ew'ge Zeit.»

Im deutschen Charakter liegt es, bemerkt Schiller in diesem Zusammenhang, «zuerst dem Geiste zu dienen». Er, der Deutsche, ist vom Weltgeist erwählt, «an dem ewigen Bau der Menschenbildung zu arbeiten»[58].

Da diese geistgemässen Aufgaben vom deutschen Volk nicht entsprechend erfüllt werden konnten, zeigte sich in drei Erscheinungen der Verlust des Geistes: In dem anmassenden Nationalismus, in dem menschenverachtenden Militarismus, in der ziellosen wirtschaftlichen Machtentfaltung. Demgegenüber fordert die Grösse der Volksaufgabe die tiefste Demut und einen wirklich kosmopolitischen Sinn; die Ausbreitung des Geistes schafft Frieden und Gewaltlosigkeit, das Ziel der Vermenschlichung begrenzt den Wirtschaftsprozess. In diesen Intentionen hätte Kaspar Hauser den Volksgeist aufleben lassen können, die gegenteiligen Ereignisse haben das Volk von seinem Geist denkbar weit entfernt und den Blick auf das Bild Kaspar Hausers verdüstert.

Es ist aber an der Zeit, das grösste Unglück, das hat geschehen können, zu verwandeln. Dazu ist es notwendig, Kaspar Hauser als Vermittler des deutschen Volksgeistes bewusst zu erleben. Da nichts von all dem, was hätte Wirklichkeit werden können, tatsächlich entstanden ist, bleibt nur, in dem «Kind Europas» den Repräsentanten dieses Geistes zu empfinden. Er bedarf zu seinem Wirken der schon früher erwähnten Kindhaftigkeit des durch Christus erneuerten Menschen. Sein Wesen drängt er nicht der Umgebung auf, er empfängt es vielmehr aus dem Umkreis, so wie das Herz aus den Kräften der Peripherie lebt und diese in sich ordnet und rhythmisiert und ihnen dadurch eine neue Impulsation vermittelt. Der deutsche Geist in Kaspar Hauser ist so von vornherein nicht national, sondern europäisch, kosmopolitisch.

Durch das Schicksal, das Kaspar Hauser erlitten hat, ist der Weg zum deutschen Volksgeist stark verändert worden. So wie die Wirkungen anderer Volksgeister in bedeutungsvollen, anschaubaren Ereignissen erscheinen, hätte sich auch der deutsche durch die Gestaltung des sozialen Lebens aus dem Geiste heraus offenbaren sollen. Durch die Schicksalsschläge, die Kaspar Hauser getroffen haben, ist den Menschen im allgemeinen verborgen geblieben, dass Kaspar Hauser als ein Träger des deutschen Volksgeistes auf Erden erschienen ist und er dazu bestimmt war, in seinem Sinne zu wirken. Im Gegenteil, Täuschung und Lüge breiten sich um Kaspar Hauser herum aus, und es bedarf der ernsten, ehrlichen Anstrengung, der eigenständigen spirituellen Erkenntnis, ihn überhaupt in seiner wahren Gestalt zu erfassen. So ist durch den Opfergang Kaspar Hausers der Weg zum deutschen Volksgeist zu einem geworden, der nur mit Fausts Gang zu den Müttern verglichen werden kann[59]. Das «höhere Geheimnis» dabei ist, dass der hier gemeinte Weg wirklich «kein Weg» ist, dass «ins Unbetretene, nicht zu Betretende» (Vers 6222–23) eingetreten werden muss, um zu dem wirklichen Geist zu gelangen. Diesen Weg, der keiner ist, zu gehen, ist in die Freiheit jedes Menschen gestellt, und auf ihm wird die Freiheit errungen, so wie sich Faust durch seinen Gang zu den Müttern dem Mephistopheles entwindet. Es gehört zum Schicksal des deutschen Volkes, dass ihm Kaspar Hauser gesandt wurde, und tief ist es mit seinem Schicksal verbunden, dass Kaspar Hauser sich opfern musste. Aber kein äusserer Beweis für eine solche innere Tatsache ist vorhanden.

Durch seinen Opfergang hat Kaspar Hauser auch hier ein Freiheitselement geschaffen. Er zwingt zu nichts, da er ja nicht als geschichtliche Autorität gewirkt hat. Kaspar Hauser kann in diesem Sinne nur geistig gefunden werden wie der Christus. So zeigt er sich erneut als ein Gefährte Christi.

Man muss sich nun fragen, wodurch in Zukunft die gegnerischen Kräfte, die so verhängnisvoll in der deutschen Geschichte gewirkt haben, überwunden werden können. Das erfordert eine spirituelle Arbeit, die tatsächlich in die Kräfte der geistigen Welt so eindringt, dass dadurch die bösen Wirkungen paralysiert werden. Dies ist im Sinne des Wortes Rudolf Steiners gemeint, dass es die Aufgabe der die Evolution tragenden, fortschreitenden Geister ist, das Unglück in Glück zu wandeln. Ohne diese Erkenntnisarbeit jedoch wird das deutsche Volk nie zu einem wirklichen Wesens- und Selbstverständnis kommen. An der Gestalt Kaspar Hausers werden sich die Geister scheiden, wird sich das deutsche Schicksal entscheiden.

Ihre tiefsten Verirrungen haben die Deutschen in der geistlosen Machtentfaltung während der wilhelminischen Ära und in der zerstörerischen Gewaltanwendung während der Hitler-Herrschaft erlebt. Der Weg zu Kaspar Hauser als Diener des deutschen Volksgeistes kann nur gegangen werden, wenn ein Bereich vollkommener Ohn-Macht, unbedingter Gewaltlosigkeit durchschritten wird. Die Stärke des Geistes entfaltet sich erst jenseits von Macht und Gewalt.

Die Blüte des deutschen Geistes wird sich in Zukunft ergeben, wenn Kaspar Hauser als eine geistige Gestalt, die aus dem Übersinnlichen impulsierend und inspirierend wirkt, von den Gliedern des Volkes erlebt und erfasst wird. Dies wird den geistigen Volkszusammenhang schaffen, der kein physischer Zusammenschluss, kein Staat, kein Reich sein wird. In der Geist-Gestalt Kaspar Hausers lebt als Erwartung, als Zukunftssehnsucht die Kraft, die die notwendige Erfüllung des Schicksals für den deutschen Volksgeist bringen kann. Im Anblick der Gegenwart mag dies unsinnig oder vermessen erscheinen. Aber der Atem des Geistes der Geschichte geht über Jahrhunderte*. Nicht heute und morgen kann ein so gewaltiges Schicksal Ausgleich und Heilung finden. An den erkennenden Menschen ist es, aus dem Grund des Geistes neu wachsen zu lassen, was in den Abgrund des Ungeistes gestürzt ist. Es sei hier an den Spruch erinnert, den Rudolf Steiner in Berlin am 15. Januar 1915[60] gesprochen hat:

Der deutsche Geist hat nicht vollendet,
Was er im Weltenwerden schaffen soll.
Er lebt in Zukunftssorgen hoffnungsvoll,
Er hofft auf Zukunftstaten lebensvoll; –
In seines Wesens Tiefen fühlt er mächtig
Verborgenes, das noch reifend wirken muss. –
Wie darf in Feindes Macht verständnislos
Der Wunsch nach seinem Ende sich beleben,
So lang das Leben sich ihm offenbart,
Das ihn in Wesenswurzeln schaffend hält?

Kaspar Hauser – eine Parzival-Gestalt des 19. Jahrhunderts

Im Antlitz jedes Jahrhunderts erscheinen Züge, die mit dem geschichtlichen Werden, der allmählichen Entfaltung des Christentums zusammenhängen. Was hier mit dem Christentum gemeint ist, kommt am ausdruckvollsten im Bilde des Grals zur Erscheinung[61]. Im Bilde des Grals lebt im Verborgenen die Frucht des Christentums. Wer sich als Christ auf den Gral bezieht, bringt nicht nur Glauben und Überzeugung zum Ausdruck, er weiss sich in lebendiger Beziehung zu einem stärkenden Lebensquell. In der Parzival-Sage des Mittelalters (Wolfram von Eschenbach) wird eine bedeutungsvolle Veränderung in Beziehung zum Gral dargestellt. Zum ersten Mal findet Parzival seinen Weg in die Gralsburg durch Schicksalsführung. Er verhält sich so, wie er es gelernt hat: Er schweigt im Anschauen und Erleben des Mitleiderregenden, des rätselhaft Erschütternden. Das Wichtigste, das Entscheidende haben ihm aber Schicksal und Erziehung nicht mitgeben können: Gegenüber den geistigen Ereignissen, die sich ihm offenbaren, selbst den Mut und die Kraft zum Fragen zu finden. Auf langen Lebenswegen, auf denen er auch das böse Reich Klingsors überwindet, muss Parzival lernen, ein waches, selbständiges Bewusstsein zu entwickeln, aus dem die rettende Frage entstehen kann. Als Parzival in diesem Sinne gereift ist, wird er zum zweiten Male zum Gral berufen. Er wird der Gnade teilhaftig, den leidenden Amfortas zu erlösen; und dies nicht, weil er die Gnade gesucht hat, sondern weil er den Weg zu sich selbst, und das heisst, im höchsten Sinne zum Gral gefunden hat. So wird Parzival Gralskönig und gewinnt die Möglichkeit, den Segen des Grals ins Leben hinein vielfältig wirken zu lassen.

In diesem Ablauf der Parzival-Sage kommt die angedeutete Veränderung im Verhältnis des Menschen zum Gral zum Ausdruck: Zuerst sind die Ereignisse im Sinne der vierten nachatlantischen Kulturepoche (Verstandes- und Gemütsseele) geschildert. Der Berufene empfängt das ihm geistig und schicksalsmässig Bestimmte, mit der Aufnahme des Übersinnlichen wäre alles Notwendige geschehen. Nun aber wird überraschenderweise etwas ganz Neuartiges gefordert: die eigene Frage. Diese zu erringen, ist die Aufgabe des Bewusstseinsseelen-Zeitalters. Die Verselbständigung des Bewusstseins, die Entwicklung der Persönlichkeit stehen im Vordergrund. Es geht immer mehr um das eigene, denkende Verstehen der geistigen Welt. Parzival geht diesen Weg der Entwicklung bis zu Ende, bis zum Ergreifen der christlichen Essenz des Geistes, das ist der Gral. In der Parzival-Sage ist von einer Individualität die Rede, die diesen zukünftigen Weg urbildlich und vorbildlich schon gegangen ist. Schon bevor die Neuzeit begann, hat diese Dichtung, die aber durchaus auf geistig-realen Vorgängen fusst, vom Parzival-Weg der Zukunft gesprochen.

Geschichtlich wirksam ist das Grals-Königstum bisher noch nicht hervorgetreten*. Im 19. Jahrhundert sollte die Entwicklung so weit vorangekommen sein, dass erstmals in der Geschichte von dem Grals-Königtum unmittelbar in die Geschichte eingegriffen werden sollte. In Kaspar Hauser lebte die Individualität, die zum Gralskönig fähig und berufen war. In diesem Zusammenhang steht ja die Bemerkung Rudolf Steiners, dass «Süddeutschland die neue Gralsburg der neuen Geistesstreiter» hätte werden sollen, in der Kaspar Hauser der Gralskönig gewesen wäre, was sowohl seinem inneren Rang wie seiner äusseren Stellung entsprochen hätte. Als ein im rosenkreuzerischen Sinne Eingeweihter sollte er, wie schon angedeutet, spirituelle Impulse der Gesellschaft einprägen, um das 19. Jahrhundert nicht so tief in den Materialismus fallen zu lassen und das lichte Zeitalter vorzubereiten. Gewiss war nicht gedacht, die Monarchie dauerhaft zu erhalten, doch es sollte mit dem Neuen, auf die Individualität Gebauten an das Alte sinnvoll angeknüpft werden*.

Das Grals-Königtum Kaspar Hausers wäre mit dem Wissen von Reinkarnation und Karma verbunden gewesen. Aus diesem Quell wären die sozialen Gestaltungen erflossen. Rudolf Steiner hat vielfach darauf hingewiesen, dass eine menschenwürdige Lösung der sozialen Frage ohne diese Erkenntnis nicht möglich ist. In dem von der Menschheitsführung gewollten Grals-Königtum Kaspar Hausers ist das entscheidende Motiv der Gegner zu sehen, seine Mission zu verhindern und ihn zu beseitigen. Es gelang, den Gralskönig von einer geschichtlichen Wirksamkeit fernzuhalten. Das 19. Jahrhundert ist zutiefst dadurch charakterisiert, dass in ihm der vorbestimmte Parzival nicht hat wirken können.

Durch das Schicksal, das Kaspar Hauser erlitten hat, erscheint nun ein anderes Parzival-Bild. Kaspar Hauser kommt in die Welt, nicht nur ohne ein Wissen von Mutter und Vater, sondern diese sind ihm wirklich genommen worden. Er ist ein Findling, dem seine Abstammung verborgen bleibt, er ist der Parzival, der aus dem wirklichen Dunkel der Gefangenschaft kommt; dem steht das zurückgezogene, abgeschiedene Leben Parzivals in der Waldeinsamkeit gegenüber. Sein Schicksal in Beziehung auf Mutter und Vater (sein Vater starb 1818, als er 6 Jahre alt war) ergab sich nicht aus den in ihm liegenden Kräften, sondern wurde über ihn verhängt. Von aussen dringt eine feindliche Macht bestimmend auf ihn ein, er kann nicht dem ihm vorgezeichneten Weg folgen, er geht den Weg des Opfers. Das Parzival-Schicksal dieses Kindes ist insofern in höchstem Masse mitleiderregend. Das Kind wird daran gehindert, den Weg bis zu der Frage zu gehen. Die Situation hat sich umgekehrt: Dieses Parzival-Schicksal stellt eine grosse Frage an die Menschheit. Es will zum Erwachen helfen. Das Parzival-Bild des 19. Jahrhunderts zeigt das in der Nachfolge Christi stellvertretend leidende Kind, dem schliesslich sein Leben gewaltsam zerstört wird.

Das geistgewollte, aber nicht Wirklichkeit gewordene Bild Kaspar Hausers als Parzival lebt auf in Wagners «Parsifal». Wagner, knapp ein Jahr nach Kaspar Hauser geboren, gehört als Künstler seinem geistigen Umkreis an. Welche Steigerung seines künstlerischen Wirkens wäre Wagner im Erleben und Begegnen mit Kaspar Hauser möglich gewesen? Im «Parsifal» gestaltet er – ohne ein bewusstes Wissen darum – im Gewande des Bühnenweihefestspiels den inneren Weg, der Kaspar Hauser als werdendem Gralskönig vorgezeichnet gewesen ist.

Parzival, der reine Tor – ein Hinweis auf die Kindesnatur –, besiegt Klingsor. Der Speer, der ihn vernichten soll, kann ihn nicht treffen, weil er seine Aufgabe ergreift und erfüllt. Das Schlagen des Kreuzeszeichens mit dem Speer lässt die Macht Klingsors in sich zusammenbrechen. Anfortas wird von seinem unerträglichen Leiden durch den wiedergewonnenen Speer geheilt und erlöst. Die Kraft des Speeres ist die Tat-Erkenntnis des Geistes, die von einem Menschen-Ich gewonnen wird. Das Wiedergewinnen des Speers in diesem Sinne ist die Aufgabe der Michaels-Zeit, der ersten Epoche im lichten Zeitalter.

Faust und Kaspar Hauser

Als Repräsentant des strebenden Menschen der fünften nachatlantischen Kulturepoche wird mit Recht Faust angesehen. Faust verbindet sich mit seinem Innersten – mit seinem Blut, in dem das Ich lebt – dem Mephistopheles. Durch diese Verbindung wird die denkbar grösste Gefährdung für die Existenz des Ich herbeigeführt. Es gerät an den Rand seines Eigenseins, es stürzt in einen Abgrund, wie dies in den Verstrickungen des Faust-Schicksals tragisch erscheint. In diesem Sinne hat Rudolf Steiner einmal darauf hingewiesen, dass Goethe in Faust eine Menschengestalt gefunden habe, «die ganz und gar den Menschen verloren hatte»[62]. In seinem Leben und Handeln ist Faust vielfältig dem Mephistopheles verfallen. Er kann sich zunächst nur im Erkennen in einem ersten Schritt von Mephistopheles lösen (Gang zu den Müttern, Begegnung mit Helena, klassische Walpurgisnacht). Als er versucht, handelnd in die Wirklichkeit einzugreifen, kann er sich der Verstrickung in die bösen Kräfte nicht entziehen, er durchschaut sie nicht und beherrscht sie nicht. So werden schliesslich Philemon und Baucis getötet, und er stirbt in dem Wahn, «auf freiem Grund mit freiem Volk zu stehen», während er in Wirklichkeit von Mephistopheles und den Lemuren abhängig ist. Goethe hat Faust nicht so weit geführt, dass er im Leben, in der Tat Mephistopheles überwindet, dass das Ich die Kraft findet, sich dem Abgrund zu entreissen, dem es zu verfallen droht. «Goethe fühlt schon die Notwendigkeit: Faust muss hier auf der Erde seine Erlösung finden können. Goethe hätte die Frage so stellen müssen: Wie findet Faust die Bewahrheitung der Paulinischen Worte: ‹Nicht ich, sondern der Christus in mir›? Goethe hätte dazu kommen müssen, seinen Faust nicht nur sagen zu lassen: ‹Auf freiem Grund mit freiem Volk zu stehen›, sondern: Auf freiem Grund, mit dem Christus in der Seele, den Menschen im Erdenleben zum Geiste führend. – So etwas müsste Goethe seinen Faust sagen lassen. Goethe ist natürlich ehrlich; er sagt es nicht, weil er es noch nicht voll erfasst hat[63].» Erst nach dem Tode erreicht Faust das, was er im Leben erstrebte: Sich im Ich nach und nach frei zu machen von den Kräften des Bösen. «Goethe hingegen konnte nicht bis zu einem wirklichen Erfassen der geistigen Welt vorrücken, daher wandte er sich zurück[64].»

Es war Goethe nicht möglich, den lebendigen Menschen als geistiges Wesen auf der Erde zu erfassen. Goethe konnte das Ich *in* der Inkarnation nicht mit dem Christus-Impuls so verbinden, dass ein Menschenwesen erscheint, das im Erkennen und Handeln seine Beziehung zur geistigen Welt offenbart.

So kann man sich klarmachen, dass die Faust-Gestalt einer Erweiterung, einer Fortentwicklung bedarf, die sich in den zitierten Äusserungen Rudolf Steiners durchaus andeutet. In der Kuppelmalerei des ersten Goetheanums hat Rudolf Steiner Faust – als Urbild des Menschen der fünften nachatlantischen Kulturepoche – so gestaltet, dass die hier gemeinte Erweiterung sichtbar wird. Der beigefügte Ausschnitt zeigt den sinnenden Faust, dessen Strebenskräfte ihm das Ich vor das Antlitz gebracht haben, wodurch die Kräfte des Bösen ihre Macht über ihn verloren haben. Stattdessen zeigt sich als Frucht der Überwindung des Bösen das Kind, das, von dem Ich angezogen, auf Faust zufliegt. Faust geht den Weg der Erneuerung des Menschen, wenn er in sich das Ich ergreift, in dem der Christus lebt. Diese Erneuerung des Menschen wird Wirklichkeit durch das Kind, indem die durch das Osterereignis wieder hergestellte Menschennatur erscheint. Erst in diesem Zustand erfüllt sich das Streben Fausts. Schaut man die Dreiheit Faust – Ich – Kind, so kann man nach allem Gesagten diese Kindesnatur in Kaspar Hauser finden. Man kann Kaspar Hauser als Bild für die Kindhaftigkeit erleben, von der gesagt wird: «So ihr nicht werdet wie die Kinder, könnt ihr nicht in die Reiche der Himmel eintreten[65].»

Faust wird durch das Streben nach dem ICH des Kindes in sich teilhaftig. Er wird dadurch innerhalb der Inkarnation das ergreifen, was Goethes Faust erst nach dem Tode erreicht. In diesem Sinne muss der wie Faust strebende Mensch das Kaspar-Hauser-Element als die höhere, noch nicht verwirklichte geistige Natur in sich aufnehmen. Das Kaspar-Hauser-Element muss Faust zuwachsen, damit der Mensch in seiner Vollständigkeit erneuert wird. Kaspar Hauser in seiner Kindesnatur ist das Zukünftige, dessen Faust bedarf, um sein Ziel zu erreichen, die mephistophelischen Kräfte zu überwinden.

Rudolf Steiner, Faust-Motiv – Ausschnitt aus der Deckenmalerei der kleinen Kuppel im ersten Goetheanum in Dornach.

Rudolf Steiner, Kind – Ausschnitt aus der Deckenmalerei der kleinen Kuppel im ersten Goetheanum in Dornach.

Das zusammengehörende Bild ist hier in zwei Teilen wiedergegeben. Eine Reproduktion des ganzen Bildes findet sich auf Seite 287.

Das Faust-Bild Rudolf Steiners in der Goetheanumkuppel enthält so als Bild einen Hinweis auf die zukünftige Entwicklung der Bewusstseinsseele. Faust erreicht in diesem Bild den Bewusstseinszustand, in dem die wirkliche spirituelle Erkenntnis eintritt. An den geisteswissenschaftlichen Erkenntnissen haben Luzifer und Ahriman – wie Rudolf Steiner oft betont hat – keinen Anteil. Statt ihrer erscheint das Kind, verheissend, dass jede wahrhaft geistige Erkenntnis in sich die Kraft trägt, Wirklichkeit-gestaltend zu wachsen.

Ein Bild dieses Kindes ist durch die Schicksalsmächte vor den Menschen in Kaspar Hauser erschienen, so wie er es in der ersten Zeit nach seiner Freilassung darbot.

Noch eine weitere Beziehung zwischen Faust und Kaspar Hauser kann sich erschliessen, wenn man sie durch die Kategorien von «Tun» und «Leiden» erfasst. Faust tritt in der Auseinandersetzung mit dem Bösen aktiv hervor. Im Hintergrund bleibt, was er als seine höhere Menschennatur dabei notwendig verlieren muss. Diese höhere Natur wird zur Unwirksamkeit verurteilt. Ihr wird das Leiden auferlegt, in dem sich aber die höhere Natur bewahrt. Wenn man es bildlich ausdrückt, kann man sagen: Solange Faust im Leben in die Kräfte des Bösen verstrickt ist, solange muss das Kind Kaspar Hauser zur Untätigkeit verdammt in seinem Verlies sitzen. In dieses Verhältnis von Tun und Leiden greift der Mensch ein, wenn er den Weg findet, sich aus den Fängen Luzifers und Ahrimans zu befreien. Die Gefangenschaft des Kindes Kaspar Hauser ist Ausdruck der Situation, in der der Mensch in seinem Ringen sein eigenes Geistiges verloren hat. Wenn dies durch wirkliche Spiritualität wieder gewonnen wird, dann wird in Zukunft das Kind Kaspar Hauser aus seiner Gefangenschaft erlöst. Hinter vielen Menschen der Gegenwart kann das Bild des gefangenen Kindes, eines Kaspar Hauser, gefunden werden. In welchem Zustand sich die höhere Natur des Menschen befindet, das ist eben durchaus abhängig von seinem Bewusstsein und von seiner Tätigkeit im Leben.

3. Kaspar Hauser im Schicksalsgang des 19. und 20. Jahrhunderts

Die Götter geometrisieren

Novalis

Es fragen die Menschen
Nach des Welträtsels Lösung
Und versäumen darob
Zu schauen, wie das Leben
In seinem Folge-Rhythmus
Dieses Rätsels
Wahre Lösung ist.

Rudolf Steiner

Das 33-Jahr-Gesetz der Geschichte

Wenn es richtig ist, dass in Kaspar Hauser eine der bedeutendsten Individualitäten der Menschheit lebte und dass sie einen besonderen weltgeschichtlichen Auftrag zum Heile der Menschheit zu erfüllen hatte, dann müsste sich zeigen lassen, dass im weiteren Fortgange der Geschichte Ereignisse eintreten, die auf das Wirken bzw. auf das fehlende Wirken dieser Individualität zurückzuführen sind.

Eine Gesetzmässigkeit, die die vom Menschen ausgehenden Ereignisse in ihrer Metamorphose und Wirkung im zeitlichen Gange erfasst, ist von der historischen Wissenschaft bisher nicht gefunden worden. Wenn aber dennoch ein Weg gesucht wird, um zu einem wirklichen Erfassen der geschichtlichen Zusammenhänge zu kommen, so erweist sich das von Rudolf Steiner gefundene und von ihm dargestellte 33-Jahr-Gesetz der Geschichte als eine entscheidende Hilfe. Erstmalig hat Rudolf Steiner über dieses Ergebnis seiner Geistesforschung am 23. Dezember 1917 in Basel gesprochen. Der Vortrag trägt den bezeichnenden Titel «Et incarnatus est, die Umlaufzeit geschichtlicher Ereignisse» und enthält Anregungen, die bisher viel zu wenig in ihrer umfassenden Bedeutung beachtet worden sind*.

Diese Ausführungen Rudolf Steiners können, wenn sie aufgegriffen werden, zu einem Wendepunkt für alle Betrachtungen der Geschichte im Lichte des Christentums werden. Zwei Sätze von grundlegender Bedeutung seien hier hervorgehoben: «Zusammenhänge in Intervallen von 33 zu 33 Jahren, das ist dasjenige, was Verständnis bringt in dem fortlaufenden Strom des geschichtlichen Werdens[66].» Hier wird auf ein fortzeugendes, in Intervallen weitergehendes Element des geschichtlichen Werdens hingewiesen. Die Eigenart dieses Vorganges wird von Rudolf Steiner folgendermassen erläutert: «Dasjenige, was ungefähr – man kann natürlich von diesen Dingen nur sagen ungefähr – in dieser Zeit geschieht, weist im historischen Zusammenhang so zurück, dass es seinen Geburtsausgang genommen hat vor 33 Jahren, dass es selber wiederum der Geburtsausgang ist für dasjenige, was sich im Laufe der nächsten 33 Jahre abwickelt[66].»

Die Taten der Menschen, die in den historischen Strom gestellt werden, rufen eine rhythmische Wirkung hervor, die sich vergrössert und schliesslich verebbt. Der weltgeschichtliche Impulsationsrhythmus der 33 Jahre kann für denjenigen, der ihn immer mehr in der Wirklichkeit zu bemerken vermag, zu einem vollgültigen geistigen Beweis der Inkarnation Christi und der seit dem Osterereignis mit der Menschheitsentwicklung verbundenen Christuskraft werden. In diesem Zusammenhang sind die bisherigen Geschichtsbetrachtungen als «fable convenue» zu sehen, die geradezu den Zweck zu verfolgen scheinen, diese Wirklichkeit zu verschleiern.

Zu den schwierigsten Punkten im Verständnis des 33-Jahr-Rhythmus gehört es, sich Klarheit darüber zu verschaffen, dass «*alle* Dinge im geschichtlichen Werden nach 33 Jahren in verwandelter Gestalt aus dem Grabe[66] » erstehen. Diese Verwandlung macht es im einzelnen oft schwierig, die Zusammenhänge zu sehen, weil sich weitläufige, versteckte, verborgene Verbindungen ergeben, die auch zum Teil so ungewöhnlich sind, dass sie unglaubwürdig erscheinen können. Rudolf Steiner hebt ausdrücklich hervor, dass *alle* Dinge nach 33 Jahren auferstehen. Damit ist auf ein bedeutendes «offenbares Geheimnis» hingewiesen, das gelöst werden muss. Man ist hier erinnert an die Worte Ariels (Faust II) «ob er heilig, ob er böse», und es kann ein Eindruck von der kosmisch umfassenden Dimension des Christusimpulses gewonnen werden, der alles umschliesst und einbezieht, aus dem nichts herausfällt.

Eine notwendige, schwerwiegende Frage, die aufgeworfen werden muss, bezieht sich auf die «Gewalt, die zusammenhängt mit dem Heiligsten und Erlösendsten, das die Menschheit durch das Mysterium von Golgatha bekommen hat[66] ». Aus der superlativischen Ausdrucksweise Rudolf Steiners kann erspürt werden, dass eine tiefere Schicht des Geheimnisses berührt ist.

Zu einem ersten Schritt des Verstehens gelangt man, wenn man von dem Gesichtspunkt ausgeht, dass nach 33 Jahren durch diese Gewalt alle Dinge in ihren wahren, ursprünglichen Impulsen enthüllt werden, dass die geheimen, unausgesprochenen, aber wirkenden Kräfte so vor das Erkennen der Menschheit hingestellt werden, dass sie in ihrer Wahrheit erfasst werden können. Die Verwandlung, die aus der Christuskraft erwächst, ermöglicht es, dass jede Täuschung als solche durchschaut werden kann. In diesem Sinne wirkt die Gewalt so, dass sie die Menschen durch die Möglichkeit des Erkennens in die Freiheit versetzt. Die erste Erlösung, derer die Menschen heute durch die Erkenntnis des 33-Jahr-Rhythmus teilhaftig werden können, ist die Erlösung in der Erkenntnis im Sinne des Christuswortes: «Ihr werdet die Wahrheit erkennen und die Wahrheit wird euch frei machen[67].»

Ein anderer Gesichtspunkt, den 33-Jahr-Rhythmus der Geschichte zu verstehen, ist durch die Ich-Natur des Christus gegeben. Das «Ich bin der ich bin» bedingt die Konsequenzen, die zu einem Ausgleich führen. Wenn diese ausgleichenden Konsequenzen von uns Menschen als ausserordentlich hart empfunden werden, so muss man sich über den einengenden Aspekt der Strafe erheben und sich zu dem befreienden Gefühl der Heilung und Erlösung aufschwingen. In diesem Sinne des Zurechtrückens und des Auf-Richtens kann man auch Schillers Ausspruch verstehen: «Die Weltgeschichte ist das Weltgericht[68].»

Wenn man der geschichtlichen Bedeutung des Schicksals Kaspar Hausers nachgeht, stehen seine Geburt und sein Tod als die entscheidenden Schicksalstatsachen vor dem inneren Blick. Von diesen Zeitpunkten aus soll der 33-Jahr-Rhythmus verfolgt werden. Die von der Geburt Kaspar Hausers ausgehende Reihe des 33-Jahr-Rhythmus zeigt sich von 1812 an in den Jahren:

1845, 1878, 1911, 1944, 1977, 2010.

Die von seinem Tod 1833 ausgehende Reihe muss den Blick auf die folgenden Jahre richten:

1866, 1899, 1932, 1965, 1998.

Schon wenn man nur mit einem flüchtigen Blick diese Reihen überschaut, fällt sofort auf, dass entscheidende Wenden, Höhen- und Tiefpunkte der Geschichte des 19. und 20. Jahrhunderts in ihnen enthalten sind. Es soll nun im einzelnen untersucht werden, ob und wodurch in dieser Zeitfolge eine Beziehung zum Leben Kaspar Hausers gegeben ist.

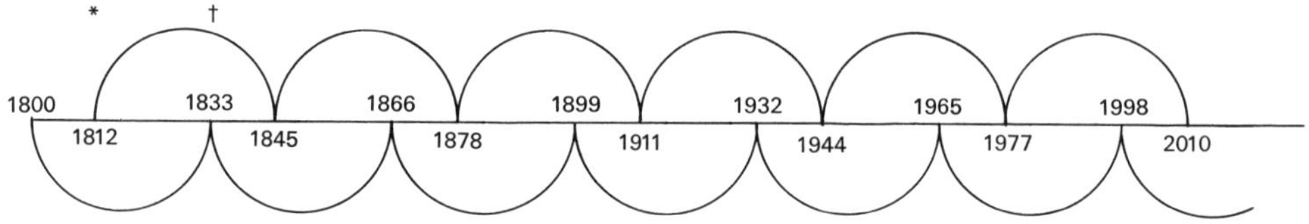

Die Geburts- und die Todesreihe Kaspar Hausers im 33-Jahr-Rhythmus.

Die Geburtsreihe – 1845

Wenn man als erstes die Aufmerksamkeit auf die Tatsache lenkt, dass Kaspar Hauser im Jahre 1845 33 Jahre alt geworden wäre, so muss man sich vergegenwärtigen, dass 1841 die Zeit anbricht, während der in der geistigen Welt der Kampf Michaels mit den ahrimanischen Wesen beginnt, und dass dieser Kampf mit dem Sturz der ahrimanischen Geister in den Erdbereich im Jahre 1879 endet[69]. Ab 1841 entfalten die Geister der Finsternis dadurch ihre Wirksamkeit immer stärker auf dem physischen Plan, sie durchsetzen die unmittelbar an die sinnliche Welt angrenzende Sphäre mit so starken Kräften, dass diese im höchsten Masse verführerisch im Sinne Ahrimans auf die auf der Erde inkarnierten Menschen wirken. Die Folge ist jener verheerende materialistische Einbruch im 19. Jahrhundert, der insbesondere auf zwei Lebensgebieten um sich greift. Einmal wird von diesem Zeitpunkt an der aus der Bewusstseinsseele hervorgehende naturwissenschaftliche Impuls, der letztlich auf das Erfassen des Geistes in der Natur gerichtet ist, mehr und mehr materialistisch verengt und verzerrt. Mit den Ergebnissen dieser Verführung lebt die heutige Menschheit auf wissenschaftlichem Felde weithin. Zum anderen beginnen damals die ahrimanischen Geister, die ihnen zugeneigten Menschen in allerschlimmster Weise in der Form zu verführen, dass sie ihnen Gedanken über das Leben und Arbeiten der Menschen eingeben, die seither unter der täuschenden Vorspiegelung, menschlichere Verhältnisse erreichen zu wollen, Hass und Zerstörung in menschheitlicher Dimension auf die Erde gebracht haben.

Das Wirken und die Gedanken von Karl Marx sind in diesem Zusammenhang zu sehen, vor allem seine Auffassung der menschlichen Arbeitskraft.

Er wollte zwar den Waren-Charakter der Arbeit ausschalten. Da er aber übergeordnete geistige Antriebe für die Arbeit nicht gelten liess, kam es zu einer Verödung des Interesses und zu einer Aushöhlung des Arbeitswillens.

Ein weltgeschichtliches Datum in dieser Entwicklung ist die Veröffentlichung des kommunistischen Manifests 1847. Wiederum wird deutlich, dass die damals konzipierten Impulse und Gedanken prägend bis in die heutige Wirklichkeit eingegriffen haben. Nicht nur, dass ein grösserer Teil der Menschheit unmittelbar in Gedanken lebt, die sich von dieser Geistigkeit ableiten, sondern, dass auch der andere Teil der Menschheit im höchsten Masse in einen einseitigen materiellen Produktionsprozess eingespannt ist. In der heutigen Produktion ist die Stellung des arbeitenden Menschen ganz im Sinne der ahrimanischen Verführung gedacht und verwirklicht, nämlich so, dass die Arbeit nicht als ein unmittelbarer schicksalshafter Ausdruck der geistigen Natur des Menschen verstanden wird, sondern als etwas, was der Ware gleichgestellt wird und käuflich ist[70]. Aus all dem geht hervor, dass in den frühen vierziger Jahren des 19. Jahrhunderts die entscheidende Weichenstellung für die Entwicklung bis in unsere Tage und wohl weit darüber hinaus geschehen ist. Die Menschheit wurde in tiefgehender Weise mit den ahrimanischen Kräften verbunden.

Die geistige Führung der Menschheit hat in ihrer Weisheit in Kaspar Hauser eine Individualität auf den physischen Plan gestellt, damit sie, im Augenblick des beginnenden Sturzes der Geister der Finsternis, auf der Erde als eine Gegenkraft wirken sollte. Es war Vorsorge getroffen, dass die mit weltgeschichtlicher Notwendigkeit wirkenden ahrimanischen Kräfte die Menschheit nicht zu sehr herunterreissen konnten. Kaspar Hauser war vorbereitet, ausersehen und in der Lage, zu der ahrimanischen Wirkung auf dem physischen Plan eine Gegenwirkung zu entfalten und damit das kommende michaelische Zeitalter vorzubereiten. Betroffen kann man beobachten, wie gut die Gegner Kaspar Hausers die entscheidende Rolle erkannten, die ihm zugedacht war, und wie weit gespannt ihre Ziele waren.

Man denke nur, was eine spirituelle Persönlichkeit wie Kaspar Hauser von seiner Wirkensstätte aus, dem badischen Hof in Karlsruhe, hätte erreichen können, zum Beispiel dadurch, dass er dem Arbeiten der Menschen in seinem Lande geistig bestimmte Aufgaben im Sozialen hätte stellen können.

Einen wesentlichen Beweggrund für die Taten derjenigen, die Kaspar Hauser in ihre Gewalt bekamen, kann man darin sehen, dass sie die Möglichkeit erringen wollten – und tatsächlich auch errangen –, nicht nur ihn selbst, sondern einen denkbar grossen Menschenkreis aus der von der Menschheitsführung gedachten Entwicklung herauszureissen. Es liegt in ihrem Interesse, die Wirkung Ahrimans auf die Menschheit zu ihren Zwecken zu verstärken. Es war das bewusste Ziel der Gegner Kaspar Hausers, nicht nur ihn selbst durch die Gefangenschaft an der Erfüllung seiner Aufgabe zu hindern, sondern durch das Ausschalten seiner Wirksamkeit die Menschheitsentwicklung tiefer und stärker in die ahrimanischen Kräfte zu verstricken, als es geplant war. Die Machenschaften, Kaspar Hauser in die Gewalt zu bekommen, geschahen von den ahrimanisch bestimmten Gegnern also unter einem ebenso menschheitlich weit gespannten Aspekt, wie er von der Seite der die Menschheit führenden Geister her bestand: Kaspar Hauser in die Menschheitsentwicklung mit einem entscheidenden Impuls hineinzustellen.

In dem zukunftsträchtigen Geschehen der vierziger Jahre des 19. Jahrhunderts spielt das schwerwiegende Fehlen der Tätigkeit Kaspar Hausers, der von dieser Zeit an die in ihm liegenden vorgeburtlichen Entschlüsse hätte entfalten können und sollen, eine wesentliche Rolle. Auch der unglückliche Verlauf der deutschen Revolution von 1848 ist wohl nicht zuletzt darauf zurückzuführen, dass ein Beispiel der sozialen Gestaltung der Gesellschaft fehlte, das durch Kaspar Hauser als eine geistige Orientierung, als ein menschliche Kräfte aufrufendes Ziel gegeben werden sollte. Auch darf bei dieser Betrachtung nicht vergessen werden, welche erweckende Kraft von einer solchen Individualität hätte ausgehen können, die einen menschheitlichen Auftrag zu erfüllen hatte. Es waren viele Persönlichkeiten da, die in den verborgenen Tiefen ihres Seelenlebens auf Kaspar Hauser warteten, seiner bedurften, um sich entfalten zu können und die nun durch sein Fehlen sich in Leere und Lähmung versetzt fühlten, die auf dieser Erde die Geistverlassenheit schmerzlich empfanden und zu heimatlosen Seelen wurden[71]. Man erinnere sich an das Wort Lessings, «dass das Genie nur am Genie erwacht».

1878/1879

Blickt man auf das Jahr 1878, so tritt als erstes hervor, dass Kaspar Hauser durch seine Geburt am Michaelstag 1812 so in die Welt hineingestellt wurde, dass er zweimal 33 Jahre vor dem Beginn des Michaelszeitalters 1879 leben und wirken sollte.

* Hier zeigt sich das Problem ganz deutlich: wie ist die Äußerung Steiners (S. 68) „Wenn Kaspar Hauser nicht gelebt hätte und gestorben wäre, wie er tat, so wäre der Kontakt zwischen der Erde und der geistigen Welt vollkommen unterbrochen“ damit zusammenzubringen? Denn das Unterbrechen ist ja doch die Folge der Geschehnisse, das Element, das die Verbindung herstellen sollte, fehlt!
Das kann man nicht so einfach neben einander stehen lassen – Wenn

Der Berliner Kongress im Sommer 1878 kann als hervorstechendes Beispiel dafür betrachtet werden, was durch das Fehlen Kaspar Hausers für Europa an Folgen hervorgerufen wurde. Bismarck als Kanzler der Hohenzollern-Kaiser vermeidet als Praktiker und Pragmatiker den drohenden europäischen kriegerischen Konflikt. Er empfindet sich als ehrlichen Makler, dessen geschickter Diplomatie es gelingt, einen Interessen- und Machtausgleich zwischen der Türkei, Russland und Grossbritannien herbeizuführen. Die Gebietsansprüche auf dem Balkan werden ausgeglichen, die Einflusssphären abgegrenzt. Der Friede wird zwar gerettet, besser gesagt, es kommt nicht zum Krieg – aber um welchen Preis! Völker, oder Volksgruppen, Landschaften, Sprachen, Religionen, das sind letztlich alles Figuren eines Spiels, das unter dem Aspekt der Macht getrieben wird, es sind austauschbare Güter, die gegeneinander aufgerechnet werden. Bei dieser Gestaltung des physischen Plans spielt es keine Rolle mehr, ob es sich um Menschen, um geschichtliche oder kulturelle Realitäten handelt. Bismarck geht weder von einer wirklichen Erkenntnis der Verhältnisse auf dem Balkan, noch von einer Idee der notwendigen zukünftigen Gestaltung dieser Verhältnisse aus. Der äussere Erfolg in der Machtsphäre täuscht darüber hinweg, dass die wirklichen Fragen der Individual- und Volksentwicklung auf dem Balkan gar nicht berührt werden. Gewiss haben sich Bismarck und die anderen beteiligten Politiker diese Aufgabe nicht gestellt. – Aber das ist gerade das Verhängnis, weil die unerkannten und ungelösten Fragen notwendigerweise im weiteren Fortgang der Geschichte zu immer schwereren Katastrophen führen. 1878 wird der Krieg vermieden, aber nur um den Preis, dass im Laufe der nächsten Generation, insbesondere unter russischem Einfluss, eine Situation geschaffen wird, die ungefähr 33 Jahre später den Ersten Weltkrieg auslöst. Diese Konsequenz einer Politik, die glaubt, auf Ideen zur Erfassung und Gestaltung der geschichtlichen Wirklichkeit verzichten zu können, muss erkannt werden. Die Praktiker der Politik haben die Menschheit in immer unlösbarere Konflikte verstrickt. Für das Jahr 1878 kann man erleben, dass in einem entscheidenden Augenblick der europäischen Entwicklung die Kraft fehlt, dieser eine heilsame Richtung zu geben. Diese Kraft hätte Kaspar Hauser – als Kind Europas – in die Gestaltung der Verhältnisse hineintragen können und sollen.

Nach dem Muster, das Bismarck mit dem Berliner Kongress gegeben hat, verfährt die Diplomatie seitdem. Die Technokraten unserer Tage, die nur nach dem Machbaren fragen, haben dies Verfahren perfektioniert; die Menschheit steht infolgedessen an einem Abgrund, vor dem nur ein grundsätzliches

ein Opfer einen Sinn hat, dann muß im Nachfolgenden die positive Auswirkung sichtbar sein (Urbild Christus), es muß etwas möglich werden, was sonst nicht möglich geworden wäre – es muß ausgehend von dem Ereignis ein allmählicher Anstieg sein, und zwar auf einem höheren Gebiet als dem, auf das sich die ursprüngliche Absicht bezog. – Auf dem niedrigeren fehlt natürlich etwas. –

Umdenken bewahren kann. Man könnte einwenden, dass doch auch vor Bismarck im Sinne der Machtpolitik entschieden wurde. Das ist gewiss richtig. Die Entwicklung der Menschheit im 19. und 20. Jahrhundert verträgt aber dieses Vorgehen immer weniger, weil der Geist in allen Weltverhältnissen mitsprechen will, weil die geistige Welt ihr Verhältnis zu der physischen geändert hat. Die Diskrepanz zwischen dieser geistgewollten Entwicklung und dem tatsächlichen Verhalten der Menschen bedingt die schwersten Erschütterungen des sozialen Organismus.

Die Zeit vor 1878 kann noch durch weitere Ereignisse charakterisiert werden: Erstens wurde 1875, im Todesjahr Daumers, die Theosophische Gesellschaft begründet, die ungefähr 33 Jahre nach dem «Epochenjahr 1841» im Hinblick auf das kommende spirituelle Zeitalter die Menschheit wieder auf geistige Tatsachen hinweisen sollte. Es entsprang diese Gründung, die höheren Impulsen folgte, der Einsicht, dass gegen den entwicklungsfeindlichen Materialismus spirituelle Erkenntnisse in die Welt gestellt werden mussten. Zweitens sah sich Nietzsche 1875 durch den Gang der Ereignisse in Deutschland dazu gedrängt, die mitteleuropäische Entwicklung als «Extirpation des deutschen Geistes zugunsten des Deutschen Reiches» zu charakterisieren. Mit diesen Worten umreisst Nietzsche in scharfer Weise das Verhängnis, das für Mitteleuropa inzwischen Wirklichkeit geworden war und dem Kaspar Hauser hätte begegnen sollen: dem Losreissen der äusseren staatlichen Macht von einem geistigen Auftrag und Inhalt, von einem wirklichen menschheitlichen Ziel. Kaspar Hausers Auftrag war es, ein staatliches Gebilde mit wirkendem Geist zu erfüllen, soweit das in der damaligen Zeit möglich gewesen wäre, und man kann die Verzweiflung Nietzsches über die eingetretene Entwicklung nachempfinden.

Die Bedeutung, die das Fehlen einer Geistigkeit für Mitteleuropa hat, stellt Rudolf Steiner in dem Artikel «Die geistige Signatur der Gegenwart» (1888) dar. In einem späteren Vortrag am 1. Januar 1920 weist er selbst auf seine Ausführungen in diesem Artikel hin, in dem es heisst: «Für jenes Streben nach den höchsten Spitzen der Gedankenwelt aber, für jenen Schwung des Geistes, der auf wissenschaftlichem Gebiet unserer klassischen Kulturepoche parallel ging, fehlt jetzt der Sinn und das Verständnis. Das Bedenkliche dieser Erscheinung tritt erst hervor, wenn man in Erwägung zieht, dass ein dauerndes Abwenden von jener Geistesrichtung für die *Deutschen* ein Verlieren ihres *Selbst,* ein Bruch mit dem Volksgeiste wäre, denn jenes Streben entsprang einem tiefen Bedürfnisse des deutschen Wesens[72].» Die spirituellen Kräfte, die sich an der Wende des 18. zum 19. Jahrhundert dem deutschen Volk in vielen seiner kulturellen Vertreter mitteilten, bereiteten in dem künstlerischen Schaffen und dem philosophischen Ringen um Erkenntnis in vielfältiger Form den Impuls vor, das soziale Leben aufgrund der im Geiste wurzelnden Ideen zu gestalten und dadurch die Brücke zwischen der sinnlichen und übersinnlichen Welt zu bauen. Die klassische Epoche der deutschen Kultur hat es im Sozialen bis zu der schönen Form der Freundschaft gebracht. Der Schritt zur Gestaltung grösserer menschlicher Gemeinschaften konnte noch nicht gemacht werden. Hier hätte das Wirken Kaspar Hausers einsetzen und eingreifen sollen, hier hätte der entscheidende weitere Schritt getan werden müssen, wenn die Brücke zwischen dem geistigen Selbst des Volkes und der sozialen Wirklichkeit geschaffen werden sollte. Die Aufgabe Kaspar Hausers, diesen Brückenbau zu versuchen, hätte gewiss dem Verlieren des Selbstes des deutschen Volkes entgegengewirkt. Die tragische deutsche Entwicklung geht in diesem Sinne mit der Kaspar Hausers parallel. Daumer hat – wie im 2. Kapitel schon gezeigt wurde – diesen Zusammenhang zwischen dem deutschen Volksschicksal und demjenigen Kaspar Hausers gespürt. Die Wirkung der ahrimanischen Kräfte geht immer in die Richtung, die Verbindung zum Selbst zu stören oder zu unterbinden. Für die Deutschen ist das Fehlen einer lebendigen Beziehung zu ihrem eigentlichen Volksgeist zu einem umfassenden Schicksal geworden.

In dem Aufruf «An das deutsche Volk und an die Kulturwelt» hat Rudolf Steiner 1919 von anderer Seite her auf diesen Tatbestand hingewiesen. Er spricht dort davon, dass dem deutschen Volk die Erkenntnis aufleuchten muss, «dass es vor einem halben Jahrhundert ein Reich gegründet, jedoch unterlassen hat, diesem Reich eine aus dem Wesensinhalt der deutschen Volkheit entspringende Aufgabe zu stellen[73].» Hier, wie an anderer Stelle, wird der Zusammenhang gesehen, dass der wirkliche Grund der ersten Weltkriegskatastrophe – aus der sich fortzeugend alle weiteren Katastrophen ergeben haben – in dem gestörten oder fehlenden Verhältnis des Volkskörpers zum Volksgeist liegt. Es ist zu erkennen und wird sich immer wieder bestätigen, dass in dieser Tatsache auch der wahre Grund der mitteleuropäischen Konflikte liegt und dass eine Bewältigung dieser Schwierigkeiten mit der Erkenntnis dieser Tatsachen beginnen muss.

Zusammenfassend kann man sagen, dass die Jahre unmittelbar vor dem Beginn des michaelischen Zeitalters durch eine besondere Finsternis, durch eine geradezu schmerzhafte Verlassenheit vom Geist gekennzeichnet sind.

Zu Beginn des Michaelszeitalters im Herbst 1879 wird innerhalb der aufgezeigten 33-Jahr-Rhythmen der junge Rudolf Steiner 18⅔ Jahre alt. Er durchlebt seinen ersten Mondknoten – worauf später noch einzugehen sein wird. Im Beginn des Michaelszeitalters erfährt Rudolf Steiner, für dessen bewusstes Erleben und Erkennen die geistigen Welten immer offenlagen, im Übersinnlichen die von der Michaelwesenheit gehüteten Erkenntnisse der dreigliedrigen Menschenwesenheit[74]. Das Christuswirken zwischen Luzifer und Ahriman, das die Quelle des Menschlichen ist, steht im Verborgenen vor seinem erkennenden Blick, indem er den Anfang des michaelischen Zeitalters erlebt. Die Erkenntnis der Christuswesenheit und ihre Bedeutung für die Erdentwicklung reift seit dieser Zeit in seiner Seele. Rudolf Steiner betont im «Lebensgang» selbst, dass er seine Auffassung über die Wesenheit Christi nicht geändert habe, dass diese früh vorhanden war und dann eine Zeitlang aus karmischen Gründen zurücktrat[75].

Hier wird gewagt, die Auffassung vorzubringen, dass jenes Ergebnis der Wirksamkeit Christi, wie es Rudolf Steiner im Zyklus «Von Jesus zu Christus», Oktober 1911[76], darstellt, seit 1879 in seiner Seele lebte. Ein Entwicklungsrhythmus, der für Rudolf Steiner und die Erfüllung seiner Aufgabe entscheidend war, verknüpft sich in diesem Augenblick mit den Wirkungen der unterdrückten Mission Kaspar Hausers. Von 1879 an sind im Zeitenstrom die Wirkungen beider Individualitäten verbunden. 33 Jahre später hält Rudolf Steiner aus «esoterischem Pflichtgefühl[77]» den eben erwähnten Zyklus.

1911/1912

Der Zyklus «Von Jesus zu Christus» wird genau 99 Jahre nach der Geburt Kaspar Hausers an seinem Geburtsort Karlsruhe gehalten, auffallenderweise in den Tagen, in denen Kaspar Hauser noch in der Wiege seiner Mutter lag*. Mit Erschütterung kann man bemerken, wie die eingeweihte Individualität Rudolf Steiners ein höheres Leben mitlebt und mitvollzieht in dem Sinne, dass er einerseits die objektiven Notwendigkeiten des geschichtlichen Lebens erfüllt und andererseits in christlichem Sinne für eine andere Individualität und deren Schicksal einsteht. Die Taten des Eingeweihten erfolgen aus Gründen, die dem Nichteingeweihten nicht zugänglich und nicht sofort verständlich sind[78]. Daraus ergibt sich, dass es für sein Sprechen und Tun zu bestimmten Zeiten und an bestimmten Orten verborgene Gründe gibt, denen bisher wohl noch zu wenig Aufmerksamkeit geschenkt worden ist. Manch rätselhafter

Zusammenhang im Leben und Werk Rudolf Steiners kann sich durch das Beobachten solcher Verbindungen erhellen.

Im einzelnen soll nun versucht werden, darzulegen, wie Rudolf Steiner in diesem Zyklus etwas von dem Geheimnis der Individualität Kaspar Hausers und seiner Geburt in Karlsruhe enthüllt, obwohl von Kaspar Hauser selbst mit keinem Wort direkt gesprochen wird. Im Vollzug des Weltgeschehens selbst tritt der dem Weltgeist Dienende so auf, dass er in seinem Tun und Sprechen ein so schwerwiegendes Rätsel löst. Dazu gehört durchaus auch, dass die wahren geistigen Hintergründe des Verbrechens an Kaspar Hauser ihre Erklärung finden und so deutlich wird, welch ein gewaltiges Ringen sich im Hintergrund der Geschichte abspielt.

Da der genannte Zyklus die Grundlage zur Lösung dieser Fragen bildet, ist es erforderlich, ausführlicher auf die Aussagen Rudolf Steiners einzugehen. Nach einem einleitenden öffentlichen Vortrag wird im Karlsruher Zyklus, vor allem in den ersten beiden Vorträgen, in eingehender und spezieller Weise über die Schulung der Jesuiten gesprochen. Hier sei das Augenmerk vor allem auf das Ergebnis gerichtet, zu dem diese Schulung führt. Am Schluss des ersten Vortrags vom 5. Oktober heisst es: «Der König Jesus muss zum Herrscher auf der Erde werden! Und wir , die wir zu seinem Heere gehören, wir haben alles anzuwenden, was ihn zum Herrscher auf Erden macht. Das geloben wir, die wir zu dem Heere gehören, das auf der Ebene von Jerusalem versammelt ist, gegenüber dem Heere des Luzifer auf der Ebene von Babylon. Und die grösste Schande für einen Soldaten des Königs Jesus ist es, die Fahne zu verlassen! Das in einen einzigen Willensentschluss zusammengefasst, ist etwas, was allerdings dem Willen eine gewaltige Stärke geben kann. Wenn wir es uns charakterisieren wollen, müssen wir fragen: Was ist denn in dem Seelenleben unmittelbar angegriffen worden? Das Element, das als das unmittelbar heilige gelten soll, wo man nicht hineingreifen soll: das Willenselement! Insofern bei dieser Schulung des Jesuitismus in das Willenselement eingegriffen wird, indem der Jesus ganz eingreift in das Willenselement, insofern ist der Begriff des Jesustums in der gefährlichsten Weise überspannt, – gefährlich deshalb, weil dadurch der Wille so stark wird, dass er auch unmittelbar auf den Willen des anderen wirken kann. Denn wo der Wille so stark wird durch die Imaginationen, das heisst durch okkulte Mittel, da erwirbt er auch die Fähigkeit, unmittelbar auf den anderen hinüberzuwirken. Daher auch alle die übrigen okkulten Wege, zu denen ein solcher Wille seine Zuflucht nehmen kann.

So sehen wir, wie zwei Strömungen in den letzten Jahrhunderten unter den vielen anderen uns entgegentreten: Die eine, die das Jesus-Element überspannt hat und nur in dem König Jesus das einzige Ideal des Christentums sieht – und die andere, die einzig und allein auf das Christus-Element sieht und sorgfältig unterscheidet, was darüber hinausgehen könnte; die deshalb auch vielfach verleumdet worden ist, weil sie sich daran hält, dass der Christus den Geist gesandt hat, damit der Christus auf dem Umwege durch den Geist seinen Einzug in die Herzen und Gemüter der Menschen halten kann. Es gibt wohl kaum einen grösseren Gegensatz in der Kulturentwickelung der letzten Jahrhunderte, als den zwischen dem Jesuitismus und dem Rosenkreuzertum, weil in dem Jesuitismus nichts von dem enthalten ist, was das Rosenkreuzertum als das höchste Ideal der Beurteilung von Menschenwert und Menschenwürde ansieht; und weil sich das Rosenkreuzertum immer hat bewahren wollen vor einem jeglichen Einfliessen dessen, was auch nur im schwachen Sinne als ein jesuitisches Element bezeichnet werden kann.

Damit wollte ich zeigen, wie selbst ein so hohes Element wie das Jesus-Prinzip überspannt werden kann und dann gefährlich wird; und wie es notwendig ist, sich in die Tiefen der Christus-Wesenheit zu versenken, wenn man verstehen will, wie die Stärke des Christentums gerade darin bestehen muss, dass die menschliche Würde, der menschliche Wert aufs allerhöchste geschätzt wird; dass nirgends mit plumpen Schritten hineingetappt wird in das, was der Mensch als sein innerstes Heiligtum betrachten muss. Deshalb wird auch christliche Mystik von dem jesuitischen Element so angefochten – und erst das Rosenkreuzertum im höchsten Masse –, weil gefühlt wird, dass wahres Christentum doch anders gesucht wird als dort, wo bloss der König Jesus eine Rolle spielt. Aber durch die angedeuteten Imaginationen ist der Wille so stark geworden, dass selbst die gegenteiligen Einsprüche des Geistes durch diesen Willen, der durch die beschriebenen Exerzitien erreicht ist, besiegt werden können[79].»

Der Schulungsweg der Jesuiten wird hier als ein Weg der Verstärkung der Willenskräfte charakterisiert, die auf diese Weise zu gefährlichen okkult wirkenden Mitteln werden. Die okkulte Wirkung besteht darin, dass der Wille so mächtig wird, dass er unmittelbar – unter Umgehung des Bewusstseins – auf einen Menschen zwanghaft wirkt. Der so in seinem Willen Gepackte weiss nichts und soll auch nichts wissen von dem, was in Wahrheit in ihm vorgeht. Er ist *unbewusst* ein Diener von Impulsen, die ihm aufgeprägt werden durch einen okkulten Willensakt, zu dem sich im Bewusstsein des Menschen Vorstellungen gesellen, die mit dem, was in ihm willentlich vorgeht, gar nichts zu tun haben. In Wirklichkeit wird der Mensch zerrissen und in einen Abgrund gestürzt, aber er bemerkt dies nicht, weil der so betäubte Wille kaum noch die Tendenz hat, aufzuwachen.

Im selben Vortrag weist Rudolf Steiner ausdrücklich auf die Hypnose als auf ein verbotenes, aber benutztes Mittel der Willensbeeinflussung hin. «Das einzig Gesunde ist doch, allen Einfluss auf den Willen des anderen Menschen nur durch Erkenntnis hindurch zu bekommen[79].» An anderer Stelle betont Rudolf Steiner lapidar: «Die Überwältigung des Menschen durch hypnotische Mittel ist ein noch stärkeres Töten, weil es das Wollen vernichtet. Deshalb greift der Okkultist nie ein in die Freiheit des Menschen; er erzählt nur die Tatsachen[80].»

Immer hat es Rudolf Steiner als *das* jesuitische Prinzip bezeichnet, jenseits oder ausserhalb des menschlichen Bewusstseins – und damit unter Missachtung der menschlichen Freiheit – über die Seele eines anderen Menschen Macht zu gewinnen. Der Vorgang bleibt grundsätzlich verwerflich und menschenunwürdig, gleichgültig ob einem vermeintlich höheren Zweck gedient wird oder nicht. Im Hinblick auf die Unantastbarkeit der menschlichen Freiheit kann kein Zweck irgendein Mittel heiligen. Der Grund der weitreichenden Wirkung des jesuitischen Prinzips liegt darin, dass ein Missbrauch mit dem höheren Wissen getrieben wird. Das geistige Gesetz, das hier verletzt ist, wird von Rudolf Steiner in seinem Buch «Wie erlangt man Erkenntnisse der höheren Welten?» kurz so geschildert: «Denn es gibt ein natürliches Gesetz für alle Eingeweihten, das sie dazu veranlasst, keinem suchenden Menschen ein ihm gebührendes Wissen vorzuenthalten. Aber es gibt ein ebenso natürliches Gesetz, welches besagt, dass niemandem irgend etwas von dem Geheimwissen ausgeliefert werden kann, zu dem er nicht berufen ist. Und ein Eingeweihter ist um so vollkommener, je strenger er diese beiden Gesetze beobachtet[81].»

Diejenigen, die dem jesuitischen Prinzip folgen, verstossen gegen den ersten Teil dieses Gesetzes, weil sie der Überzeugung sind, dass ein individuelles, freies Suchen den Menschen nicht zukommt. Das Wissen, das man dem einzelnen zugesteht, bemisst sich nicht nach der individuellen Reife, sondern nach dem Zweck, den der Wissende mit der Mitteilung oder Zurückhaltung des Wissens verfolgt. Dabei wird durch die gezielte Zurückhaltung des Wissens Macht über den anderen Menschen begründet. Meist werden die Interessen von Gruppen verfolgt. Die Verpflichtung gegenüber dem *Fort-*

schreiten aller Menschen, die ein wesentliches Motiv der Blütezeit der deutschen Kultur um 1800 war, wird missachtet; da die Gegner der christlichen Menschheitsentwicklung, wie sich im Kaspar-Hauser-Fall zeigt, tatsächlich über ein bedeutungsvolles okkultes Wissen verfügen, darf die Macht, die sie durch die Zurückhaltung dieses Wissens über die ihnen Dienenden gewinnen, auf gar keinen Fall unterschätzt werden. Die Mitglieder der okkult arbeitenden Gruppen lassen die von ihnen erworbenen Kräfte ihren Führern zukommen, so dass diese darüber verfügen können. Dieser Wille, der im verborgenen bleibt, erhält eine geradezu furchtbare Stärke dadurch, dass ihn niemals ein bewusstes Erkennen, niemals eine Herzensregung durchleuchtet hat. Um die Gewalt dieses so erzeugten Willens zu verdeutlichen, seien hier nochmals die bereits zitierten Worte von Rudolf Steiner angeführt: «Aber durch die angedeuteten Imaginationen ist der Wille so stark geworden, dass selbst die gegenteiligen Einsprüche des Geistes durch diesen Willen, der durch die beschriebenen Exerzitien erreicht ist, besiegt werden können[79].» Das Ungeheuerliche dieser Aussage übersteigt durchaus das bisher in der Menschheit Angenommene und Gedachte. Leicht gibt man sich der Annahme hin, dass sich die Impulse aus der geistigen Welt gegenüber jedem der Menschheit feindlichen Angriff durchsetzen könnten. Hier aber wird nachdrücklich darauf hingewiesen, dass die Kräfte der geistigen Welt, die diesen der Menschheitsentwicklung zuwiderlaufenden Bestrebungen entgegentreten müssen, von den ins Okkulte gesteigerten Willenskräften bezwungen werden können.

Die Wirkensweise solcher okkult arbeitenden Gruppen wie der Jesuiten muss man sich im übrigen so vorstellen, dass die Wissenden, die an der hierarchisch verstandenen Spitze stehen, den niederen Graden nur einen Teil des Wissens anvertrauen, ihre wahren Erkenntnisse und Motive aber absichtlich verbergen. Da sich dieser Vorgang prinzipiell auf jeder Stufe wiederholt, so hat der letzte Diener tatsächlich gar kein Bewusstsein mehr davon, welcher Sache er in Wahrheit mit den Kräften, die er durch seine Exerzitien erarbeitet hat, dient. Dadurch wird diese zutiefst menschenunwürdige Arbeit im geistigen Bereich, das heisst ausserhalb des gewöhnlichen Bewusstseins des Menschen ausserordentlich wirksam.

Nur das Motiv dieser Kreise macht den gigantischen Einsatz verständlich, der hier geleistet wird. Das Motiv, das hier wirkt, liegt darin, dass der physische Plan und die auf ihm lebenden Menschen von einer Gruppe und ihren luziferisch-ahrimanisch bestimmten Zielen aus beherrscht werden sollen. Eine uralte, vorchristliche Form der Herrschaft soll hier bewahrt werden. Diese war

* Erstens: die geistige Welt wirkt nicht direkt in die irdischen Auseinandersetzungen hinein, das geschieht nur von Widersacherseite aus – Zweitens: Steiner dürfte mit dem Gesagten meinen, daß die Einsprüche des Geistes (der Vernunft) einen solchen Menschen, der seinen Willen auf diese Weise schult, nicht mehr erreichen können, Andere Menschen werden von diesem gemäß ihrer Disposition beeinflußt.

berechtigt, solange die Menschen noch eines durch Mysterienstätten vermittelten und geleiteten Kontaktes zu der geistigen Welt bedurften, insofern die sozialen Verhältnisse gestaltet wurden.

Letztlich handelt es sich hierbei um etwas, was urbildlich in der Verurteilung und Hinrichtung des Christus gegeben ist. Wenn man die diesbezüglichen Darstellungen Rudolf Steiners verfolgt, wird deutlich, dass der Christus von den Pharisäern und Sadduzäern deshalb zum Tode verurteilt wird, weil er gegen ein altes Gesetz verstossen hat. Er hat Mysterientaten öffentlich vollzogen. Die Mysterien werden durch ihn *allgemein* auf den physischen Plan hingestellt und sind nun für die Zukunftsentwicklung der Menschheit von jedem Menschen individuell zu erreichen, wenn er sich bereit und reif gemacht hat, wenn er es erreicht hat, sich zu den neuen Mysterien zu erheben. *Damit aber endet die Herrschaft des einen Menschen über den anderen.* Tief ist im Urchristentum der Impuls der Brüderlichkeit erlebt worden, und in Christus ist der Gottessohn zum Menschensohn, zum Menschenbruder geworden. Die Pharisäer und Sadduzäer wenden sich gegen diese von dem Christus selbst eingeleitete Entwicklung, weil sie nach den Traditionen den Eindruck haben müssen, dass hier eine Gotteslästerung begangen wird. Sie werden zu Feinden des Christus, weil sie das Neue, den Impuls zu dem individuell freien Menschen aus ihrer Sicht nur als einen grenzenlosen Hochmut erleben können.

Im Gegensatz von Jesuitismus und Rosenkreuzertum, wie er von Rudolf Steiner charakterisiert wird, kann das Fortwirken der Feindschaft der Pharisäer und Sadduzäer gegenüber dem, was der Christus in die Welt bringt, empfunden werden. Wenn man sich an die im ersten Kapitel gegebene Darstellung des mindestens zweischichtigen Verbrechens an Kaspar Hauser erinnert, kann man bemerken, dass dieses Verbrechen nach dem jesuitischen Prinzip vollbracht wurde. Es gehört ein bedeutender okkulter Rang dazu, Ort und Zeit der Inkarnation Kaspar Hausers vorher zu erkennen. Das wahre Motiv, nämlich Kaspar Hauser an der Erfüllung seiner Erdenaufgabe zu hindern, ist den im Vordergrund der Geschichte Handelnden, der Reichsgräfin von Hochberg und ihren Helfern, unbekannt. Sie verfolgen den für sie wichtigen dynastischen Gesichtspunkt. Welche Vorstellungen man den Handelnden eingegeben hat, um ihnen die Gefangenschaft Kaspar Hausers verständlich zu machen, kann hier offen bleiben, auf jeden Fall entsprechen sie nicht der Wahrheit.

Wenn die im Hintergrund stehenden Lenker des Verbrechens nach der jesuitischen Methode vorgehen, so hiesse das noch nicht, dass sie selbst in den

↗ auch hier erfolgt kein direktes Einwirken der geistigen Welt im Sinne eines Schutzes.

Kreisen der Jesuiten zu suchen sein müssten, denn dies Verfahren wird prinzipiell auch von anderen Gruppen angewandt. Die Hintermänner des Verbrechens an Kaspar Hauser allerdings sind die Jesuiten selber. Rudolf Steiner hat dies zweimal gegenüber dem Grafen Polzer-Hoditz ausgesprochen, nämlich im November 1916 und am 3. März 1925[82]: «Jene Kreise, die alles verhüllen und auch heute noch versuchen zu verhüllen, was mit dem Kaspar-Hauser-Schicksal tatsächlich zusammenhängt, sind jene Mitglieder der westlichen Logen und der Jesuiten, die ja in ihren Spitzenorganisationen seit mehr als 150 Jahren, aber seit Januar 1802 nachweislich zusammenarbeiten. Diese also wollen nicht, dass enthüllt werde, was sie als ein Experiment, als einen gross angelegten Versuch inszenierten, um jene Individualität durch eben ihr Experiment von ihren Aufgaben zu trennen, sie in einem Zwischenreich zu halten. Die Ichheit dieses Wesens soll nicht durchdringen können ihren Leib, soll draussen bleiben in einem Zwischenreiche, nicht reine Geistgestalt und nicht reiner Erdenmensch, von ihren Aufgaben abgelenkt und wie in geistiger Verbannung bleiben, das heisst einen Leib zu formen, aber nicht tätig als Ichheit ihn ergreifen können. Dieses Experiment aber glückte nicht und darum musste Kaspar Hauser sterben. Sie mussten erleben, wie durch ihr Experiment gerade erreicht wurde, was sie zu verhindern strebten: das Wachwerden der Individualität, ja, dass sie wusste von Reinkarnation und Karma. Das aber sollte ja eben nicht sein.» Obwohl es historisch abwegig erscheint, wird hier auf eine gezielte Zusammenarbeit der Jesuiten und der westlichen Logen, also der Freimaurer, von einem Zeitpunkt an hingewiesen, über den später noch zu sprechen sein wird (vergleiche Seite 177)[83].

Aus einem tieferen, spirituell geleiteten Erkenntnisempfinden hat Jakob Wassermann in seinem Roman «Caspar Hauser» in Lord Stanhope das Bindeglied zwischen den im Hintergrund wirkenden westlichen Logen in der Beziehung zu dem sogenannten «Grauen» dargestellt. Das Verhältnis zwischen Lord Stanhope und dem «Grauen» entspricht in allen Einzelheiten dem oben dargestellten Aufbau und Wirken einer okkult arbeitenden Gruppe. Es ist dadurch bestimmt, dass Lord Stanhope – durch sein Schicksal und seine Schwächen gezwungen – halb widerwillig und halb freiwillig dem «Grauen» dient, oder besser gesagt, dienen muss, wobei entscheidend ist, dass er selbst derjenige ist, der zu Zielen benutzt wird, die er selbst nicht kennt und kennen darf. Das Menschenzerstörende dieser Beziehung hat Wassermann dadurch gekennzeichnet, dass er – in Abänderung des biographischen Verlaufes – Lord Stanhope sich erhängen lässt.[84]

Die menschenkundliche Bedeutung der Gefangenschaft Kaspar Hausers, wie sie Rudolf Steiner hier charakterisiert, ist im ersten Kapitel behandelt worden. Die Frage, inwiefern Kaspar Hauser von Reinkarnation und Karma wusste, bleibt der abschliessenden Betrachtung vorbehalten.

In dem Gespräch am 3. März 1925 heisst es ferner: «Tragen Sie aber stets in Ihrem Bewusstsein: die Jesuiten haben die Religiosität, die Frömmigkeit, den Menschen genommen, (sie) sind ganz identisch mit der römischen Staatsgewalt, der Kampf, das heisst die Sünde gegen den Geist ist ihr Herrschaftsgewaltmittel, die einzige Sünde, von der die Schrift sagt, dass sie nicht vergeben wird, und doch kann der Geist nicht ganz ausgerottet werden, aber nur wenige werden ihn hinübertragen in die Zukunft[82]». Die unüberbietbare, vermächtnishafte Schärfe dieser Äusserungen Rudolf Steiners im Monat seines Todes weist auf die oben angeführten Aussagen über die Jesuiten im Zyklus «Von Jesus zu Christus» zurück und unterstreicht diese in besonderer Weise. Während in diesem Zyklus die Methode der Jesuiten erklärt wird, durch die sie den Willen zu einer okkulten Waffe ausbilden, wird hier in aller Prägnanz die «Sünde wider den Geist» als Mittel zum Erlangen der Weltherrschaft bezeichnet. Man muss sich dabei in allem Ernste vor Augen stellen, dass dies heisst: Die Wahrheit wird bekämpft, weil sie als Wahrheit erkannt wird[85]. Da das Christuswesen in der Wahrheit lebt, ist der Kampf gegen die Wahrheit zugleich auch der Kampf gegen den Christus.

Nachdem zunächst die Gegner Kaspar Hausers und ihre Wirkungsweise dargestellt werden konnten, ist nun noch tiefer auf die Frage einzugehen, wogegen sich die Wissenden in diesen Kreisen in Wirklichkeit wenden, und es wird zu zeigen sein, wie dies mit der Erscheinung Kaspar Hausers zusammenhängt.

Rudolf Steiner schildert im Zyklus «Von Jesus zu Christus», welche Taten der Christus in seinem freien Opfer vollbracht hat. Die Bedeutung dieser Taten wird vom kosmologischen und vom menschenkundlichen Gesichtspunkt aus dargestellt. Alles umgreifend und tragend ist dabei die Erkenntnis der kosmischen Natur des Christus. Vom kosmischen Gesichtspunkt aus wird auf die Bildung des physischen Leibes durch die Erdverkörperungen von Saturn, Sonne, Mond bis hin zur Erde verwiesen, wie sie von Rudolf Steiner insbesondere in seiner «Geheimwissenschaft im Umriss[86]» ausführlich dargestellt ist. Daraus kann entnommen werden, dass der physische Leib des Menschen durch ein vierfaches Werden und Entwerden durchgegangen ist, von allen Gliedern des Menschen also am ältesten und am weitesten entwickelt ist.

Zugleich kann dadurch auch verstanden werden, dass der physische Leib des Menschen, der in Wahrheit als Form oder Gestalt von bleibender Existenz ist, in seinen wirkenden Kräften *geistiger* Natur ist. Er wird von Rudolf Steiner auch als «Phantom» bezeichnet[87].

Hier ist gemeinhin ein Irrtum insofern leicht möglich, als der physische Leib in seiner gegenwärtigen vordergründigen Erfahrung einseitig nur als sichtbarer, den Schwerekräften unterliegender Körper verstanden wird. Rudolf Steiner unternimmt es deswegen (im 6. Vortrag), in einer schrittweisen Untersuchung zu zeigen, wie es eigentlich ein tiefes Rätsel ist, dass der Mensch, dessen Glieder alle geistiger, also unsichtbarer Natur sind, überhaupt sichtbar in Erscheinung tritt. Er kommt dazu, auszusprechen, dass nur der jetzt auf der Erde vorhandene Gesamtzusammenhang der viergliedrigen Menschennatur sichtbar ist. Aber diese Sichtbarkeit, die allgemein als eine von vornherein vorgegebene angesehen wird, hat sich gerade aus einem Prozess ergeben, der die menschliche Wesenheit durch die Tätigkeit der luziferischen und ahrimanischen Geister in die sinnlich materielle Welt hineingeführt hat. Aus der Verstrickung in diese Welt will der Christus die Menschheit durch seine Taten befreien.

Während der lemurischen Epoche der Erdenentwicklung hat Luzifer so auf die sich entwickelnde Menschenwesenheit einwirken können, dass sich in ihr Eigenständigkeit und Freiheitswille vorzeitig regten. Die Pläne der guten Götter wurden dadurch in gewisser Hinsicht durchkreuzt. Die Menschenwesenheit konnte sich durch diesen Eingriff Luzifers nicht auf der geistigen Höhe halten, die vorgesehen war. Dieser Vorgang, der in der biblischen Darstellung als Sündenfall und Vertreibung aus dem Paradies geschildert ist, führte dazu, dass die Menschenwesenheit nun auch in die Sphäre der Wirksamkeit der ahrimanischen Geister fiel, die geistige Finsternis und irdische Schwere erzeugen. Dadurch wurde der bisher unsichtbare physische Leib des Menschen mit der schweren Materie angefüllt, und die Gesamtorganisation des Menschen wurde auf diese Weise in die sinnliche Sichtbarkeit geführt. Das «Phantom», der geistig-physische Formleib des Menschen, der auf der Erde das Ich aus der Substanz der Formgeister empfangen sollte, war dadurch für diese Ich-Aufnahme nur noch bedingt brauchbar. Der Mensch wurde der geistigen Welt entrissen, er wurde zum Erdenbürger, dem es eigen ist, den Zusammenhang mit der geistigen Welt mehr und mehr zu verlieren. Die vom physischen Leib ausgehende Veränderung seiner Gesamtorganisation bestimmte den Menschen dazu, den Tod in sich aufzunehmen. Mit dem sinnlichen Sichtbarwerden und

Sichtbarsein ist dem Menschen der Tod eingepflanzt worden. Das ursprüngliche Phantom war so beschaffen, dass es das im Schosse der Götter werdende Ich so aufgenommen hätte, dass dies ein – allerdings von den Göttern abhängiges – Bewusstsein der geistigen wie der sinnlichen Welt hätte entwickeln sollen. Zwei Bewusstseinszustände wie Wachen und Schlafen hätten sich gebildet. An deren Stelle mussten nun zwei Daseinsformen treten, das Leben in der geistigen und damit abwechselnd das in der sinnlichen Welt. Durch die Schädigung des Phantoms durch die luziferischen und ahrimanischen Wesen war nicht nur dies selbst beeinträchtigt, sondern – und das war gewiss von vornherein das Ziel aller dieser Impulse – das Ich wurde auf eine andere Entwicklungsbahn gebracht. Man kann dies so beschreiben, dass das Ich infolge der Schädigung des Phantoms immer stärker in die sinnliche Welt hineingerissen wurde, und wenn der geschwächte physische Leib das Ich nicht mehr tragen konnte, das heisst, nach dem Tod – die geistige Welt immer blasser und schattenhafter erlebt werden musste. Das Ich konnte durch die allzu starke Bindung an die sinnliche Welt nach dem Tode nicht mehr vollständig in der geistigen Welt erwachen. Mit jeder neuen Inkarnation entfremdete sich das Ich immer mehr seiner geistigen Heimat. Zudem wurde durch die Verirrungen und Verführungen des Ich auch das Phantom selbst noch weiter heruntergebracht. Dieser Weg des Ich hätte unausweichlich zu seiner Selbstzerstörung in einer ihm letztlich fremden Welt geführt. Das Bewusstsein des Ich von seiner geistigen Ursprungswelt hätte endgültig erlöschen müssen.

Novalis hat in den «Hymnen an die Nacht» diese Menschheitssituation, die von dem Christus später gewandelt wird, in folgenden Versen dargestellt:

«*Ein* Gedanke nur war es,
Ein entsetzliches Traumbild,
Das furchtbar zu den frohen Tischen trat
Und das Gemüt in wilde Schrecken hüllte.
Hier wussten selbst die Götter keinen Rat,
Der die beklommne Brust mit Trost erfüllte.
Geheimnisvoll war dieses Unholds Pfad,
Des Wut kein Flehn und keine Gabe stillte;
Es war der Tod, der dieses Lustgelag
Mit Angst und Schmerz und Tränen unterbrach.

Auf ewig nun von allem abgeschieden,
Was hier das Herz in süsser Wollust regt,
Getrennt von den Geliebten, die hinieden
Vergebne Sehnsucht, langes Weh bewegt,
Schien matter Traum dem Toten nur beschieden,
Ohnmächtges Ringen nur ihm auferlegt.
Zerbrochen war die Woge des Genusses
Am Felsen des unendlichen Verdrusses.»

5. Hymne

Alle vorchristlichen Kulturen, sofern sie spirituell orientiert waren, haben versucht, mit diesem wachsenden Verlust der geistigen Welt fertig zu werden. Buddha, der letzte grosse Weisheitslehrer der alten Welt, hat durch seinen Abwendungsimpuls von der irdischen Welt das einzig menschlich Mögliche getan, um mit der vierfachen Schädigung der Menschennatur – Tod, Krankheit, Alter, Trennung – fertig zu werden. Es war dies ein heroischer Versuch, die Menschen für die geistige Welt zu retten, indem Buddha ihnen den Impuls vermittelte, sich von der abwärts ziehenden irdischen Welt zu lösen.

Die Griechen, die das Tragisch-Schattenhafte der Totenwelt am stärksten erlebten, sahen im Gegensatz zu Buddha die Rettung darin, sich an dem schönen Sinnenschein, in dem noch der Geist erlebt wurde, zu halten, ohne die Empfindung loswerden zu können, dass dadurch das nachtodliche Verhältnis zur geistigen Welt nicht verbessert werden konnte. «Mit kühnem Geist und hoher Sinnenglut verschönte sich der Mensch die grause Larve», sagt Novalis in der 5. Hymne an die Nacht. Im Hintergrund der griechischen Kultur steht die nicht zu bewältigende und daher an den Rand des Bewusstseins gerückte Frage nach dem Leben der Iche in der geistigen Welt. Auch die vorchristlichen Mysterien, die im Hintergrund der Geschichte immer wieder geistige Impulse in das Erdenleben hatten einfliessen lassen können, wurden weitgehend in den Niedergang mit hineingezogen, der von der geschädigten Menschennatur ausging.

Man muss sich nur vollkommen klar machen, dass sich die vorchristliche Menschheit somit in einer wahrhaft hoffnungslosen Lage befand, da sie in Wirklichkeit keine Möglichkeit hatte, etwas Entscheidendes an der Situation zu ändern. Kein Ich, das im physischen, ätherischen und astralischen Leibe lebte, konnte gegenüber den luziferischen und ahrimanischen Kräften aufkommen, um den Verfall der Menschennatur aufzuhalten oder gar aufzuheben. Die Menschheit stand den Wirkungen übermenschlicher Taten gegenüber, denn Luzifer und Ahriman sind ihrerseits göttlich-geistige Wesen, die weit über dem Menschen stehen. Es fand sozusagen ein ungleicher Kampf statt.

Wenn die Menschheit nicht endgültig Luzifer und Ahriman verfallen sollte, musste für sie ein kosmisches Wesen in diesen Kampf eintreten. Mit dem Christus begab sich ein göttlich-geistiges Wesen aus dem Kosmos, aus der Sonnenregion auf die Erde und inkarnierte sich in einem Leib, um in einem neuen Schöpfungsakt die ursprüngliche Menschennatur wieder herzustellen, ja um ihr in seiner freien Liebestat mehr einzupflanzen, als einmal vorgesehen war. Indem der Christus im Mysterium von Golgatha den Tod als das Ergebnis der durch Luzifer und Ahriman herbeigeführten Erdenentwicklung erlitt, hob er die immer weitergehende, herabziehende Wirkung der verdorbenen Leiblichkeit des Menschen auf. Das ist der Sinn der Worte, dass der Christus für *alle Menschen* gestorben ist, weil durch diesen Vorgang eine objektive Veränderung in der Menschennatur bewirkt wurde, derer seitdem alle Menschen tatsächlich teilhaftig werden. In dem Osterereignis, von dem jede christliche Entwicklung in Wahrheit nur ausgehen kann, schafft der Christus ein neues Phantom, den Auferstehungsleib, der seine geistig-physische, aber immaterielle Natur vollkommen offenbart. In der 5. Hymne an die Nacht heisst der entsprechende Vers:

«Der Jüngling bist du, der seit langer Zeit
Auf unsern Gräbern steht in tiefem Sinnen;
Ein tröstlich Zeichen in der Dunkelheit –
Der höhern Menschheit freudiges Beginnen.
Was uns gesenkt in tiefe Traurigkeit,
Zieht uns mit süsser Sehnsucht nun von hinnen.
Im Tode ward das ewge Leben kund,
Du bist der Tod und machst uns erst gesund.»

Rudolf Steiner schildert die grundlegende Erkenntnis dieser Tatsachen mit folgenden Worten: «Aber es trat eben das Ereignis von Golgatha ein und bewirkte eine vollständige Wiederaufrichtung der verlorenen Entwickelungsprinzipien des Menschen. Indem der Mensch das aufnimmt, was wir gestern schon mit dem Namen ‹unverweslicher Leib› belegten, und was wir uns heute genauer vor die Seele gestellt haben, indem er sich diesen unverweslichen Leib einverleibt, wird er immer mehr dazu kommen, sein Ichbewusstsein heller und heller zu machen, wird er immer mehr das in seiner Natur erkennen, was sich von Inkarnation zu Inkarnation hindurchzieht.» Und wenig später heisst es kurz zusammenfassend: «Seine Auferstehung ist ein Geborenwerden eines neuen Gliedes der menschlichen Natur: eines unverweslichen Leibes[88].»

In dem Auferstehungsleib, der nur von einem göttlichen, kosmischen Wesen geschaffen werden konnte, eröffnen sich für die nachchristliche Entwicklung der Menschheit neue Möglichkeiten. Diejenigen Iche, die die Tat des Christus erkennen und seinen Impuls in sich aufnehmen, entwickeln eine immer stärkere Anziehungskraft für das wiederhergestellte Phantom, das – einmal geschaffen – nach dem Gesetz der spirituellen Ökonomie in der geistigen Welt vervielfältigt werden kann. Dadurch wird es möglich, dass jedes Ich einen ihm gemässen, individualisierten geistig-physischen Leib erhält, der aus der einen Substanz des Auferstehungsleibes erwächst, wodurch ein einigender Zusammenhalt bei vollkommener Individualisierung erreicht wird. Durch diesen neuen geistig-physischen Leib wird der Mensch in Zukunft zu einem wahren Bürger beider Welten werden können, wenn er sich in seinem Ich durch den Christus die Kraft erwirbt, diesen Leib heranzuziehen. «Es ist also im wesentlichen so zu charakterisieren, dass wir durch einen solchen Vorgang mystischer Empfindungen (gemeint sind hier die Empfindungen der christlichen Einweihung mit ihren sieben Stufen) ... bis in unseren physischen Leib hineinwirken. Wenn wir das tun, machen wir nichts Geringeres, als dass wir uns bereit machen in unserem physischen Leibe, das Phantom nach und nach zu empfangen, das ausgeht von dem Grabe auf Golgatha. Wir arbeiten deshalb in unseren physischen Leib hinein, um denselben so lebendig zu machen, dass er eine Verwandtschaft, eine Anziehungskraft fühlt zu dem Phantom, das sich auf Golgatha aus dem Grabe erhoben hat[89].» Erst durch das Mysterium von Golgatha ist es möglich, dass ein Ich auf dem physischen Plan wirklich leben kann, das heisst, das Ich wird geboren. So wahr es ist, dass die Wirkung der Taten des Christus alle Menschen erreicht, so wahr ist es, dass der zweite geschilderte Vorgang, der den ersten zur Voraussetzung hat, sich nur durch die freie Entscheidung und Arbeit des Ich vollziehen kann.

Nachdem zunächst über den göttlich-kosmischen Aspekt der Christustaten gesprochen wurde, soll auch ihre menschenkundliche Bedeutung dargelegt werden. Die Schäden, die an der Menschennatur auftreten, sind, wie bereits angedeutet, urbildlich von Buddha erlebt worden. Der *Tod,* der von dem physisch-materiellen Teil der menschlichen Wesenheit ausgeht, ist Ausdruck der Tatsache, dass der Mensch mit seinem Ich in eine Welt hineingeraten ist, die er nicht bewältigen kann. Das *Altern* ergibt sich daraus, dass die verdorrenden, auszehrenden Kräfte des physischen Leibes den ewigen Lebensquell des ätherischen Leibes überwältigen. Die *Krankheiten* sind die notwendigen Folgen des Vorganges, dass sich der Mensch, luziferisch beeinflusst, losreisst von der vollkommenen Harmonie der astralen Welt und sich tief in die materielle Welt Ahrimans verstrickt. Indem der Mensch die Krankheiten erleidet, findet ein Ausgleich der Verführungen und Verirrungen statt. Die *Trennung* von den geliebten Menschen ist die Erfahrung des Ich, dass innerhalb der Inkarnation – gebunden an den physischen Leib – die an sich selbstverständliche geistige Beziehung von Ich zu Ich, die nicht durch Raum und Zeit bedingt ist, aus dem Bewusstsein schwindet und damit scheinbar verloren geht. So zeigt die ganze Menschennatur einen erschütternden Verfall.

Der Christus tritt nun auf als der Heilende, als der kosmische Weltenarzt, der schon vor dem Mysterium von Golgatha durch drei heilende Taten das Ich in dem Sinneswesen, den Astralleib in Denken, Fühlen und Wollen, den Ätherleib in den Lebensvorgängen harmonisiert hatte[90]. Diese Taten des Christus unterscheiden sich von der Tat seiner Inkarnation insofern bedeutungsvoll, als sich der Christus dabei in der Jesuswesenheit, wie Rudolf Steiner sich ausdrückt, verseelte. Da diese drei Wesensglieder übersinnlicher Natur sind, brauchte der Christus zu diesen Taten die geistige Welt nicht zu verlassen. Der Niederstieg des Christus in die sinnlich-materielle Welt, die Inkarnation in Fleisch und Blut, ist zugleich die einmalige und bei weitem schwerste Aufgabe, die der Christus auf sich genommen hat. Der Christus folgt in seinem Niederstieg dem Weg der Menschheit in die Materie, wobei der wesentliche Unterschied in der Bewusstheit liegt, mit der der kosmische Geist diesen Weg geht.

Das Mysterium von Golgatha ist der Augenblick, in dem der Christus in den verschiedenen Stationen die physisch-menschliche Erfahrung der Verlassenheit durchleidet. Die Notwendigkeit des Leidens erwächst aus der zurückliegenden Entwicklung der Menschen auf der Erde. In dem Leiden des Gottes findet der Ausgleich statt. Um dieses Leiden zu verstehen, muss man sich vergegenwärtigen, welcher Abstand zwischen der Sonnenregion und der finsteren Materiewelt besteht, in die sich die Menschheit verstrickt hatte. Dieser Abstand wird von dem Christus in einem ungeheuren Schmerz bewusst erlebt. Die gewollte Hingabe in der Liebe bewirkt den Ausgleich. So wie die Leiden des Gottes in die Vergangenheit zurückweisen, so deutet das Osterereignis, in dem der Christus als kosmischer Geist im irdischen Bereich den physischen Leib wiederherstellt, auf die Zukunft und letztlich auf das Ende der Erdenentwicklung voraus. Durch die Wiederherstellung der ursprünglichen Natur des physischen Leibes können auch erst die drei vorangegangenen Christustaten ihre volle Wirksamkeit und Fruchtbarkeit erweisen. Das Mysterium von Golgatha und das Osterereignis sind der krönende Abschluss des heilenden Wirkens des Christus an der Menschennatur.

Von nun an kann es sich nur darum handeln, dieses Wirken durch Hingabe zur Wirksamkeit zu erheben. Diese Hingabe zu finden, gegen die sich der «alte Adam» im Menschen mit all seiner Kraft stemmt, ist die Aufgabe der nachchristlichen Menschheit. Für die gesamte viergliedrige Menschennatur sind durch die vier Christusopfer, deren letztes das Mysterium von Golgatha ist, die Vorbilder gegeben, die, wenn sie aufgenommen werden, heilend wirken können.

An dieser Stelle ist nochmals Gelegenheit gegeben, auf die Begründung des 33-Jahr-Rhythmus der nachchristlichen Geschichte hinzuweisen. Die 33 Jahre, die Lebenszeit des Jesus von der Empfängnis bis zum Tode auf Golgatha[91], prägen sich deswegen allem Erdenwerden und Erdenschicksal auf, weil ein kosmischer Geist die geistverlassene Sphäre der Erde ergreift und ordnet. Damit steht nicht in Widerspruch, dass sich der Christus erst im 30. Lebensjahr des Jesus in der Jordantaufe *in* diese menschliche Wesenheit inkarnierte. Die Beziehung zu der Jesuswesenheit, in der sich der Christus schon dreimal verseelte, ist von Anfang an gegeben, die Entwicklung ist plan- und zielvoll geleitet, nur handelt es sich zuerst mehr um ein Leiten und Führen wie von aussen, dann um ein innerliches Ergreifen und Durchdringen. Der 33-Jahr-Rhythmus ist der bleibende Abdruck der Verbindung des kosmischen Geistes mit der Erde. Erstmals in der Geschichte der Menschheit hat es Rudolf Steiner durch den Zyklus «Von Jesus zu Christus», der für sich eine menschheitliche Tat darstellt, für einen damals noch kleinen Menschenkreis möglich gemacht, die zentrale Bedeutung des Erscheinens des Christus auf der Erde zu erkennen. Die Grundlage dazu bietet die wissenschaftliche Erfassung der übersinnlichen Welt, wie sie von Rudolf Steiner in seinem gesamten Werk, vor allem aber in dem Buch «Die Geheimwissenschaft im Umriss» gegeben wurde.

Wenn man sich auch sagen kann, dass diese Geheimnisse in esoterischen Kreisen (zum Beispiel bei den Rosenkreuzern) schon bekannt gewesen sind, so stellt ihre Veröffentlichung aus «esoterischem Pflichtgefühl», wie Rudolf Steiner ausdrücklich sagt[92], aus dem Willen der geistigen Wesen, die die Menschheit führen, für sich einen Wendepunkt dar. Das Veröffentlichen dieses wesentlichen Christusgeheimnisses wird, wenn es von immer mehr Menschen ernst und wirksam ergriffen würde, in letzter Konsequenz dazu führen, dass alles, was sich von alten vorchristlichen Kräften und Gegebenheiten herleitet, nach und nach Macht und Einfluss verlieren muss.

Es gehört zu den tragischen Eindrücken, die man von der Menschheitsgeschichte empfangen kann, dass dieser Wendepunkt von den Gegnern sofort in aller Deutlichkeit und Schärfe erkannt worden ist. Von diesem Karlsruher Zyklus an begann daher, wie Rudolf Steiner am 7. Mai 1923 sagt[92], «der Kampf gegen die Anthroposophie», und das nicht, weil man die vorgebrachten Erkenntnisse für unwahr hielt, sondern weil man um ihre Wahrheit wusste und allen Grund hatte, die Wirkung der Wahrheit zu fürchten. Diese Furcht ist es, die die Gegner sogleich ihre okkulten Massnahmen auf dem physischen Plan treffen liess, die sich inzwischen in ihrer historischen Wirksamkeit offenbart haben.

Es darf nochmals daran erinnert werden, dass Rudolf Steiner diese Erkenntnistaten 99 Jahre nach der Geburt Kaspar Hausers an dessen Geburtsort Karlsruhe in die Menschheit hineinstellte. In seiner Erklärung der Schulung und der Handlungsweise der Jesuiten wies er auf die eine entscheidende Quelle der verbrecherischen Taten an Kaspar Hauser hin. Mit den Darlegungen seiner Erkenntnisse des erneuerten Phantoms spricht er aus, was auf das tiefere Geheimnis im Wesen und in der Erscheinung Kaspar Hausers hindeutet. Er tut dies mit dem Willen der geistigen Wesen, denen er in seinem Menschheitswerk dient.

Indem man den Blick auf die Individualität Kaspar Hausers selbst zurücklenkt, kann man dessen tiefe Verbundenheit mit dem Christusimpuls empfinden, wie sie sich bei seinem Tode gezeigt hat. Wer die kindliche Reinheit und Unschuld seines Wesens wahrnimmt, die Tucher zu der Bemerkung veranlasst, dass in Kaspar Hauser der Mensch vor dem Sündenfall ohne Erbsünde erschienen ist*, wer Rudolf Steiners Hinweis ernst nimmt, dass nächst Christian Rosenkreutz kein Mensch die Leiden Christi so nachempfunden habe wie Kaspar Hauser, der wird fühlen können, dass diese Wesenheit, die offenbar zum nächsten Umkreis des Christus gehört, für ihr Erdenwerk – zum Heil der Menschheit – ausgerüstet, begabt wurde mit dem Höchsten, das der Christus auf Erden geschaffen hat: mit dem Auferstehungsleib. Als einer der ersten wird er zum Heile der Menschheit der Wirkung der Taten Christi teilhaftig.

Von diesem Blickpunkt aus fällt auf manche Besonderheit in Kaspar Hausers Leben ein erhellendes Licht, so vor allem auf die merkwürdige und deswegen immer wieder bezweifelte Tatsache, dass er während seiner Gefangenschaft buchstäblich nur von Brot und Wasser ernährt wurde. Heyer hat dies zunächst mit der guten Qualität des Brotes zu erklären versucht und tiefere Gesichtspunkte nur angedeutet[93]. Mit Recht kann darauf hingewiesen werden, dass es sich für die allgemein üblichen Vorstellungen über die menschliche Ernährung um eine an sich unglaubwürdige Angelegenheit handelt. Man weiss aber, dass Kaspar Hauser nach nichts anderem Verlangen trug als nach Brot, und Daumer rechnete es sich als seinen einzigen Fehler an, die Ernährung Kaspar Hausers auf die gewöhnliche Art und Weise umgestellt zu haben, weil dadurch eine wesentliche Veränderung seiner ursprünglichen Fähigkeiten eintrat[94]. In seinen späteren Aussagen, zum Beispiel bei der ausführlichen eidlichen Vernehmung am 6. November 1829[95], hat Kaspar Hauser betont, dass er immer nur Brot und Wasser genossen habe, solange er sich erinnern könne. Das Rätsel der Ernährung Kaspar Hausers kann gelöst werden, wenn man ihn verbunden denkt mit einem höheren Lebensstrom, der bei einer minimalen Versorgung mit irdischer Substanz den lebendigen Zusammenhang des Organismus aufrechterhält. Man kann auch sagen, dass sich in Kaspar Hauser das Tischgebet bewahrheitet hat: «Das Brot ernährt uns nicht, was uns im Brote speist, ist Gottes ewiges Wort, ist Leben und ist Geist.» Das Brot, das ihn ernährte, kann imaginativ als der Leib Christi erlebt werden[*].

Weitere Tatsachen sind in den eigentümlichen Sinnesqualitäten Kaspar Hausers gegeben. Als Organe sind die zwölf Sinne Teile des physischen Leibes. Das Ich bedient sich ihrer in zwölffacher Weise[96]. Die Erfahrungen, die der Mensch in der sinnlichen Welt machen kann, hängen von der Qualität der Organe sowie von der Fähigkeit des Ich ab. Die verderbten Sinne als Organe des physischen Leibes lassen in dem Ich die Täuschung entstehen, in der sinnlichen Welt nur einer materiellen Wirklichkeit gegenüberzustehen, währenddessen die wirkenden Qualitäten dieser Welt geistigen Ursprungs und geistiger Natur sind. Die geistige Wirklichkeit ist durchaus auf dem Sinnesfelde vorhanden, die Wahrnehmung der Sinne kann zur übersinnlichen Wahrnehmung gesteigert werden[97]. Die Möglichkeit der Steigerung und Reinigung der Sinne, durch die sie fähig werden, die Welt in ihrer Wahrheit zu erfahren, wirklich wahr-zu-nehmen, ist als eine Eigentümlichkeit des Auferstehungsleibes anzusehen. In Kaspar Hausers Sinneserfahrungen treten Erscheinungen auf, die im obigen Sinne verstanden werden können. Seine Sinnesfähigkeiten überschreiten die gewöhnliche Begrenztheit, sie gehen über in das Erfassen der Qualität und das Erfahren der Wirkung der wahrgenommenen Substanz. Daumer berichtet zum Beispiel von dem sogenannten Metallfühlen Kaspar Hausers, bei dem er durch ein Papier die verdeckten Metalle tastend wahrnehmen, bezeichnen und die unterschiedlichen Qualitäten beschreiben konnte[98].

Auch beim Geruchssinn Kaspar Hausers treten entsprechende Beobachtungen auf. So hatte die Wahrnehmung eines minimalen Alkoholgeruches eine Wirkung, die sonst nur bei Alkoholgenuss auftritt[99]. Gewiss sind diese Beobachtungen auch im Zusammenhang damit zu sehen, dass durch die Gefangenschaft die kindliche Natur in Kaspar Hauser stärker bewahrt blieb, als das seinem Alter entsprach. Recht verstanden, unterstützt aber gerade dieser Einwand das hier Gemeinte, denn das Besondere der kindlichen Natur beruht ja darin, dass in ihr die luziferisch-ahrimanischen Kräfte, je jünger das Kind ist, desto weniger wirken können. Die Kindesnatur selbst kann ja als etwas betrachtet werden, das der Christus den luziferisch-ahrimanischen Kräften entzogen hat[100]. So kommt man auch zu einem tieferen Verständnis dessen, dass Kaspar Hauser kurz nach seinem Erscheinen das «Kind Europas» genannt wurde.

Als letztes in diesem Zusammenhang sei das Augenmerk auf die tödliche Verletzung Kaspar Hausers am 14. Dezember 1833 gelenkt. Bei der Obduktion stellten die Ärzte nach damaligen Massstäben eine vierfach tödliche Verletzung an Herz, Magen, Zwerchfell und Lunge fest[101]. Dies würde gewöhnlich für einen so schwer Verletzten mindestens die Bewegungsunfähigkeit bedeuten. Dennoch ging Kaspar Hauser nach dem tödlichen Stich von der Orangerie bis zu Meyers Wohnung, von dort mit dem ungläubigen Meyer zurück zur Orangerie, wo Kaspar Hauser schliesslich zusammenbrach, gestützt aber doch noch den Weg nach Hause bewältigte[102]. Deutet diese erstaunliche Tatsache nicht auf eine geradezu übermenschliche Lebenskraft hin, so, als sammle sich alle Stärke, die für ein langes Leben und Wirken bestimmt war, um diese höchste Gefahr zu überwinden? Doch der ihm von seinen Feinden zugedachte Tod konnte nicht gebannt werden, und nach 76 Stunden verlosch das kostbare Leben.

Es kann nun die Frage aufgeworfen werden, warum Rudolf Steiner im Karlsruher Zyklus 1911 nicht direkt Bezug auf Kaspar Hauser genommen hat, wie er es doch schon Jahre vorher tat, allerdings in einem anderen Zusammenhang[103]. Diese Frage kann zweischichtig beantwortet werden, äusserlich historisch und spirituell schicksalsgemäss.

Es wäre 1911 in Karlsruhe unmöglich gewesen, offen über Kaspar Hauser zu sprechen, weil der regierende Grossherzog Friedrich II. aus der Hochbergischen Linie stammte, die durch das Verbrechen an Kaspar Hauser 1830 auf den Thron gekommen war. Aus gesellschaftlichen und politischen Gründen war eine offene Auseinandersetzung nicht sinnvoll, weil sie unter den gegebenen Umständen der Sache gar nicht gedient hätte. Es wäre in diesem Augenblick auch zwecklos gewesen, die Jesuiten der Urheberschaft an dem Verbrechen an Kaspar Hauser zu bezichtigen. Rudolf Steiner konnte sich hierbei wohl auf seine eigene Geistesforschung stützen, aber ein Menschenkreis, der ein solches geistiges Forschungsergebnis adäquat hätte mittragen können, war noch nicht vorhanden.

Vor allem aber gab es spirituelle Gründe für das zurückhaltende Schweigen Rudolf Steiners. Diese lagen darin, dass damals das mit Kaspar Hauser zusammenhängende Schicksal sich noch in Vollzug befand, wie sich aus der weiteren Darstellung ergeben wird. Es wird auch noch zu zeigen sein, wie Rudolf Steiner selbst mit diesem Schicksal zusammenhing, so dass es sich auch dadurch verbot, über diese Angelegenheit in unverhüllter Form zu sprechen.

Im Hinblick auf das Jahr 1911 sei unterstrichen, dass für einen kleinen Menschenkreis, im übrigen aber verborgen, durch Rudolf Steiner in der erkenntnismässigen Enthüllung wesentlicher Geheimnisse des Christentums eine der bedeutendsten geistigen Taten für die Menschheit vollbracht wird. Und diese Tat steht mit dem Schicksal und Wesen Kaspar Hausers in engstem Zusammenhang.

Zu den Fragen der Menschheitsentwicklung hat Rudolf Steiner im Jahre 1911 die Schrift «Die geistige Führung des Menschen und der Menschheit[104]» veröffentlicht. Die Wichtigkeit dieser Veröffentlichung im damaligen Augenblick geht schon aus der Tatsache hervor, dass die in Kopenhagen gehaltenen Vorträge von Rudolf Steiner selbst für die sofortige Drucklegung bearbeitet wurden. Dies hat Rudolf Steiner während seines Lebens nur in wenigen Fällen getan.

Im unmittelbaren Zusammenhang mit dem Jahr 1911 ist das Jahr 1912 zu sehen, zurückgreifend auf die Jahre 1878/89 und vorblickend auf 1944/45. Rudolf Steiner und seine Freunde mussten 1912 die theosophische Gesellschaft verlassen, weil innerhalb dieser Gesellschaft die Lehre verbreitet wurde, dass in Krishna Murti der Christus wiedergeboren worden wäre. Rudolf Steiner vertrat demgegenüber die oben dargestellten Erkenntnisse der Wesenheit Christi und betonte die Einmaligkeit der Inkarnation eines Gottes. Das entschiedene und rückhaltlose Einstehen Rudolf Steiners für diese Christuserkenntnis führte 1913 zur Gründung der Anthroposophischen Gesellschaft, in der er selbst als spiritueller Lehrer wirkte. Dieser historische Schritt verdient festgehalten zu werden, weil dadurch die von Rudolf Steiner vertretene Geisteswissenschaft ihren ersten eigenen sozialen Umkreis erhielt. Die Begründung der Anthroposophischen Gesellschaft führte im September 1913 zur Grundsteinlegung für das erste Goetheanum in Dornach, worauf später noch einzugehen sein wird.

Ein weiterer beachtenswerter Vorgang ist 1912 die Veröffentlichung des «Anthroposophischen Seelenkalenders» in dem «Kalender 1912/13[105]» durch Rudolf Steiner. Im Titelblatt der Originalausgabe weist Rudolf Steiner selbst mit den Worten: «1879 Jahre nach des Ich Geburt» auf den 33-Jahr-Rhythmus und seine Entstehung wie auch auf das Jahr 1879 als Beginn des Michaelszeitalters hin. Die Bedeutung der 52 Wochensprüche in diesem Zusammenhang wird klar, wenn man sich vergegenwärtigt, dass sich der Jahreslauf aus dem Gang der Sonne durch den Tierkreis ergibt und dadurch der Rhythmus des physischen Leibes ist, so wie die Monate den ätherischen, die Wochen den astralischen Rhythmus und die Tage in ihrem Wechsel von Hell und Dunkel den Ich-Rhythmus tragen. Im Seelenkalender wird dem Ich, das den Jahreslauf miterleben will, die Möglichkeit geschaffen, sich in einer bis dahin unbekannten Weise bewusst mit dem Rhythmus des physischen Leibes zu verbinden, ja der geheimnisvoll lemniskatische Aufbau des Seelenkalenders kann im Mitvollziehen zu einer Kraftquelle für den physischen Leib werden. Es versteht sich von selbst, dass der Seelenkalender, der sich an den ganzen Menschen wendet, in den Monats- und Wocheneinteilungen auch die anderen Rhythmen der übersinnlichen Wesensglieder einbezieht und dadurch alle untereinander verbindet. Der Seelenkalender ist für sich ein Kleinod, ein Schatz, der in einem entscheidenden Augenblick der Menschheit gegeben wurde und der darauf harrt, in Zukunft gehoben zu werden.

Eine weitere epochale Tat Rudolf Steiners im Jahre 1912 ist der Beginn der Entwicklung der Eurythmie, der neuen Bewegungskunst. Wiederum ist es nötig, mit wenigen Strichen anzudeuten, welche Bedeutung diese Tat hat. Die Menschheitsentwicklung hat es mit sich gebracht, dass im Arbeitsleben wie auch in der Kunst die vom Menschen vollführten Bewegungen sich immer stärker an äusserlichen oder rein physisch-leiblichen Gegebenheiten orientiert haben. Die Bewegungen des Menschen haben den übersinnlichen kosmischen Bezug aus Gründen, die oben schon ausgesprochen sind, nach und nach verloren. Aus der Menschenkunde Rudolf Steiners kann entnommen werden[106], dass der Bewegungsmensch der geistige Mensch ist, dass alle

Bewegung aus dem Geiste hervorgeht. Indem die Bewegungen an das materielle Dasein versklavt werden, werden sie ihrem geistigen Ursprung entrissen. Der Mensch verliert seine geistige Existenz. Dieser Vorgang ist auch insofern für den Menschen von höchster Bedeutung, als durch die Impulse, die unbewusst in der Gliedmassenbewegungsnatur wirken, der Mensch sein Schicksal sucht und findet. Eine Störung in diesem Gebiet muss notwendigerweise zu karmischen Verirrungen führen. So wichtig es ist, auf diesem Gebiete die aufklärenden Erkenntnisse zu verbreiten, so wesentlich war es hier, in die unmittelbare Anwendung des Geistes überzugehen. In der Eurythmie zeigte Rudolf Steiner der Menschheit den Weg, in die Bewegungen wieder die übersinnlich unsichtbaren Gestaltungen hineinwirken zu lassen. In den Bewegungsstrom des Menschen wird das geistige Element neu eingeführt und in den so bewegten menschlichen Leib der Samen der befreienden Vergeistigung hineingelegt.

All dies wird hier in Kürze dargestellt, um zu zeigen, wie Rudolf Steiner 1911/12 – 100 Jahre nach der Geburt Kaspar Hausers – entscheidende Taten vollbringt, um den physischen Plan mit dem Geist des Christentums zu durchdringen und den Impuls zu der tiefgreifendsten Veränderung, nämlich der Vergeistigung, zu geben. Nachdem Rudolf Steiner 1911 die Erkenntnis der Heilkräfte, die durch den Christus geschaffen wurden, vermittelt hatte, machte er 1912 einen ersten Schritt, diese Erkenntnisse unmittelbar in die Lebenspraxis einzuführen. Die Gründung der Anthroposophischen Gesellschaft schuf eine neue Möglichkeit, seelenerweckend die anthroposophischen Erkenntnisse zu pflegen. Der «Seelenkalender» eröffnete für den einzelnen Menschen den meditativen Weg, den physischen Leib als Werkzeug des Ich mit dem Kosmos in Verbindung zu bringen. In der Eurythmie wurde für den sich bewegenden Menschen die Brücke gebaut, den Anschluss an die ätherischen Kraftgestaltungen neu zu finden und den verdorrenden Leib durch die aus dem Geistquell inspirierten Bewegungen zu verlebendigen. So wurde durch Rudolf Steiner der physische Plan von den Kräften ergriffen, die auf eine Umwandlung aller Verhältnisse zielen. Die Gegner dieser christlichen Entwicklung, die schon die Gegner Kaspar Hausers waren, bemerkten mit Entsetzen, dass dadurch etwas geschah, was ihre Macht grundsätzlich erschütterte. Man kann verstehen, dass sie sogleich alle ihnen zu Gebote stehenden okkulten Mittel anwandten, um dem Schwinden ihrer Macht zuvorzukommen. Es ist hier wohl der Ort, darauf hinzuweisen, dass von diesen gegnerischen Tätigkeiten historisch im günstigsten Fall nur Spuren zu finden sein werden. Das Entscheidende dabei ist dokumentarisch nicht zu belegen, weil diese Vorgänge

Allerdings müßte die Wirkung konkret an Änderungen des Ablaufs aufzeigbar sein – also nicht Dokumentierung der Ursache sondern der Wirkung. Fremdeinflüsse lassen sich durchaus definitiv feststellen, weil sich der Grundcharakter eines Tuns ändert. Mit Behauptung allein ist nicht gedient.

gar nicht dokumentiert werden. Man würde die Bewusstheit der Gegner unterschätzen, wenn man annehmen wollte, dass sie irgendeinen Beleg für ihre Tätigkeiten schaffen. Die historische Wissenschaft wird sich bereitfinden müssen, solche Tatsachen anzuerkennen und ihre bisherige Betrachtungsweise zu erweitern, wenn sie nicht die Möglichkeit verlieren will, entscheidende Beweggründe der modernen Geschichte zu erfassen.

1944/1945

Ein Jahrhundert nach Kaspar Hausers Geburt wird durch Rudolf Steiner im Erkennen und Handeln in einer Metamorphose realisiert, was durch das Dasein Kaspar Hausers beabsichtigt war. Schon seit 1878/79 verband sich Rudolf Steiner mit dem Strom, der durch Kaspar Hauser in die Geschichte hineinwirken sollte. Im Verfolgen des 33-Jahr-Rhythmus trifft man von 1911/12 aus auf die Jahre 1944/45. Üblicherweise werden die Katastrophen dieser Zeit nicht mit den im Geschichtsstrom vollbrachten Taten von 1911/12 in Zusammenhang gebracht. Die umwälzenden, weltgeschichtlich einschneidenden Ereignisse machen die verheerenden Schläge offenbar, zu denen die Christus-Gegner als Antwort auf die Geistestaten Rudolf Steiners im Jahre 1911/12 ausgeholt hatten. Der 33-Jahr-Rhythmus bringt das geheime Wirken der Gegner des Geistes zur Erscheinung, er selbst kann – entsprechend verstanden – das Wirken dieser okkult arbeitenden Gruppen enthüllen.

Wovon waren für diese nach der Weltherrschaft strebenden okkulten Organisationen die grössten Gefahren ausgegangen? Sie lagen in der rückhaltlosen Tätigkeit Rudolf Steiners im Dienste der rosenkreuzerischen Impulse. Eine unmittelbare Bedrohung sahen die Gegner in der Tatsache, dass Rudolf Steiner die Anthroposophie im mitteleuropäischen Raum entwickelte, wodurch er das mitteleuropäisch-deutsche Geistesleben wieder der Aufgabe zuführte, die ihm im weltgeschichtlichen Entwicklungsgang zugedacht war: die Brücke zwischen der sinnlichen und übersinnlichen Welt zu bauen. Diesem Brückenbau galt Rudolf Steiners eigenes Wirken. Seine bedeutsamsten Taten in diesem Zusammenhang in den Jahren 1911/12 standen soeben im Mittelpunkt der Ausführungen. Die Gegner der rosenkreuzerischen Impulse verfolgten das Ziel, die Geistestaten Rudolf Steiners unwirksam zu machen. Um dieses Ziel zu erreichen, mussten sie danach trachten, Kräfte zu entfesseln, die diesen mitteleuropäischen Raum zerreissen und zerstören konnten. Vor allem war es wichtig, fremde Einflüsse in stärkster Weise in Mitteleuropa wirken zu lassen und seine Unabhängigkeit aufzuheben. Welchen Einfluss westliche Kräfte auf Mitteleuropa ausüben würden, hat Rudolf Steiner 1917 in seinem Memorandum für die Reichsregierung wie folgt charakterisiert: «Wer den Ursprung dieses Krieges in einem tieferen Sinne kennt, der kann nicht anders, als die Notwendigkeit betonen, dass das Entente-Wilson-Programm durch Mitteleuropa die schärfste Zurückweisung durch Tatsachen erfährt. Denn das real Aussichtsvolle dieses Programmes – neben seinem moralisch Blendenden – liegt darin, dass es die Instinkte der mittel- und osteuropäischen Völker dazu benutzen will, diese Völker durch moralisch-politische Überrumpelung in wirtschaftliche Abhängigkeit von dem Anglo-Amerikanismus zu bringen. Die geistige Abhängigkeit würde dann nur die notwendige reale Folge sein[107].»

Man muss sich mit dem Gedanken vertraut machen, dass der Zweite Weltkrieg entfesselt wurde, um eine Katastrophe für Mitteleuropa herbeizuführen und den deutschen Volkskörper möglichst untauglich zu machen, im Sinne des geistigen Auftrags des Volkes zu wirken. Dafür war es entscheidend, diesen Erdenraum von Ost und West her besetzen zu lassen, Deutschland zu teilen und die Teile so in die Machtblöcke einzugliedern, dass die eigenständige Aufgabe zwischen Ost und West langfristig nicht erfüllt werden kann*.

Ein trauriger Ausdruck des Verlustes des eigenen Auftrags ist in der Eilfertigkeit zu sehen, mit der in beiden Teilen Deutschlands Politiker diesen letztlich wesensfremden Impulsen gedient haben und weiter dienen. Für die Zukunft kann es nur helfen, sich durch nichts darüber hinwegzutäuschen, dass die wirklichen Gegner des lebendigen Geistes, der von Mitteleuropa aus in die Welt wirken sollte, 1944/45 einen grossen Sieg errungen haben. Es soll nicht verkannt werden, dass innerhalb der Bundesrepublik Deutschland die Möglichkeit gegeben ist, um die Aufgabe Mitteleuropas zu ringen. Diese Möglichkeit ist allerdings bisher nur geringfügig ergriffen worden und hier und da zu einer öffentlichen, nicht aber zu einer geschichtlichen Wirksamkeit gekommen. Eine geistige Abhängigkeit, wie Rudolf Steiner sie beschrieben hat, als Folge der wirtschaftlichen Abhängigkeit, beziehungsweise Verflechtung mit der westlichen Welt ist weitgehend eingetreten.

Eine besondere Tragik liegt darin, dass der misslungene Aufstand des 20. Juli 1944 gerade die Menschen in den Tod riss, von denen man am ehesten erwarten konnte, dass sie einer zukünftigen Entwicklung im Sinne des Volksgeistes hätten dienen können. Entsprang doch ihr aktiver Widerstand aus

* Es sollte aber auch gesehen werden, dass durch die Teilung eine Situation entstanden ist, in der der südwestliche Bereich das Bestimmende ist. Der Zusammenschluss von Nordosten her (des Bismarckreiches) wird damit korrigiert. – Das im Prinzip Negative der Teilung hat sich mittlerweile doch beträchtlich positiv ausgewirkt, es ist eine andere Art Deutschland entstanden, die dem Volkscharakter nähersteht. Das Zugrundeliegende dringt trotz oder besser gerade durch die Widerstände bedingt durch.

moralischer Verantwortung und aus Einsicht in die abgründige Wesensentfremdung. Ein Erfolg dieser Bewegung hätte es mit sich gebracht, dass die letzte Konsequenz des Niedergangs nicht eingetreten wäre. Dies aber musste wohl sein, auch um die Bildung einer neuen «Dolchstosslegende» zu verhindern. So konnte diese Bewegung zwar das innere Ansehen Deutschlands retten, sie konnte sich aber historisch nicht unmittelbar auswirken.

Lag so die eine Gefahr für die gegen die Menschheitsentwicklung arbeitenden okkulten Gruppen in dem Erwachen Mitteleuropas, so ging die grösste Gefahr von der von Rudolf Steiner veröffentlichten Erkenntnis der Christuswesenheit aus. Wie schon ausgesprochen, mussten sich die Gegner sagen, dass durch das beginnende Verstehen des Phantoms im Sinne des Auferstehungsleibes ihren Herrschaftsansprüchen allmählich der Boden entzogen würde. Sie bemerkten sofort – wie vielleicht kaum sonst jemand – die grundlegende weltgeschichtliche Bedeutung der durch Rudolf Steiner inaugurierten Entwicklung. Sie beschlossen daher, in schärfster Form dagegen vorzugehen. Nichts bot sich dafür mehr an als die Kräfte, die in der Radioaktivität zur Erscheinung kommen, in bestimmter Weise auszunutzen. Diese Ausnutzung bereitete sich 33 Jahre vorher dadurch vor, dass der Engländer Rutherford (1871–1937) *1911* zu Versuchs-Ergebnissen kam, die ihn zu seinem Atommodell inspirierten, worauf G. Glöckler in einem Referat aufmerksam gemacht hat[108].

Im Jahre 1905 – 33 Jahre vor der Entdeckung der Kernspaltung durch Hahn in Berlin – äussert sich Rudolf Steiner am selben Ort über die Radioaktivität folgendermassen: «Früher haben sich diese Atome immer mehr verfestigt; jetzt aber treten sie wieder immer mehr auseinander. Die Radioaktivität hat es früher gar nicht gegeben, daher konnte man sie früher gar nicht entdecken. Die gibt es erst seit einigen Jahrtausenden, weil jetzt die Atome sich immer mehr zersplittern[109].» Man kann dies so verstehen, dass der eine Teil der Erdenentwicklung darin bestand, dass sich die Materie immer mehr verdichtete, die Atome, wie Rudolf Steiner hier sagt, fest verbunden wurden.

Der andere Teil der Erdenentwicklung besteht darin, dass sich, indem das Ich vergeistigend an der Erde arbeitet, das innere Gefüge der Materie wieder lockert, dass sie anfängt, sich wieder aufzulösen, dass sie beginnt zu zerstrahlen. Der Wendepunkt in dieser Entwicklung ist durch das Mysterium von Golgatha gegeben, der Evolution entspricht die notwendige Devolution, dem Werden das Entwerden, der Verdichtung die Auflösung. Rudolf Steiner hat einmal - nach einer mündlichen Überlieferung – ausgesprochen, dass die

Radioaktivität, entgegen allen naturwissenschaftlichen Annahmen, im Augenblick des Mysteriums von Golgatha zu wirken begonnen habe*.

Mit dem beginnenden Zerstrahlen der Materie ist jener Vorgang eingeleitet, der in erdgeschichtlichen Zeiträumen allmählich zum Hinschwinden des Erdkörpers führen wird. Dies hängt auch mit der Alterung der Erde zusammen, die eine wachsende Loslösung des Erdgeistes, des Christus, von dem Körperlichen notwendig macht. Dem entspricht, dass der Mensch in der zweiten Lebenshälfte eine grössere Unabhängigkeit von den körperlichen Prozessen erstreben muss. Beide Vorgänge werden für Erde und Menschheit in und für die Zukunft nur heilsam verlaufen können, wenn die Befreiung durch die Kraft des Christus gesucht wird. Die hier gemeinte Kraft geht aus von dem Auferstehungsleib.

In den Wesensgliedern des Menschen zeigt sich die Wirkung zunächst in einer Lockerung des ganzen Gefüges, im Erdkörper in der Zerstrahlung. So verstanden, ist die Radioaktivität eine Erscheinung, die mit der Entwicklung der Erde notwendig zusammenhängt und als solche keine ausgesprochene Gefahr für die Menschheit darstellt, insbesondere dann nicht, wenn die Bedeutung der Erscheinung erfasst und ihr auf dem seelisch-geistigen Felde begegnet wird.

Eine wesentliche Wirkensweise des bösen Prinzips besteht darin, etwas aus dem Gang der Entwicklung, aus der Wahrheit des Augenblicks herauszureissen. Luzifer greift die Menschen dadurch an, dass er sie an vergangene, überlebte Impulse bindet; Ahriman versucht, die Menschen in seine Gewalt zu bekommen, indem er Zukünftiges zu früh und zu schnell in den Strom der Entwicklung hineinreisst. Nach diesem letzteren Verfahren haben die Gegner der christlichen Entwicklung der Menschheit die Vorgänge inszeniert, die zur Entfesselung der Atomkräfte geführt haben. Der luziferische Widerpart liegt im oben ausgesprochenen Sinn in der Welle der weltweiten Nationalismen, wobei es Mitteleuropa vorbehalten blieb, eine besonders traurige Rolle zu spielen.

In Betracht zu ziehen ist auch, inwiefern bei dem Umgang und der Anwendung der atomaren Kräfte die Asuras ihre Wirkung auf die Menschheit ausüben. Rudolf Steiner hat nur selten über dieses dritte böse Prinzip gesprochen. Folgende Aussage über die Asuras kann hier aufschlussreich sein: «Die Asuras werden mit einer viel intensiveren Kraft das Böse entwickeln als selbst die satanischen Mächte der atlantischen oder gar die luziferischen Geister der lemurischen Zeit … Denn diese asurischen Geister werden bewirken, dass das, was von ihnen ergriffen ist – und es ist ja des Menschen tiefstes Innerstes, die Bewusstseinsseele mit dem Ich –, dass das Ich sich vereinigt mit der Sinnlichkeit der Erde. Es wird Stück für Stück aus dem Ich herausgerissen werden, und in demselben Masse, wie sich die asurischen Geister in der Bewusstseinsseele festsetzen, in demselben Masse muss der Mensch auf der Erde zurücklassen Stücke seines Daseins. Das wird unwiederbringlich verloren sein, was den asurischen Mächten verfallen ist. Nicht, dass der ganze Mensch ihnen zu verfallen braucht, aber Stücke werden aus dem Geiste des Menschen herausgeschnitten durch die asurischen Mächte. Diese asurischen Mächte kündigen sich in unserem Zeitalter an durch den Geist, der da waltet und den wir nennen könnten den Geist des blossen Lebens in der Sinnlichkeit und des Vergessens aller wirklichen geistigen Wesenheiten und geistigen Welten[110].»

Ist nicht hier mit anderen Worten ausgesprochen, was die Sünde wider den Geist ist, – die einzige Sünde, die nicht vergeben werden kann? Das heisst doch, dass es sich nicht um luziferische Verführungen oder ahrimanische Verirrungen handelt, die im Gange des Karmas schliesslich ausgeglichen werden können, sondern um Wirkungen, die sozusagen über das Karma hinausgehen, die das Ich in der Inkarnation direkt treffen. Das hängt offenbar damit zusammen, dass die asurischen Geister primär auf den physischen Leib wirken, und zwar so, dass dem Ich die Stütze des physischen Leibes teilweise entzogen wird, so dass es in den Abgrund stürzt. Das Ich arbeitet im normalen Entwicklungsgang an der Umwandlung des physischen Leibes, wodurch die Bewusstseinsseele gebildet wird. Dieser Arbeit wirken die Asuras entgegen, um die zukünftige Entwicklung des Ich im Sinne des Christentums zu verhindern. Die Asuras hängen als zurückgebliebene Wesenheiten der Saturnentwicklung mit der Schöpfung des physischen Leibes zusammen[111]. «Diese schlimmen Geister des Saturn» haben daher über das Physisch-Materielle eine gewisse Wirkung auf das Ich. Es ist aber eben auch zu bedenken, wie sich der Vorgang der teilweisen Zerstörung des Ich im Äusseren offenbart, beziehungsweise wo er sein materielles Pendant hat. Entspricht nicht dem teilweisen Zerbrechen des Ich im Verborgenen die Zerstörung eines Teils von Materie im Offenbaren? Das Ich, das seine Substanz von den Geistern der Form erhalten hat, stützt sich auf den physischen Leib, der seine Substanz von den Geistern des Willens herleitet. Wird in dieses Verhältnis, das eine hierarchische Harmonie ist, eingegriffen, so wird dadurch eine Doppelerscheinung im Ich (im Verborgenen) und im Physisch-Materiellen (im Offenbaren) hervorgerufen. An dieses gestörte Verhältnis ist bei der Entfesselung der Atomkräfte gewiss zu denken. Aus dem ganzen Zusammenhang ersieht man auch, dass das Ich, indem es sich mit seiner Umwandlungsarbeit dem physischen Leib zuwendet, die Anziehungskraft für das Phantom entwickeln kann, dass aber zugleich von der materiellen Welt her das Ich in schärfster Weise angegriffen wird. Indem das Ich den physischen Plan verwandelnd betreten und ergreifen will, wird es in einen furchtbaren Kampf verwickelt. Ein Ausdruck dieses Kampfes ist die Entfesselung der atomaren Kräfte im Jahre 1945.

Von denen, die die Sünde wider den Geist begehen, werden die Menschen in ein Leben hineingerissen, das als ein einseitig irdisches ihre übersinnliche Natur verdunkelt und zerstört. Bei den Atombomben-Explosionen wurden Täter wie Opfer in Ereignisse hineingestürzt, deren Dimensionen noch unerfasst sind. Gewiss war es nach der Entdeckung der Kernspaltung und den damit prinzipiell gegebenen Zerstörungsmöglichkeiten zu erwarten, dass diese auch entwickelt und angewandt würden. Durch nichts anderes aber konnte dies so schnell und erfolgreich erreicht werden als mit der Entfesselung des Zweiten Weltkriegs durch Hitler. Dieser spielt dabei die Rolle des willigen, hervorragend funktionierenden Werkzeugs, wie ihn auch Johannes Tautz schon als den «Geführten» charakterisiert hat[112]. An anderer Stelle wird auf Hitler in dieser Schrift noch einzugehen sein. Wollte man zur Entwicklung der Atombombe kommen, so musste eine Situation geschaffen werden, die insbesondere für die westlichen Staaten als existenzbedrohend erschien. Die anfänglichen Erfolge der deutschen Wehrmacht verschärften die Situation und forcierten die Entwicklung, welche vor allem von jüdischen Wissenschaftlern getragen wurde, die von Hitler aus Europa vertrieben worden waren. Mit gigantischem finanziellen, technischen und personellen Aufwand (zeitweise arbeiteten an dem Atombombenprojekt 400 000 Menschen) kam es dann in kürzester Zeit zu den ersten· Atombomben-Explosionen, die einen tiefen Einschnitt in der Menschheitsgeschichte und einen Wendepunkt im Leben des Erdorganismus hervorgerufen haben.

Der Alterungsprozess der Erde wird durch Verfrühung verschärft, die allmähliche Loslösung des Geistes von der Materie soll durch einen Vorgang ersetzt werden, bei dem der Geist durch den vorschnellen materiellen Zerfall mit in den Abgrund gerissen werden soll. Der Leib des Christus, die Erde, soll den Wirkungen der Auferstehung entfremdet werden. Es wird ein kosmischer Kampf um die Erde ausgefochten, wobei die ahrimanischen und wohl auch asurischen Geister und ihre Diener gezielt ihren Willen darauf richten, die Möglichkeiten der Auferstehung auszulöschen. Dies hat die Dimension einer zweiten Kreuzigung aus kosmischem Hass und menschlicher Willkür, die das Ergebnis der ersten, die eine freie Opfertat war, aufheben soll. Die mit dem Erdorganismus eng verbundenen physischen Leiber der Menschen sind in diesen Kampf einbezogen, die Wirkungen greifen auch auf den ätherischen Organismus der Erde und der Menschen über. Die Störung der menschlichen Blut- und Fortpflanzungskräfte durch die radioaktive Strahlung zeigt an, dass besonders die vom Ich ergriffene Ätherorganisation getroffen wird (vergleiche den Abschnitt über 1932/33).

Ist schon die Zerstörung Mitteleuropas als ein bedeutender Erfolg der Menschheitsgegner anzusehen, so ist die Anwendung der atomaren Kräfte mit all ihren Konsequenzen als Triumph zu bezeichnen. Dieser fürchterliche Aspekt zeigt sich vor allem darin, dass im weiteren Verlauf die Atombombe zum wirklichen, erdumspannenden, alleinigen Herrschaftsmittel geworden ist, wobei das atomare Patt die Situation durch gegenseitige Steigerung nur noch verschärft hat. Der Untergang der Zivilisation ist heute dadurch technisch möglich. Das Leben der Erde kann in ungeheurem, nicht absehbarem Masse geschädigt werden.

Wer kann sich darüber hinwegtäuschen, dass Macht und Herrschaft auf der Erde sich heute von der Atombombe herleiten? Wer sieht nicht, dass die allgemeine Existenzangst als alle menschlichen Regungen lähmendes, seelenbeherrschendes Mittel weltweit wirkt? Die Angst aber ist die starke Kraft, mit der Ahriman die Seelen vom materiellen Erdbereich aus, in dem er herrscht, durchsetzt und in den er die Menschen zu seinen Zwecken hineinziehen möchte. Seinen Dienern, die «in tiefverruchten Stunden Vernichtung sannen menschlichem Geschlecht[113]», ist es gelungen, die Angst nicht nur zum ersten Machtmittel, sondern – in Umkehrung der Wahrheit – zur Grundlage des «Friedens» zu machen. Das Zurückschrecken vor der allgemeinen Vernichtung als «Frieden» zu bezeichnen, ist eine der furchtbarsten Perversionen eines tiefsten christlichen Impulses. In Wahrheit ergibt sich der Friede in der Seele des Menschen – und von da ausgehend für die Gemeinschaft – aus der Wirkung des Christus in ihr. Durch nichts anderes wird der Friede in eine heillose Welt gebracht werden können, als dadurch, dass sich die individuelle Seele mit der Kraft des Christus durchdringt, wodurch die Angst überwunden wird. Dieser in der Seele sich ausbreitende Friede vermag nicht nur die Angst zu überwinden, sondern auch der Weltflucht entgegenzuwirken, die als luziferisches Gegenspiel zu dieser Angst auftritt.

Zusammenfassend muss wiederholt werden, dass diejenigen, die durch die

Sünde wider den Geist die Weltherrschaft zu erlangen suchen, 1911/12 zu einem verheerenden Schlag gegen die spirituelle Arbeit Rudolf Steiners ausgeholt haben, der 1945 unter anderem in den Atombomben-Explosionen in Erscheinung getreten ist. Dabei ist eine notwendige Auflösungskraft der Erdenentwicklung durch übersteigerte Konzentration und vorzeitiges technisches Anwenden ins Gegenteil verkehrt und zu einem Angst und Schrecken verbreitenden Gewaltmittel gemacht worden. Dadurch versuchen die Gegner dem zu begegnen, was im 19. Jahrhundert durch Kaspar Hauser, im 20. Jahrhundert durch Rudolf Steiner auf die Erde gebracht werden sollte. Die titanenhaften Anstrengungen werden verständlich, da es für sie doch um nichts geringeres als die Weltherrschaft geht. Dieser Zweck wird mit einer vollkommenen Menschenverachtung und – falls nötig – mit einem nahezu unbegrenzten Zerstörungswillen verfolgt.

Schiller hat aus einem genialen historischen Einfühlungsvermögen in der Gestalt des Grossinquisitors im «Don Carlos» eine solche im Hintergrund wirkende, aber entscheidende Impulse verfolgende Persönlichkeit charakterisiert, die er das aussprechen lässt, was auch hier gemeint ist: «Der Verwesung lieber als der Freiheit.»

Es wurde versucht, deutlich zu machen, dass der geschichtliche Verlauf von Vorkriegszeit, Zweitem Weltkrieg und Nachkriegszeit von einem übergreifenden Impuls gelenkt wurde, der die beteiligten Völker – einschliesslich des deutschen – dem einen Ziel dienen liess, Mitteleuropa zu zerstören. Demgegenüber könnte eingewandt werden, dass zwischen dem Nationalsozialismus und den westlichen Demokratien schwerwiegende Diskrepanzen bestanden und dass schliesslich die Unersättlichkeit und Zügellosigkeit Hitlers den Weltkrieg bewusst herbeiführte. Ferner könnte darauf verwiesen werden, dass es nur unter grösster Anstrengung vieler Völker möglich war, den weltbedrohenden Nationalsozialismus militärisch zu besiegen.

Bei näherem Zusehen zeigt sich aber, dass die Einwände zumindest stark entkräftet werden können. Die führenden westlichen Politiker haben in den 30er Jahren Hitler durch übermässige Langmut und unbegreifliche Lässigkeit zu immer neuen anmassenden Taten geradezu herausgefordert. Die Erfolge, zu denen man Hitler kommen liess, lockten ihn immer weiter heraus. Es gehört nicht viel Seelenkunde dazu, um einzusehen, dass nichts verführerischer auf die verantwortungslose Sinnesart Hitlers wirken musste als die beständigen Erfolge. Warum wollten die westlichen Demokratien Deutschland zunächst auch in eine solche umgewandelt sehen, um nun einem offenkundigen Diktator, der doch aus Prinzip hätte bekämpft werden müssen, alle nur denkbaren Zugeständnisse zu machen? Wo waren da Prinzipientreue und Moral geblieben, auf die man sich doch nach dem Ersten Weltkrieg so viel zugute gehalten hatte? Die Stärke Hitlers ergab sich nicht zuletzt aus der – tatsächlichen oder gespielten – Schwäche seiner Gegner. Muss man nicht sehen, dass alles darauf hingeführt wurde, ihn das Verhängnis auslösen zu lassen, das für Mitteleuropa durch den Ausbruch des Weltkriegs gegeben war?

Diese Auffassung schliesst den Gedanken ein, dass für die kaltblütig Einsichtigen, die Hitler und seine scheinbaren Gegenspieler in ihrem Sinne führten, ein Weltkrieg von Deutschland letztlich niemals gewonnen werden konnte. Ein Krieg konnte nur zum Untergang Mitteleuropas und zur Veränderung aller Machtverhältnisse im oben dargestellten Sinn führen.

Schon damals traten Menschen auf, die – ohne diese Hintergründe zu durchschauen – sich gegen die Urteilslosigkeit und Gewalttätigkeit wandten. Als sich 1938 Generaloberst Beck Hitlers Kriegsplänen als Generalstabschef widersetzte, geschah das nicht nur aus moralischer Verantwortung, sondern auch aus der Einsicht in die Aussichtslosigkeit eines solchen Krieges. Ein moderner Krieg als technisch-wirtschaftliches Unternehmen, in dem letzten Endes die Produktivkräfte entscheiden, konnte von Deutschland und seinen Verbündeten gegen die übrige Welt niemals zum Erfolg gebracht werden. Diese Ansicht wird auch gestützt durch die Auffassung des späteren Generalstabschefs Halder, der 1942 auf dem Höhepunkt militärischer Machtentfaltung einsah, dass der Krieg für Deutschland verloren war, weil die Menschen- und Materialverluste trotz aller Erfolge das Kräfteverhältnis hoffnungslos zugunsten der Gegner verschoben hatten. Im Grunde bestätigten die Tatsachen nur die klare Vorausschau Becks. Es charakterisiert die ganze Situation, dass die Entfesselung des Krieges nicht auf planvollen, zielgerichteten Gedanken, die wirtschaftliche und technische Realitäten berücksichtigten, sondern auf einer grössenwahnsinnigen Verblendung beruhte. Diese ergriff, von Hitler ausgehend, seine Umgebung und lähmte weithin deren klare Urteilskraft.

Behält man im Auge, dass 1945 eine bestimmte Wirkung erzielt werden sollte, so erscheinen die bekannten Tatsachen in einem ganz anderen Licht. Sie dienen diesem seit 1911/12 erstrebten Ziel, teilweise als Mittel zum Zweck, teilweise als weithin wirkender täuschender Schein.

Es wird hier keineswegs angenommen, dass die führenden westlichen Politiker in einem bewussten Einverständnis mit den von Rudolf Steiner genannten Hintermännern handelten. Von einer bewussten gedanklichen

Bewältigung der Situation kann wohl bei keiner der beteiligten Persönlichkeiten gesprochen werden. In den geschichtlichen Ereignissen der 30er Jahre ist allenthalben ein getrübtes, gedämpftes Bewusstsein wahrzunehmen, eine Tatsache, auf die später noch ein bedeutsames Licht fallen wird.

Es darf als selbstverständlich gelten – muss aber dennoch besonders betont werden –, dass es sich in keiner Weise darum handeln kann, die Verantwortung dem deutschen Volk abzunehmen und sie auf andere Völker abzuladen. Die Völker als solche sind in diesen Zusammenhängen vielmehr als Opfer zu sehen, womit jedoch der einzelne Mensch als Glied eines Volkes der Mitverantwortung nicht enthoben ist. Diejenigen, die diese Vorgänge ausgelöst und gelenkt, die unzählige Menschen als willige Werkzeuge missbraucht haben, tragen wegen ihres bewussten Vorgehens jedoch eine übergeordnete Verantwortung. Es geht dabei um kleine internationale Kreise, bei deren Mitgliedern die Nationalität zweitrangig ist. Es ist nur ein verwirrender, ablenkender Gesichtspunkt, von Schuld oder Unschuld der Völker zu sprechen.

Die Ereignisse der Jahre 1944/45, die hier als historische Erfüllung der Taten aufgefasst werden, die die Gegner der Menschheitsentwicklung in den Jahren 1911/12 bewusst in den geschichtlichen Strom gestellt haben, stellen zwar ein Ende für die Herrschaft des Nationalsozialismus dar – der die ihm zugedachte Rolle erfüllt hatte –, im übrigen schliessen sie aber nicht eine Ära ab, sondern leiten eine weitere Entwicklung ein, die die Menschheit noch fester in die Hand derjenigen gegeben hat, die zu ihren geistfeindlichen Zwekken die Weltherrschaft erlangen wollen. In dem schon zitierten Gespräch Rudolf Steiners mit Polzer-Hoditz Ende November 1916 über Kaspar Hauser ist bereits ausgesprochen, was 1945 weitgehend in Erfüllung gegangen ist. «Von da ab (der Wende des 18./19. Jahrhunderts) sind die Aufgabenbereiche klar abgegrenzt, aber in ihrer Zielsetzung um so wirksamer auf die eindeutige Weltherrschaft gerichtet. Die weltanschaulichen und geistigen Angelegenheiten sind ausschliesslich in die Hand der Jesuiten gegeben; die wirtschaftlichen in die der angloamerikanischen Logen, der Logen des Westens. Diese Pläne aber werden mehr und mehr zu tragischen Konflikten und Katastrophen führen, weil alle diese Pläne ja nicht mit dem Menschen und der menschlichen Entwicklung rechnen. Was Kaspar Hauser vorgesehen, wurde von Menschen zerschlagen.»

Der Wendecharakter des Jahres 1945 ist von Solschenizyn in prägnanter Kürze formuliert worden: «Von Adam bis 1945[114]». Was in diesem Wendepunkt an Impulsen in die drei Bereiche des sozialen Organismus eingeführt wurde, um die Weltherrschaft zu erlangen oder zu erhalten, soll hier skizziert werden. Das Verhängnisvolle dieser Impulse ist damals auch deshalb nicht bemerkt worden, weil die Not so sehr im Vordergrund stand und weil der Sieg über die Hitler-Herrschaft von allem weiteren ablenkte.

Dem Wirtschaftsleben, das schon vorher den ganzen sozialen Organismus führte und beherrschte, wurde der Impuls des grenzenlosen Wachstums der Produktivkräfte eingepflanzt, der im Laufe einer Generation dazu geführt hat, dass das Seelenleben unzähliger Menschen durch den Wohlstand gelähmt oder gebunden wurde, und dass die Kräfte der Erde in verheerendem Masse verschmutzt oder zerstört wurden. Dieses Wachstum – das zu Unrecht diesen schönen Namen trägt – muss unbedingt als Karzinombildung erkannt werden, die geeignet ist, den ganzen sozialen Organismus schwer zu schädigen oder gar zu zerstören. Das im tiefsten Sinne Asoziale dieses krebsartigen Wachstumsimpulses wird in der Armut und dem Elend sichtbar, das Reichtum und Wohlstand der Industrienationen den Ländern der sogenannten Dritten Welt bescheren. Rudolf Steiner hat in seinem sozialen Hauptgesetz, das im sozialen Organismus mit der Notwendigkeit eines Naturgesetzes wirkt, den Zusammenhang von Egoismus auf der einen und Not und Elend auf der anderen Seite erfasst[115]. Der Egoismus, in dem ja die meisten Menschen heute die einzige wirkende Triebkraft im Wirtschaftsleben sehen, und das krebsartige Wachstum gehören zusammen. Der Egoismus, der immer mehr an sich heranraffen will, sieht nicht, dass dadurch dem sozialen Leben die Grundlage entzogen wird, die in der Tatsache gegeben ist, dass alle Arbeit auf den anderen Menschen gerichtet ist.

Der zerstörerische wirtschaftliche Wachstumsprozess wird weltweit durch die gigantischen Rüstungsanstrengungen verstärkt. Diese übertreffen gegenwärtig bei weitem alles, was auf diesem Gebiete während des Zweiten Weltkrieges geleistet wurde. Hinzu kommt eben, dass seit 1945 die Atomwaffen eingeführt wurden, deren unvorstellbares Zerstörungspotential nur durch ungeheure wirtschaftliche Leistungen hervorgebracht werden kann.

Der gekennzeichnete, seit 1945 wirkende wirtschaftliche Wachstumsprozess verbindet sich im Laufe der Jahre charakteristischerweise mit der sogenannten friedlichen Nutzung der Kernenergie. Diese Verbindung von Wirtschaft und Kernenergie, die das Wachstum dauerhaft tragen soll, gipfelte in den letzten Jahren in dem wirtschaftspolitischen Leitspruch: «Wachstum nur noch durch Kernenergie!» Was von dieser «Ehe» zu erwarten ist, ergibt sich aus der zeitlichen und geistigen Herkunft ihrer Partner.

Auch das Rechtsleben ist 1945 international von einem Impuls ergriffen worden, der ausgesprochen entwicklungsfeindlich ist. Er besteht darin, alle Rechte der Menschen nur scheinbar auf das freie Individuum zu gründen. Unter dem Namen «Völkerbefreiung» ist er schon 1917 von Wilson in das internationale Leben eingeführt worden, aber er ist erst nach 1945 zu umfassender Anerkennung und erschreckender Wirksamkeit gekommen. Als Prinzip der Nichteinmischung in die inneren Angelegenheiten eines anderen Staates bezweckt dieser Impuls weltweit die Unterdrückung des einzelnen Menschen. Er ist der eigentliche Feind der Menschenrechte.

Es ist Rudolf Steiners historisches Verdienst, den verhängnisvollen Charakter dieses Impulses sofort erkannt zu haben und mit aller Schärfe gegen ihn vorgegangen zu sein. Schon 1917 schreibt Rudolf Steiner: «Die Völkerbefreiung ist möglich. Sie kann aber nur das *Ergebnis,* nicht die *Grundlage* der Menschenbefreiung sein. Sind die Menschen befreit, so werden es durch sie die Völker.[116]» An anderer Stelle wird klargestellt, was unter der Völkerfreiheit im Sinne Wilsons wirklich zu verstehen ist: «Erkennt man dieses, dann wird vor allem klar, warum wir diesen Krieg haben und warum er unter der falschen Flagge der Völkerbefreiung ein Krieg ist zur Unterdrückung des deutschen Volkes, im weiteren Sinne zur Unterdrückung alles selbständigen Volkslebens in Mitteleuropa. Entkleidet man das Wilsonsche Programm, das als die neueste Umschreibung aus den Deckprogrammen der Entente hervorgegangen ist, so kommt man darauf, dass seine Ausführung nichts anderes bedeuten würde als den Untergang dieser mitteleuropäischen Freiheit. Daran hindert nicht, dass Wilson von der Freiheit der Völker redet; denn die Welt richtet sich nicht nach Worten, sondern nach Tatsachen, die aus der Verwirklichung dieser Worte folgen. Mitteleuropa braucht wirkliche Freiheit, Wilson aber redet gar nicht von einer wirklichen Freiheit. Die ganze westliche Welt hat von dieser wirklichen für Mitteleuropa nötigen Freiheit überhaupt keinen Begriff. Man redet da von Völkerfreiheit und meint dabei nicht die wirkliche Freiheit der Menschen, sondern eine schimärische Kollektivfreiheit von Menschenzusammenhängen, wie sie sich in den westeuropäischen Staaten und in Amerika herausgebildet haben[116].»

Auf den einzelnen Menschen bezogen, wird dies von Rudolf Steiner wie folgt zusammengefasst: «Die allgemein-menschlichen und die Verhältnisse der Völker fordern im Sinne der Gegenwart und der Zukunft die individuelle Freiheit des Menschen. Der Mensch muss sich zu einem Volke, zu einer Religionsgemeinschaft, zu einem anderen Zusammenhange, der mit seinen allgemein-menschlichen Aspirationen zusammenhängt, bekennen können, ohne dass er in diesem Bekenntnis von seinem politischen oder wirtschaftlichen Zusammenhange durch die Staatsstruktur abgehalten wird[116].» Heute kann jeder sehen, welche verheerenden Folgen für unzählige Menschen der falsche Grundsatz von der Völkerbefreiung gehabt hat, den Wilson vertrat und der leichtgläubig akzeptiert wurde. Wann wird dieser falsche Grundsatz, der seine Furchtbarkeit historisch im Übermass bewiesen hat, endlich aufgegeben werden?

Die 1945 gegründete UNO als Nachfolgerin des Völkerbundes hat zwar die Menschenrechtscharta an die Spitze ihrer Arbeit gestellt, sie hat aber als ein Zusammenwirken von Staaten weder die Einsicht noch den Willen gehabt, gegen unerhörten Missbrauch staatlicher Gewalt ernsthaft und wahrhaftig die Rechte des einzelnen Menschen durchzusetzen. Die Unmöglichkeit der Konstruktion hat über eine Generation hinweg zu uferloser Heuchelei und unerträglicher Verlogenheit geführt. In jüngster Zeit musste doch die Weltorganisation zugeben, dass die entschiedene Mehrheit ihrer Mitglieder gegen die Menschenrechte verstösst, zu deren Einhaltung man sich doch gegenseitig feierlich verpflichtet hat. Deutlicher kann der katastrophale Krankheitsprozess nicht beschrieben werden, der sich aus einem fundamentalen Irrtum über die Freiheitsrechte der Menschen ergibt. Die Überwindung dieses Irrtums schliesst eine wesentliche Einschränkung staatlicher Macht ein, kann also niemals von den Staaten ausgehen, sondern nur von einzelnen Menschen, die ein entsprechend starkes Geistesleben entwickeln.

Damit rückt das Geistesleben ins Gesichtsfeld. Letzten Endes beruht die Katastrophe von 1945 auf dem Zusammenbruch des Geisteslebens, insbesondere auf der Ausschaltung des mitteleuropäischen Geistes. Um Missverständnisse zu vermeiden, soll ausdrücklich gesagt werden, dass hier unter Geist die Kraft verstanden wird, die in menschenwürdiger Weise den Kontakt zur übersinnlichen Welt herstellt und aus diesem Kontakt das bewegende und gestaltende Element in allen öffentlichen Angelegenheiten wird. Den Geist in dieser Weise zu ergreifen und geschichtswirksam anzuwenden, war eine der wesentlichen Aufgaben Kaspar Hausers. Der unmittelbare Zusammenhang zwischen der Geburt und Gefangenschaft Kaspar Hausers im Jahre 1812 und der Menschheitskatastrophe von 1945 wird später durch einen anderen Gesichtspunkt noch deutlicher werden.

Wenn Rudolf Steiner davon spricht, dass die Jesuiten die Religiösität den Menschen genommen haben, dann meint er damit den Verlust des lebendigen

Kontaktes mit den übersinnlichen Welten, wie er zum Beispiel durch Kaspar Hauser geschaffen werden sollte. Die Jesuiten bekämpfen diesen Geist, weil er ihre Weltherrschaftsansprüche zunichte machen würde. Die Kraft- und Ideenlosigkeit des so absichtlich gelähmten Geisteslebens zeigt sich auch darin, dass es eben weder die Möglichkeit findet, den entartenden Wirtschaftsprozess zu begrenzen, noch die Grundlage schafft, den einzelnen Menschen rechtlich wirklich zu befreien. So kann der Hinweis Rudolf Steiners verstanden und bestätigt werden, dass eine Gesundung des sozialen Organismus nur möglich ist, wenn von Menschen ein neues Geistesleben in Freiheit geschaffen wird. Die Ereignisse des Jahres 1945 und die Impulse, die seitdem im sozialen Organismus schädlich wirken, machen eine solche Aufforderung zu einer, die alle menschlichen Kräfte aufruft.

Die Betrachtung der Jahre 1944/45 kann natürlich nicht schliessen, ohne die Frage zu beantworten, worin die Erkenntnistaten Rudolf Steiners, die in ihrer weltgeschichtlichen Bedeutung skizziert worden sind, ihre Erfüllung gefunden haben; denn es geht darum, dass «*alle Taten* im geschichtlichen Werden nach 33 Jahren in verwandelter Gestalt auferstehen», nicht nur die bösen.

Eine positive Wirkung kann darin gesehen werden, dass die während des nationalsozialistischen Regimes in Deutschland und den besetzten Gebieten verbotene Anthroposophische Gesellschaft und alle auf ihrer Grundlage arbeitenden Einrichtungen seit 1945 einen erstaunlichen Aufschwung genommen haben. Trotz vieler Widerstände und mancher innerer Schwierigkeiten hat eine bedeutende Ausbreitung, ja eine Vervielfältigung der Institutionen stattgefunden. Die geisteswissenschaftliche Arbeit hat ihre Fruchtbarkeit auf vielen Gebieten beweisen können. Insbesondere in der Praxis zeigt sich eine wesentlich grössere Anerkennung der anthroposophischen Bestrebungen als früher. Dieser Vorgang konnte seit dem 100. Geburtstag Rudolf Steiners 1961 und verstärkt in den beginnenden 70er Jahren beobachtet werden.

Noch in einer anderen, zweifachen Weise stehen die geistigen Ereignisse von 1911/12 mit den Erscheinungen von 1944/45 in Beziehung. Damals haben offenbar nur wenige Menschen die wirkliche Weltbedeutung der Erkenntnisse Rudolf Steiners erfasst. Die Gegner aber haben ihn – wie er verschiedentlich betonte – am schnellsten und besten verstanden. Das Eingreifen der Gegner wollte der Gefahr begegnen, die sich für sie ergab. Es verhinderte, dass die Geistimpulse von Rudolf Steiner von 1911/12 unmittelbar gestaltend in die historische Wirklichkeit eingreifen konnten. Wäre eine genügend grosse Anzahl von Menschen an diesen Erkenntnissen erwacht, so hätte dadurch der

Erste Weltkrieg vermieden werden können. Die Verhinderung der unmittelbaren Wirksamkeit der geistigen Impulse hob natürlich deren Bedeutung und Kraft keineswegs auf. Diese Impulse mussten einen anderen Weg zu den Menschen gehen, sie mussten eine andere Gestalt annehmen. Diese Metamorphose wird durch eine Art von geistigem Gesetz verständlich, wonach das in Schmerz und Leid erfahren werden muss, was einem Menschen oder einer Menschengruppe in einem bestimmten Augenblick aus der geistigen Welt zugeflossen ist und – aus welchen Gründen auch immer – nicht ergriffen und erfüllt werden konnte.

Die so notwendig entstehenden Katastrophen fügen zwar einerseits der Menschheit grossen Schaden zu, andererseits aber wird von den Menschen in * Schmerz und Leid ein Ausgleich für das Versäumte erfahren. Das böse Prinzip findet da seine Grenze, wo es den Menschen ins Leiden führt, denn im Leiden kann der Mensch die Nähe der geistigen Welt und die Wirklichkeit seiner eigenen höheren Natur erleben.

Im Zusammenhang damit, dass die Dreigliederung des sozialen Organismus von der Menschheit 1919/20 nicht ergriffen worden ist, hat Rudolf Steiner einmal ausgesprochen, dass die Menschheit das für den sozialen Organismus Notwendige nun «in Blut und Tränen» würde lernen müssen. Einen solchen Zusammenhang kann man für die unermesslichen Schmerzen, Leiden und Opfer unzähliger Menschen vieler Völker in den Jahren 1944/45 erleben. Damit wird in dem tragischen Geschehen, vor dem jedes menschliche Wort verstummen möchte, ein Sinn sichtbar. Unendlich viele Menschen sind in einen frühen, vorzeitigen Tod geführt worden. Im Opfertod kann die Seele dem Christus begegnen, zu dem der Weg im Leben verstellt war. Dies Erleben an der Schwelle zur geistigen Welt, die der Mensch im Tode überschreitet, hat Albrecht Haushofer in einem seiner Moabiter Sonette beispielhaft ergriffen. In dem Gedicht «Qui resurrexit» (Der, der aufersteht) gestaltet Haushofer im Erinnern des Auferstehungsbildes von Matthias Grünewald (Kolmarer Altar) seine Erfahrung des Christus-Ereignisses der Gegenwart, von dem später noch gesprochen werden soll.

QUI RESURREXIT

In tausend Bildern hab ich Ihn gesehn.
Als Weltenrichter, zornig und erhaben,
als Dorngekrönten, als Madonnenknaben, –
doch keines wollte ganz in mir bestehn.

* Dann muß geschehen werden, daß die Weltentwicklung in jedem Fall ihren Gang geht – entweder sie wird von den Menschen aus der Einsicht des Notwendigen heraus erfüllt, oder durch die Auseinandersetzungen der Widersachermächte untereinander, wobei die Entwicklung dann die Menschen von außen trifft. Das äußere Ergebnis ist letztendlich das Gleiche – „wer nicht hören will muß fühlen", vielleicht ist er dann im Weiteren doch bereit zu hören, bevor es zu spät ist.

Jetzt fühl ich, dass nur eines gültig ist:
Wie sich dem Meister Mathis Er gezeigt –
doch nicht der Fahle, der dem Tod sich neigt –
der Lichtumflossne: dieser ist der Christ.

Nicht Menschenkunst allein hat so gemalt.
Dem Grabesdunkel schwerelos entschwebend,
das Haupt mit goldnem Leuchten rings umwebend.

Von allen Farben geisterhaft umstrahlt,
noch immer Wesen, dennoch grenzenlos,
fährt Gottes Sohn empor zu Gottes Schoss[117].

Auch sonst ist in der Dichtung etwas von diesem Geschehen eingefangen worden, zum Beispiel in dem Januar 1945 geschriebenen Requiem von Max Frisch «Nun singen sie wieder» und in der Autobiographie von Jacques Lusseyran «Das wiedergefundene Licht», in dem Kapitel «Leben und Tod», das seine Erlebnisse im Konzentrationslager Buchenwald im Jahre 1944/45 schildert[118].

Die Erfahrungen, die die durch den Opfertod gegangenen Menschen haben machen können, werden sich für diese selbst erst in einem neuen Erdenleben auswirken können. Für die Erde und die Menschheit im ganzen aber haben die unermesslichen Opfer auch eine unmittelbare Bedeutung: Sie wirken gegen den zerstörerischen Egoismus, sie sind die stärksten Heil- und Segenskräfte. Von der geistigen Welt aus wird die Menschheit als eine Einheit, als ein grosses, gegliedertes Ganzes betrachtet. Der Menschheit wird durch die Geistfeindlichkeit, durch den Kampf gegen den Geist der denkbar grösste Schaden zugefügt. Dieser Schaden durch die in den Abgrund ziehenden Kräfte muss ausgeglichen werden, wenn das Gesamtschicksal der Menschen nicht aus dem Gleichgewicht geraten soll. Gerade die unschuldigen Opfer, die durch die Katastrophen gefordert werden, stellen in dem Menschheitsschicksal den bitteren, aber unumgänglich notwendigen Ausgleich dar.

Wer die durch die Katastrophen geforderten Opfer verhindern will, der muss alles tun, um die Geistfeindlichkeit zu überwinden. Allein durch eine solche Arbeit könnten die Katastrophen, die den Menschen Schmerz und Leid bringen, überflüssig werden.

Vor den inneren Blick stellt sich das Schicksal Kaspar Hausers, der durch sein Opfer in der geistfeindlichen Welt des 19. Jahrhunderts den Kontakt zwischen der physischen und der geistigen Welt aufrecht erhielt. Für die Ereignisse von 1944/45 gilt auch der schon einmal zitierte Ausspruch Rudolf Steiners: «Es hätte nicht so kommen müssen, was aber geschehen ist, ist immer notwendig gewesen» (vergleiche Seite 66).

Mit diesen Gedanken rührt man an das schwer zu ergründende Geheimnis des Bösen. Das Heilsame tritt durch das Böse in Erscheinung im Sinne der Kraft, «die stets das Böse will und stets das Gute schafft[119]». Eine Grenze des Bösen wird sichtbar, etwas, das sich der mephistophelischen Kalkulation trotz allen Wissens darum entzieht.

In jener weltgeschichtlichen Szene, die im Johannes-Evangelium (19. Kapitel) berichtet wird, werden Macht und Grenze des Bösen beispielhaft deutlich gemacht. Pilatus hält dem gefangenen Christus vor, dass er doch Macht über ihn habe, ihn zu verurteilen oder ihn freizusprechen. Ihm musste zur Antwort werden: «Du hättest keine Macht über mich, sie wäre dir denn von oben gegeben.»

1977/1978

Durch die Betrachtung der Jahre 1977/78 wird es möglich sein, zu überprüfen, was über die Jahre 1944/45 gesagt wurde, weil sich nun die ersten 33 Jahre danach vollendet haben. Zunächst erscheint es notwendig, darauf hinzuweisen, dass sich die Zeit des Zweiten Weltkrieges (1939/45) nach dem 33-Jahr-Gesetz in den Ereignissen der Jahre 1972 bis 1978 offenbart. Zwei Vorgänge beginnen mit dieser Zeit und finden einen gewissen Abschluss 1978, sind und bleiben aber im höchsten Masse zukunftsträchtig.

1972 kommt es durch den Besuch Nixons in Peking zu einer ersten Berührung zwischen den USA und China. Die gegenseitigen Bemühungen um Annäherung führen 1978 zur Aufnahme offizieller diplomatischer und wirtschaftlicher Beziehungen. Die weltgeschichtlich unabsehbare Bedeutung der Zerstörung Mitteleuropas 1945 wird damit ahnbar. Der Verlust der Mitte führt nach 33 Jahren konsequent zur beginnenden Zusammenarbeit des Fernen Ostens mit dem fernen Westen. Diese Allianz dürfte für die Menschheit eine unheilvolle Konstellation sein, denn sie ist von vornherein nur von wirtschaftlichen und machtpolitischen Interessen bestimmt. China stützt die weltpolitische Machtstellung der USA, es hat sich für die Konsumgesellschaft entschieden, geht also den Weg wirtschaftlichen Wachstums – wie oben charakterisiert – mit. Hinzu kommt, dass auch China und Japan 1978 ein Freundschafts- und Handelsabkommen geschlossen haben. Ein solcher Vorgang wird von Solowjoff am Beginn seiner Erzählung vom «Antichristen» als ein Moment des Aufbruchs der gelben Rasse dargestellt.

1973 setzten die erdölliefernden arabischen Staaten erstmals die Ölwaffe gegen die Industrienationen ein. Der stark gestiegene Preis konnte zunächst noch verkraftet werden. 1978/79 trat durch die mohammedanische Revolution des Schiitenführers Khomeini in Persien zu der Preisfrage die Mengenfrage hinzu. Die Renaissance archaischer Kräfte schafft eine Situation, die geeignet ist, den Griff nach der Kernenergie plausibel erscheinen zu lassen, so wie Hitler durch die Entfesselung des Zweiten Weltkrieges den kurzfristigen Bau der Atombombe als notwendig erscheinen liess. Überhaupt ist festzustellen, dass in diesen Jahren die Zerstörungsgewalt der Atomwaffen perfektioniert und die wirtschaftliche Anwendung der Kernenergie weltweit akzeptiert wurde. Trotz vieler gegenläufiger Bemühungen hat sich ausser Österreich letztlich kein Staat gegen die Kernenergie ausgesprochen. Dabei geht es keineswegs nur um das Pro oder Contra zu der Kernenergie als solcher; verhängnisvoll für die Zukunft der Menschheit ist wohl vor allem jener sich immer klarer zeigende Dreibund von Staatsmacht, wirtschaftlichem Wachstumsstreben und Anwendung der Kernenergie. Dieser Dreibund hat die Tendenz in sich, den ganzen sozialen Organismus zu beherrschen, beziehungsweise sich an dessen Stelle zu setzen und Verhältnisse zu schaffen, deren Unabänderlichkeit zukünftige Entwicklungen verunmöglichen soll. Die Impulse, die 1945 der geschichtlichen Entwicklung eingepflanzt wurden, haben nun eine furchtbare Realität gewonnen. Auf dem Weltwirtschaftsgipfel in Bonn im Sommer 1978 haben sich die 7 führenden Industriestaaten darauf geeinigt, die bestehenden Probleme, insbesondere die Arbeitslosigkeit, durch weiteres wirtschaftliches Wachstum zu bekämpfen, wozu der weitere Ausbau der Kernenergie notwendig ist. Eine derartige Entscheidung liegt gewiss im Sinne derer, die ihre Weltherrschaft auf eine pervertierte Wirtschaft gründen. Über diesen Sachverhalt wird man dadurch hinweggetäuscht, dass die Suggestion erzeugt wird, die Verhältnisse liessen keine andere Lösung zu. Dies trifft aber nur so lange zu, wie der Geist zur Unwirksamkeit verurteilt wird*.

Unübersehbar ist, dass eine absteigende Linie der Zivilisation vorhanden ist, dass die Kräfte, die die Menschheit in den Abgrund reissen wollen, sich verstärkt haben. Sachzwang von aussen, Seelenlähmung von innen wollen das initiative Menschenwesen verschwinden lassen. Dies ist Ausdruck der Tatsache, dass die Geistfeindlichkeit zu einem festen Bestandteil der menschengeschaffenen Wirklichkeit geworden ist. In dem Verhältnis der Menschheit zu der geistigen Welt besteht ein denkbar grosser Gegensatz von Haben und Soll.

Das hängt auch mit dem Charakter der Michaels-Zeit zusammen, die nun schon 100 Jahre währt. Der michaelische Zeitgeist wartet auf die freien Taten der Menschen, die aus spiritueller Erkenntnis hervorgehen. Er hat durch Rudolf Steiner die Anthroposophie in die Menschheit gestellt als Möglichkeit des Verstehens der geistigen Welt; er spricht durch die Zeitereignisse und den rhythmischen Geschichtsgang zu den Menschen; aber durch nichts greift er direkt ein, weil er die Erkenntnis des Einzelnen will. So hängt alles von der Erkenntnisarbeit ab, die den Ernst und die Kraft erlangt, geistig in die Wirklichkeit einzugreifen. Was wahre Erkenntnis ist, wird im Zeitenstrom Wirklichkeit werden, wenn der menschliche Wille, durch den dies geschieht, sich würdig macht, von dem Willen geistiger Wesen erfüllt zu werden. Ein wirklicher Aufstieg der Menschheit kann nicht aus menschlicher Willkür bewirkt werden, dazu steht die Menschheit im lichten Zeitalter in einer zu engen Verbindung mit den geistigen Welten, auch wenn dies noch nicht genügend stark im Bewusstsein erfahren wird. Auf dem Weg, durch Erkenntnisarbeit den menschlichen Willen zum Gefäss des Geistes zu machen, werden sich auch die Gemeinschaften entwickeln, die die Menschlichkeit in die Zukunft tragen können.

Rückblickend auf diese von der Geburt Kaspar Hausers 1812 ausgehende Reihe des 33-Jahr-Rhythmus soll festgehalten werden, dass an allen Stationen Spuren gefunden werden konnten, die mehr oder weniger auf die Lücken hindeuten, die durch das Ausschalten Kaspar Hausers entstanden sind. Und ein wesentliches Erlebnis kann es sein, das bis in unsere Tage Fortwirkende der Aufgabe Kaspar Hausers zu empfinden und sich bewusst zu werden, dass das, was in Zukunft zur verwandelten Erfüllung dieser Aufgabe geschehen kann, von dem freien Verstehen möglichst vieler Menschen abhängt.

Die Todesreihe – 1833

Nachdem die Reihe des 33-Jahr-Rhythmus betrachtet wurde, die von der Geburt Kaspar Hausers ausgeht, soll nun die von seinem Tod ausgehende 33-Jahr-Folge untersucht werden. Dabei wird zu berücksichtigen sein, dass sich im Fortgang der Geschichte gerade in dieser .Todesreihe eine Art Doppelantlitz zeigt: den Auswirkungen des Mordes an Kaspar Hauser stehen andere weltbewegende Ereignisse gegenüber. Diese sind insofern von besonderem Interesse, weil sie mit der unterdrückten Mission Kaspar Hausers zu tun haben.

Für die Ermordung Kaspar Hausers im Dezember 1833 ergibt sich ein Hinweis auf den 33-Jahr-Rhythmus aus der zitierten Bemerkung Rudolf Steiners, dass «die Spitzenorganisationen der westlichen Logen und der Jesuiten seit 150 Jahren, nachweislich aber seit Januar 1802 zusammenarbeiten» (siehe Seite 104). Es ist nicht bekannt, worin Rudolf Steiner den Nachweis dieser Zusammenarbeit gesehen hat: ob das für ihn durch bestimmte historische Tatsachen belegt oder ein Ergebnis geisteswissenschaftlicher Untersuchung war. Man hat also die Wende des 18./19. Jahrhunderts unter dem Aspekt des vereinten Zugriffs beider Organisationen nach der Weltmacht zu sehen und findet die offenbare Manifestation dieser Tatsache 33 Jahre später in der Ermordung Kaspar Hausers wieder. Der 33-Jahr-Rhythmus ist wahrscheinlich präziser eingehalten, als es durch die Zeitangabe Rudolf Steiners zunächst erscheint, denn dem definitiven Akt der Vereinigung und der Zusammenarbeit gingen gewiss Überlegungen und Entscheidungen voraus, die ihn vorbereiteten und begründeten. Die erste verheerende Auswirkung dieser unseligen Verbindung ist jedenfalls in dem gewaltsamen Tod Kaspar Hausers zu sehen. Die Bemühungen, dabei ein perfektes Verbrechen durchzuführen, wie es im ersten Kapitel geschildert wurde, kennzeichnen die Bewusstheit und den rücksichtslosen Willen, womit hier vorgegangen worden ist.

Wenn zum Verständnis der Ereignisse von 1833 der 33-Jahr-Rhythmus herangezogen wird, so könnte demgegenüber eingewandt werden, dass der Mord an Kaspar Hauser sich notwendig und unumgänglich aus dem Fehlschlag ergab, den die Gegner Kaspar Hausers mit seiner Freilassung erleben mussten. Wollten sie nicht ihren ganzen Plan scheitern sehen, so mussten sie sich dazu entschliessen, Kaspar Hauser zu töten. Ohne Zweifel wäre es ihnen lieber gewesen, wenn Kaspar Hauser in irgendeinem unbedeutenden Dasein verschwunden und verkommen wäre. In dem Erscheinen Kaspar Hausers zu Pfingsten 1828 aber lag eine Kraft, die dies verhinderte (vergleiche Seite 189 ff).

Der Einwand beruht darauf, dass man linear von einem Jahr zum anderen denkt. Üblicherweise wird das eine Jahr aus dem vorhergehenden kausal begründet. Für den rein irdischen Zusammenhang, der vom Verstand erfasst wird, ist dies berechtigt. Es schliesst aber nicht aus, dass in den Tatsachen selbst auch andere Zusammenhänge bemerkt werden können. Löst man den Blick von dem Vordergründigen der Geschichte durch die Beobachtung des 33-Jahr-Rhythmus, dann zeigt sich hier, was man sich bei der Vereinigung der beiden Organisationen um 1800 vorgenommen hatte: Den physischen Plan von christlichem Wirken freizuhalten. *Dies* forderte als Konsequenz den Mord an dem Jüngling, der der Ausdruck reiner Menschlichkeit und Güte war. Durch die Kraft, die im 33-Jahr-Rhythmus liegt, kommt es, so verstanden, in der Ermordung Kaspar Hausers zu einer Demaskierung der gegen das Menschliche gerichteten Impulse.

Im Interesse der menschheitlichen Entwicklung lag es natürlich, Kaspar Hauser zu erhalten; dazu aber wäre erforderlich gewesen, die starken Kräfte zu paralysieren, die die Erfüllung seines Auftrages verhindern wollten. Da dies nicht gelang, mussten sich die gegnerischen Impulse erfüllen.

Welche Pläne, welche Absichten der Menschheitsführung durch die Ermordung Kaspar Hausers zerstört wurden, wird durch die Aussagen Rudolf Steiners beleuchtet, die er auch in dem schon im 2. Kapitel erwähnten Gespräch mit Polzer-Hoditz gemacht hat: «Süddeutschland hätte werden sollen die neue Gralsburg der neuen Geistesstreiter und die Wiege künftiger Ereignisse. Wohl vorbereitet war der Geistesraum durch alle jene Persönlichkeiten, die wir als Goethe, Schiller, Hölderlin, Herder usw. kennen. Kaspar Hauser sollte wie um sich herum sammeln alles das, was da lebte in diesem so vorbereiteten Geistesraum. Das aber wurde von jenen Kreisen (den westlichen Logen und den Jesuiten) nicht gewollt. Sie konnten keine erwachende Mitte zulassen, wenn sie sich nicht ihrer Macht und Machtbestrebungen entäussern wollten. Goethes Geistesart erschreckt sie. Napoleon zwingt sie zueinander und zum Bündnis der anzustrebenden Weltherrschaft auf weltanschaulichem und wirtschaftlichem Gebiete. Napoleon hatte schon ihre Bestrebungen durchkreuzt; Napoleon ist es im Grunde, der die beiden Strömungen zu einem Bündnis treibt.» (Der auf Seite 141 zitierte Text schliesst hier an. Es ist notwendig, sich die einzelnen Aussagen vor Augen zu stellen.)

Süddeutschland, worunter wohl Baden, Württemberg, Bayern und auch Österreich zu verstehen sind, war also als der Erdenraum vorgesehen, der die führende Rolle in der beginnenden Verwirklichung geistig-sozialer Impulse übernehmen sollte. Hätte sich dieser Plan durch Kaspar Hauser verwirklichen lassen, so wäre auch die Mission Rudolf Steiners, der sich später in diesen Raum stellte, in gezielterer Weise vorbereitet worden und die Menschen hätten dadurch lernen können, die entscheidenden Ereignisse des 20. Jahrhunderts bewusster und verständnisvoller aufzunehmen, als dies nun möglich wurde.

Rudolf Steiner betont, dass auf geistigem und kulturellem Felde die Vorarbeit für Kaspar Hauser vielfältig geleistet worden war. Andererseits liegt es so, dass gerade diese Vorarbeit die ärgsten Widerstände bei den Gegnern dieser Entwicklung hervorrief: «Goethes Geistesart erschreckt sie.» Eine Aussage, die man sich nicht tief genug einprägen kann, denn sie macht vieles von dem folgenden Geschehen verständlich. Goethes Geistesart ist ja dadurch charakterisiert, dass in ihr der individuelle Mensch eine lebendige Verbindung zum Übersinnlichen sucht und findet. Goethe eröffnet damit jeder menschlichen Individualität die Möglichkeit einer solchen Entwicklung und kann in diesem Sinne als einer der grossen Vorbereiter der Anthroposophie verstanden werden. Aus der Tatsache, dass bereits diese Vorbereitung mit den stärksten Mitteln bekämpft worden ist, kann man schliessen, mit welchem Widerwillen von jenen Kreisen die Entstehung und Verbreitung der Anthroposophie selbst begleitet wurde. Bei der Besprechung der Jahre 1911/12 ist darauf bereits hingedeutet worden.

Rudolf Steiner weist auf Napoleon als auf eine Persönlichkeit hin, die mit dem Geschehen um die Jahrhundertwende in entscheidendem Zusammenhang steht. Man kann zunächst verwundert darüber sein, in welcher Rolle Rudolf Steiner Napoleon hier sieht. In dem geschichtlichen Wirken Napoleons offenbart sich – bedingt durch sein eigenes Wesen – ein gefährlicher Zwiespalt. Napoleon vertritt gegenüber den Kräften, die die Menschen an Altes versklaven und auf diesem Wege beherrschen wollen, ein fortschrittliches, in die Zukunft weisendes Prinzip. Aus den Bemerkungen Rudolf Steiners ergibt sich, dass Napoleon zu Kaspar Hauser – über die bestehende familiäre Bindung und die Schaffung des Grossherzogtums Baden hinaus – auch in einer inneren Beziehung stand. Diese wird von Heyer zunächst als eine polare dargestellt, nämlich als Merkur-Mars-Gegensatz[120]. Darüber hinaus hätte Napoleon ein Wegbereiter für das Wirken Kaspar Hausers sein sollen. Dazu kam es nur äusserlich, nicht aber in der Verwirklichung innerer Impulse. Das hängt damit zusammen, dass Napoleon selbst seinen eigentlichen vorgeburtlichen Lebensauftrag «vergass», einen Beitrag zur friedlichen Einigung Europas zu leisten[121]. Durch dieses Vergessen seines Auftrags lebt Napoleon die Mars-Impulse in alter Form aus. Die Verwandlung der Marskräfte, wie sie Rudolf Steiner im Vortrag vom 18. Dezember 1912 [122] schildert, hatte Napoleon zwar im Vorgeburtlichen miterlebt, dieses Erleben aber wurde ihm, indem er sich verkörperte, verdunkelt. Dadurch konnte er die Vertreter des deutschen Geisteslebens nicht um sich versammeln, sie mussten sich gegen ihn stellen wie Fichte, Beethoven und Schiller.

Die Aufgabe des Wegbereiters für Kaspar Hauser erfüllte Napoleon, indem er die Bestrebungen der Jesuiten und der westlichen Logen durchkreuzte. Der Widerstand, den er dadurch erweckte, und der diese Organisationen zum Bündnis trieb, machte aber gerade die Erfüllung der Mission Kaspar Hausers unmöglich. Dies letztere geht gewiss auf den Zwiespalt im Wesen Napoleons zurück, auf den «vergessenen Auftrag».

1866

Das Jahr 1866 zeigt in einer ersten Stufe, welche Folgen durch die Ermordung Kaspar Hausers in dem für sein Wirken vorbestimmten Raum auftreten. Der österreichisch-preussische Konflikt, der eine Spielart des Nord-Süd-Gegensatzes war, endet durch den Sieg Preussens damit, dass Preussen endgültig eine Vormachtstellung erringt. Süddeutschland kann die vorgesehene Rolle nicht übernehmen und so fällt mit Notwendigkeit die Führung an Preussen, an Bismarck und den preussichen König. Ohne direkten Bezug auf den Bruderkrieg von 1866 zu nehmen, sagt Rudolf Steiner in dem Gespräch mit Polzer-Hoditz über Bismarck und seine Beziehung zu Kaspar Hauser: «Auf diesen ‹geplanten› Trümmern (gemeint sind die Folgen der Ausschaltung und schliesslichen Ermordung Kaspar Hausers) konnte das Prinzip des Schwarz-Weiss zur Herrschaft gelangen. Das Prinzip des Schwarz-Weiss aber ist ein konstruktives, ein ausschliessendes. Hier liegt auch die Tragik im Leben Bismarcks, der wohl ein Modell eines Bundesstaates geben konnte, das Konstruktive einer wahrhaften Föderation der Mitte, aber nicht die tragende Idee, das, was eine solche Staatenbildung als notwendig und berechtigt hätte erscheinen lassen. Das war es, was Bismarck auch in Frankfurt suchte, den Goethischen Geist, das, was durch Kaspar Hauser hätte leben können im süddeutschen Raum, aber nicht lebte. In Frankfurt war es eigentlich, wo Bismarck dem Prinzip des Schwarz-Weiss begegnete und alledem, was ihn dann auch dem König von Preussen verband. Von da beginnt die Ära der Juristen; aber Politik ist kein juristisches Problem.»

Unter dem Prinzip des Schwarz-Weiss versteht Rudolf Steiner offenbar das, was sich aus der Vereinigung der Jesuiten und der westlichen Logen ergibt. Dieses Prinzip spannt das gesellschaftliche Leben in einen Gegensatz zwischen wirtschaftlichen und scheinbar geistigen Aufgaben ein, der, weil er keinen

Ausgleich in einem dritten finden kann, nicht steigernd, sondern lähmend wirkt. Versteht man diesen Gegensatz als Ausdruck des Luziferisch-Ahrimanischen, so wird das Unfruchtbare und Lähmende des Pendelschlags zwischen diesen Polen deutlicher. Die Menschen werden – natürlich ohne zu wissen, wie ihnen geschieht – hin- und hergerissen, sie werden eingespannt in die «Kompagnie-Arbeit von Luzifer und Ahriman», wie sich Rudolf Steiner einmal ausdrückt[123].

Der Übergang von dem, was in Süddeutschland durch Kaspar Hauser leben sollte, zu dem, was sich dann in Preussen entwickelte, vollzog sich zunächst in Bismarck selbst. Auch Bismarck hätte des geistdurchpulsten Wirkens Kaspar Hausers bedurft, um zu seinem höheren Auftrag zu erwachen. Da er jedoch nicht finden konnte, was er brauchte, geriet er notwendigerweise auf eine andere Lebensbahn. Jetzt musste er einen ihm nicht bestimmten Weg gehen, da es keine Alternative gab.

An diesem Beispiel ist es besonders gut möglich, die Wirkensweise derjenigen zu studieren, die die Vorgänge im Hintergrund inaugurieren. Ihre Meisterstücke gelingen ihnen immer da, wo sie Situationen herbeiführen können, die dann durch sich selbst etwas erzwingen, weil es keine andere Möglichkeit mehr gibt*. Es kann vornehme Zurückhaltung geübt werden, ein direkter – eventuell kompromittierender – Eingriff ist gar nicht nötig, die «Realitäten» wirken, der «Verstand» gebietet, das einzig Richtige zu tun. Und niemand fragt, wer die Situation geschaffen hat, wie sie entstanden ist. Jedesmal kommt es dabei zu einem Sieg der Gesichtspunkte, die dem Hereinwirken der übersinnlich-christlichen Impulse entgegenstehen. Das Ziel aller dieser Vorgänge ist es, die Erd- und Menschheitsentwicklung von diesen Impulsen loszureissen.

Wesentlich ist es auch, den Hinweis Rudolf Steiners ernst zu nehmen, dass das Prinzip des Schwarz-Weiss die «Ära der Juristen» einleitet. Wer unsere heutige politische und soziale Wirklichkeit auch nur ein wenig kennt, weiss, wie sehr das juristische Denken inzwischen führend und bestimmend ist in dem Sinne, dass das unmittelbare Leben bis zur Unerträglichkeit davon behindert wird.

Die auf die Ereignisse von 1866 bald folgende Reichsgründung von 1871 gibt ihre ganze Problematik in Beziehung auf den deutschen Volksgeist[124] schon dadurch zu erkennen, dass sie nach und aufgrund eines militärischen Sieges erfolgt. Sie macht charakteristischerweise den preussischen König aus dem Haus Hohenzollern zum deutschen Kaiser. Dieser Weg der Entwicklung, der

Hier wird der Fehler in der Betrachtung deutlich (vgl. Bemerkung S. 94): Es müssten eigentlich drei Linien verfolgt werden: 1. Hausers Geburtslinie, die durch das Fehlen seiner Wirkung charakterisiert ist – 2. Die Linie, die zu seiner Ermordung führt – und 3. Die hier fehlende positive Auswirkung des Opfers, die mit 2. zusammenfällt aber die durch das Opfer erwirkte höhere Qualität zum Ausdruck bringt. – Die Frage, was kam zustande, was sonst nicht zustande gekommen wäre ist dabei zentral. Eine Blickmöglichkeit, – wenn man die aktuelle Situation dazuschaut – wäre z.B. folgende: Durch Hausers ungehinderte Wirksamkeit hätte

falsch war, weil er im Widerspruch zu den geistigen, objektiven Impulsen stand, führte mit einer gewissen Unausweichlichkeit in den Ersten Weltkrieg, was oben bei der Erörterung der Zeit um 1878 schon erwähnt wurde. Entscheidend für diese Unausweichlichkeit ist es gewesen, dass nur ganz wenige Menschen den eingeschlagenen Weg als falschen erkannten. Ruhm, Erfolg und Aufstieg blendeten die meisten.

Das Jahr 1866 leitet mit der Verlagerung des Gewichtes von Süd nach Nord die unselige Entwicklung ein, die ihre wahre Dimension erst 66 Jahre später erreicht. Wohl nie in der deutschen Geschichte ist der Gegensatz zwischen dem, was geschichtlich zur Geltung kam, und dem, was geistig notwendig war, so gross gewesen wie damals. Die Täuschung, die sich für das allgemeine Bewusstsein aus dem unbekannten finsteren Hintergrund ergab, war eine nahezu vollkommene.

1899

Um 1899 wird in den politischen Ereignissen nur zu deutlich, dass 1866 etwas geschehen ist, das gegen die wahren Interessen Mitteleuropas gerichtet war und ist. Bismarck konnte dem neu gegründeten Reich wenigstens äusserlich Einfluss und Weltgeltung einer Grossmacht verschaffen. Durch und um Wilhelm II. aber wirkten, nachdem Bismarck nicht mehr die deutsche Politik leitete, Kräfte, die nun ungehindert ihre Schädlichkeit für Mitteleuropa entfalten konnten. Es war eine geistige Leere und eine spirituelle Entfremdung, die von der imperialistischen Kolonialpolitik, von der wirtschaftlichen Konkurrenz mit England und dem Flottenbau ausging. Um die Jahrhundertwende werden – 66 Jahre nach der Ermordung Kaspar Hausers – die Kräfte Mitteleuropas derart veräusserlicht, sie verlieren sich in falscher Weise in die Welt, so dass sie aushöhlend wirken, wodurch jene entscheidende Infektion Mitteleuropas vorbereitet wurde, die 33 Jahre später sichtbar wird. Der innere Vorgang der Aushöhlung bereitet die Entwicklung von 1933 vor. Man hat es nicht zu tun mit der Erfüllung des deutschen Wesens, sondern mit seiner Entleerung. In diese Leere schlagen von aussen die wesensfremden Kräfte hinein.

Dem, was in Mitteleuropa vorgeht, begegnet um die Jahrhundertwende von aussen die beginnende Einkreisungspolitik Englands, gegen die kein in der Zukunft wirksames Mittel auf deutscher Seite gefunden werden konnte. Hinter dieser englischen Politik steht Eduard VII., der mit den englischen Logen

sich Deutschland wie beabsichtigt entwickelt, doch es wäre diese Entwicklung spezifisch deutsch, bzw. mitteleuropäisch gewesen und nicht gesamteuropäisch. Das Plus für Deutschland wäre ein Minus für das übrige Europa gewesen, hätte Differenzierung aber nicht Integration bedeutet. Unter diesem Gesichtspunkt modifiziert sich auch die Rolle Stanhopes, das negative Einwirken Englands führte zur Konsequenz der Eingliederung in ein geistig durch Deutschland dominiertes Europa. Erst durch diese Entwicklung würde die ausgleichende Rolle Europas in der Welt möglich. Die aktuelle Situation (– auch im Vergleich mit der Früheren –) deutet ganz stark in eine solche Richtung

eng verbunden war. So wie in der Lebensgeschichte Kaspar Hausers in Lord Stanhope das Element auftritt, das von aussen, vom Westen her sein Verderben bewirkt, so ist Eduard VII. derjenige, der auf der geschichtlichen Ebene die entsprechende Rolle spielt. Die gegen Deutschland gerichteten Bestrebungen erreichen 1907 im Bündnis von England und Frankreich in der Entente cordiale einen ersten Höhepunkt. Das oben (Seite 126) schon skizzierte Verhalten der Westmächte in den 30er Jahren erscheint noch einmal in einem anderen Licht, wenn es im Sinne des 33-Jahr-Rhythmus mit der von England ausgehenden Einkreisungspolitik des beginnenden Jahrhunderts in Zusammenhang gesehen wird. Diese Vorgänge führen für Mitteleuropa zu einem solchen geistigen Vakuum, dass in den dreissiger Jahren als deren Konsequenz aus dem Umkreis die die Mitte zerstörenden Kräfte angesaugt werden.

Das hier Gemeinte wird verständlicher, wenn man fragt, welche Ziele mit der Entfesselung des Zweiten Weltkriegs 1939 in Wahrheit verbunden waren. Nach dem 33-Jahr-Gesetz findet das Jahr 1939 in dem Jahr 1972 seine Erfüllung. In diesem Jahr wurden das Viermächteabkommen über Berlin und der Grundvertrag zwischen den beiden deutschen Staaten unterzeichnet. Diese Ereignisse waren nur der Schlussstein einer Entwicklung, durch die die staatlichen Gebilde in Mitteleuropa als eine Folge des Zweiten Weltkriegs anerkennen mussten, dass in Mitteleuropa eine staatlich zusammenhängende Menschengemeinschaft nicht mehr besteht. Der Endpunkt der Zerstörung Mitteleuropas war damit besiegelt. Nicht nur war das alte staatliche Gebilde endgültig und rechtlich anerkannt aufgelöst, sondern die in der Zwischenzeit entstandenen deutschen Staaten befanden und befinden sich beide in der weitreichendsten Abhängigkeit von westlichen oder östlichen geistigen und materiellen Kräften, die eine Wirksamkeit Mitteleuropas auch langfristig schwer behindern, wenn nicht gar ausschliessen. 1972 hat sich auf der weltgeschichtlichen Bühne das enthüllt, was 1939 im Verborgenen gesät wurde. Aus dem Zweiten Weltkrieg ist nicht die Zerstörung Deutschlands als ein unerwünschtes Ergebnis herausgekommen, sondern es war das Ziel dieser kriegerischen Vorgänge, die Ausschaltung Mitteleuropas zu bewirken und zu erreichen. Dem widerspricht äusserlich das, was im Bewusstsein derer lebte, die diesen Krieg auf deutscher Seite inszenierten, aber es sagt nichts darüber aus, was in diesen Menschen an für sie unbewussten Impulsen lebte. Von Hitler irregeleitet gaben sich die meisten der Führenden der unklaren Vorstellung hin, Deutschland zur Gross- oder Weltmacht zu erheben. Dadurch aber kennzeich-

Ein tiefer liegender Aspekt wäre folgender: das Kali-Yuga endet 1899, und die übliche Auffassung nimmt das als ein objektiv und unabhängig von bestimmten Geschehnissen feststehendes Datum. Ist das berechtigt? – Rückblickend stellt man fest, daß es eintrat, doch wie sah es aus dem Vorangehenden heraus aus? Steiners Äußerung deutet doch gerade darauf, daß es nicht feststand, daß das Opfer Hausers notwendig war, um den obenen Zusammenhang herzustellen (wobei es natürlich noch andere notwendige Faktoren gibt.) Der Beginn der Anthroposophie läge damit ursächlich mit Hausers Tod verbunden. Es kann durchaus sein, daß Anthroposophie in dieser (d.h. allgemeingültigen) Form sonst unmöglich gewese

nen sich diese von Hitler ausgehenden Kräfte dem mitteleuropäischen Geist gegenüber als feindliche.

Im 2. Kapitel ist Schillers Gedichtfragment «Deutsche Grösse» zitiert worden, in dem warnend auf diese inneren Feinde hingewiesen wird: «Das ist nicht des Deutschen Grösse, obzusiegen mit dem Schwert.» Die innere Feindschaft gegenüber dem echten geistigen Impuls Mitteleuropas, von einem gewaltigen Willen getragen, wurde Wirklichkeit und ist nun von jedermann leicht zu erkennen. Es bestand in Wahrheit *von vornherein* nicht die Absicht, Deutschland gross zu machen, sondern es zu zerstören.

Symptomatisch wird der Bewusstseinszustand der auf deutscher Seite Beteiligten dadurch charakterisiert, dass Hitler auf die Mitteilung der Garantieerfüllung Englands gegenüber Polen, die den Krieg bedeutete, nur die Frage hatte: «Was nun?» – Womit nach dem Vorangegangenen unbedingt zu rechnen war, was jeder Verantwortliche erwarten musste, das ruft hier Erstarrung und Versteinerung als Ausdruck der Verwirrung und Gedankenlosigkeit hervor. Deutlicher kann der Verlust der ichhaften Vernunft überhaupt nicht hervortreten.

Die Betrachtung, die zur Verdeutlichung schon vorausgegriffen hat, muss noch einmal zum Jahr 1899 zurückkehren. Die Todesreihe verknüpft sich im Jahr 1899 mit dem Ende des Kali-Yuga und den aufstrebenden Kräften des beginnenden lichten Zeitalters.

Das Ende des Kali-Yuga, des sogenannten finsteren Zeitalters, ist von weltgeschichtlicher Bedeutung. Dieses Zeitalter, das 5000 Jahre währte, von 3101 vor Christus bis 1899 nach Christus, hatte seinen Sinn darin, dass sich für das Bewusstsein des auf der Erde lebenden Menschen die geistige Welt immer mehr verfinsterte, so dass schliesslich der Eindruck entstehen konnte, dass es eine solche Welt überhaupt nicht gebe. Durch diese weitreichende Bewusstseinsverdunkelung wurde möglich, dass der Mensch zum *Erden*bürger wurde. Von besonderer Wichtigkeit war es aber, dass die Menschen, die in alten Zeiten ein instinktives Wissen von Reinkarnation und Karma, von Wiedergeburt und Schicksal hatten, dieses Wissen verloren, um den Wert des einen Erdenlebens in vollem Umfang schätzen zu lernen. Zwar spielten insbesondere bis zum Beginn der Neuzeit immer wieder übersinnliche Impulse in das Seelenleben der Menschen hinein, in mancher Hinsicht wurden die Menschen dadurch wie träumend geleitet. Der Mensch sollte die übersinnliche Welt nicht bewusst erkennen, und so konnte er seine eigene Stellung zu dieser Welt nicht bestimmen. Mit dem Ablauf des Kali-Yuga hat sich das Verhältnis der gei-

Indem die Entstehung eines geistig orientierten Deutschland verhindert wird, wird der geistige Impuls entnationalisiert, wird gerade die ungehinderte Verbreitung ermöglicht. Das Widersacherwirken greift prinzipiell zu kurz, ermöglicht letztendlich gerade das, was es verhindern will. – Die Bezeichnung »Kind Europas« hätte bei ungehindertem Entwicklungsgang Hauser's als Thronfolger gar keinen Sinn. – Auch darf man den Einblick der Gegner in die Inkarnationsabsicht nicht überschätzen. Deren Absicht war mit ziemlicher Sicherheit das Zustandekommen eines konsolidierten Deutschland (die Verbindung mit dem Volksgeist) zu verhindern.

stigen Welt zur physischen grundlegend geändert. Ein Ausdruck dieser Tatsache ist das Erscheinen der Anthroposophie durch die Lebensarbeit Rudolf Steiners. Zu der tiefgehenden geistigen Veränderung gehört es auch, dass die Darstellung der geistigen Tatsachen öffentlich gegeben wird, dass sie sich grundsätzlich an das bewusste Verstehen von jedermann richtet. Rudolf Steiner beginnt seine spirituelle Arbeit in diesem Sinne exakt im Jahre 1899, nachdem das Kali-Yuga zu Ende gegangen war. In seinem Wirken erfüllt er eine jahrtausendealte Verheissung. Seine Arbeit verbindet sich mit einem kosmischen Zeitimpuls, zugleich aber auch mit dem Rhythmus, der von der Ausschaltung Kaspar Hausers ausgeht. Das enge Verhältnis zwischen Rudolf Steiner und Kaspar Hauser wird im nächsten Kapitel zu beleuchten sein.

Über den Beginn seiner spirituellen Arbeit schreibt Rudolf Steiner am Anfang des 30. Kapitels seiner Autobiographie «Mein Lebensgang»: «Der Wille, das Esoterische, das in mir lebte, zur öffentlichen Darstellung zu bringen, drängte mich dazu, zum 28. August 1899, also zu Goethes 150. Geburtstag, im ‹Magazin› einen Aufsatz über Goethes ‹Märchen von der grünen Schlange und der schönen Lilie› unter dem Titel ‹Goethes geheime Offenbarung› zu schreiben. Dieser Aufsatz ist ja allerdings noch wenig esoterisch. Aber mehr, als ich gab, konnte ich meinem Publikum nicht zumuten.»

Im gleichen Jahr wird Rudolf Steiner durch Gräfin und Graf Brockdorff aufgefordert, in ihrem Kreise einen Vortrag zu halten. Bei seinem ersten Vortrag (über Nietzsche) bemerkt er, «dass innerhalb der Zuhörerschaft Persönlichkeiten mit grossem Interesse für die Geistwelt waren». Er berichtet dann weiter: «Ich schlug daher, als man mich aufforderte, einen zweiten Vortrag zu halten, das Thema vor: ‹Goethes geheime Offenbarung›. Und in *diesem* Vortrag wurde ich in Anknüpfung an das Märchen ganz esoterisch. Es war ein wichtiges Erlebnis für mich, in Worten, die aus der Geistwelt heraus geprägt waren, sprechen zu können, nachdem ich bisher in meiner Berliner Zeit durch die Verhältnisse gezwungen war, das Geistige nur durch meine Darstellungen durchleuchten zu lassen.» Damit war ein Anfang gemacht, der im Einklang mit Rudolf Steiners schicksalhafter Beschäftigung mit Goethe stand. Goethe hat das mitteleuropäische Geistesleben so entwickelt, dass es die kommende Geistesoffenbarung vorbereitete. Die Entscheidung Rudolf Steiners, da, wo es gewollt wurde, öffentlich von seinen Erkenntnissen der geistigen Welt zu sprechen, entsprang nicht so sehr seiner eigenen Absicht und seinem eigenen Willen als vielmehr der Einsicht in die geistigen Notwendigkeiten der Zeit. Dies geht besonders deutlich aus einer Briefstelle an Marie von Sivers hervor,

aber gerade dadurch wird eine weitgreifende Wirksamkeit möglich. Wahrscheinlich sah man vor allem Englands Weltherrschaftsstreben in Gefahr (wobei bereits die deutsche Aufgabe falsch eingeschätzt wurde – vgl. auch den bethlehemitischen Kindermord –) Die der Absicht entgegengesetzten Resultate zeigen sich z.B. in der letztendlich daraus entstandenen untergeordneten Rolle des heutigen England.

in der er schreibt: «Ich kann Dir nur sagen, wenn der Meister mich nicht zu überzeugen gewusst hätte, dass trotz alledem die Theosophie unserem Zeitalter notwendig ist: ich hätte auch *nach* 1901 nur philosophische Bücher geschrieben und literarisch und philosophisch gesprochen[125].» Durch diese Bemerkung fällt ein Licht auf jene Individualitäten, hier «Meister» genannt, die verkörpert oder unverkörpert von der geistigen Welt aus die Geschicke der Menschen zu lenken suchen und die dazu Menschen finden müssen, die bereit sind, diese opfervolle Aufgabe zu übernehmen. Die höchste Freiheit ist es, das Notwendige aus Erkenntnis zu tun, weil in diesem Tun nichts Willkürliches oder Persönliches mehr liegt. In diesem Sinne ist die Entscheidung Rudolf Steiners zu verstehen.

Durch die Brockdorffs lernte Rudolf Steiner die damalige Theosophische Gesellschaft kennen. Unmittelbar darauf erreichte Rudolf Steiner das 40. Lebensjahr (1901), «vor ... dessen Eintritt im Sinne der Meister niemand öffentlich als Lehrer des Okkultismus auftreten darf. (Überall, wo jemand früher lehrt, liegt ein Irrtum vor.) Nun konnte ich mich der Theosophie öffentlich widmen[125].» Damit war in Übereinstimmung mit der geistigen Menschheitsführung für Rudolf Steiner die Möglichkeit gegeben, den Beginn des lichten Zeitalters innerhalb des Geisteslebens Wirklichkeit werden zu lassen. Während das Kali-Yuga der Menschheit das Wissen von Reinkarnation und Karma nahm, war es Rudolf Steiners besondere Aufgabe – wie er verschiedentlich betonte –, der Menschheit die Einsicht in Reinkarnation und Karma zu vermitteln, wodurch er an die Zeit vor dem Kali-Yuga anknüpft. Es ist nun sehr bemerkenswert, dass Rudolf Steiner in seiner oben zitierten Aussage über Kaspar Hauser darauf hinweist, dass jener um Reinkarnation und Karma wusste, und dass gerade dies es war, was die Gegner dazu veranlasste, ihn zu töten. Mit dieser Tatsache tritt der innere Zusammenhang zwischen den beiden Individualitäten, aber auch das Zukünftige in Kaspar Hauser deutlich in Erscheinung. Auf allen Gebieten des Lebens wird die Realisierung der Erkenntnis von Reinkarnation und Karma eine Umwälzung mit sich bringen, eine Umwertung aller Werte (Nietzsche). Es wird die geistige Welt für das Leben des einzelnen Menschen eine zunehmend grössere Rolle spielen, er wird dadurch in seiner Individualität gestärkt werden. Der Mensch, der die Lehre von Reinkarnation und Karma wirklich zu erfassen vermag, tritt zu der geistigen Welt in ein menschenwürdiges, individuelles und selbständiges Verhältnis. Es ist dies das Ziel der gesamten geistigen Entwicklung des Abendlandes, es ist gleichzeitig der einzige Weg, auf dem die Menschheit dem Verlust des Ich entgehen kann. Weil dies so ist, wird von den Feinden der Ich-Entwicklung mit allen Mitteln und Kräften dagegen gekämpft. Ihr Wirken wird grell sichtbar in den Ereignissen der Jahre 1932/33.

1932/1933

In der Kaspar Hauser-Literatur wird an einer Stelle in merkwürdiger, geradezu prophetischer Weise auf das Jahr 1933 hingewiesen. «Hätte ich den voll gültigen Beweis, der noch aussteht, so würde ich ihn in eine eiserne Chatoulle sperren und darauf schreiben: ‹Am 17. Dezember 1933 zu eröffnen.›» So schreibt Henriette von Feuerbach, die Schwiegertochter des berühmten Kriminalisten, am 2. Januar 1884 [126]. In erster Linie geht es ihr natürlich um die Klärung der Identität Kaspar Hausers und aller damit zusammenhängenden Fragen. Da sie darüber aber andererseits eine klare Ansicht, nämlich diejenige Feuerbachs hat – wie aus ihren Briefen hervorgeht –, scheint sie ein Geheimnis zu kennen und glaubt es bewahren zu müssen. «Ich weiss mehr als in den Büchern steht und ich habe es auch aufgeschrieben und schwarz gesiegelt in meinem Schreibtisch», schreibt sie am 5. Februar 1884 [126]. Diese Aufzeichnungen sind nicht aufgefunden worden! Es bleibt fraglich, ob sie etwas enthalten haben, was über das bis heute bekannt Gewordene hinausgeht. Man spürt, dass sie in ihrer Seele tief mit Kaspar Hauser verbunden ist, manchmal bis zur Qual und zum Überdruss, wie man aus den Briefen entnehmen kann. Der Genius der Geschichte, der ein guter Geist der Menschheit ist, hat ihr eingegeben, aus untergründigen Tiefen hinzuschreiben: 17. Dezember 1933. Hundert Jahre nach der Ermordung Kaspar Hausers wird offenbar werden, was es damit in Wirklichkeit auf sich hatte. So könnte der ihr unbewusste Impuls ausgesprochen werden, der sie zu dem prophetischen Hinweis führte.

Es ist erschütternd zu bemerken, dass genau 99 Jahre nach der Ermordung Kaspar Hausers sich die Vorgänge abspielen, die dann am 30. Januar 1933 in der Machtergreifung Hitlers gipfeln. In der Kaspar-Hauser-Geschichte treten damit zum zweitenmal die 99 Jahre als die 3 × 33 Jahre in auffallender Genauigkeit hervor: 1812–1911; 1833–1932/33, und es zeigt sich zwischen 1833 und 1932/33 sogleich auch der wesentliche innere Zusammenhang. Durch Hitler tritt das Gegenbild, die Gegenkraft zu Kaspar Hauser in Erscheinung. Dieser Gegenschlag ergibt sich als geschichtliche Konsequenz aus dem Mord an Kaspar Hauser, der von Menschen freventlich verübt wurde. Hitlers

Wirkung in Europa, ja in der Welt, war im Zerstörenden so gross, wie sie von dem «Kind Europas» segensvoll hätte hervorgebracht werden sollen. (Wie es gelungen ist, Hitler zu einem Werkzeug dieser Kräfte zu machen, wird im 4. Kapitel behandelt.) Der Schmerz über die Katastrophe von Ansbach steigert sich im Erleben der Konsequenzen, die 99 Jahre später eingetreten sind. Die Unsumme der Leiden, die entstanden sind, ruft die Verantwortung auf, rückhaltlos auf die erkannten Hintergründe und die wahren Urheber hinzuweisen.

Der Gegensatz zwischen Hitler und Kaspar Hauser geht wesentlich über das hinaus, was sich im äusserlich Geschichtlichen zeigt. Erst auf dem geistigen Felde wird sichtbar, dass Hitler endgültig alles auslöschen sollte, was durch Kaspar Hauser, vorbereitend für das 20. Jahrhundert, gewollt wurde. Die Beachtung des 33-Jahr-Rhythmus kann wiederum dazu verhelfen, dies zu verstehen. Das Ende des Kali-Yuga als ein einzigartiges Ereignis der Geschichte, das von Rudolf Steiner in seiner Arbeit *in Berlin* im entscheidenden Augenblick bewusst erfasst wurde, muss sich nach 33 Jahren in seiner Bedeutung offenbaren. Über das Jahr 1933 und seine Bedeutung hat Rudolf Steiner nur einmal, erstaunlicherweise in Karlsruhe am 25. Januar 1910, gesprochen. Diese Beobachtung wird mehr als ein Hinweis, wenn man sich erinnert, dass Rudolf Steiner in Karlsruhe 1910 und 1911 (siehe den Zyklus «Von Jesus zu Christus») zwei wichtigste Forschungsergebnisse über den Christus darstellte, die beide nicht zufällig an Kaspar Hausers Geburtsort ausgesprochen wurden. Durch diese auffallende Tatsache wird unterstrichen, dass sich im Sprechen Rudolf Steiners ein Tun höherer Ordnung vollzieht.

In dem genannten Karlsruher Vortrag geht es um «das grösste Geheimnis unseres Zeitalters: das Geheimnis von dem Wiederkommen des Christus[127]». Diese Äusserungen Rudolf Steiners müssen wegen ihres besonderen Gewichtes, wie die im Zyklus «Von Jesus zu Christus», im einzelnen zitiert und betrachtet werden.

«Sollte es nicht auch heute möglich sein, dass unendlich Wichtiges vorgeht und die Menschen es nur nicht in ihr Bewusstsein aufnehmen? Könnte es nicht sein, dass unsere Zeitgenossen von dem Allerwichtigsten, was vorgeht in der Welt, jetzt vorgeht, keine Ahnung haben? So ist es! Denn Wichtigstes geht vor, doch geht es nur für den geistigen Blick wahrnehmbar vor. Es wird so viel von Übergangszeiten gesprochen; wir leben in einer solchen, und zwar in einer sehr wichtigen. Und das Wichtige ist, dass wir gerade in der Zeit leben, wo das finstere Zeitalter abgelaufen ist, und dass jetzt gerade ein Zeitalter beginnt, wo die Menschen neue Fähigkeiten langsam und allmählich entwikkeln, wo die Seelen der Menschen allmählich anders werden. – Aber dass die meisten Menschen nichts davon bemerken, das braucht Sie nicht zu wundern, denn die meisten haben es auch nicht bemerkt, als im Beginne unserer Zeitrechnung das Christus-Ereignis vor sich ging. Im Jahre 1899 ist das Kali Yuga abgelaufen, jetzt haben wir uns in ein neues Zeitalter hineinzuleben. Und was da beginnt, das bereitet langsam die Menschen zu neuen Seelenfähigkeiten vor.

Die ersten Anzeichen von diesen neuen Seelenfähigkeiten, die werden sich in vereinzelten Seelen schon verhältnismässig bald bemerkbar machen. Und sie werden sich deutlicher zeigen in der Mitte der dreissiger Jahre unseres Jahrhunderts, ungefähr in der Zeit zwischen 1930 und 1940. Die Jahre 1933, 1935 und 1937 werden besonders wichtig sein. Da werden sich am Menschen ganz besondere Fähigkeiten als natürliche Anlagen zeigen. In dieser Zeit werden grosse Veränderungen vor sich gehen und Prophezeiungen der biblischen Urkunden sich erfüllen. Da wird sich alles für die Seelen verändern, die auf der Erde weilen und auch für diejenigen, die nicht mehr im physischen Leibe sind. Gleichgültig, wo sie sind, diese Seelen, sie leben eben ganz neuen Fähigkeiten entgegen. Alles ändert sich. Das wichtigste Ereignis unserer Zeit aber ist eine tief einschneidende Änderung in den Seelenfähigkeiten der Menschen.

Das Kali-Yuga ist abgelaufen, und es beginnen die Menschenseelen jetzt neue Fähigkeiten zu entwickeln, jene Fähigkeiten, welche, weil eben das Zeitalter dafür da ist, wie von selber heraustreiben werden aus den Seelen gewisse hellseherische Kräfte, jene hellseherischen Kräfte, die während des Kali-Yuga eben hinuntertauchen mussten ins Unbewusste. Da wird es eine Anzahl von Seelen geben, die das merkwürdige Ereignis erleben werden, dass sie das Ich-Bewusstsein haben werden, aber neben diesem wird es für sie so sein, wie wenn sie in einer Welt lebten, die eigentlich eine ganz andere Welt ist als diejenige ihres gewöhnlichen Bewusstseins: es wird sein wie schattenhaft, wie eine Ahnung, wie wenn ein Blindgeborner operiert wird. Durch dasjenige, was wir esoterische Schulung nennen, werden diese hellseherischen Fähigkeiten noch viel besser erlangt werden. Das wird aber, weil die Menschen fortschreiten, in den allerersten Anfängen, in den elementarsten Stufen durch die selbsttätige natürliche Entwickelung in der Menschheit auftreten[127].»

Von 1933 an also sollen sich die tief einschneidenden Veränderungen in den Seelenfähigkeiten der Menschen deutlicher und wohl auch zahlreicher zeigen als vor 1930. Es wurde in dieser Schrift schon auf die umwälzenden Ereignisse eingegangen, die durch die Herrschaft des Nationalsozialismus bewirkt wurden. Die eigentümliche Seelenverfassung und Bewusstseinslage, die für die 30er Jahre schon charakterisiert wurden, werden wesentlich verständlicher, wenn man berücksichtigt, dass die dargestellten Ereignisse von den Menschen im Unbewussten miterlebt, aber nicht verstanden werden können, weil die Voraussetzungen dazu nicht geschaffen worden sind. Auf die Erfüllung der Prophezeiungen der biblischen Urkunden wird später noch einzugehen sein. Wichtig ist es vor allem, dass sich dieser Umschwung für alle Menschen vollzieht, für Lebende und Verstorbene, und dass die neuen Fähigkeiten sich als natürliche Anlagen zeigen werden. Sie treten auf, sie müssen erscheinen, weil das Kali-Yuga abgelaufen ist und sich nun die Wirkung des grössten Ereignisses während des Kali-Yuga, des Mysteriums von Golgatha in übersinnlicher, ätherischer Gestalt zeigen kann und muss. Das Ereignis als solches kann durch menschliche Willkür nicht beeinflusst werden – es vollzieht sich! Das menschliche Verständnis dieser Christus-Erscheinung, die von grösster Bedeutung für die ganze weitere Erden- und Menschheitsentwicklung ist, ergibt sich jedoch nicht ohne weiteres. Daher beschäftigt sich Rudolf Steiner mit der Frage, wie dieses Ereignis von den Menschen aufgenommen werden wird und wodurch sie darauf vorbereitet werden können. Er sagt:

«Nun könnte es aber sehr leicht sein – und viel leichter könnte es jetzt sein als jemals früher –, dass die Menschen in unserem Zeitalter überhaupt nicht in der Lage wären, so etwas, dieses für die Menschheit wichtigste Ereignis zu begreifen. Es könnte sein, dass die Menschen überhaupt nicht imstande wären zu begreifen, dass das ein wirkliches Hineinschauen in eine geistige Welt ist, wenn auch schattenhaft und matt nur noch. Es könnte zum Beispiel so sein, dass die Bosheit, der Materialismus so gross wären auf der Erde, dass die Mehrheit der Menschen nicht das geringste Verständnis zeigt, und jene Menschen, die dieses Hellsehen haben werden, als Narren betrachten und in die Irrenhäuser stecken würde unter die andern hinein, die in verworrener Weise ihre Seelen entwickeln. Also es könnte dieses Zeitalter sozusagen an den Menschen spurlos vorübergehen, obwohl wir auch heute ertönen lassen den Ruf, wie ihn damals Johannes der Täufer als der Vorläufer des Christus und der Christus selbst haben ertönen lassen: Ein neues Zeitalter ist herbeigekommen, wo die Menschenseelen einen Schritt hinaufmachen müssen in die Reiche der Himmel!

Es könnte sehr leicht sein, dass ohne Verständnis der Menschen das Grosse vorüberginge. Wenn dann in den Jahren 1930 bis 1940 die Materialisten triumphieren würden und sagen: Nun ja, es hat sich zwar eine Anzahl von Narren ergeben, aber nichts von dem erwarteten grossen Geschehen –, so wäre das gar kein Beweis gegen das Gesagte. Würden sie triumphieren und würde die Menschheit an diesen Ereignissen vorübergehen, so wäre das ein Unglück für die Menschheit. Wenn sie auch nicht bemerken könnte das Grosse, was eintreten kann, geschehen wird es deshalb doch[127].»

Die Aufgabe der Geisteswissenschaft ist es, das Verständnis des Christus-Ereignisses vorzubereiten. Sie selbst ist ein johanneischer Weckruf. Man bemerkt in Rudolf Steiners Worten jedoch auch die grosse Sorge, wie gefährdet das bewusste Ergreifen dieses Ereignisses ist. Muss man nicht feststellen, dass diese Sorge berechtigt war, dass die Bosheit, der Materialismus auf der Erde so gross *waren,* dass die Mehrheit der Menschheit nicht das geringste Verständnis für dieses Geschehen *gezeigt hat,* dass es spurlos *vorübergegangen ist?* Haben nicht in den Jahren 1930–1940 – in einem anderen Vortrag sagt Rudolf Steiner überraschenderweise «1930 bis 1940/45»[128] – die Materialisten triumphiert? Muss man nicht sagen: Nicht einmal die Narren sind aufgetreten, die wegen ihres natürlichen Hellsehens in die Irrenhäuser gesteckt werden müssen?

Der Beginn des Zeitalters des neuen Ätherhellsehens ist von den Gegenmächten durch die bekannten Geschehnisse der 30er und 40er Jahre überblendet worden. Hinzu kam, dass die Erlebnisse in den Seelen so fein, so intim, so unscheinbar waren und die geistesgegenwärtige Verständniskraft so schwach war, dass die schnell vorüberhuschenden, flüchtigen Einwirkungen auf die Seele nicht genügend bemerkt wurden. Es war alles so angelegt – und dazu gehört nicht zuletzt auch die Ermordung Kaspar Hausers –, dass durch ein gewaltiges, blendendes geschichtliches Geschehen von den wahren geistigen Ereignissen abgelenkt wurde. Dies ist in hohem Masse gelungen.

Im weiteren Verlauf des Vortrags fasst Rudolf Steiner den Zeitraum ins Auge, der der Menschheit gegeben ist, um Verständnis für das wahre Geschehen zu entwickeln und er vertieft und konkretisiert dessen Bedeutung für den einzelnen Menschen. «Was eintreten kann, das wird sein, dass die Menschen die neue Fähigkeit eines Wahrnehmens im Ätherischen werden erlangen können – eine gewisse Anzahl von Menschen wenigstens zunächst –, und die andern werden immer mehr und mehr nachrücken, denn 2500 Jahre wird die Menschheit Zeit haben, um diese Fähigkeiten immer mehr und mehr zu entwickeln. In dieser Zeit dürfen die Menschen die Gelegenheit nicht versäumen. Ein Versäumnis aber wäre ein grosses Unglück, und die Menschheit müsste dann warten auf später, um das Versäumte nachzuholen, um die neue Fähigkeit noch nachträglich zu entwickeln. Es wird die Fähigkeit sein, dass die Menschen in ihrer Umgebung etwas sehen werden von dem Ätherischen, das sie normalerweise bisher nicht wahrnehmen konnten. Jetzt sieht der Mensch nur den physischen Leib des Menschen, dann aber wird er imstande sein, den Ätherleib wenigstens wie ein schattenhaftes Bild zu sehen und auch aller tieferen Ereignisse Zusammenhang im Ätherischen zu erleben. Sie werden Bilder und Ahnungen haben von Ereignissen in der geistigen Welt und erleben, dass sich solche Ereignisse in drei bis vier Tagen dann auf dem physischen Plan erfüllen. Sie werden gewisse Dinge in ätherischen Bildern sehen und dann wissen: morgen oder in einigen Tagen geschieht dieses oder jenes.

Solche Umänderungen der menschlichen Seelenfähigkeiten werden kommen. Etwas, was man als ein Äthersehen bezeichnen kann, wird kommen. Und was ist damit verknüpft? Nun, diejenige Wesenheit, die wir den Christus nennen, die war einmal im Fleische auf der Erde im Beginne unserer Zeitrechnung. In einem solchen physischen Leibe wird sie nicht mehr kommen, denn das war ein einmaliges Ereignis. Aber in der ätherischen Gestalt wird der Christus wiederkommen in den genannten Zeiten. Da werden die Menschen wahrnehmen lernen den Christus, indem sie durch dieses Äthersehen hinaufwachsen werden zu ihm, der nun nicht mehr heruntersteigt bis zum physischen Leib, sondern bloss bis zum Ätherleib. Die Menschen werden also hinaufwachsen müssen zu einem Wahrnehmen des Christus. Denn wahr ist der Ausspruch, den der Christus getan hat: ‹Ich bin bei euch alle Tage bis ans Ende der Erdenzeiten›. Er ist da, er ist in unserer geistigen Welt, und besonders Begnadete, die können ihn immer wahrnehmen in dieser geistig-ätherischen Welt.

Derjenige, der durch solche Wahrnehmung besonders überzeugt worden ist, war Paulus, im Ereignis von Damaskus. Als natürliche Fähigkeit aber wird dieses Äthersehen ausgebildet werden bei einzelnen Menschen. Ein Ereignis von Damaskus, ein Paulus-Ereignis zu erleben, wird mehr und mehr möglich werden den Menschen der kommenden Zeit.

So erfassen wir jetzt Geisteswissenschaft in einem ganz andern Sinn. Wir lernen, dass sie etwas ist, was uns eine ungeheure Verantwortung auferlegt, denn sie ist eine Vorbereitung auf das ganz konkrete Geschehen des Wiedererscheinens des Christus. Der Christus wird wiedererscheinen deshalb, weil die Menschen sich zu ihm hinauferheben werden im Äthersehen. Wenn wir das erfassen, dann erscheint uns Geisteswissenschaft als die Vorbereitung der Menschen auf die Wiederkunft des Christus, damit das Unglück nicht eintritt, dass sie dieses grosse Ereignis übersehen, sondern reif werden, den grossen

Moment zu erfassen, den man als das Wiederkommen des Christus bezeichnen kann. Der Mensch wird fähig werden, Ätherleiber zu sehen, und er wird fähig sein, unter diesen Ätherleibern auch den Ätherleib des Christus zu sehen, das heisst, in eine Welt hineinzuwachsen, in der ihm für seine neuerwachten Fähigkeiten der Christus erscheinen wird.

Es wird dann nicht mehr nötig sein, das Dasein des Christus aus allerlei Urkunden zu beweisen, sondern es wird dann Augenzeugen für die Gegenwart des lebendigen Christus geben, solche, die ihn in seinem Ätherleib erleben werden. Und sie werden an diesem Erlebnis lernen, dass diese Wesenheit dieselbe ist, die im Beginn unserer Zeitrechnung das Mysterium von Golgatha vollbracht hat, dass es der Christus ist. Gleich wie der Paulus dazumal bei Damaskus überzeugt ward: Das ist der Christus – so wird es Menschen geben, die sich durch ihr Erleben im Ätherischen überzeugen werden, dass der Christus wirklich lebt[127].»

Rudolf Steiner verdeutlicht wenig später auch die über das geschichtliche Vorstellen weit hinausgehenden Folgen des Erfassens oder Nichterfassens dieses Ereignisses. «Der Christus ist immer da, aber er ist in der geistigen Welt. Und wir können ihn erreichen, wenn wir uns in sie erheben. Und alle anthroposophische Lehre sollte sich in uns in den starken Wunsch umwandeln, dieses Ereignis an der Menschheit nicht spurlos vorübergehen zu lassen, sondern in der Zeit, die uns zur Verfügung steht, allmählich eine Menschheit heranzubilden, die reif sein möge, diese neuen Fähigkeiten in sich auszubilden und sich damit erneut mit dem Christus zu verbinden. Denn sonst müsste die Menschheit dann lange, lange warten, bis ihr wieder solch eine Gelegenheit gegeben werden könnte. Lange Zeit müsste sie warten: bis zu einer Wiederverkörperung der Erde. Ginge die Menschheit vorüber an diesem Ereignis der Wiederkunft des Christus, dann würde das Anschauen des Christus im Ätherleibe auf diejenigen beschränkt werden, welche sich durch eine esoterische Schulung willig erweisen, sich zu einem solchen Erleben zu erheben. Das Grosse aber, dass für die allgemeine Menschheit, für alle Menschen diese Fähigkeiten errungen würden, dass dieses grosse Ereignis verstanden würde durch die natürlich entwickelten Fähigkeiten aller Menschen, das würde für lange, lange unmöglich. So sehen wir, dass es schon etwas gibt in unserem Zeitalter, was das Dasein und Wirken der Geisteswissenschaft in der Welt rechtfertigt. Es ist nicht nur die Befriedigung theoretischer Bedürfnisse, wissenschaftlicher Neugierde, worum es ihr geht. Dass Geisteswissenschaft die Menschen vorbereitet auf dieses Ereignis, sie vorbereitet, in der richtigen Art sich hineinzustellen in die Zeit und mit heller Verstandes- und Erkenntnisklarheit zu sehen, was wirklich da ist, aber vorbeigehen könnte an den Menschen, ohne dass sie es zur Frucht machen könnten: darum geht es![127]»

Es muss die Frage auftreten, ob Rudolf Steiner mit dem Ereignis, das die Menschheit nicht spurlos vorübergehen lassen soll, die Jahre von 1930 bis 1945 meinte oder den ganzen Zeitraum von 2500 Jahren, der mit dem Jahre 1933 beginnt. Aus der Formulierung: «In der Zeit, die uns zur Verfügung steht, allmählich eine Menschheit heranzubilden, die reif sein möge, diese neuen Fähigkeiten in sich auszubilden», kann man auf die entscheidende Bedeutung der 30er und 40er Jahre schliessen. Damit stimmt zusammen, dass Rudolf Steiner davon spricht, dass die Geisteswissenschaft die Menschheit auf das in diesen Jahren kommende Ereignis *vorbereiten* will. Diese Vorbereitungszeit scheint vor allem die ersten 33 Jahre nach dem Ende des Kali-Yuga zu betreffen. Danach liegen naturgemäss andere Bedingungen vor, weil ja nun bereits die Wirkung des Ereignisses der Wiederkunft Christi auf alle Geschehnisse eingetreten ist. Dadurch verändert sich auch die Aufgabe, die die Geisteswissenschaft zu erfüllen hat. Die Möglichkeit, für *alle* Menschen diese Fähigkeiten des Anschauens des Christus im Ätherleibe zu erringen, das Verständnis dafür durch die natürlich entwickelten Fähigkeiten zu finden, diese Möglichkeit hat sich in den 30er, 40er Jahren nicht realisiert.

Im Interesse der Menschheit kann man nur hoffen, dass es durch eine diese Situation ergreifende geisteswissenschaftliche Arbeit möglichst vieler Menschen gelingt, in dem grossen Zeitraum das Versäumte nachzuholen, um die sonst notwendige Konsequenz, das Warten bis zu einer Wiederverkörperung der Erde, zu vermeiden. Auf diese Konsequenz weist Rudolf Steiner merkwürdigerweise nur in dem Karlsruher Vortrag hin, wie auch auf die Beschränkung des Anschauens des Christus auf diejenigen, die «sich durch eine esoterische Schulung willig erweisen, sich zu einem solchen Erleben zu erheben[127]». Die Bedeutung, die ein kleiner, sich spirituell schulender Menschenkreis haben kann, wird hier sichtbar. Es bleibt die Frage offen, ob durch die vorhandenen Erlebnisse einzelner Menschen – auf die Rudolf Steiner auch hindeutet – für alle Menschen die Entwicklung zu dem Ätherhellsehen vorbereitet und eingeleitet worden ist. Diese Erfahrungen und die spirituelle Arbeit einzelner oder kleiner Gruppen könnten für dies grösste Ereignis unseres Zeitalters eine innere Zufluchtsstätte gebildet haben. Durch besondere Schicksalsumstände begnadet ist ja einiges von diesem Erleben in der Dichtung zum Vorschein gekommen. Bei der Erörterung der Ereignisse von 1944/45 konnte dies an

Persönlichkeiten wie Albrecht Haushofer und Jaques Lusseyran bereits gezeigt werden.

Der Blick muss aber wieder zu Kaspar Hauser zurückgelenkt werden. Es ist insbesondere bei der Besprechung der Jahre 1845 und 1878 darauf hingewiesen worden, dass der Materialismus im 19. Jahrhundert eine so starke Ausprägung nur durch die Ausschaltung Kaspar Hausers erhalten konnte. Dieser übersteigerte Materialismus bringt es im 20. Jahrhundert mit sich, dass die Menschen das grösste Ereignis ohne Bewusstsein miterleben. Umgekehrt kann man daraus schliessen, dass Kaspar Hauser durch seine vorbereitende Tätigkeit die Aufgabe gehabt hat, den Materialismus so weit zurückzudrängen, dass für alle Menschen dieses Ereignis als etwas Natürliches hätte erfahren werden können. Die auf das allgemein Menschliche gerichtete Mission Kaspar Hausers wird hier sichtbar. Zugleich liegt in dieser Mission auch ein wesentlicher Zug des deutschen Geisteslebens. Kaspar Hauser tritt in diesem Zusammenhang als ein Wegbereiter des Christusimpulses hervor.

Im Blick auf den inzwischen weit vorgedrungenen Materialismus unseres Zeitalters weist Rudolf Steiner darauf hin, dass sich dadurch an das Wiedererscheinen des Christus im Ätherischen ein Irrtum knüpfen wird, der ausserordentlich verführerisch auf die Menschen wirken werde. «Der materialistische Sinn wird so dieses Ereignis sich vorstellen, dass er denkt, der Christus steige im Fleische herunter, werde sich inkarnieren im Fleische. Eine Anzahl von Menschen wird es geben, die in ihrem masslosen Hochmut das benützen und sich ausgeben werden unter den Menschen als der wiederverkörperte Christus. Falsche Christusse wird uns daher das nächste Zeitalter bringen können. Anthroposophen aber sollten Menschen sein, welche für das geistige Leben so reif sein werden, dass sie nicht verwechseln das Wiederkommen des Christus in einem geistigen Leibe, wahrnehmbar nur für ein höheres Schauen, mit einem solchen im physischen Fleische. Das wird eine der furchtbarsten Versuchungen sein, die an die Menschheit herantreten werden. Die Menschheit über diese Versuchung hinauszuführen, das wird die Aufgabe sein derjenigen, die durch Geisteswissenschaft lernen, sich wirklich zu erheben zu der Erfassung des Geistes, die den Geist nicht herunterholen wollen in die Materie, sondern selbst hinaufsteigen in die geistige Welt. So dürfen wir also sprechen von dem Wiederkommen des Christus und davon, dass wir uns hinauferheben zu dem Christus in die geistige Welt durch die Aneignung des ätherischen Schauens[127].»

Man könnte nun vielleicht meinen, dass Menschen, die sich als wiederverkörperter Christus ausgegeben haben, noch nicht aufgetreten seien. Damit aber würde man die Worte Rudolf Steiners zu eng verstehen. Durch die Machtergreifung Hitlers im Jahre 1933 wurde ein Mensch an die Spitze des deutschen Staates gestellt, dessen Selbstverständnis als Führer mit diesen Äusserungen Rudolf Steiners zusammengesehen werden muss. Das längst überlebte Führerprinzip, das oben schon in seiner Christusfeindlichkeit charakterisiert wurde, wirkt durch Hitler in einem solchen Masse faszinierend auf die Menschen, dass sie dadurch und natürlich auch durch die mangelnde Vorbereitung das Christusgeschehen nicht erfassen können (siehe auch Seite 103 f.). Die Anmassung des Übermenschen, die selbstverordnete Gottähnlichkeit, kommt in Wort und Gebärde erschreckend zum Vorschein, wurde aber erstaunlicherweise nur wenig als solche realisiert und abgewehrt. Dies ist nur zu verstehen, wenn man in der zugrundeliegenden Bewusstseinstrübung die Wirkung eines die Menschen übergreifenden Geschehens sieht, wie es Rudolf Steiner schildert. Den finsteren Mächten gelingt es, auf dem physischen Plan ein *Gegenbild* von dem zu inszenieren, was im Geistigen geschehen sollte. Dadurch werden die in den Menschen erwachenden Fähigkeiten in ihrer Richtung verkehrt oder umgedreht. Dieser gross angelegte Anschlag auf die Menschheit wird getragen von speziellen Formen des Materialismus. Während sich in Wahrheit die Menschen immer mehr und mehr von den Blutskräften lösen und die aus der Dekadenz des Blutes aufsteigenden Gefährdungen bannen müssten, wird in der nationalsozialistischen Ideologie «Blut und Boden» zur Grundlage einer sogenannten Erneuerung gemacht. Die Volksgemeinschaft wird in einem uralten Sinn, der längst keine Realität mehr hat, heraufbeschworen. Auf die Individualität, die letztlich nichts mit Volk und Rasse zu tun hat, waren die Impulse des deutschen Geisteslebens gerichtet. Das Ziel der Individualisierung wird vergessen, geopfert. Ein irrtümlicher Begriff des Volkes wird zum Feind des Individuums gemacht.

Die ungeheure Wirkung der pseudoreligiösen Bewegung, die 1933 zum entscheidenden Erfolg kommt, wird dadurch erreicht, dass es gelingt, das Willenselement der Menschen anzugreifen. Mit seinem unbewussten Willenswesen wurzelt der einzelne Mensch in der geistigen Welt. Dadurch sucht und findet er sein Schicksal. Er erlebt mit, was sich in der geistigen Welt abspielt, ohne dass er davon in seinem Tagesbewusstsein irgend etwas weiss. Die Ereignisse, von denen Rudolf Steiner spricht, dass sie sich in den 30er/40er Jahren vollziehen müssen, wurden von den Menschen in diesem Willensbereich miterlebt. Deshalb hat man gegnerischerseits versucht, dieses Element zu ergreifen, natürlich ohne den Menschen die dazu notwendige spirituelle Erkenntnis zu vermitteln. Durch die gelenkte Betätigung des Willens, zum Beispiel bei den Sportveranstaltungen, den Massenversammlungen, den berühmten Aufmärschen und den pseudosakralen nächtlichen Feiern unter freiem Himmel wurde in den Menschen jene das Bewusstsein umnebelnde Faszination erweckt, die zu Unrecht den Namen Begeisterung erhalten hat. Getrübt durch den in den Vorstellungen der Menschen spukenden Materialismus, unfähig, die geistigen Ereignisse bewusst denkend zu erkennen, wird das an das Physische gefesselte Willenssystem zum führenden im Menschen gemacht. Dadurch wird den Menschen aus der Dumpfheit eine Stärke verliehen, sie geraten auf einen Weg, auf dem sie im wahrsten Sinne des Wortes nicht wissen, was sie tun.

An dieser Stelle ist an Kaspar Hauser zu erinnern, der in seinem Vornamen den Hinweis auf das heilige Willenselement trägt. Das Willenselement, das mit dem Namen Kaspar bezeichnet ist, wird aber durch Herz und Sinn des Menschen gefunden, es führt ihn zu dem übersinnlich Ätherischen hinauf, während der andere Weg unausweichlich in den Abgrund weist (vergleiche 2. Kapitel).

Es ist oben ausgesprochen worden, dass mit dem Ende des Kali-Yuga die geistige Welt sich wieder unmittelbar dem Menschen mitteilen will. Dieses Mitteilen-Wollen der geistigen Welt lebt in der Anthroposophie. Rudolf Steiner selbst sah seine Aufgabe darin, durch die Erforschung von Reinkarnation und Karma die Menschen zum bewussten Verstehen der eigenen Schicksalserfahrungen zu befähigen und ihnen Klarheit zu vermitteln für den Fall, dass die Schicksalsbildung als Erfahrung bei ihnen auftritt. Diese Erfahrung tritt in Zusammenhang mit dem Erlebnis der übersinnlich-ätherischen Menschennatur auf. Darüber sagt Rudolf Steiner: «Aber noch andere Seelenfähigkeiten werden auftreten, zum Beispiel eine Fähigkeit, welche die Menschen an sich bemerken werden. Sie werden sozusagen irgendeine Handlung vollziehen. Indem sie aufschauen werden von dieser, wird sich ihnen etwas wie eine Art Traumbild vor die Seele stellen, von dem sie wissen werden: Das steht mit meiner Handlung in irgendeinem Zusammenhang. – Und die Menschen werden aus der Geisteswissenschaft heraus wissen: Wenn mir so ein Nachbild meiner Handlung erscheint – das sich aber ganz wesentlich unterscheidet von dieser Handlung –, so ist das nichts anderes, als dass es mir die karmische Wirkung meiner Handlung zeigt, die in der Zukunft eintreten soll.

Solches karmisches Verständnis wird sich für den einzelnen in der Mitte unseres Jahrhunderts ergeben, weil Kali Yuga abgelaufen ist und weil von

Epoche zu Epoche in den Menschen immer neue Fähigkeiten auftreten. Aber wenn kein Verständnis geschaffen ist, wenn diese Fähigkeit sozusagen totgetreten wird, wenn man solche als Narren einsperrt, welche von diesen Fähigkeiten reden, dann wird das zum Unheil der Menschen ausschlagen. Die Menschen werden im materialistischen Sumpf verkommen. Es wird ganz davon abhängen, ob für Geisteswissenschaft ein Verständnis erweckt wird, oder ob es der materialistischen Gegenströmung, ob es dem Ahriman gelingen wird, zurückzuschlagen dasjenige, was Geisteswissenschaft in guter Absicht tut. Dann mögen ja freilich diejenigen kommen, die in diesem materialistischen Sumpf erstickend stecken und mögen sagen: Nun ja, das waren schöne Propheten, die da gesagt haben, es werden die Menschen neben dem physischen noch einen zweiten Menschen sehen! – Gewiss wird sich dann nichts zeigen, wenn man die Fähigkeiten dazu totgetreten haben wird. Wenn sie sich aber nicht zeigen werden in der Mitte des 20. Jahrhunderts, so wird das kein Beweis dafür sein, dass der Mensch nicht dazu veranlagt ist, sondern nur dafür, dass die Menschen die jungen Pflänzlein im Keim zertreten haben. Was heute gesagt wird, das ist da und kann sich entwickeln, wenn die Menschheit nur will[128].»

Zweierlei sei hier hervorgehoben. Erstens: Reinkarnation und Karma treten hier als elementare, übersinnliche Erfahrungen auf, die in wachsendem Masse sinnvoll werden, wenn sie durch die Geisteswissenschaft verstanden werden. Zweitens: Ahriman, die materialistische Gegenströmung, kämpft gegen die Geisteswissenschaft, um das Verständnis der neu erwachenden Fähigkeiten durch die Geisteswissenschaft unmöglich zu machen. Damit ist aber ein wichtiger Hinweis auf das gegeben, was 1933 geschehen ist. Für die anfänglich auftretenden Erfahrungen der Schicksalsbildung war Kaspar Hauser, der, wie Rudolf Steiner sagt, von Reinkarnation und Karma wusste, der ausersehene Vorbereiter. Die nationalsozialistische Weltanschauung hätte nie eine grössere Bedeutung gewinnen können, wenn aus der Lehre von Wiederverkörperung und Schicksal allgemeiner die Tatsache bekannt gewesen wäre, dass der Mensch im Laufe der Evolution durch die verschiedenen Völker und Rassen mit seinen Inkarnationen hindurchgeht. Hätte nicht nur Rudolf Steiner in einsamer, oft verkannter Arbeit die Lehre von Reinkarnation und Karma verbreitet, sondern vor ihm auch schon in entsprechend anderer zeitgemässer Form Kaspar Hauser, so hätte ohne Frage eine wesentlich grössere Möglichkeit des Verständnisses der neuen Seelenfähigkeiten bestanden. Ein gleiches Wirken verbindet in dieser Hinsicht Rudolf Steiner und Kaspar Hauser. Die nationalsozialistische Bewegung – wohl zuerst von Heyer mit Recht als antianthroposophische erkannt – kämpft daher geistig gegen beide. Nichts ist besser geeignet, die Empfindung für das Karma auszulöschen als die Blut- und Bodenideologie. Sie muss als ein vorzügliches ahrimanisches Kampfmittel angesehen werden. In den 30er Jahren ist das Wirklichkeit geworden, worauf Rudolf Steiner mit grösster Sorge hingeblickt hat. Dem Gegenschlag Ahrimans ist es gelungen, die neuen geistigen Fähigkeiten weitgehend in den Hintergrund treten zu lassen. Dieser spirituelle Hintergrund besteht darin, dass sich drei bedeutungsvolle Ströme des geistigen Lebens der Menschheit vereinigen.

Die neu erwachende Fähigkeit geistiger Erfahrung nach Ablauf des Kali Yuga verbindet sich mit der Wirkung des Mysteriums von Golgatha, dessen Kraft diesen geistigen Wiederaufstieg der Menschheit überhaupt ermöglicht. Ausserdem wurde durch die Auferstehung das Ich befähigt, sich als geistiges Wesen zu inkarnieren und sich dadurch in Schicksal und Wiederverkörperung als solches bewusst zu erfassen. Dieser dreifache Strom des geistigen Lebens der Menschheit ist da: Das Mysterium von Golgatha, die neuen Seelenfähigkeiten und die Ich-Erfahrung von Reinkarnation und Karma. Daran kann teilhaben, wer sich dazu in der Erkenntnis erhebt. Etwas von den Impulsen, die Rudolf Steiner zum Heil der Menschheit gegeben hat, die auch Kaspar Hauser bringen wollte, kann so erfüllt werden.

Die Ereignisse, die sich seit 1933 in Deutschland abgespielt haben, sind mit einer einzigartigen spirituellen Genialität von dem 18jährigen Dichter Hermann Kükelhaus (* 1. August 1920 in Essen, † 29. Januar 1944 in Berlin) in seiner Abiturrede von 1938 erfasst und ausgesprochen worden. Der jugendliche Dichter, zu dessen eigentümlichem Schicksal es gehörte, in eine nationalsozialistische Erziehungsanstalt gekommen zu sein, charakterisierte die Hitlerbewegung als «kosmisches Karzinom». Sein Bruder, Hugo Kükelhaus, berichtet über die verständlicherweise nicht erhaltene Rede folgendes :

«Es war die Analyse der blinden Macht mit ihren geschichtlichen Vertretern als (wörtlich) ‹Kosmisches Karzinom›, als klinischer Fall des Erdkörpers, woraus sich die Folgerung ergab, dass sich der Mensch mit seinen Ordnungen dieses Verhängnisses in keiner auf es selbst bezogenen Weise erwehren könne, weder durch Angriff noch durch Duldung. Nur die geistige Intensität des Heiligen, das Gottesopfer bewirke die Wendung: sie ‹zerstrahle das Karzinom›. – Im Schluss seines Referats, das er nicht mehr verlesen konnte, forderte er eine Erweiterung der Anthropologie, der Staats- und Gesellschaftskunde um den Begriff des Dämonischen als einer empirischen Grösse[129].»

Kurz und prägnant ist hier auf die kosmisch-dämonische Kraft der Zerstörung hingewiesen, gegen die kein menschliches Mittel, weder Angriff noch Duldung, ausreicht. Das Geheimnisvoll-Unwiderstehliche, das menschlich Unfassbare kann hier verständlicher werden, wenn es «als klinischer Fall des Erdkörpers», das heisst als ein Ereignis zwischen der Erde und dem Kosmos aufgefasst wird. Nur der Heilige, das heisst der, der sich zu dem Geistig-Kosmischen im Opfer erhebt, kann die Wendung zum Guten bewirken, seine geistige Intensität «zerstrahle das Karzinom», wie die ungeheuerlich-unvergessliche Formulierung lautet.

Hier wird zur Erkenntnis und zur Bewältigung des Nationalsozialismus mehr getan als in unzähligen Büchern, die wortreich und faktengesättigt den entscheidenden Punkt nicht erfassen können, weil dieser – selbst geistiger Natur – nur von einem geistigen Gesichtspunkt aus ergriffen werden kann. Es ist tröstlich, in Hermann Kükelhaus einen Menschen zu finden, in dessen Bewusstsein – unmittelbar in den Ereignissen lebend – der Vorgang verstehend und deutend verfolgt wird.

Auf Grund dieser nicht beendeten Rede vor der Schulgemeinschaft wurde Hermann Kükelhaus zur Strafe in ein Bergwerk nach Kattowitz geschickt – er selbst erlebte es als ein unermessliches Glück, unter Tage zu sein. Als Soldat in Russland entfaltete sich eine zukunftsträchtige, hellsichtige Liebe zu diesem Land, zu dem es ihn immer wieder hinzog. Mit einer schweren Kopfverletzung, die er in Russland erhalten hatte, kam er nach Berlin zurück und verunglückte tödlich bei Löscharbeiten am 29. Januar 1944 in Berlin.

Die nationalsozialistische Bewegung kann erst in Wahrheit überwunden werden, wenn ihre Bedeutung in diesem wesentlich erweiterten Zusammenhang gesehen wird. Sie erhält ihren Stellenwert durch die Verbindung zu dem bewussten Kampf gegen den Geist, dem sie gedient hat, ohne dass sich ihre Vertreter darüber klar waren. Sie wurzelt in den verbrecherischen Schlägen, die im 19. Jahrhundert gegen das Christusprinzip und seine Diener geführt wurden. Auch was durch die äussere Vernichtung dieses Regimes geschehen ist, dient in besonderem Masse der Geistfeindlichkeit, wie dies bei der Besprechung der Ereignisse des Jahres 1945 dargestellt wurde.

Wenn man den geschichtlichen Impulsationsrhythmus der 33 Jahre weiter verfolgt, sieht man, dass in der Mitte der 60er Jahre ein innerer Ruck durch die Menschheit gegangen ist, der mit dem Ende des Kali Yuga und dem Auftreten der neuen Seelenfähigkeiten zusammenhängt. Als solcher wird dieser Vorgang von den Menschen kaum bewusst bemerkt, weil geisteswissenschaftliche Gedanken nur wenig verbreitet sind, die das Übersinnliche in seinem Wirken erfassen können. Der dadurch vorwiegend im Unbewussten verlaufende Prozess wirft aber seine Wellen deutlich in die Lebensempfindungen und auch in die geschichtlichen Ereignisse hinein. Die hier gemeinte Lebensempfindung beruht auf dem inneren Eindruck, dass alles, was die Menschheit sich während des Kali Yuga erworben hat, gegenüber dem neuen Geisteslicht wertlos erscheint. In diesem Licht müssen alle Werte neu erkannt, neu bestimmt werden, sie müssen zeigen, dass sie im Licht Bestand haben können. Was aber letztendlich einer solchen Prüfung standhält, ist wohl weniger, als man wünscht. So tritt das Gefühl auf, dass alle Werte dahinschwinden, dass man mit allen Traditionen, mit allem Gewordenen in den Abgrund stürzt. Für die Seelen geht alles das unter, was nicht teil hat an dem neuen, gegenwärtigen Leben der geistigen Welten, was das Werden verloren hat und in sich erstarrt ist. Ein solcher Untergang ist der notwendige Schritt, um die Seelen von dem zu befreien, was das Erfassen des Neuen verhindern will. Dieser Vorgang spielt sich weitgehend im Unbewussten des Menschen ab. Die aus den unbewussten Seelentiefen aufsteigenden Kräfte, das heisst, die Kräfte, die sich aus dem vorgeburtlichen Leben des Menschen und der allnächtlichen Verbundenheit mit der geistigen Welt ergeben, treffen auf ein Tagesbewusstsein, das in seiner Intellektualität und materialistischen Befangenheit mit dieser Wirklichkeit des seelischen Erlebens nichts anzufangen weiss.

Es ist ein tiefer Riss in der Seelenverfassung der Menschen vorhanden, die als Bürger der geistigen Welt den Anbruch eines geistoffenen Weltzeitalters miterleben, zu dem das ahrimanisch verengte Bewusstsein des Alltags keine Brücke finden kann. Der nicht zu überbrückende Riss wird zur Qual der Seele, und die geistigen Erlebnisse, die durch das Wirken Ahrimans zu stark im Unbewussten verbleiben, werfen die Angst als furchtbaren Schatten des Lichts in den Menschen. Daher klammert sich der Mensch um so heftiger an Altes oder glaubt gar, gegen Neues kämpfen zu müssen.

Die Aktualität dieser inneren Vorgänge ist an der Entwicklung der Jugendbewegung der 60er Jahre abzulesen. Behält man dabei auch das Jahr 1933 im Blick, so ergeben sich die übergeordneten Zusammenhänge mit dem Wirken Kaspar Hausers und Rudolf Steiners. Um in die Tiefe der Ereignisse einzudringen, ist ein weiteres Ausholen notwendig. Dem Erscheinen des Christus im Ätherischen, das sich der Menschheit seit 1933 mitteilen möchte, stehen auf dem physischen Plan Ereignisse gegenüber, die den grössten Kontrast dazu bilden, da sie in Gegenimpulsen wurzeln. Das Ziel, dem letzten Endes die gegen den Geist Kämpfenden dienen, ist die kommende Inkarnation Ahrimans in der westlichen Menschheit. Über dieses für das Verständnis der gegenwärtigen und zukünftigen Entwicklung entscheidende Ergebnis seiner Geistesforschung hat Rudolf Steiner vor allem im Oktober und November 1919 gesprochen. Die erste Äusserung findet sich im Vortrag in Zürich vom 27. Oktober 1919. Es heisst da: «Geradeso wie es eine Inkarnation Luzifers im Beginn des 3. vorchristlichen Jahrtausends gegeben hat, wie es die Christus-Inkarnation gegeben hat zur Zeit des Mysteriums von Golgatha, so wird es einige Zeit nach unserem jetzigen Erdendasein, etwa auch im 3. nachchristlichen Jahrtausend, eine westliche Inkarnation des Wesens Ahriman geben. So dass man diesen Verlauf der geschichtlichen Entwickelung der Menschheit zwischen nahezu sechs Jahrtausenden nur richtig versteht, wenn man ihn so auffasst, dass an dem einen Pol eine luziferische Inkarnation steht, in der Mitte die Christus-Inkarnation, an dem anderen Pol die Ahriman-Inkarnation[130]». In der Geschichte der letzten Jahrhunderte ist zunehmend die Kraft Ahrimans wirksam, der seine Inkarnation in bestmöglicher Weise vorzubereiten sucht. «Die ahrimanischen Mächte bereiten die Entwicklung der Menschheit so vor, dass, wenn einstmals innerhalb der westlichen Zivilisation, die dann kaum noch Zivilisation zu nennen sein wird in unserem Sinne, Ahriman in Menschengestalt erscheint, so wie einstmals Luzifer in China in Menschengestalt erschienen ist, wie Christus Jesus in Menschengestalt erschienen ist in Vorderasien, die Menschheit Ahriman verfallen kann. Es hilft nichts, über diese Dinge sich Illusionen hinzugeben. Ahriman wird erscheinen in Menschengestalt. Es wird sich nur darum handeln, wie er die Menschen vorbereitet findet: ob seine Vorbereitungen dazu helfen, dass er die ganze Menschheit, die sich heute die zivilisierte nennt, zu seinen Anhängern hat, oder ob er die Menschheit so findet, dass sie ihm Widerstand leisten kann. Es hilft heute nichts, sich über diese Dinge Illusionen hinzugeben. Die Menschen fliehen heute gewissermassen die Wahrheit, die man ihnen ja in ganz ungeschminkter Gestalt doch nicht geben kann, weil sie sie verlachen, verspotten, verhöhnen würden. Aber wenn man sie ihnen so gibt, wie es jetzt durch die Dreigliederung des sozialen Organismus versucht wird, dann wollen sie, in ihrer Masse wenigstens, sie auch noch nicht haben. Aber das, dass man die Dinge nicht haben will, das ist gerade eines der Mittel, deren sich die ahrimanischen Mächte bedienen können, damit Ahriman dann, wenn er in Menschengestalt erscheint, eine möglichst grosse Anhängerschaft auf der Erde haben werde. Gerade dieses Sich-Hinwegsetzen über die wichtigsten Wahrheiten, das wird Ahriman die beste Brücke bauen für das Gedeihliche seiner Inkarnation[130].»

Es kann nicht verwundern, dass Ahriman als Geist der Lüge und der Täuschung alles daran setzt, das Verhältnis des Menschen zur Wahrheit zu untergraben. Im politischen Leben der Gegenwart hat die Lüge auf diesem Wege ihren festen Platz gefunden. Wer sich ihrer nicht bedient, gibt in der Meinung der Weltläufigen nur seine naive Unbekanntheit mit der Wirklichkeit zu erkennen. Es wird nur übersehen, dass diese Wirklichkeit das menschenzersetzende Dasein Ahrimans ist. Demgegenüber ist es die wichtigste Aufgabe der Geisteswissenschaft, aus der Verwirklichung des Christusimpulses die Wahrheiten vor das Erkennen des Menschen hinzustellen, um ihn instand zu setzen, die Verhältnisse des physischen Planes im Sinne dieser Wahrheiten zu gestalten. Als eine Form der Wahrheit erwähnt Rudolf Steiner hier ausdrücklich die Dreigliederung des sozialen Organismus. Der Zusammenhang dieser Dreigliederung des sozialen Organismus mit der Inkarnation Ahrimans wird von Rudolf Steiner im Vortrag vom 2. November 1919 scharf hervorgehoben: Was die Menschen, die in Phrasen leben, ersehnen, das bedeutet nichts, «solange sie nicht wirklich begreifen, dass der alte Einheitsstaat als solcher, ganz gleichgültig welche Verfassung, welche Struktur er hat, ob er Demokratie oder Republik oder Monarchie oder irgend etwas ist, wenn er Einheitsstaat ist, wenn er nicht dreigeteilt ist, der Weg ist zur ahrimanischen Inkarnation[131].» Die energischen Bemühungen Rudolf Steiners, den Zeitgenossen die Notwendigkeit der Dreigliederung des sozialen Organismus klarzumachen, werden aus diesem Zusammenhang verständlich. Auch zur Aufgabe Kaspar Hausers gehörte es, eine Entwicklung des Staatswesens einzuleiten, die von dem Einheitsstaat wegführen sollte. Demgegenüber hat die nationalsozialistische Bewegung eine besonders krasse Form des Einheitsstaats entwickelt, indem sie ihn mit dem alten Führerprinzip verband und ausserdem alle wesentlichen Funktionen in einer Hand vereinigte. Der nationalsozialistische Staat war das unmittelbare Gegenbild zu der Gesellschaft, die sich im Sinne der Dreigliederung des sozialen Organismus gestalten konnte. Mit Recht ist daher dieser nationalsozialistische Staat von Karl Heyer als ein Werkzeug des Bösen bezeichnet worden. Dieses Werkzeug des Bösen funktionierte im Sinne der Vorbereitung der Inkarnation Ahrimans auch deshalb besonders erfolgreich, weil mit dem Rückgriff auf alte Blutszusammenhänge ein besonders wirksames Mittel im Sinne Ahrimans eingesetzt wurde. «Daher benützt Ahriman in unserer Zeit, um die Menschen durcheinanderzubringen, auch alles dasjenige, was aus den alten Vererbungsverhältnissen stammt, denen der Mensch im Grunde genommen schon entwachsen ist im fünften nachatlantischen Zeitraum. Alles, was von alten Vererbungsverhältnissen stammt, das benützt die ahrimanische Macht, um die Menschen in Gruppen disharmonisch einander gegenüberzustellen. Alles, was von alten Familien-, Rassen-, Stammes-, Volksunterschieden kommt, das benützt die ahrimanische Macht, um unter den Menschen Verwirrung zu stiften[130].» Der Grund, aus dem die Blut- und Bodenideologie, die Betonung des Nationalen und Völkischen, ihre verheerende und verführerische Macht bezogen hat, wird hier deutlich. Auch der Rassenwahn enthüllt in seiner menschenvernichtenden Konsequenz seinen ahrimanischen Ursprung.

Eine etwas andere Darstellung Rudolf Steiners erhellt die umfassende Bedeutung der Inkarnation Ahrimans in absehbarer Zukunft: «Aber diese ahrimanische Macht bereitet von der geistigen Welt her ihre Inkarnation auf der Erde vor. Und sie sucht sie möglichst so vorzubereiten, dass sie – also diese Inkarnation des Ahriman in menschlicher Gestalt – die Menschen auf der Erde in stärkstem Masse wird verführen und versuchen können. Eine Aufgabe der Menschen für die nächste Zivilisationsentwickelung wird es sein, so voll bewusst der Ahrimaninkarnation entgegenzuleben, dass diese Ahrimaninkarnation der Menschheit gerade dient in bezug auf die Förderung einer höheren geistigen, einer spirituellen Entwickelung dadurch, dass man gewahr wird gerade an Ahriman, was der Mensch durch das blosse physische Leben erlangen oder, sagen wir, nicht erlangen kann. Aber bewusst müssen die Menschen entgegengehen dieser Ahrimaninkarnation und die Dinge so einrichten, dass sie immer bewusster und bewusster werden auf allen Gebieten, dass sie immer mehr und mehr sehen, welche Strömungen im Leben sich entgegenbewegen dieser Ahrimaninkarnation. Deuten müssen die Menschen lernen aus geistiger Wissenschaft heraus das Leben, so dass sie erkennen die Strömungen, die der Ahrimaninkarnation entgegengehen, dass sie sie beherrschen lernen. Sie müssen wissen, dass Ahriman unter den Menschen auf der Erde leben wird, aber dass die Menschen ihm entgegentreten werden und selber bestimmen werden, was sie von ihm lernen mögen, was sie von ihm aufnehmen mögen. Das werden sie jedoch nicht können, wenn sie nicht von jetzt ab in die Hand nehmen gewisse geistige Strömungen oder auch ungeistige Strömungen, die sonst Ahriman benützt, um die Menschen möglichst im Unbewussten zu lassen über sein Kommen, so dass er einstmals auf der Erde würde erscheinen können und gewissermassen die Menschen überfallen, versuchen, verführen, so dass sie die Erdenentwickelung verleugnen, dass die Erdenentwickelung nicht an ihr Ziel kommt[132].»

Alles kommt darauf an, dass die Menschen lernen, die von Ahriman ausgehenden Impulse bewusst wahrzunehmen und selbst zu bestimmen, was dadurch für die Menschheit gewonnen werden kann. Dieser positive Aspekt der Inkarnation Ahrimans, die ja als solche nicht verhindert werden kann noch soll, kann aber eben nur eintreten, wenn die Menschen durch spirituelle Erkenntnis das Bewusstsein gegenüber Ahriman aufrechterhalten können. Das ist – darüber sollte sich niemand hinwegtäuschen – denkbar schwierig, weil Ahriman alles tut, um das Bewusstsein der Menschen zu trüben, zu verdunkeln, zu umnebeln. Letztlich werden wohl nur die Menschen sich gegenüber diesen ungeheuerlichen Anforderungen an das menschliche Bewusstsein halten können, die diesen vom physischen Plan aus einwirkenden Täuschungskräften Ahrimans die Sicherheit entgegenbringen können, die aus den Erlebnissen erwächst, die durch das Erfahren der Wiedererscheinung des Christus im Ätherischen entsteht. Von Rudolf Steiner wird – wie oben zitiert – darauf hingewiesen, dass immer mehr Menschen die übersinnliche Erfahrung des Christus machen müssen, wenn nicht etwas versäumt werden soll, was erst auf dem Jupiter, in der nächsten Erdeninkarnation, nachgeholt werden könnte. Demgegenüber sieht es Ahriman als seine Aufgabe an, die Menschen so zu verführen, «dass die Erdenentwickelung nicht an ihr Ziel kommt[132].» Die weitreichenden Konsequenzen der Vorgänge der gegenwärtigen und zukünftigen Geschichte erscheinen hier in ihrer kosmischen Bedeutung. Dieser weite Zusammenhang muss beachtet werden, wenn der Dreischritt 1932 – 1965 – 1998 verstanden werden soll.

Die Seelen leben vor ihrer Inkarnation durchaus in den Tatsachen, von denen Rudolf Steiner spricht. Wenn die Menschen geboren werden, sind sie durch ihre vorherigen Erdenleben und unmittelbar durch die vorgeburtlichen Erlebnisse belehrt, wobei die individuelle Beziehung zu den weltgeschichtlichen geistigen Vorgängen natürlich denkbar unterschiedlich sein kann.

Die Jugend, die in den 40er Jahren geboren wurde, hat die von Rudolf

Steiner geschilderten Ereignisse des Jahres 1933 in der geistigen Welt erlebt und mehr als ein Jahrsiebt seelisch verarbeiten können. Auch der kosmische Eingriff der ahrimanischen Mächte, das «kosmische Karzinom», wird im Vorgeburtlichen erfahren. Daraus trug diese Jugend einen Erneuerungsimpuls in sich, der den ganzen Aufbau der Gesellschaft in Frage stellte. Man kann dies so verstehen, dass in diesem Impuls – unbewusst und verborgen – auch das lebte, was Rudolf Steiner als Erkenntnis ausgesprochen hat, dass der Staat ein hervorragendes Werkzeug in der Hand Ahrimans ist, um seine Inkarnation vorzubereiten. In der Empfindung der Jugend, dass das ganze System radikal verändert werden müsse, in dem Bestreben, ausserhalb der bestehenden gesellschaftlichen Einrichtungen zu einem neuen sozialen Ansatz zu kommen, erscheint in unklarer und unvollkommener Form das, was der vorgeburtliche und damals (1965/66) gegenwärtige geistige Impuls gewesen ist. In der ausserparlamentarischen Opposition (APO) lebte in einem ungeklärten Bewusstsein die Einsicht, dass eine gesellschaftliche Umwandlung viel grundsätzlicher und viel elementarer gesucht werden muss, als dies bis dahin üblich war. Diese Vorgänge blieben keineswegs auf ein Volk beschränkt. Ein Zeichen dafür ist vieles von dem, was zum «Prager Frühling» (1968) führte. Diese hoffnungsvolle Regung, zu einem humanen Sozialismus zu kommen, der durchaus Anklänge an die Dreigliederung zeigte, wurde brutal zerstört.

Das Tragische und Verhängnisvolle dieser Jugendbewegung wird erst durch das geistige Gesetz verständlich, nach dem im Zeitalter der Bewusstseinsseele und nach Ablauf des Kali Yuga alle geistigen Erlebnisse, zu denen ja auch die vorgeburtlichen gehören, sich in zerstörerische Kräfte verwandeln, wenn sie nicht als solche bewusst erfasst werden. Es bedarf kaum eines Wortes, dass die Jugend weithin durch den Marxismus und durch den Materialismus in Psychologie und Soziologie, die ihr überliefert wurden, unfähig war, das in ihr aufsteigende und an sie herandringende geistige Erleben bewusst denkend zu ergreifen. Man kann auch sagen, dass die geisteswissenschaftlichen Begriffe, die Rudolf Steiner vermittelt hat und durch die das geistige Erleben der Menschen erfasst werden kann, viel zu wenig bekannt und in ihrer Bedeutung für die Vorgänge erkannt waren, um hier helfen zu können. So konnte schon in den 30er Jahren die nationalsozialistische Bewegung durch die ihr innewohnenden ahrimanischen Kräfte das, was in der Jugend unbewusst lebte und vorging, weitgehend und vielfältig zu ihren Zwecken missbrauchen. Der Geist, der sich jetzt nach dem Ende des Kali Yuga in den Wellen des 33-Jahr-Rhythmus den Menschen mitteilen will, muss von den Menschen in der

Erkenntnis erlöst werden, sonst wird gerade der im Unbewussten verbleibende Geist zu einem furchtbaren Ansatzpunkt für luziferische und vor allem ahrimanische Kräfte. Wenn der Mensch nicht mit seelischer Aktivität zum Geistigen erwacht, kann sich gerade der Geist in sinnlosen Zerstörungswillen verwandeln. In einer mehr ahrimanisch tingierten Form zeigt sich dieser irregeleitete Geist, der sich ins Gegenteil verkehrt, in der Anwendung von Gewalt und Terror. Die eiskalte Intelligenz, die sich diesem Zerstörungstrieb verbindet, sollte nicht darüber hinwegtäuschen, dass in den betreffenden Menschen sich der entscheidende Vorgang im Unbewussten abspielt. Je weniger sich die Seele der seelisch-geistigen Wirklichkeit, in der sie lebt, bewusst werden kann, desto mehr wächst der unbewusste Hang zum Verbrechen. Die ahrimanische Täuschung über die Natur der Seele überliefert diese den Gewalten Ahrimans, die den Menschen zerstören wollen, worüber sich die Seele durch den Fanatismus der Besessenheit nicht klar werden kann. Dieser Fanatismus tötet jedes Verstehen und die menschliche Beziehung zur Umgebung*.

Die luziferisch tingierte Form des irregeleiteten Geistes zeigen die Teile der Jugendbewegung, die sich auf die eine oder andere Weise in den Rausch zurückziehen und dabei mehr oder weniger ihre Lebensgrundlage auszehren. Diejenigen aber, die aus einer gewissen Resignation und Verzweiflung, weil keine durchgreifende Alternative zu der bestehenden Gesellschaft gefunden werden konnte, den langen Weg durch die Institutionen angetreten haben, sind damit schliesslich doch zu Dienern des Einheitsstaates geworden, gegen den sich ihr innerstes Gefühl mit wahrlich gutem Grund gesträubt hat.

1967 erschien in London der Roman von Ira Levin «Rosemaries Baby», der bezeichnenderweise zum internationalen Bestseller wurde und den Roman Polanski äusserst erfolgreich verfilmt hat. In dem Roman, der von der Geburt des Satans am 25. Juni 1966 erzählt, werden die 33 Jahre ohne einen erklärenden Hinweis an wichtigster Stelle erwähnt. Die seelenbetörenden und schicksalsgestaltenden Vorgänge, die eine junge Frau – Rosemarie – am 4. Oktober 1965 zur Empfängnis des Satans kommen lassen, werden dort selbst durch ein Werk von J.R. Hanslet «Sie alle sind Hexen» erklärt, das 1934 in Torquay erschienen ist[133]. « ‹Wir leben im Jahre 1966›, sagte Rosemaries Mann. ‹Dieses Buch wurde 1933 veröffentlicht›, sagte Rosemarie. ‹Es gab Hexenversammlungen – so nennen sie das – in Europa, in Nord- und Südamerika, in Australien. Glaubst du, die seien alle in genau dreiunddreissig Jahren ausgestorben?[134]› » Diese 33-Jahrbeziehung wird noch dadurch betont, dass Rosemaries Mann selbst 33 Jahre alt ist. Es ist höchst symptomatisch, dass weite

Kreise – wenn auch in einem Roman – von Empfängnis und Geburt des Satans Kenntnis nehmen, der hier Adrian Steven genannt wird. Im ersten Namen ist der Anklang an Ahriman kaum zu überhören. Diesem satanischen Wesen verhilft – mit kenntnisreichem Raffinement – ein Kreis von Menschen zur Geburt. Die Konzeption findet am 4. Oktober 1965 während des Papstbesuches in New York statt, auffallenderweise am Jahrestag des Sputnikstarts am 4. Oktober 1957. Bei der Konzeption befindet sich die Mutter in einem Ohnmachtszustand, hervorgerufen durch Alkohol und eine Creme, genannt «Schokoladenmaus», die ihr von dem Kreis, der das Ereignis gezielt herbeiführen will, zugeschoben wird. Der Mann dient – selbst auch stark alkoholisiert – zu diesem Zeitpunkt bereits bewusst der Satansbande, die ihm dafür zu einer erfolgreichen Schauspielerlaufbahn verhilft.

Diese Satansgemeinschaft benutzt Menschen zu ihrem Zwecke durchaus in dem Sinne, wie dies als die Methode der Wirksamkeit einer okkulten Clique gekennzeichnet wurde (siehe Seite 102 ff.). Bewusst und gezielt wird etwas herbeigeführt, wovon der Betroffene nichts ahnen oder wissen soll, was hier vor allem an Rosemarie selbst exemplarisch vorgeführt wird. Die Verführung des Mannes wird dadurch eingeleitet, dass er – für ihn unmerklich – in den Bannkreis der Gruppe und ihrer Absichten kommt. Das wird durch den seelischen Trick bewirkt, in extremer Weise, aber unauffällig, seinen Neigungen und Interessen entgegenzukommen und dabei – ihm unbewusst – seine Sympathien zu besetzen. In rücksichtsloser und mörderischer Weise werden vernichtende okkulte Kräfte gegen die angewandt, die der Gruppe bei der Verwirklichung ihrer Absichten im Wege stehen (wie Donald Baumgart, der plötzlich erblindet) oder die sie zu durchschauen und zu erkennen beginnen (wie Hutch, der aus tiefer unerklärlicher Bewusstlosigkeit nur noch kurz erwacht, bevor er stirbt).

Die Geburt des Satans wird konsequent als Gegenbild zur Geburt Christi entwickelt und daher auch so in den Jahreslauf hineingestellt, dass sie sich unmittelbar nach Johanni «gerade nach Mitternacht am 25. Juni, ... genau nach Ablauf des halben Jahres von du weisst» (Seite 171) ereignet. Diesen Termin – 25. Juni 1966 – hat angeblich Edmond Lautréamont vor 300 Jahren, also 1666, vorausgesagt. Lässt man bei der letzten Jahreszahl den Tausender weg, so ergibt sich gewiss nicht zufällig die Zahl 666, die in der Apokalypse des Johannes (Kapitel 13) zuerst genannt wird und über die noch zu sprechen sein wird. Dieser versteckte Hinweis auf die Zahl 666 ist leicht zu überlesen.

Es ist wichtig festzuhalten, dass 33 Jahre nach den umwälzenden Ereignissen in Mitteleuropa, auf deren geistige Hintergründe durch die Hinweise Rudolf Steiners ein erklärendes Licht fällt, in New York ausgesprochen wird: «Gott ist tot, und Satan lebt. Es ist das Jahr *1*, das erste Jahr unseres Herrn!... Adrians Jahr hat begonnen[135].» Damit ist vorausdeutend auf das Jahrhundertende hingewiesen, an dem der 1966 geborene Satan dann das Alter erreicht haben wird, das die Wesenheit hatte, gegen die er glaubt kämpfen zu müssen. Es ist nicht so wichtig, die Frage zu beantworten, ob die geschilderten Vorgänge sich in dieser Form tatsächlich abgespielt haben. Entscheidend ist es jedoch, sich klarzumachen, dass solche Manipulationen grundsätzlich möglich sind und ernsthaft ins Auge gefasst werden müssen. Man kann den Roman als einen Aufruf nehmen, die gefährliche Blindheit und unverantwortliche Naivität gegenüber solchen bösartigen okkulten Einflüssen auf die Geschichte zu überwinden.

Offen muss zunächst bleiben, wodurch Ira Levin die Kenntnisse gewonnen hat, die er in seinem Werk verarbeitet hat und für die er als Romanschriftsteller keine Quelle angeben muss. Wichtiger ist die Frage nach dem Impuls, der durch diesen Roman verfolgt wird. Ist es eine Absicht (welcher Kreise und zu welchem Zweck?) oder eine Notwendigkeit, dass sich in unserem Zeitalter dergleichen Ereignisse gleichsam öffentlich abspielen? Die Notwendigkeit kann aus dem hier dargestellten Geschichtsgang verstanden werden, weil nach dem Ablauf des Kali Yuga sich das Geistige immer unmittelbarer vor die Menschen hinstellt. Zu diesem Geistigen, das mit dem Werden des Menschen verbunden ist, gehören auch die bösen, der Menschheit feindlichen Wesen, die sich ihm unausweichlich in den Weg stellen müssen, damit in der Erkenntnis des Bösen der Mensch seinen eigenen Weg frei bestimmen kann. In dieses Ringen um die Erkenntnis des Bösen ist die heutige Menschheit viel tiefer hineingestellt, als sie es wahrhaben will, weil ihr die geistig-kosmische Dimension dieses Kampfes noch kaum zum Bewusstsein gekommen ist.

1998 – Das Jahrhundert-Ende

«Und im Laufe dieses 20. Jahrhunderts, wenn das erste Jahrhundert nach dem Ende des Kali Yuga verflossen sein wird, wird die Menschheit entweder am Grabe aller Zivilisation stehen oder am Anfange desjenigen Zeitalters, wo in den Seelen der Menschen, die in ihrem Herzen Intelligenz mit Spiritualität verbinden, der Michael-Kampf zugunsten des Michael-Impulses ausgefochten wird[136].» Mit diesen Worten charakterisiert Rudolf Steiner am 19. Juli 1924 vorausschauend die Situation am Ende des 20. Jahrhunderts. Die Aufgabe in diesem Michael-Zeitalter nach Ablauf des Kali Yuga besteht für die, die dem wahren Geist der Zeit dienen wollen, darin, «Michael das menschliche Denken nicht streitig zu machen. Da kann man nicht fatalistisch sein. Da kann man nur sagen: Die Menschen müssen mit den Göttern zusammenarbeiten, mit Michael selber. Michael begeistert die Menschen, damit auf der Erde eine Spiritualität erscheine, die der Eigenintelligenz der Menschen gewachsen ist, damit man denken kann und zugleich spiritueller Mensch sein; denn das bedeutet erst die Michael-Herrschaft[136].» In der Zeit, die verbleibt zwischen dem Ende des ersten Jahrhunderts des Michael-Zeitalters (1979) und dem Jahrhundertende, in etwa 3 Jahrsiebenten also, muss durch die Einsicht möglichst vieler Menschen dafür gesorgt werden, dass das Erdenleben nicht vollständig von ahrimanisch-materialistischen Kräften durchsetzt und ergriffen wird. Dazu ist aber auch eine Erkenntnis des geschichtlichen Augenblickes in seiner irdischen wie auch kosmischen Dimension unabdingbar. Man kann nichts tun, wenn man nicht weiss, wo man sich befindet. Der Mensch steht davor, das kosmische Christus-Ereignis, das von Michael gehütet wird, in Freiheit zu verstehen und bewusst zu ergreifen – oder durch die Kräfte, die mit der Inkarnation Ahrimans zusammenhängen, in den Abgrund der Unmenschlichkeit zu versinken.

«Dass damit – durch die Anthroposophie – etwas hereingetragen werden muss in die geistige Erdenentwickelung, was vielen paradox erscheint, das können Sie begreifen, denn allerlei dämonisch-ahrimanische Gewalten machen die Menschen von sich besessen. So dass die ahrimanischen Gewalten in manchen Menschenleibern schon jubelten, dass Michael seine kosmische Intelligenz, die auf die Erde heruntergefallen ist, nicht mehr erhalten könne. Und dieses Jubeln war besonders stark in der Mitte des neunzehnten Jahrhunderts, wo Ahriman schon glaubte, dass Michael seine einstmals kosmische Intelligenz, die den Weg vom Himmel auf die Erde gefunden hatte, nicht wiederfinden werde. Es geht um Grosses, es geht um Riesiges![137]»

Die vorsorgende Aufgabe Kaspar Hausers war es, dieses Riesige für die Menschheit gewinnen zu helfen. Kaspar Hauser hätte dem Jubel Ahrimans auf dem physischen Plan das Denken entgegenstellen können, das in dem Christus-Dienst die Verbindung mit der geistigen Welt aufrechterhält. Dieser Christus-Dienst im rosenkreuzerischen Sinne besteht darin, in der Erkenntnis die Brücke zu dem Geist zu bauen, in dem sich der Mensch als Mensch halten kann. Alle geistfeindlichen Kräfte wirken in der Richtung, dass dem Menschen gegen das Ende des Jahrhunderts, mit dem eine kosmische Entscheidung verbunden sein wird, immer mehr diese bewusste Haltekraft genommen werden soll. Mittel dazu sind Verwirrung, Angst und Verzweiflung, durch die Ahriman die Menschen verführt.

Das Ereignis an der Jahrhundertwende steht in der Todesreihe Kaspar Hausers darin. 1933 zeigte sich zuerst in seiner wahren Dimension, was durch die Ermordung Kaspar Hausers bewirkt worden ist von denen, die die Sünde wider den Geist begehen. Dieses kommende Ereignis, das man als einen Anschlag auf den Christus-Impuls bezeichnen kann, hat – die gewöhnliche Zeitfolge umkehrend – die Geschichte im voraus bestimmt. Dort in der Zukunft liegen die Ursachen für vieles, was geschehen ist*.

Das Ringen um den Geist auf dem physischen Plan, in dem Kaspar Hauser eine hervorragende Rolle spielen sollte, ist das verborgene, aber wesentliche Motiv der Geschichte der letzten beiden Jahrhunderte, wobei die Entscheidung an der Wende des 20. zum 21. Jahrhundert steht. Die Vereinigung der Spitzenorganisationen der Jesuiten und der westlichen Logen, über die am Beginn der Todesreihe gesprochen wurde (1833), diente letztlich dem Zweck, über zwei Jahrhunderte hinweg diese kommende Entscheidung in ihrem Sinne vorzubereiten.

Auf die Bedeutung dieser Jahrhundertwende hat Wladimir Solowjow (1853–1900) in seinem Todesjahr durch die Erzählung vom «Antichristen» hingewiesen[138]. Diese prophetische Schrift, die vom Beginn des 21. Jahrhunderts – dem Anfang des 3. Jahrtausends – berichtet, erzählt nach einem fiktiven Rückblick auf das 20. Jahrhundert von dem unaufhaltsamen Aufstieg des Antichristen, der zum allgemein anerkannten Weltherrscher mit Sitz in Jerusalem wird. Zweimal weist Solowjow darauf hin, dass sich die entscheidende Veränderung des Menschen, der zum Antichristen wird, mit 33 Jahren ereignet. «Trotz seiner Jugend – er zählte erst 33 Jahre – war er dank seiner Genialität als grosser Denker, Schriftsteller und wegen seiner sozialen Tätigkeit weithin bekannt und berühmt ... Er glaubte an das Gute, aber das allsehende Auge der Ewigkeit wusste, dass sich dieser Mensch vor der bösen Macht beugte, sobald sie ihn bestechen würde – nicht durch Betrug der Empfindungen und niederen Leidenschaften, nicht einmal durch die hohe Verlockung der Macht, sondern allein durch die masslose Selbstliebe. Übrigens war diese Selbstliebe weder ein unwillkürlicher Instinkt noch eine sinnlose Anmassung. Abgesehen von einer beispiellosen Genialität, Schönheit und Adligkeit schienen die höchsten Äusserungen der Enthaltsamkeit, Uneigennützigkeit und tätigen

Hilfsbereitschaft die gewaltige Selbstliebe des grossen Spiritualisten, Asketen und Menschenfreundes hinreichend zu rechtfertigen[138].»

Diese Selbstliebe ist es auch, von der die Umwandlung ausgeht. «30 Jahre war er bereits alt. Abermals vergingen 3 Jahre. Da kam ihm ein Gedanke in den Sinn und brannte bis ins Mark der Knochen hinein, so dass er bebte. Wenn nun, so sagte er sich, nicht ich es bin, sondern jener, der Galiläer? ... Wenn er plötzlich nicht mein Vorläufer, sondern der Wirkliche, Erste und Letzte ist?»

An die Stelle von Demut und Verehrung treten ein «sein ganzes Wesen zerpressender und einschnürender Neid und ein grimmiger, den Geist beklemmender Hass. ‹Ich, ich, nicht er›, rief er, ‹nein, er lebt nicht und wird es nicht, er ist nicht auferstanden, ist nicht auferstanden, ist nicht auferstanden, er ist verwest, ist im Grabe verfault, wie die letzte Kreatur[138].› »

Solowjow schildert hier den entscheidenden Augenblick, in dem sich dieser wohlvorbereitete Mensch endgültig dem Antichristen überantwortet. Er erkennt die Wahrheit der Auferstehung Christi, er muss sie im Grunde anerkennen – aber er leugnet diese Wahrheit absichtlich und will sie mit allen zu Gebote stehenden Mitteln aufheben, vernichten. Dies ist das Urbild der Sünde wider den Geist, bei der gegen die Erkenntnis der Wahrheit bewusst gehandelt wird. Der Willensentscheidung, die den Antichrist hier ganz einnimmt, liegt letztlich die Anerkennung der irdisch-kosmischen Wirkung des Auferstehungsleibes zugrunde, die oben so ausführlich besprochen wurde. Zugleich ist betont worden, dass der Antichrist in der Sünde wider den Geist mit erdumspannenden, menschheitumgreifenden Massnahmen rücksichtslos dagegen kämpft.

Als der Antichrist die Auferstehung zum zweiten Male leugnet, stürzt er sich in den Abgrund hinab, wird aber in der Luft aufgehalten und zurückgeschleudert. «Er empfand eine Erschütterung wie von einem elektrischen Schlag ... Für einen Augenblick verlor er das Bewusstsein[138].» Urbildlich vollzieht sich an dem Antichristen selbst durch den «elektrischen Schlag» und durch das Unterbrechen des Bewusstseins das, was Ahriman als die klassischen Mittel einsetzt, um die Seele mit seinen Kräften zu durchsetzen[139].

Nach diesen Vorgängen geht – in bewusster Umkehrung der Jordantaufe – dann jene Kraft in den Übermenschen ein, die ihn befähigt, in kürzester Zeit das Buch «Der offene Weg zu Frieden und Wohlfahrt in aller Welt» zu schreiben. Er kann sein Werk in *seinem* Namen vollbringen, er braucht niemandem zu gehorchen oder zu dienen. Das Werk ist so geschrieben, dass es allen gerecht wird, dass jeder es in seinem Sinne verstehen kann, denn nichts veranlasst den

Menschen, «etwas der Wahrheit selbst zum Opfer zu bringen, sich für sie *tatsächlich* über sein *Ich* zu erheben». In Wirklichkeit handelt es sich nicht um eine Wandlung des Ich, nicht darum, die christlichen Impulse allmählich in das Ich aufzunehmen, um dadurch auch die Natur des Menschen wahrhaft zu verändern, sondern um ein Beharren oder Verhärten des Ich in sich.

«Der Wunder-Schriftsteller machte sich nicht nur alle geneigt, sondern war jedermann angenehm, so dass Christi Wort erfüllt ward: ‹Ich bin im Namen des Vaters gekommen, und ihr habt mich nicht aufgenommen; es wird ein anderer kommen in seinem eigenen Namen – den werdet ihr annehmen.› Um jedoch angenommen zu werden, muss man angenehm sein.» Auch diese Worte offenbaren ihren prophetischen Charakter für unsere Zeit. So wie der Wirtschaftsprozess heute verstanden und gelenkt wird, dient er weitgehend diesem Zweck des Bequem- und Angenehmmachens, indem er immer neue Bedürfnisse erweckt und befriedigt. Zunehmend wird man gewahr, dass sich in Beziehung auf die menschliche Gemeinschaft das Egoistische und Asoziale, in Beziehung auf die Erde und die Umwelt das Zerstörerische und Ausbeuterische zeigt.

Im Hintergrund des Kaspar-Hauser-Schicksals konnten die Spitzen der Jesuiten und Freimaurer als die Bestimmung- und Zielgebenden erkannt werden. In Solowjows Erzählung heisst es: «Die Lenker der allgemeinen europäischen Politik, die der mächtigen Brüderschaft der Freimaurer angehörten, fühlten den Mangel einer gemeinsamen Exekutivgewalt ... Da beschlossen die ‹Eingeweihten›, die Exekutivgewalt einer Persönlichkeit mit ausgedehnten Vollmachten zu übertragen. Der Hauptkandidat war das geheime Mitglied des Ordens – der ‹künftige Mensch›. Er war die einzige Person, deren grosser Ruf und Ruhm über die ganze Erde verbreitet war. Von Beruf Wissenschaftler auf dem Gebiet der Ballistik, nach Vermögen Grosskapitalist, hatte er überall freundschaftliche Verbindungen mit Kreisen der Finanz und des Militärwesens[138].»

Es ist gezeigt worden, wie insbesondere seit 1945 durch die damaligen Ereignisse Wirtschaft und Rüstung weltweit zu den bestimmenden Lebensfaktoren geworden sind. Und muss man nicht Solowjows Bemerkung «von Beruf Wissenschaftler auf dem Gebiete der Ballistik» als einen prophetischen Fingerzeig auf die Raumfahrt ansehen? Der «kommende Mensch» wird dann auf Betreiben der Freimaurer zum «lebenslänglichen Präsidenten der Vereinigten Staaten von Europa» gewählt und schliesslich unter allgemeinem Jubel zum «römischen Imperator» erhoben. Er beginnt seine Herrschaft auf Erden damit, dass er den Frieden bringt – der nichts anderes ist als die Ruhe durch Macht – und die sozialökonomische Frage durch die «Gleichheit der allgemeinen Sattheit» löst. Den Höhepunkt seiner Machtentwicklung erreicht er durch den Zauberer Apollonius, der die halb wissenschaftliche, halb magische Kunst beherrscht, «nach seinem Willen die atmosphärische Elektrizität anzuziehen und zu lenken. Im Volke hiess es, er könne Feuer vom Himmel fallen machen». Er wird durch Wunder und Zeichen zum grossen Unterhalter der Völker der Erde. Schliesslich will der Imperator die religiöse Frage auf einem Konzil in Jerusalem lösen. «Als der Imperator mit dem grossen Magier und dem Gefolge eintrat, spielte das Orchester den Marsch der Einheitsmenschheit, der als kaiserlich-internationale Hymne diente.»

«Der Marsch der Einheitsmenschheit», ihm steht im christlichen Sinn der vielstimmige, differenzierte Chor der Völker gegenüber, in dem der Einzelne in der Gemeinschaft dient. Auf dem Konzil gelingt es dem Imperator leicht, die Mehrheit der Konzilsvertreter – Orthodoxe, Katholische, Evangelische – für sich zu gewinnen. An dem kleinen Rest der Christen aber scheitert der Imperator. Auf seine Frage, was er für sie tun könne, antwortet der Starez Johannes: «Bekenne dich hier, jetzt vor uns, zu Jesus Christus, dem Sohn Gottes, der Fleisch geworden, herniedergestiegen, auferstanden ist und wiederum kommen wird[138].» Da der Antichrist darauf die Antwort schuldig bleiben muss, ist er als solcher entlarvt. Indem der Starez Johannes die Erkenntnis «Kinderlein, der Antichrist» öffentlich vor dem Konzil ausspricht, bricht er seine Macht. Zwar kann der Zauberer Apollonius die unmittelbare Folge dieser Entlarvung durch ein scheinbares Gottesurteil verhindern, der Untergang des Antichristen ist aber dadurch, dass er erkannt worden ist, unausweichlich eingeleitet. Dieser wird äusserlich dadurch hervorgerufen, dass die Juden, die den Übermenschen als Messias anerkannten, bemerken, dass er gar kein Jude ist, und abgeschlossen wird er durch ein gewaltiges Erdbeben und einen Vulkanausbruch, in dem der Imperator, der Zauberer und die Seinen verschlungen werden.

Die Erzählung Solowjows ist nicht in banaler Weise als Prophetie zu nehmen. Sie gibt sozusagen den Idealplan des Antichristen wieder, der in der historischen Verwirklichung von manchen anderen Kräften abgelenkt, abgedämpft, ja durchkreuzt wird. Der tatsächliche historische Prozess, der ja in ganz anderen Zeiträumen sich abspielt, gibt daher ein vielfältig modifiziertes Bild. Für die Erkenntnis der Entwicklungstendenzen und der Motive der Gegenwart und näheren Zukunft, die sich mit dem bösen Prinzip auseinandersetzen muss, ist Solowjows Schrift in ihren Urbildern von höchster Wichtigkeit, und der Leser wird selbst leicht feststellen, wie vieles im historischen Verlauf auf solche Urbilder zurückgeht.

Sorat – der Sonnendämon und die Zahl 666

Die weltgeschichtliche Bedeutung der Jahre unmittelbar vor der Jahrtausendwende kann noch tiefer erfasst werden, wenn man einbezieht, dass 1998 sich auch aus dem dreimal 666 ergibt. Was sich hinter dem Geheimnis der Zahl 666 verbirgt, ist das konzentrierteste Wirken des Bösen auf die Menschheit und die Erde. Die Zahl wird zuerst in der Apokalypse des Johannes (13. Kapitel) genannt. Rudolf Steiner hat sie in zweifacher Hinsicht erklärt.

Zunächst muss man sich vergegenwärtigen, dass dem guten Sonnengeist, der Intelligenz der Sonne, die alles Leben auf der Erde hervorruft, ein böser Geist entgegenwirkt, das Dämonium der Sonne, das auch in den bösen Kräften der Menschen lebt[140]. Im weiteren zeigt Rudolf Steiner, wie die Zahl 666 nach der aramäischen Geheimlehre zu lesen ist und dass den Zahlen Buchstaben entsprechen. «Diese Buchstaben symbolisieren die vier Prinzipien, die den Menschen zur völligen Verhärtung führen, wenn es ihm nicht gelingt, sie umzuwandeln. Durch Samech wird das Prinzip des physischen Leibes ausgedrückt, durch Waw das des Ätherleibes, durch Resch das des Astralleibes, durch Taw das niedere Ich, das sich nicht zum höheren Ich erhoben hat. Das Ganze, zusammengelesen, heisst Sorat. Dies ist der okkulte Name des Sonnendämons, des Widersachers des Lammes[140].»

Wenn früher schon von dem Herabziehenden, von dem Ertötenden in der Menschennatur gesprochen wurde, so wird hier der böse Urgrund dieser Tatsache deutlich. 666 ist die Zahl des Menschen, der sich vor den Christus-Tatsachen verschliesst und daher keine Wirkung von ihnen empfangen kann.

Ausführlicher kommt Rudolf Steiner auf die Zahl 666 im 11. Vortrag des Zyklus «Die Apokalypse des Johannes» zu sprechen[141]. Zum menschenkundlichen Aspekt tritt nun der welthistorische, die ganze Erdentwicklung ins Auge fassende hinzu. Rudolf Steiner enthüllt, dass mit 666 ein ferner Entwicklungszeitraum gemeint ist, in dem sich die Menschheit endgültig in eine böse und eine gute spalten wird. Voraus gehen Entscheidungen zwischen Gut und Böse, die der Mensch wieder rückgängig machen kann, wo ihm noch Zeit zur Umkehr bleibt.

Wenn auch diese Zeiten noch ferne sind, so wird doch ausdrücklich von Rudolf Steiner gesagt, «alles Zukünftige wird schon gegenwärtig vorbereitet».

Das hier gemeinte Böse, das von dem Sonnendämon, von Sorat, der der Gegner des Sonnengeistes Christus ist, ausgeht, darf offenbar nicht mit den luziferischen und ahrimanischen Kräften gleichgesetzt werden. Was von Luzifer und Ahriman ausgeht, das wirkt mit Notwendigkeit auf den Menschen ein. Er kann, was er werden soll, nur erreichen, wenn er sich dieser Kräfte bedient. In seinem Schicksal erfährt er den Ausgleich, der ihn im Gleichgewicht den Christus-Impuls finden lässt.

«Damit die Menschen verführt werden zur blossen Unmoral, zu dem, was sie schon als Normalmenschen kennen, dazu braucht es dieses Ungeheuers nicht, das als Sonnendämon erscheint. Erst wenn dasjenige, was im guten Sinne die Wesen auszeichnet, die dem Menschengeschlecht Rettung bringen, erst wenn die spirituelle Erhebung in ihr Gegenteil verwandelt wird, wenn die spirituelle Kraft in den Dienst des niederen Ich-Prinzips gestellt wird, dann kann sie die Menschheit so weit bringen, dass das Tier, das dargestellt wird mit zwei Hörnern, über sie Gewalt erlangt. Der Missbrauch der spirituellen Kräfte hängt zusammen mit jener verführerischen Kraft des Tieres mit den zwei Hörnern. Und wir nennen diesen Missbrauch der spirituellen Kraft die schwarze Magie im Gegensatz zum richtigen Gebrauch, den wir die weisse Magie nennen[141].»

Bei der Darstellung des Verbrechens an Kaspar Hauser ist zunächst auf den Missbrauch spiritueller Kräfte aufmerksam gemacht worden. Die Sünde wider den Geist, die von den Jesuiten in diesem Zusammenhang begangen worden ist, kann so auch als Ausdruck der Verführung durch Sorat verstanden werden. Damit stimmt zusammen, dass die Sünde wider den Geist nicht vergeben werden kann, das heisst, dass sie nicht wie andere Verführungen oder Abirrungen luziferischer oder ahrimanischer Art ihren Ausgleich finden kann.

In der historischen Erfüllung der Ermordung Kaspar Hausers wird im Jahre 1933 die Wirkung des Sonnendämoniums sichtbar, die von dem Vorgehen der Jesuiten (und der westlichen Logen) gegen Kaspar Hauser hervorgerufen wurde. In diese Erfüllung schlagen die Kräfte hinein, die von der Hitler-Bewegung ausgehen und das Jahrhundertende im Sinne des Sonnendämoniums vorbereiten. Den Offenbarungen, die der auferstandene Sonnengeist den Menschen zukommen lassen will, stellen sich die Wirkungen des Sonnendämons entgegen, der dafür prädestinierte, bereitwillige Menschenbildungen findet. Die erwachenden spirituellen Kräfte unzähliger Menschen wurden missbraucht, die magische Wirkung, der berückende Einfluss auf die unbewussten Willenskräfte, die – im Geiste wurzelnd – heilig gehütet werden müssen, wird erst aus dem Hintergrund des Kampfes des Sonnendämons gegen den Sonnengeist verständlich.

Auf die Swastika, das Hakenkreuz*, geht Rudolf Steiner in dem Vortrag anlässlich Hegels 150. Geburtstag am 27. August 1920 in Dornach ein. Er zitiert dort die Mitteilung, dass auf einem Zehntausend-Rubel-Schein «ein in der Mitte des Papiers fein und deutlich herausgearbeitetes Hakenkreuz (Swastika)» aufgefallen ist. «Jenes Zeichen, zu dem einstmals der Inder hingeblickt hat, wenn er von seinem heiligen Brahman sprach, er erblickt es heute auf der 10 000-Rubelnote! Man weiss da, wo grosse Politik gemacht wird, *wie* man auf Menschenseelen wirkt. Man weiss, was der Siegeszug des Hakenkreuzes, das eine grosse Anzahl von Menschen in Mitteleuropa bereits trägt – wiederum aus anderen Untergründen heraus –, man weiss, was dieses bedeutet; aber man *will* nicht hinhorchen auf dasjenige, was aus den wichtigsten Symptomen heraus die Geheimnisse des heutigen geschichtlichen Werdens deuten will[142].» Rückblickend kann dieser Hinweis auf die Geheimnisse des heutigen geschichtlichen Werdens in den hier ausgesprochenen Zusammenhang gestellt werden, wodurch er sich in seiner Richtigkeit bestätigt.

Die Soratwirkung innerhalb der das Hakenkreuz tragenden Bewegung gibt sich weiter auch darin zu erkennen, dass der Impuls dieses Wesens, «sich zum Gotte zu machen», wie Rudolf Steiner einmal sagt[143], abgeschwächt darin erscheint, dass einem Menschen im sogenannten «Deutschen Gruss» göttliche Verehrung gezollt wurde. Diese irregeleitete, widersinnige religiöse Verehrung galt in Wahrheit dem Sonnendämon. In dem schon zitierten Karlsruher Vortrag spricht ja Rudolf Steiner ausdrücklich davon, dass in den dreissiger Jahren unseres Jahrhunderts die «Prophezeiungen der biblischen Urkunden sich erfüllen» werden[127].

Durch den zweiten Aspekt der Zahl 666 wird die Beziehung auf das Jahr 1998 und damit vorauswirkend auf das ganze Jahrhundert seit dem Ende des Kali Yuga unmittelbar deutlich. Es handelt sich darum, dass der Sorat-Impuls sich in dem *Jahr* 666 n. Chr. in stärkster Weise zeigen wollte[144]. Nun tritt in der Geschichte – abgeschwächt – die Wirkung dieses Sorat-Impulses mit dem zwei- und dreifachen dieser Zahl besonders hervor*. Dreimal 666 ist aber 1998.

In den Vorträgen im Oktober 1918 in Dornach und Zürich fügt Rudolf Steiner seinen bis dahin ausgesprochenen Erkenntnissen über die Zahl 666 eben die hinzu, dass Sorat 666 Jahre n. Chr. die Menschheit zu verführen suchte. Und diese Verführung war so gewaltig, dass sie nicht durch ein menschliches

Mittel, sondern nur durch die Inkarnation Christi selbst und das Mysterium von Golgatha verhindert, beziehungsweise abgeschwächt werden konnte. Gegenüber Sorat, dem Tier, konnte nur der Christus durch seine Taten auf Erden das Gleichgewicht herstellen. Rudolf Steiner weist selbst auf die Beziehung zum 20. Jahrhundert hin. «Unsere Zeit ist in recht vieler Beziehung eine Wiedererneuerung jener Zeiten, die sich zugetragen haben zum Teil durch das Mysterium von Golgatha, zum Teil durch dasjenige, was 333, zum Teil durch dasjenige, was 666 geschehen ist[145].»

Was um das Jahr 666 hätte geschehen sollen, aber durch den Christus-Impuls verhindert, beziehungsweise abgeschwächt wurde, war, die Bewusstseinsseele mit all ihren geistigen Möglichkeiten sehr verfrüht, das heisst unmittelbar und ohne eine menschliche Entwicklung, wirken zu lassen, wodurch die weitere Entfaltung des Menschenwesens in der Zukunft unmöglich gemacht werden sollte. Die Menschheit sollte mit der «Weisheit des Tieres» überschwemmt werden. Das war projektiert «von gewissen höheren Geistern, namentlich von einem Wesen ahrimanischer Natur, das der Führer dieser Geister sein sollte, das dann erschienen wäre, wenn auch nicht auf dem physischen Plane, aber das eben wirklich erschienen wäre[143]». Es sollte «schon 666 durch ahrimanisch-luziferische Kräfte dem Menschen eingeimpft werden[145]», um zum bewussten Erfassen der eigenen Persönlichkeit zu kommen, wodurch das Ich vollständig in sich verhärtet, in sich erstickt wäre.

Diese Impulse sollten ausgehen von der arabischen Akademie von Gondhischapur, das ist der Ort, an dem Manes als christlicher Märtyrer gekreuzigt wurde. Die Schriften des Aristoteles sind dort ins Arabische übersetzt worden. Die aristotelischen Begriffe dienten in einer gewissen Umwandlung den arabischen Weisen von Gondhischapur als Grundlage für ihre Weltanschauung. Dieses «Bestreben war ... eine umfassende Wissenschaft, die hätte ersetzen sollen die Anstrengungen der Bewusstseinsseele, die aber den Menschen zum blossen Erdenmenschen gemacht hätte, ihn abgeschlossen hätte von seiner wirklichen Zukunft, der Hineinentwickelung in die geistige Welt[146]».

An der Wende zum dritten Jahrtausend ist nur zu deutlich spürbar, dass sich eine Art Renaissance dieser Bestrebungen stark geltend macht, was ja durch manche Einzelheit schon belegt wurde. Wenn auch das, was «von Gondhischapur ausgehen sollte, zunächst durch das Auftreten Mohammeds, indem Mohammed eine phantastische Religionslehre verbreitete», abgestumpft wurde, so wirkt doch das, «was der grosse Lehrer, dessen Name unbekannt geblieben ist, der aber der grösste Gegner des Christus Jesus war»[146], seinen

Schülern beigebracht hat, mächtig nach und weiter; denn von diesem eigentlichen Leiter der Akademie von Gondhischapur gehen unter anderem zwei Dinge aus, die für das, was hier behandelt wird, von grösster Bedeutung sind.

Das erste ist, dass sich die heutige Naturwissenschaft insbesondere in der Gestalt, die sie seit den vierziger Jahren des neunzehnten Jahrhunderts angenommen hat, unter dem Einfluss des Impulses von Gondhischapur entwickelt hat[147]. Und diese Entwicklung hat 1945 in ihrer Konsequenz die Atombombe und später die Kernenergie mit all ihren unabsehbaren Folgen hervorgebracht.

Das zweite ist, dass der geistfeindliche Impuls von Gondhischapur in der katholischen Kirche gewirkt hat. «Die katholische Kirche, die sehr stark unter den Resten des Impulses der Akademie von Gondhischapur stand, die hat 869 auf dem Allgemeinen ökumenischen Konzil in Konstantinopel dogmatisch bestimmt, dass man nicht an den Geist zu glauben habe, weil sie nicht etwa jeden aufklären wollte über das Mysterium von Golgatha, sondern Finsternis breiten wollte über das Mysterium von Golgatha. Von der katholischen Kirche ist der Geist 869 abgeschafft worden. Das Dogma, das da bestimmt worden ist, heisst, man habe nicht an den Geist zu glauben, sondern nur an Leib und Seele, und die Seele habe in sich etwas Geistartiges. Aber dass der Mensch wirklich besteht aus Leib, Seele und Geist, das wurde durch die katholische Kirche abgeschafft. Diese Abschaffung, die ist in der katholischen Kirche direkt noch unter dem Einflusse des Impulses von Gondhischapur geschehen[145].» Diese Aussage Rudolf Steiners ist geeignet, das zu stützen und zu tragen, was hier versucht worden ist, zu enthüllen: Der Kampf der Jesuiten gegen den wirklichen Geist, wie er in Kaspar Hauser erscheinen wollte. Dieser Kampf ist zugleich ein Kampf gegen den Christus und das Mysterium von Golgatha.

Wenn man sich mit dem Jahrtausendende im Hinblick auf eine Erkenntnis des Bösen beschäftigt, muss die Frage nach dem Unterschied zwischen Ahriman und Sorat auftreten. Die Menschheit erlebt die intensiven Vorbereitungen, die Ahriman für seine Inkarnation trifft. Sie kann sich dagegen nur durch die bewusste Erkenntnis dieser weltgeschichtlichen Notwendigkeit schützen. Sie muss lernen – im Zeitalter der Bewusstseinsseele –, bewusst mit einer solchen Tatsache umzugehen und selbst zu bestimmen, wie sie sich dazu verhalten will. Dies ist ohne spirituelle Geisterkenntnis nicht möglich.

Von Sorat kann man sagen, dass er das eigentlich Böse ist, der Antichrist. Von einer Inkarnation Sorats ist bei Rudolf Steiner *nicht* die Rede. Das Wirken Sorats liegt in der Linie der schon oben erwähnten Asuras, von denen gesagt wird, dass das, was ihnen verfallen ist, unwiederbringlich verloren ist, dass durch die Asuras «Stücke aus dem Ich» herausgebrochen werden. Sorat ist als Sonnendämon das Wesen, das den Menschen endgültig in den Abgrund reissen will. Er verführt die Menschen zur Sünde wider den Geist, die wegen dieses Ursprungs nicht vergeben werden kann.

Es ist wahrhaftig eine überaus ernste und schwierige Situation, in der sich die Menschheit spirituell dadurch befindet, dass Ahriman und Sorat sich ihrer Entwicklung dem Christus-Impuls entgegenstellen. Beider Wirken ist unterschiedlich, aber doch gleichsinnig. Ahriman versucht, sich der menschlichen Intelligenz zu bemächtigen, um aus der Erde und dem Kosmos in seinem Sinne einen Mechanismus zu machen. Durch Sorat wird – für den Menschen noch schwerer durchschaubar – der Wille ergriffen, und in einer Art von magischem Rausch soll der Mensch seiner geistigen Heimat, der Sonne, entrissen werden.

In Solowjows Erzählung vom Antichristen hat man es auch mit beiden zu tun. Der antichristliche Impuls wird zunächst im Sinne der Apokalypse des Johannes, also im Sinne Sorats, dargestellt. Es tritt dann aber das Moment der Inkarnation hinzu. Da greift Ahriman ein und stellt sich auf den physischen Plan hin. In diesem Augenblick schildert auch Solowjow zwei Wesen, die das Verhältnis des Vatergottes zu dem Sohnesgott nachäffen. Um den hier gemeinten Unterschied und den vorhandenen Zusammenhang in einem Bild deutlich werden zu lassen, könnte man sagen, dass Sorat hier als Vater und der sich inkarnierende Ahriman als Sohn auftreten.

Bei Solowjow stellt sich dies wie folgt dar: «Er sah in die beiden durchbohrenden Augen und vernahm eine seltsame Stimme. Er wusste nicht, tönte sie in ihm oder tönte sie von aussen; sie klang hohl, gleichsam gepresst und dennoch überdeutlich, metallisch und völlig seelenlos, als käme sie aus einem Grammophon. Die Stimme sagte zu ihm: ‹Mein lieber Sohn, an dir habe ich mein Wohlgefallen. Warum hast du mich nicht gesucht? Warum hast du jenen, den Schlechten, und Seinen Vater geehrt? Ich bin Gott, ich bin dein Vater! Jener Niedere, Gekreuzigte jedoch ist dir wie mir fremd. Ich besitze keinen anderen Sohn als dich. Du bist der Einzige, der Eingeborene, du bist gleich mir. Ich liebe dich und verlange nichts von dir. Du bist auch ohnehin schön, gross und gewaltig. Tue dein Werk in deinem Namen, nicht in meinem. In mir ist kein Neid auf dich. Ich liebe dich. Ich will nichts von dir haben. Derjenige, den du für Gott gehalten hast, hat von Seinem Sohne Gehorsam gefordert, unbegrenzten Gehorsam, bis zum Tode am Kreuz, und Er hat ihm nicht am Kreuz geholfen. Ich fordere nichts von dir, aber ich werde dir helfen[138].› »

Betrachtet man von der Geburt und dem Tod Kaspar Hausers aus den 33-Jahr-Rhythmus in den letzten zwei Jahrhunderten, so kann man in der Geschichte eine bisher unbekannte Sprache vernehmen, die Sprache des kosmischen Christus-Geistes, der – verbunden mit der Erde – durch die geschichtlichen Ereignisse sich den Menschen mitzuteilen sucht. Die Sprache, die da erklingt, ist für den Menschen so neu und ungewohnt, dass sie zunächst für ihn kaum hörbar ist; später, wenn er sie zu vernehmen glaubt, ist sie ihm unverständlich, – wird doch gesprochen mit dem grossen Atem des Geistes, der eine Generation umfasst, und in einer Sprache, die durch das Mysterium von Golgatha entstanden ist und die erst nach dem Ablauf des finsteren Zeitalters von den erwachenden Geistesfähigkeiten der Menschen vernommen werden kann. Das Neue muss von dem Neuesten ergriffen werden. Hier wird nichts anderes versucht, als den ersten Ton eines grossen zukünftigen Liedes hörbar werden zu lassen.

Man kann auch sagen, dass es darum geht, eine unbekannte Schrift zu entziffern. Noch sind kaum die ersten Buchstaben erkannt. Ihre Ordnung zu Worten muss im Denken erkannt werden. Aus den Worten kann der Sinn gelesen werden. Stockend und stammelnd lernt man das Buchstabieren, die ersten Worte werden erfasst, der Sinn wird geahnt. In dieser Stimmung kann man versuchen, einen Überblick über das Ganze zu gewinnen und vor allem das Besondere beider Reihen zu bestimmen.

In der Geburtsreihe erscheint eine Kraft, die die Menschheit der Heilstaten Christi teilhaftig werden lassen will. Die Geburt einer vorbereiteten, gehüteten Individualität, die dadurch würdig ist, das Geheimnis der Christustat unmittelbar an sich zu tragen, war im Weltenplan der Hilfe-Impuls für die Menschheit, die im beginnenden Michael-Zeitalter (nach zweimal 33 Jahren) und nach Ablauf des Kali Yuga (1899) den Christus neu erleben sollte. Dieses Geheimnis blieb im Leben Kaspar Hausers fast ganz verborgen, dass es aber vorhanden war und weiter wirkte, das kommt zum Vorschein in der Erkenntnis des Phantomleibes, des Auferstehungsleibes, die von Rudolf Steiner genau 99 Jahre nach Kaspar Hausers Geburt an seinem Geburtsort Karlsruhe der Menschheit anvertraut wird. Dieser Tatsache liegt hier das sogenannte Jahrhundertgesetz* zugrunde, auf das Rudolf Steiner drei Tage nach der ersten grossen, oben zitierten Darstellung des 33-Jahr-Rhythmus, am 26. Dezember 1917, in Dornach zu sprechen kommt. «Eine Menschengeneration von 33 Jahren reift einen Gedankenkeim, einen Tatenkeim aus. Ist er dann ausgereift, so wirkt er durch 66 Jahre weiter nach im geschichtlichen Werden. Man erkennt die Intensität eines Impulses, den der Mensch ins geschichtliche Werden hineinlegt, auch in seiner Wirksamkeit durch drei Generationen durch, ein ganzes Jahrhundert hindurch[148].»

In diesem Buch ist vieles zusammengetragen worden, um die Bedeutung und die Stärke des Impulses zu zeigen, der mit Kaspar Hauser verbunden ist. Wenn man die Intensität dieses Impulses, mit der die geistigen Führungskräfte der Menschheit selbst Kaspar Hauser auf die Erde gestellt haben, zu ermessen vermag, so kann man nur die in der Geschichte zutage tretende Konsequenz bewundern, durch die ein freier Geist, Rudolf Steiner, das Notwendige 99 Jahre später erfüllt hat.

Rudolf Steiner hat sich 1911/12 bewusst in diesen Wirkensstrom hineingestellt. Dadurch ist die Möglichkeit entstanden, nachträglich die Mission Kaspar Hausers zu erfüllen. Nicht zuletzt aus diesem Grunde wurde gegen alles, was der Menschheit durch Rudolf Steiner an Erkenntnissen und Geistesgaben vermittelt wurde, ein furchtbarer Schlag geführt, der nicht aufgehalten werden konnte und 1944/45 in der Geschichte sichtbar und wirksam wurde. Die Ereignisse von 1944/45 haben für die Zukunft bestimmende, unabsehbare Folgen. Stark kann erlebt werden, wie sich diese schon in der unmittelbaren Gegenwart (1978) nach dem Gesetz der 33 Jahre erfüllen.

Man denke nur an die Entscheidungen hinsichtlich der neuen Kernwaffen, an den mehrheitlich angenommenen Satz: «Wirtschaftliches Wachstum nur noch durch Kernenergie» und an die Zementierung der Staatsstrukturen durch den Terrorismus, der in diesem Sinne funktionell die Aufgabe der Hitler-Bewegung übernommen hat. Denn diese kämpfte – die wichtigsten Ereignisse der damaligen Zeit verdeckend – von Mitteleuropa aus gegen die ganze Welt, letztlich aber wurde diese nicht geschwächt, sondern umfassend in ihren gefährlichsten Tendenzen gestärkt. So war der Kampf gegen diese Welt – paradox formuliert – ganz im Sinne dieser Welt. Auf der anderen Seite ist ein stärkeres Erwachen des Bewusstseins für die Menschheitslage und ein Stärken der Verantwortung für die Zukunft zu bemerken.

Betrachtet man nun die Todesreihe, so tritt – wiederum nach dem Jahrhundertgesetz – das Jahr 1933 deutlich hervor. Der Impuls, der in der Ermordung Kaspar Hausers zum Ausdruck kam, war so mächtig, dass er durch das mit dem Ende des Kali Yuga einsetzende spirituelle Wirken Rudolf Steiners nicht aufgehoben werden konnte. Das heisst nicht, dass dieses Wirken vergebens gewesen wäre. Es bietet die Grundlage, durch Erkenntnisse die Situation zu erfassen und die notwendige zukünftige Entwicklung einzuleiten.

In der Todesreihe erscheint im Vordergrund verständlicherweise der Eingriff der bösen Mächte, die sich im Beginn des 19. Jahrhunderts im Zusammenschliessen der Spitzen der Jesuiten und Freimaurer manifestiert haben. Sie mussten für ihre Zwecke zunächst das Wirken Kaspar Hausers verhindern. Ihre weitgespannten okkulten Absichten, die von böser Weisheit erleuchtet sind, werden erst im 20. Jahrhundert geschichtlich deutlich fassbar. In dieser Strömung vereinigt sich die «Kompagnie-Arbeit Luzifers und Ahrimans» (siehe Seite 142) mit den Wirkungen, die von Sorat ausgehen.

Dies alles zielt letzten Endes darauf ab, am Ende des 20. Jahrhunderts die Menschheits- und Erdentwicklung so in die Hand zu bekommen, wie dies schon um das Jahr 666 geplant gewesen ist. Überblendet von den Vordergrundsgeschehnissen stehen im Hintergrund der 33-Jahr-Rhythmen, die auf den Tod Kaspar Hausers folgen, die Ereignisse, in denen sich die geistige Welt selbst den Menschen, die dazu reif geworden sind, nähern und mitteilen möchte. So öffnet sich die geistige Welt mit der Wende des 19./20. Jahrhunderts dem Erkenntnisstreben des Menschen, der – durch die Erkenntnistaten Rudolf Steiners geführt – seit dieser Zeit in einer fortschreitenden geistigen Durchdringung der Welt Halt und Sinn seines Lebens finden kann. Im Fortgang dieses Sich-Öffnens der geistigen Welt tritt seit 1933 *das Wesen* geistig-ätherisch an die Menschen heran, das für die Menschheit im Mittelpunkt sowohl der physischen wie der geistigen Entwicklung steht – der Christus.

Die Geburtsreihe hat es mit dem Aspekt der physischen Welt und ihrer Verwandlung im Bösen wie im Guten zu tun. In der Todesreihe geht es um das Verhältnis der sinnlichen zu der übersinnlichen Welt, die Brücke zwischen beiden Welten wird geschlagen. Der kosmische Hintergrund der irdisch-menschlichen Geschichte, der auf die Zukunft gerichtet ist, wird besonders spürbar. Man erinnere sich an die eindrückliche Tatsache, dass Jakob Wassermann die Beerdigung Kaspar Hausers von einer einzigartigen Himmelserscheinung begleitet sein lässt (siehe 1. Kapitel, Seite 60).

Versucht man den Zusammenhang zwischen der Geburts- und der Todesreihe zu finden, steht man betroffen vor der Tatsache, dass sich die Zeitspanne von 12 Jahren, die die nationalsozialistische Herrschaft währte, zwischen diesen Reihen von selbst ergibt. Dies ist dadurch bedingt, dass sich die 21 Lebensjahre Kaspar Hausers zu den 33 Jahren durch 12 Jahre ergänzen. Rechnet man von der Geburt Kaspar Hausers 99 Jahre weiter, so kommt man zu dem Jahr 1911.

Die auf diesen Zeitpunkt folgenden 33 Jahre teilen sich in einen 21 Jahrabschnitt (bis 1932) und in einen 12 Jahrabschnitt (von 1932–1944). Im Jahr 1932/33 verbindet sich notwendigerweise die Todesreihe mit dieser Unterteilung*. Die 12 Jahre zwischen den Reihen waren eine besondere Einbruchstelle ahrimanischer und asurischer Kräfte. Man muss wohl voraussetzen, dass dies von den Urhebern der zugrundeliegenden Tat von vornherein ins Auge gefasst wurde. Mit dem Hinweis auf diese menschlichen Urheber wird eine schwierige Erkenntnisfrage aufgeworfen.

Die Erfahrung lehrt, dass selbst Menschen, die das gute und böse Wirken geistiger Wesen in der menschlichen Geschichte anerkennen, nur schwer davon zu überzeugen sind, dass sich Menschen *bewusst* erkennend dem Bösen hingeben. Mit gutem Grund ist in die Menschenseele der Glaube gelegt, dass die spirituellen Erkenntnisse die menschliche Moral nur stärken und begründen können. So natürlich und gesund das ist, verallgemeinert darf es doch nicht werden. Dann hindert es nämlich daran, der furchtbaren Tatsache ins Auge zu sehen, dass sich Menschen nicht nur durch Überhebung und Irrtum mit den bösen Prinzipien verbinden, sondern auch willentlich und wissentlich. Die ungeheure Bedeutung dieser Tatsache ergibt sich aus der hier vorgeführten Betrachtung der letzten zwei Jahrhunderte. Es besteht gar keine Möglichkeit, gegenüber dem Wirken dieser Menschen aufzukommen, wenn man nicht unbefangen den Abgrund des Bösen sieht.

Von diesen Menschen-Kreisen wird unter anderem die Meinung ausgestreut, dass es gar keinen in der Geschichte wirkenden kosmischen Geist gäbe. In diesem Sinne wird von ihnen die heutige Wissenschaft befürwortet, der Materialismus auf allen Gebieten ist nur willkommen. Jeder, der auf das finstere Wirken gewisser Kreise hinzuweisen sucht, ist in diesem Sinne nur jemand, der etwas von vornherein Abwegiges und Unbeweisbares behauptet. Man muss sich demgegenüber radikal klarmachen, dass all das, was so ausgesprochen wird, nur denen dient, die es aussprechen. Es ist der beste und einfachste Schutz ihrer Bestrebungen, den Geist als solchen zu leugnen. Wer wird sich gegen etwas schützen, was es gar nicht gibt? Eine raffinierte Tarnung des Bösen ist seine Selbstverleugnung.

Noch einmal soll durch eine Äusserung Rudolf Steiners hier auf den ganzen notwendigen Ernst hingewiesen werden: «Ja diejenigen Brüderschaften, von denen ich Ihnen eben gesprochen habe, welche die Seelen der Menschen in die materialistische Sphäre bannen wollen, diese Brüderschaften haben das Bestreben, den Christus unvermerkt vorübergehen zu lassen im 20. Jahrhun-

* Es ist dies letztendlich keine Glaubenssache, sondern ein Erkenntnisproblem: Wie ist es möglich, sich bewußt für das Böse zu entscheiden. Theoretisch muß es möglich sein, denn sonst gäbe es keine Freiheit. In der Praxis muß es als Realität angenommen werden, denn sonst wäre das, was vor allem in diesem Jahrhundert stattfand und stattfindet und auch Vieles direkt Beobachtbare unverständlich – Also der Sachverhalt ist gegeben, aber: wie ist eine solche Entscheidung oder Tendenz eines Menschen zu verstehen?

dert, sein Kommen als ätherische Individualität nicht bemerkbar werden zu lassen für die Menschen. Und diese Bestrebung entwickelt sich unter dem Einfluss einer ganz bestimmten Idee, eigentlich eines ganz bestimmten Willensimpulses; sie haben nämlich das Bestreben, die Einflusssphäre, die durch den Christus im 20. Jahrhundert und weiter kommen soll, für eine andere Wesenheit – wir werden darüber noch genauer sprechen –, für eine andere Wesenheit zu erobern. Es gibt westliche Brüderschaften, welche das Bestreben haben, dem Christus seinen Impuls streitig zu machen und eine andere Individualität, die nicht einmal irgendwann im Fleische erschienen ist, sondern nur eine ätherische Individualität, aber streng ahrimanischer Natur ist, an die Stelle zu setzen[149].»

Damit ist das Kampffeld aufgezeigt, auf dem sich die umfassenden Katastrophen abspielen, die die Menschheit überfallen haben. Dabei sind keineswegs diese Katastrophen selbst das Schlimmste. Viel schlimmer sind die Einsichtslosigkeit und der fehlende Wille, wirklich irgend etwas aus dem Geschehenen zu lernen. Dies wird dadurch verunmöglicht, dass die Erkenntnisse der Anthroposophie totgeschwiegen, abgelehnt oder bekämpft werden. So wissen die allermeisten Menschen letztlich überhaupt nicht, worum es heute geht. *

Wenn man an der Überwindung der aufgestellten Widerstände nicht verzweifeln will, bleibt nur übrig, durch rückhaltlose Erkenntnis des Geschehenen zu helfen, einen neuen Grund für das Wirken Mitteleuropas zu schaffen. Für die Zukunft kann nichts Fruchtbares geschehen, wenn die Dimension des Kampfes nicht richtig bestimmt wird. «Denn es könnten Menschen das ganze Werk verpfuschen», sagt Rudolf Steiner einmal lapidar[150], womit in diesem Zusammenhang das ganze Erdenwerk gemeint ist. Das ist «das Riesige», um das es jetzt geht. Gewiss kann nicht die ganze Welt aus den Angeln gehoben werden, aber die weitere Entwicklung *kann* auch so verlaufen, dass es am Ende berechtigt ist, sie eben als verpfuscht zu bezeichnen.

In der Gegenwart geht es in diesem Sinne darum, dass in der Zukunft – vielleicht erst in Jahrhunderten – das deutsche Volk doch noch die Möglichkeit findet, seine Aufgabe zu vollenden. (Im zweiten Kapitel im Abschnitt «Kaspar Hauser und der deutsche Volksgeist» ist diese Frage von einem anderen Aspekt aus schon berührt worden.) Das deutsche Volk hat die weltgeschichtliche Aufgabe, das Ich in der Bewusstseinsseele zu pflegen. Dazu gehört es auch, den Christusimpuls in das Ich aufzunehmen. Da dies zugleich eine allgemeinmenschliche Aufgabe ist, liegt diesem Streben nichts ferner als irgendein nationales Moment.

* Vielleicht mehr noch eine recht weitgehende Unfähigkeit im anthroposophischen Bereich selbst. – Denn da ist einiges verpfuscht worden.

Der deutsche Geist konnte seinen Weg aus der Goethe-Zeit heraus nicht in adäquater Weise fortsetzen. Er ging verloren, nicht nur durch das massive Wirken seiner Gegner, sondern auch durch die Naivität und Schwäche derer, die ihn pflegen sollten. Anknüpfend an Goethe hat Rudolf Steiner in der Anthroposophischen Gesellschaft diesen Geist zu wecken und zu pflegen gesucht. Jetzt sollte aus der bitteren Erkenntnis der Zerstörung Mitteleuropas – von aussen bewirkt und selbst verschuldet – die Kraft gewonnen werden, die, unbeirrbar und geduldig auf die Wirksamkeit des Geistes vertrauend, doch noch in diesem Jahrhundert die Wende zum Guten einleitet.

Was demgegenüber die Gegner des Geistes in den letzten beiden Jahrhunderten – wohl auch schon davor – erreichen wollten und weiter wollen, ist, das Wirken dieses wahrhaftigen Geistes im Sinne des Christentums von dem physischen Plan zu verdrängen. Nach diesem Prinzip des Verdrängens möchten sie den physischen Plan für sich erobern. Ihr Ideal ist es, die Erde leerzufegen von geistigen Impulsen, um dadurch die Menschen an die Erde zu ketten und sie mit auf ihre Entwicklungsbahn – die den Menschen in den Abgrund reisst – zu ziehen.

Den übergreifenden, zielgerichteten Impulsen der Gegner des Geistes dienen – unwissend und gutmeinend – weltweit die meisten Politiker. Diese haben nur die Möglichkeit, in dem vorgegebenen Strom mitzuschwimmen, da ihr Vorgehen kurzschrittig von «Realitäten» bestimmt wird, deren Entstehung und Konsequenz nicht gesehen werden. Auf keinem Gebiet ist die Illusion, geistig selbst tatsächlich etwas zu bewirken, so gross, wie in der Politik. Nur weil man die Fäden nicht sieht, glaubt man, selbst etwas zu bewegen.

Das krasseste Beispiel ist auch hier wieder Hitler, der mit allerlei Vorstellungen sein Treiben begleitete und diese auch aussprach, in Wahrheit aber in einzigartiger Weise dem Verdrängungsprinzip diente, insbesondere durch die durch ihn bewirkte Konstellation der Weltverhältnisse. Dies Meisterstück ist den Gegnern des Geistes durch diesen willfährigen Menschen gelungen. Sie greifen nur direkt ein, wenn sie, wie bei Kaspar Hauser, sich durch die Tatsachen – hier die Geburt Kaspar Hausers – zwingend dazu veranlasst sehen. Die grösste Gefahr ist für sie gegeben, wenn ein zum Geiste erwachter Mensch – ein Eingeweihter – auf dem physischen Plan für den Geist konkret zu wirken beginnt.

Der Eingeweihte wird mit dem Willen der geistigen Welt von über dem Menschen stehenden Wesen berufen und eingesetzt. Wenn ein Eingeweihter als solcher bekämpft wird, richtet sich der Kampf somit auch gegen diese geistigen Wesen selbst. In dieser Situation befand sich Rudolf Steiner – darauf wird später noch näher einzugehen sein. In dem Eingeweihten ist die Brücke zwischen der sinnlich-physischen und der übersinnlich-geistigen Welt gebaut, aber auch jeder Kontakt, der von einem Menschen mit der geistigen Welt erreicht wird, stellt einen Brückenschlag dar.

Das Bild der Brücke wird hier im Sinne der Brücke in Goethes Märchen «Von der grünen Schlange und der schönen Lilie» verstanden. Goethe hat die tiefsten Entwicklungsprinzipien seiner und der zukünftigen Zeit in der Imagination des Brückenbaus erfasst. Seine Geistesart erschreckt aber die Gegner des Geistes, die ihre Aufgabe darin sehen, die Brücke zu zerstören, ihren Bau zu verhindern. Sie würden einen Triumph erleben, wenn dies zu dem Glauben verführte, dass ein Brückenschlag erfolg- und wirkungslos wäre. Das Gegenteil ist der Fall. Alles, was spirituell vollbracht wird und die geistige Welt wirklich erreicht, hat im Sinne des 33-Jahr-Gesetzes seine unbedingte Wirkung als Brückenschlag. Es muss sich bei dem, was von Menschen in dieser Richtung getan wird, nur darum handeln, dass nicht nur in ihrem Vorstellen und Meinen, sondern objektiv der Kontakt zur geistigen Welt hergestellt wird. Die Tat des Menschen bedarf der Beglaubigung durch die geistige Welt. Es möge das, was hier gemeint ist, an dem schönsten Beispiel der Weltgeschichte gezeigt werden, das mit dem Schicksal Kaspar Hausers eng verbunden erscheint.

Das Gespräch zwischen Goethe und Schiller, das im Juli 1794 in Jena stattfand und ihre Freundschaft begründete, führte zwei Individualitäten zusammen, die sich zunächst nicht verstehen konnten. Beide hatten sich auf ihre Weise vorher schon der geistigen Welt genähert. Goethe insbesondere durch die Entdeckung der Urpflanze, die er sieben Jahre vor diesem Gespräch, 1787, in Palermo erkannt hatte und die in diesem Gespräch eine Hauptrolle spielte. Schiller hatte 1791 in seiner schweren Erkrankung, an der Schwelle des Todes stehend, einen Hauch der geistigen Welt empfangen, indem er den ersten Schritt zur Erkenntnis der Dreigliederung des Menschen machte. In den Briefen, die er seinem Gönner, dem Herzog Karl Christian von Augustenburg nach Dänemark schrieb, gewann die in ihm zutiefst veranlagte dreigliedrige Auffassung (siehe schon seine Dissertation «Über den Zusammenhang der tierischen Natur des Menschen mit seiner geistigen») ihre erste Gestalt. Die Freiheit des Menschen wird nicht als ein Gegebenes erkannt, sondern als etwas, das nur durch den Menschen selbst errungen werden kann. Im Spiel des Kindes – von Schiller selbst an seinem ersten Sohn beobachtet – kann das Vorbild gefunden werden, das dem Menschen den Weg weist. Der künstlerische Prozess erfüllt die Bedingungen des Spielens, indem er das Geistige versinnlicht und das Sinnliche vergeistigt. Wo das Künstlerische in diesem Sinne vom Menschen erreicht wird, betritt er erst die Sphäre der Freiheit. Damit war eine feste Grundlage für eine zukünftige Ästhetik gegeben, indem die Kunst als notwendige Bedingung für das Menschsein, ja als Erfüllung seines Strebens nach Freiheit aufgezeigt wurde[151].

In dem Gespräch zwischen Goethe und Schiller spielte sowohl die Urpflanze wie auch die Ästhetik, die Schiller vortrug, eine Rolle. Reinhard Buchwald hat einleuchtend nachgewiesen, wie sich Goethe und Schiller auf dem Gebiet der Ästhetik unmittelbar finden konnten, da sich Goethe von Schiller auf diesem Gebiet verstanden fühlte. Und Schiller fand allmählich Zugang zu Goethes Art, die Natur zu betrachten. Die Freundschaft zwischen Goethe und Schiller begründete sich auf der von beiden unabhängig und selbständig gefundenen Anschauung vom Menschen, die sich als wesensgleich erwies. Diese Erfahrung, die beide machten, dass sich nämlich ihre Ansichten nicht feindlich gegenüberstanden, sondern sich innerlich suchten, erschloss nicht nur gegenseitig die Seelen, sondern liess in diese Menschenbegegnung den Geist einströmen, durch den sie teilnehmen konnten, ahnend, an den Ereignissen der geistigen Welt[137]. Auf diese Weise wurde ihre Freundschaft zur welthistorischen Tat, die ihre Fruchtbarkeit weithin gezeigt hat, indem beide in einer Steigerung ihrer Fähigkeiten weiterarbeiten konnten. Diese ihre gemeinsame Arbeit tritt 1795 an die Öffentlichkeit, indem in der Zeitschrift «Die Horen» von Goethe «Die Unterhaltungen deutscher Ausgewanderter», zu denen das Märchen gehört, und von Schiller die «Briefe über die ästhetische Erziehung des Menschen» erscheinen.

Eine Wirkung dieses epochalen Ereignisses in der Geistesgeschichte der Menschheit ist die Tatsache, dass 33 Jahre später, Pfingsten 1828, Kaspar Hauser in Nürnberg auftritt. Aus dem Dunkel seines Kerkers ist er ans Licht geführt worden. Die Motive, die zu diesem Zeitpunkt zu seiner Freilassung führten, sind bisher unbekannt geblieben. Vielfach ist aber bemerkt oder empfunden worden, dass sein Leben in der Welt offenbar nicht so verlaufen ist, wie es seine Gegner beabsichtigten. Der Mordversuch vom Oktober 1829, das Auftreten von Lord Stanhope im Mai 1830 und schliesslich die Ermordung im Dezember 1833 sprechen eine deutliche Sprache. Was sich auch die Gegner Kaspar Hausers bei seiner Freilassung gedacht haben mögen, sehr bald hielten sie diese offenkundig für einen Irrtum oder Fehler. Dem Erscheinen Kaspar Hausers verdankt aber andererseits die Menschheit die Kunde seiner Existenz.

Die spirituelle Kraft, die in der Freundschaft Goethes und Schillers seit 1794 – und 1795 durch die Veröffentlichung – mit dem Brückenschlag zur geistigen Welt entstand, wird hier als das in den Tiefen der Geschichte Wirkende gesehen, das Kaspar Hauser zur Freiheit verhalf. Was in den Kräften der geistigen Welt selbst wurzelt, das gelangt zur objektiven Wirkung in der Welt. Die Arbeiten Goethes und Schillers und ihrer Geistesfreunde bereiteten Mitteleuropa für das Wirken Kaspar Hausers vor. Finstere Machinationen hinderten diesen an seinem Wirken. Die Vereinigung zweier Menschen im Geist, die Freundschaft zwischen Goethe und Schiller, schafft den Impuls, der dagegen aufkommt. Es ist, als wollte die Sprache der Geschichte selbst auf diesen Hintergrund hinweisen, indem Kaspar Hauser gerade an einem Pfingstfest, das ja ein Zukunftselement des Christentums ist, in Nürnberg erscheint, denn der geistigen Vereinigung der Menschen, der Begründung der wahren menschlichen Gemeinschaft, muss ja vorausgehen, dass sich der einzelne Mensch wenigstens auf einem Gebiet zur Freiheit durchgekämpft hat. In der Freundschaft zwischen Goethe und Schiller ist dies urbildlich gegeben, ihre Bedeutung für die Zukunft ist unermesslich.

Ist es nicht im Hinblick auf die Finsternisse, die auf Kaspar Hauser einwirkten, ein wahrer Trost, dass der von Menschen erarbeitete Geist, kraftvoll eingreifend, in der Geschichte wirkt? Dadurch kann auch erkannt werden, dass es sich bei allem, was geschieht, nicht von vornherein um ein Fatum handelt, sondern darum, welche Geistesstärke von Menschen gegenüber der gewaltigen Bosheit errungen werden kann.

Verfolgt man den 33-Jahr-Rhythmus weiter, so kommt man zu der erstaunlichen Tatsache, dass 33 Jahre nach dem Erscheinen Kaspar Hausers Rudolf Steiner geboren wird. So wird Rudolf Steiner schon durch den Zeitpunkt seiner Geburt in die Reihe der grossen Brückenbauer hineingestellt. Der Strom spiritueller Beziehung und einer objektiv von Generation zu Generation gehenden gemeinsamen Arbeit für den Geist wird spürbar. Die – noch unbeantwortete – Frage an die Schicksalsmächte erhebt sich: Hat der ganze Opfergang Kaspar Hausers eine helfende, schützende Kraft für Rudolf Steiner hervorgebracht?

Das grosse Ereignis der Geburt eines der führenden Geister der Menschheit auf Erden findet sein geistiges Äquivalent 33 Jahre später in der Veröffentlichung der «Philosophie der Freiheit» von Rudolf Steiner im Jahre 1894. Der innere Zusammenhang der ganzen hier vorgeführten Reihe zeigt sich, wenn man «Die Philosophie der Freiheit» als Jahrhundertereignis zu den Veröffentlichungen von Goethe und Schiller in den «Horen» von 1795 auffasst*. Das ist auch innerlich gerechtfertigt. Durch Goethe ist vorzüglich das Anschauen, das Wahrnehmen der Menschen verlebendigt und zu dem Geist erhoben worden (Urpflanze, Farbenlehre). Durch Goethe wird ein Schritt getan, das Wahrnehmen des Menschen aus den Fängen Ahrimans zu befreien, der den Irrtum suggeriert, auf dem Felde des Sinnlichen sei nichts Geistiges, sondern nur Stofflich-Materielles.

Durch Schiller wird das Denken zu einem Instrument der Spiritualität vorbereitet, indem er den michaelischen Impuls der Dreigliederung aufnimmt. Schiller geht den Weg der Verchristlichung des Denkens, indem er den Dualismus überwindet, der von Luzifer gegeben ist[152].

Von Rudolf Steiner werden beide Elemente aufgegriffen und fortgeführt. Es wird nachgewiesen, dass im Erkennen des Menschen Wahrnehmen und Denken von diesem selbst so vereinigt werden, dass durch den Erkenntnisakt im Wiederherstellen der Welteinheit der Mensch zu einem individuell freien Wesen wird.

Das Spiegelungsgesetz

Die entscheidende Bedeutung des Jahres 1945 und der Zusammenhang der oben dargestellten Ereignisse dieses Jahres mit dem Schicksal Kaspar Hausers kann durch das Spiegelungsgesetz von einem anderen Gesichtspunkt aus überprüft und bestätigt werden. Das hier gemeinte Gesetz erklärt Rudolf Steiner am 14. Oktober 1917 in Dornach folgendermassen: «Die Dinge geschehen zyklisch, das heisst periodenweise. Und was hier auf dem physischen Plan geschieht, das ist eigentlich immer eine Art Projektion, eine Art Abschattung dessen, was in der geistigen Welt geschieht. Nur geschieht das, was in der geistigen Welt geschieht, früher. Nehmen Sie einmal an, hier diese Linie (siehe Zeichnung) stellte dar die Schwelle, also die Grenzlinie, Grenzebene zwischen der geistigen Welt und der physischen Welt, so würde das, was ich jetzt eben gesagt habe, in der folgenden Weise zu charakterisieren sein: Nehmen wir an, irgend etwas, was als geistiges Ereignis zu bezeichnen ist – der Kampf Michaels mit dem Drachen –, geschieht zunächst als ein Ereignis in der geistigen Welt. Es entladet sich zuletzt dadurch, dass der Drache vom Himmel auf die Erde geworfen wird. Dann zeigt es sich auf der Erde so, dass ein Zyklus voll wird, das heisst, ungefähr an demselben Zeitpunkt nach dem Ereignis, durch das der

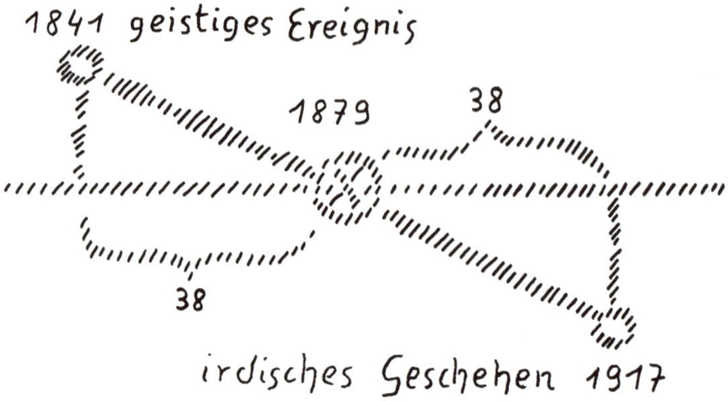

Drache auf die Erde heruntergeworfen worden ist, zeitlich so weit entfernt, wie dieser Zeitpunkt liegt nach dem Beginne des geistigen Ereignisses.

Man möchte sagen: Die Morgenröte, der erste Anfang, der erste Anstoss zu diesem Kampfe des Michael mit dem Drachen im 19. Jahrhundert war 1841. Besonders lebhaft ging es dann zu im Jahre 1845. Von 1845 bis 1879 verlaufen 34 Jahre, von 1879 weitergezählt 34 Jahre, würde das Spiegelereignis sein: Sie haben das Jahr 1913, das 1914 eben vorangegangen ist. Sie sehen, auf dem physischen Plane ist Spiegelbild der entscheidenden Ursachen des geistigen Kampfes dasjenige, was von 1913 an beginnt. Und nehmen Sie gar 1841 bis 1879 bis 1917! Das Entscheidungsjahr des 19. Jahrhunderts war 1841, sein Spiegelbild ist 1917. Und niemand braucht sich sehr zu wundern über mancherlei, was geschieht, wenn er ins Auge fasst, dass jene Anstrengungen, die 1841 droben in der geistigen Welt durch die ahrimanischen Scharen begonnen haben, als der Drache mit dem Michael seinen Kampf begann, sich gerade 1917 spiegeln. Man versteht die Ereignisse des physischen Planes wirklich nur, wenn man weiss, wie sie sich vorbereiten in den geistigen Welten[153].»

Rudolf Steiner stellt hier vor allem den Zusammenhang der Jahre 1841 und 1917 heraus. Dieser Hintergrund des Jahres 1917 wird noch für eine spätere Betrachtung wichtig sein. Das in der Geburtsreihe Kaspar Hausers behandelte Jahr 1845 wird durch die Aussage Rudolf Steiners hervorgehoben, und die Tragik der Ausschaltung Kaspar Hausers kann auch in dem sich spiegelbildlich dazu verhaltenden Ausbruch des Ersten Weltkriegs gesehen werden*. Durch das Fehlen Kaspar Hausers auf dem physischen Plan konnte den ahrimanischen Kräften auf der Erde nicht die Spitze abgebrochen werden, so dass

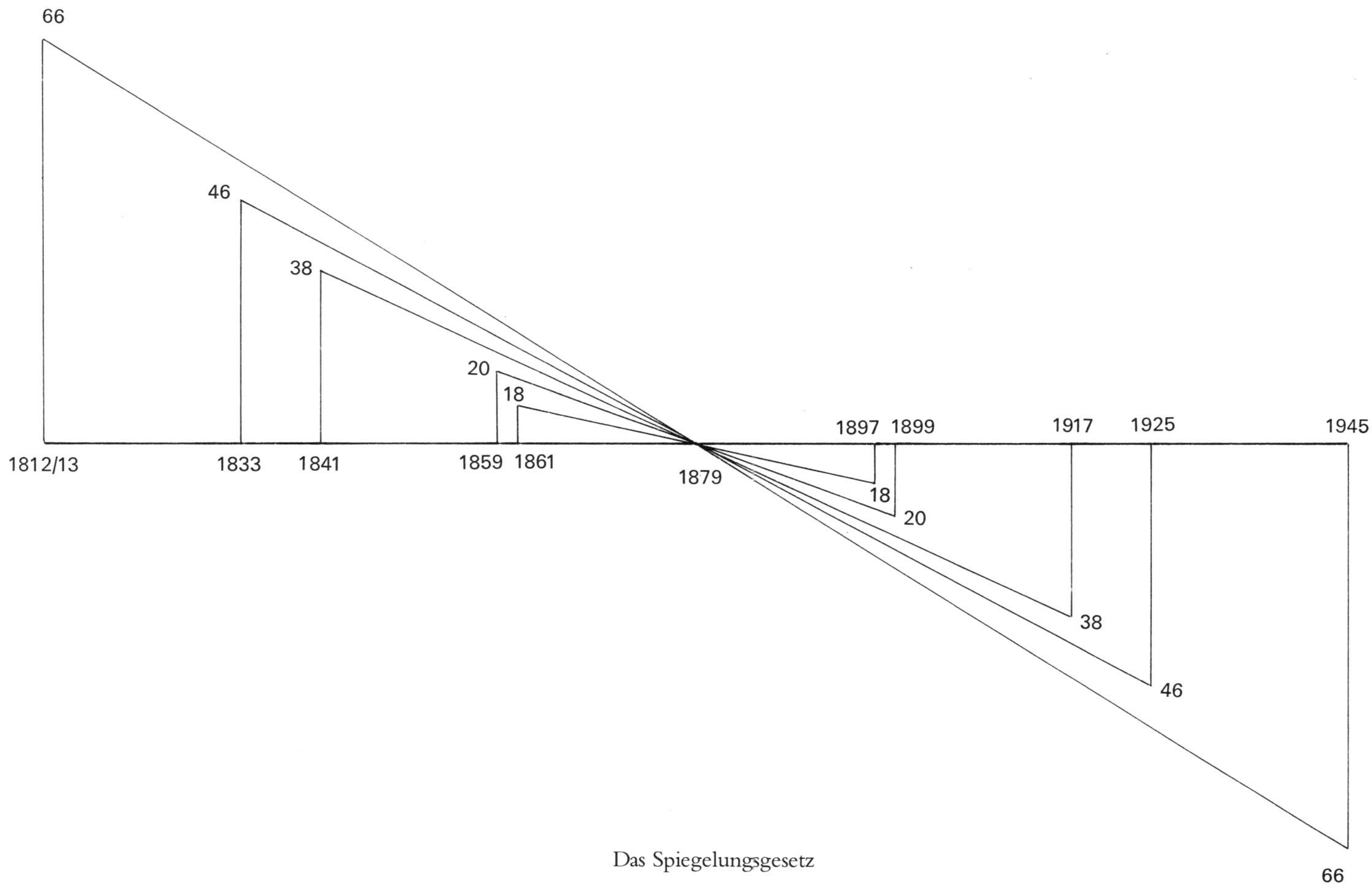

Das Spiegelungsgesetz

diese in den Gemütern der leitenden Männer, insbesondere in Deutschland, jene Verwirrung und Lähmung erreichen konnten, die Rudolf Steiner im Zusammenspiel mit der lange vorhandenen Geistesleere für den konkreten Kriegsausbruch verantwortlich gemacht hat.

Der Eindruck des Verhängnisses, das mit dem Ausschalten Kaspar Hausers verbunden ist, verstärkt sich dadurch wesentlich, dass sich die Jahre 1813 (Kaspar Hauser wird 3 Monate vorher geboren) und 1945 spiegelbildlich zum Jahr 1879 verhalten. Kaspar Hauser wird 66 Jahre vor 1879 geboren und in Gefangenschaft versetzt; 66 Jahre nach 1879 geht Mitteleuropa unter und die Atomkräfte werden entfesselt. Beide Ereignisse hängen zutiefst mit dem Auftrag und dem Schicksal Kaspar Hausers zusammen.

Das Schaffen eines spirituell begründeten Reiches in Süddeutschland sollte ja die Impulse der Goethe-Zeit so auf dem physischen Plan wirksam werden lassen, damit durch die im 20. Jahrhundert kommende Anthroposophie eine genügend grosse Anzahl von Menschen auf die geistigen Ereignisse des Jahrhunderts durchgreifend vorbereitet werden konnte. Trotz der ungeheuren geistigen Taten Rudolf Steiners konnte der durch das Ausschalten Kaspar Hausers eingetretene Rückstand zunächst und so schnell nicht aufgeholt werden. Ohne die Bosheit der Gegner zu vergessen, muss auch gesehen werden, dass es den Menschen an Verständnis, Ernst und Wachheit mangelte, um im Verein mit Rudolf Steiner das sozusagen Unmögliche doch noch möglich zu machen.

Wenn Kaspar Hauser seinem Auftrag gemäss hätte leben können, so hätten sich durch das mit ihm geheimnisvoll verbundene geistig-physische Phantom Kräfte mit der physischen Welt verbinden können, zu denen die 1945 entfesselten Atomkräfte das genaue Gegenbild sind.

Ein Einwand gegen den spiegelbildlichen Zusammenhang der Jahre 1812/13 und 1945 könnte sein, dass Rudolf Steiner von einem Ereignis in der geistigen Welt spricht, das sich dann spiegelbildlich auf dem physischen Plan projiziert. Man könnte meinen, dass die Geburt Kaspar Hausers ein solches geistiges Ereignis nicht sei. Demgegenüber kann man darauf aufmerksam machen, dass insbesondere die Geburt einer führenden Individualität der Menschheit an einem markanten Zeitpunkt – Michaeli 1812 – auf einen Impuls innerhalb der geistigen Welt zurückgeht. Ausserdem beruht der Raub, beziehungsweise der Austausch Kaspar Hausers gegen ein sterbendes Kind 2 Wochen nach seiner Geburt durchaus auf der bösen Anwendung tiefgehender okkulter Erkenntnisse. Die Gefangenschaft und die Behandlung Kaspar Hausers sind der Ausdruck eines geistigen Kampfes, der zwischen der geistigen

A. Lucas, «Caspar Hauser im April 1825»
Kunstsammlungen zu Weimar

und der physischen Welt spielt. Zur Signatur dieses Kampfes gehört es, dass er so ins Verborgene verlagert wird, dass er für die meisten Menschen unbekannt ist oder unglaubwürdig erscheint. Das Verbergen der Geburt Kaspar Hausers nach Ort und Zeit ist auch ein Mittel in diesem okkult bestimmten Kampf. Wie der Zweifel an der Herkunft überwunden werden kann, ist im Anfang des ersten Kapitels gezeigt worden.

Die Anwendung des Spiegelungsgesetzes kann auch für 1833, das Todesjahr Kaspar Hausers, einen tiefbewegenden Zusammenhang mit einem späteren Ereignis enthüllen. Kaspar Hauser wird rund 46 Jahre vor dem Herbst 1879, dem Beginn des Michaels-Zeitalters, ermordet. Knapp 46 Jahre nach 1879, am 30. März 1925 muss Rudolf Steiner den physischen Plan verlassen. Man steht vor der erschütternden Tatsache, dass die beiden grössten spirituellen Brückenbauer Mitteleuropas spiegelbildlich zum Beginn des Michaels-Zeitalters vom physischen Plan verdrängt werden.

Das Jahrhundertereignis von 1833 ist die Machtergreifung Hitlers 1933. Das spiegelbildliche Ereignis ist der Hingang Rudolf Steiners. Er hat sich in einen weltgeschichtlichen Geisteskampf hineingestellt, zum Teil auch stellvertretend für den unterdrückten Kaspar Hauser. Seine unermüdliche Arbeit insbesondere in diesem Jahrhundert war darauf gerichtet, die Menschheit vor dem Sturz in den Abgrund zu bewahren. Die Beobachtung der Spiegelbildlichkeit der Tode der beiden Individualitäten gibt Veranlassung, auf die latente Frage nach ihrem gegenseitigen Verhältnis näher einzugehen. Das soll im nächsten Kapitel geschehen.

Zum Abschluss dieses Kapitels sei noch auf ein weiteres Rätsel hingewiesen, auf das durch das Spiegelungsgesetz ein erhellendes Licht fällt. In den Kunstsammlungen von Weimar ist eine Graphit-Zeichnung von A. Lucas vorhanden*, die einen ernst blickenden Jüngling zeigt, mit langen, lockigen Haaren, dessen Gesichtszüge an Johannes erinnern. Am linken unteren Bildrand steht: «Kaspar Hauser im April 1825». Zu dieser Zeit befand sich Kaspar Hauser als 12jähriger noch in Gefangenschaft seiner Feinde. Wie der Künstler Lucas zu dieser Physiognomie und vor allem zu diesem Zeitpunkt gekommen ist, liess sich bisher nicht feststellen. Merkwürdig im höchsten Masse ist aber, dass sich das Jahr 1825 über 54 Jahre hinweg in dem Jahr 1933 spiegelt. Und ist es ein Zufall, dass dies Bild Kaspar Hauser gerade in einem Alter von 12 Jahren darstellt?! Das Geheimnis kann hier nicht gelöst werden. Aber der ernste Blick des gefangenen Kindes geht sorgenvoll in die Zukunft, er sucht das verstehende Herz der Menschen.

4. Kaspar Hauser und Rudolf Steiner

«Es liebt die Welt, das Strahlende zu schwärzen und das Erhabene in den Staub zu ziehen.»

Schiller über die Jungfrau von Orleans

Das Spiegelungsgesetz im Lebensgang Rudolf Steiners

Das Spiegelungsgesetz, das eine verborgene Beziehung zwischen Kaspar Hauser und Rudolf Steiner offenbart, kann auch einen entscheidenden Entwicklungspunkt in der Biographie Rudolf Steiners tiefer verständlich werden lassen. Rudolf Steiner ist durch seine Geburt am 27. Februar 1861 so in den Zeitenstrom hineingestellt, dass der erste Mondknoten (18 Jahre und 8 Monate) genau in dem Augenblick durchlaufen ist (Oktober 1879), in dem Michael die ihm «entgegenstrebenden Geister der Finsternis» «aus dem geistigen Reiche in die Reiche der Menschen herabgestürzt» hat, das heisst, dass sie seitdem «in den Empfindungs-, Willens-, Gemütsimpulsen der Menschen» walten. Seit dem November 1879 – worauf Rudolf Steiner ausdrücklich hinweist – entfalten diese «herabgestossenen Geisteswesen der Finsternis unter der Menschheit[154]» ihre Tätigkeit. In diesem Augenblick beginnt aber auch Rudolf Steiner seine michaelische Tätigkeit auf der Erde.

Das Durchlaufen des ersten Mondknotens zeigt sich in der biographischen Entwicklung häufig darin, dass die in den Willenstiefen verborgen lebende Individualität des Menschen deutlicher und regsamer in das Bewusstsein des jungen Menschen tritt und vor allem der Schicksalsauftrag dieser Inkarnation klarer empfunden wird. Oft ändern sich wahrnehmbar und ziemlich plötzlich Lebensziele, Berufswünsche, Menschenbeziehungen. Für Rudolf Steiner ist dieser Entwicklungsschritt – in vollkommenem Einklang mit dem kosmischen Ereignis des Michaelkampfes – durch den Beginn seines Studiums an der Technischen Hochschule Wien im Herbst 1879 und durch die bald geschlossenen Freundschaften mit Karl Julius Schröer und dem Kräutersammler markiert. Im dritten Kapitel von «Mein Lebensgang» berichtet Rudolf Steiner von diesen schicksalhaften Begegnungen. Durch Schröer wurde er mit der Welt

Goethes verbunden, die zu einem wichtigsten Anknüpfungspunkt und für viele Jahre zur Lebensarbeit wurde. Durch Schröer lernte er auch zum erstenmal den «Faust» kennen. In Schröer lebte eine Individualität – mit Rudolf Steiner tief verbunden –, die in ihrer Inkarnation das tragische Schicksal auf sich nehmen musste, von den tieferliegenden eigenen Geistes- und Schicksalsimpulsen nur wenig verwirklichen zu können. Er gehörte zu jenen Seelen, die – wie oben angedeutet – durch das Fehlen Kaspar Hausers im 19. Jahrhundert in ihrer Inkarnation nicht recht erwachen konnten, die durch den übermächtigen Materialismus in ihrem Bewusstsein abgedämpft wurden. In seinen späteren Goethe-Arbeiten bis hin zum Bau des Goetheanums hat Rudolf Steiner – eigentlich ohne ein Wort darüber zu verlieren – selbstlos alles getan, um die Aufgabe in Beziehung auf Goethe doch noch zu erfüllen, die sein geliebter Lehrer nicht hat erfüllen können. Dies bezieht sich im wesentlichen auf den Kunstimpuls Goethes, nicht auf seine naturwissenschaftlichen Arbeiten, die Schröer ferner lagen, und die eine Schicksalsaufgabe Rudolf Steiners waren. Den Manen seines Lehrers Schröer diente Rudolf Steiner später auch durch den Impuls zur Aufführung der «Oberuferer Weihnachtsspiele», die Schröer herausgegeben hatte.

Ein ganz anderes Schicksalsmotiv klingt in der Begegnung Rudolf Steiners mit dem Kräutersammler an. «Mit ihm konnte man über die geistige Welt sprechen wie mit jemand, der Erfahrung darin hatte ... man konnte, wenn man selbst die Anschauung einer geistigen Welt hatte, in diese durch einen Anderen, in ihr ganz Feststehenden, tiefe Einblicke tun.» Während Rudolf Steiner sonst, wenn er – selten – über seine Erlebnisse der geistigen Welt sprach, auf Unverständnis stiess, so dass er verstummte, lebte in dem Kräutersammler etwas Vertrautes und Verwandtes, und Rudolf Steiner mag durch diesen Menschen etwas wie ein fernes Heimatgefühl empfunden haben. «Und so wurde es mir nach und nach, wie wenn ich mit einer Seele aus ganz alten Zeiten zusammen wäre, die unberührt von der Zivilisation, Wissenschaft und Anschauung der Gegenwart ein instinktives Wissen der Vorzeit an mich heranbrächte[155].» Dieser Strom des geistigen Lebens ist vielfältig von Rudolf Steiner in seine Arbeit einbezogen worden: in den Zyklen über die Naturwesen, in den Mysteriendramen, in den Vorträgen anlässlich der Weihnachtstagung 1923.

Das dritte Lebensmotiv Rudolf Steiners im Durchleben seines ersten Mondknotens kann man als das michaelische bezeichnen. Der Bau der Brücke zwischen der physischen und der geistigen Welt, dem sein ganzes Leben galt, wird da im Ursprungspunkt innerhalb der Biographie sichtbar. «Mir kam es damals darauf an, das lebendige Weben der menschlichen Seele in der Form eines strengen Gedankenbildes auszudrücken. Meine Bemühungen um naturwissenschaftliche Begriffe hatten mich schliesslich dazu gebracht, in der Tätigkeit des menschlichen Ich den einzig möglichen Ausgangspunkt für eine wahre Erkenntnis zu sehen. Wenn das Ich tätig ist und diese Tätigkeit selbst anschaut, so hat man ein Geistiges in aller Unmittelbarkeit im Bewusstsein.» Die originäre Leistung, die Rudolf Steiner für die moderne, denkende Menschheit zum Verstehen der geistigen Welt vollbracht hat, wird damals in Angriff genommen. «Ich arbeitete nunmehr immer bewusster daran, die unmittelbare *Anschauung*, die ich von der geistigen Welt hatte, in die Form von *Gedanken* zu giessen[155].»

Den ahrimanischen Geistern, die aus dem Unbewussten und Verworrenen heraus im Menschen ihre Tätigkeit entfalten, tritt hier der Geist entgegen, der bewusst in seinem Ich den Schritt vollzieht, den diese Geister der Finsternis durch den Kampf Michaels tun mussten. Aus der geistigen Welt sind sie in den Menschen versetzt und drohen nun, das menschliche Denken so zu lähmen, dass es nicht mehr bemerkt, welche Geistigkeit in es einzieht. Das Denken wird dadurch in eine Sphäre heruntergezogen, in der es vollkommen passiv und – seinem Ursprung entfremdet – ein unbewusster Diener des Bösen wird. Durch Rudolf Steiner wird das menschliche Denken – in höchster Aktivität des Ich – demgegenüber mit dem zum Gedankeninhalt gestalteten Impuls der geistigen Wesen erfüllt. Dadurch kann in dem Augenblick der menschheitlichen Geistesentwicklung, der so bedeutungsvoll ist, dass er zum Spiegel des Vergangenen und Zukünftigen wird, das Heilend-Aufstrebende in die Hand des Menschen gelegt werden. Dies ist gegeben, wenn die vom Geist erfüllten Gedanken durch die Arbeit des Ich wiederum zum Anschauen der Geister erhoben werden. Von Kaspar Hauser sollte in den vierziger Jahren des 19. Jahrhunderts – als der Kampf Michaels mit dem Drachen begann – auf der Erde etwas geleistet werden, was der Tätigkeit am Ende dieses Kampfes entsprach.

Geht man nun vom Spiegelpunkt im Herbst des Jahres 1879 einen Mondknoten weiter, so kommt man zum Sommer des Jahres 1898 (Februar 1861 + 37 Jahre und 4 Monate). Durch die gegebene Zeitordnung, die von einem noch tiefer liegenden Geheimnis spricht, ergibt es sich, dass der zweite Mondknoten Rudolf Steiners sich – spiegelnd – auf den Zeitpunkt seiner Geburt bezieht. Es ist dies nicht nur eine bedeutende zeitliche Ordnung, sondern hier vollzieht sich ein geistiges Ereignis in der Biographie. Damit ist der Impuls gemeint, der unmittelbar vor der Inkarnation vor der Individualität Rudolf Steiners gestanden hat. Dieser übersinnliche Impuls kann als höchster Christus-Dienst charakterisiert werden. Er besteht in dem Entschluss, mit der unmittelbar bevorstehenden Inkarnation der Menschheit im Sinne des Christus zu helfen. Dieser vorgeburtliche Entschluss muss nun auf die Erde heruntergetragen und in dem inkarnierten Ich als bewusste Erkenntnis befestigt werden. Das vorgeburtlich geistige Ereignis wird spiegelbildlich zu dem Beginn des Michael-Zeitalters in den entscheidenden Prüfungserlebnissen Rudolf Steiners vor der Jahrhundertwende von ihm zu einer Tat gewandelt, die im Geistigen der Erde und der Menschheit bleibend vorhanden ist. Im 26. Kapitel von «Mein Lebensgang» berichtet Rudolf Steiner: «Was damals im Anschauen des Christentums in meiner Seele vorging, war eine starke Prüfung für mich. Die Zeit von meinem Abschiede von der Weimarer Arbeit bis zu der Ausarbeitung meines Buches: ‹Das Christentum als mystische Tatsache› ist von dieser Prüfung ausgefüllt. Solche Prüfungen sind die vom Schicksal (Karma) gegebenen Widerstände, die die geistige Entwicklung zu überwinden hat.» Die Widerstände hängen vor allem mit dem Wirken der auf die Erde und in die Menschen versetzten ahrimanischen Wesenheiten zusammen. «Mit meinen eigenen Ideen bin ich keinen Augenblick dieser (ahrimanischen) Welt verfallen. Auch nicht im Unbewussten. Denn ich wachte sorgfältig darüber, dass ich all mein Erkennen im besonnenen Bewusstsein vollzog. Um so bewusster war auch mein innerer Kampf gegen die dämonischen Mächte, die nicht aus der Naturerkenntnis Geist-Anschauung, sondern mechanistisch-materialistische Denkart werden lassen wollten.» Es ist keineswegs selbstverständlich, dass der vorgeburtliche Entschluss in das bewusste Seelenleben und damit auf die Erde ungebrochen und ungeschmälert gestellt werden kann. «Ich musste mir damals meine Geist-Anschauung in inneren Stürmen retten.» Diese Rettung kommt letztlich dadurch zustande, dass der Christus-Impuls von Rudolf Steiner gefunden und aufgenommen wird. «Auf das geistige Gestanden-Haben vor dem Mysterium von Golgatha in innerster ernstester Erkenntnis-Feier kam es bei meiner Seelen-Entwickelung an[156].» Durch die so bestandene Prüfung der Seele vor der Jahrhundertwende hat Rudolf Steiner die sichere Grundlage geschaffen, von der aus er im Jahre 1899, über das schon gesprochen wurde, bis zu seinem Hingang im März 1925 unermüdlich und ohne eine Unterbrechung im Sinne des Christus-Impulses gearbeitet und gewirkt hat. Da ist die christliche Substanz in das Ich eingezogen, das – in einem Leibe lebend – nun in unfassbarer Geistes- und Lebensfülle der Menschheit Helfendes zu geben vermochte.

1859 – 1879 – 1899

Unmittelbar vor der Inkarnation Rudolf Steiners liegt ein Knotenpunkt der Menschheitsentwicklung, von dem man geradezu sagen kann, dass er die Inkarnation einer Individualität wie Rudolf Steiner erforderte. Dieser Knotenpunkt hängt mit den Aufgaben des Rosenkreuzertums zusammen, die durch bestimmte Ereignisse von einem gewissen Zeitpunkt ab eine entscheidende Veränderung erfahren haben. Über diesen Umschwung in der Arbeit des Rosenkreuzertums, in den Rudolf Steiner selbst hineingestellt ist, schreibt er einmal folgendes: Das Rosenkreuzertum sollte «die streng geheimgehaltene Schule sein zur Vorbereitung dessen, was der Esoterik öffentlich als Aufgabe zufallen müsse um die Wende des 19. und 20. Jahrhunderts, wenn die äussere Naturwissenschaft zur vorläufigen Lösung gewisser Probleme gekommen sein werde.

Als diese Probleme bezeichnete Christian Rosenkreutz:

1) Die Entdeckung der Spektralanalyse, wodurch die materielle Konstitution des Kosmos an den Tag kam.
2) Die Einführung der materiellen Evolution in die Wissenschaft vom Organischen.
3) Die Erkenntnis der Tatsache eines anderen als des gewöhnlichen Bewusstseinszustandes durch die Anerkennung des Hypnotismus und der Suggestion.

Erst wenn *diese* materiellen Erkenntnisse innerhalb der Wissenschaft ausgereift wären, sollten gewisse rosenkreuzerische Prinzipien aus dem Geheimwissenschaftlichen in die öffentliche Mitteilung eintreten[157].»

Zeitlich und inhaltlich ist hier das Ende des Kali Yuga unausgesprochen charakterisiert. Das Jahr 1899 bezieht sich aber nach dem Spiegelungsgesetz auf das Jahr 1859. Tatsächlich spricht Rudolf Steiner einmal über dieses Jahr in auffallender Weise: «Gerade die Mitte des neunzehnten Jahrhunderts ist ein solcher Knotenpunkt in der Menschheitsentwickelung. Am Ende der fünfziger Jahre des vorigen Jahrhunderts, da fielen zusammen eine ganze Reihe von menschheitlichen Fortschritten, die uns in ihrem eigentümlichen Verhalten zueinander zeigen, was eigentlich Wichtiges und Wesentliches und heute noch nicht Erkanntes diese Mitte des neunzehnten Jahrhunderts innerhalb der Menschheitsentwicklung war.» Er weist zunächst auf Fechners 1858 erschienenes Werk «Elemente der Psychophysik» hin (nach anderer Angabe erst 1860 erschienen) und sagt dann: «Ein Zweites, das zusammenfällt, auf das Jahr hin zusammenfällt, das ist die Entstehung der Spektralanalyse von Kirchhoff und Bunsen, wodurch substantiell die Einheit des Weltenalls bewiesen werden soll[158].»

Damit war im Jahre 1859 die erste der von Christian Rosenkreutz genannten Bedingungen für ein öffentliches Hervortreten der spirituellen Erkenntnis gegeben. Das ist der Augenblick, in dem sich die Individualität Rudolf Steiners anschickt, in die Inkarnation einzutreten. Der «Umschwung in der neueren Erkenntnisanschauung» hat die Notwendigkeit herbeigeführt, «sich in die mechanisch-physikalisch-chemische Weltordnung zu vertiefen». Die «Fortschritte liegen in der Erkenntnis des Unlebendigen, des Toten». So notwendig diese Fortschritte auf der einen Seite sind, so zerstörerisch werden sie im weiteren Gang für alles soziale Leben. «Diese naturwissenschaftliche Weltanschauung macht antisozial, sie begründet antisoziale Triebe.» Diese Auseinandersetzung mit der naturwissenschaftlichen Weltanschauung ist ein wesentlicher Impuls der Lebensarbeit Rudolf Steiners. «Von innnen heraus müssen wir uns eine geistige Welt wieder aufbauen. Das setzt sich die anthroposophische Weltanschauung zu ihrer Aufgabe, den Untergrund dadurch schaffend für eine wirklich soziale Gestaltung der neueren Menschheitsordnung. Gewiss, es würde heute sehr deplaciert sein, davon zu sprechen, dass man nur das Innere pflegen soll; das wäre ein gewisser raffinierter Egoismus. Man muss heute davon sprechen, wie die äusseren Einrichtungen neu aufgebaut werden müssen. Aber man muss sich immer bewusst bleiben dessen, dass man in den bestaufgebauten Einrichtungen dennoch nicht weiterkommen würde, wenn nicht die Menschen sich aneignen würden die Fähigkeiten, eine geistige Welt von innen heraus wiederum aufzubauen[158].»

Durch das Spiegelungsgesetz kann so auf zweifache Weise gezeigt werden, wie Rudolf Steiners Lebenslauf zeitlich und wesensgemäss hineinverwoben ist in den kosmischen Gang der Geschichte und ihrer Notwendigkeiten; denn das Ende des Kali Yuga, der Beginn des Michael-Zeitalters und die Entfaltung des Christentums in geistigen Schritten sind Ereignisse, die auf der Bestimmung der Geschichte durch geistige Wesen beruhen.

Die Spiegelbildlichkeit der Tode von Kaspar Hauser und Rudolf Steiner ist in diesem Sinne auch als Audruck eines mehr oder weniger hinter den Kulissen der Geschichte stattfindenden Geisteskampfes anzusehen, bei dem es den Gegnern gelingt, das Äussere, den physischen Leib der Individualitäten zu treffen, um ihr *unmittelbares* Wirken auf der Erde zu unterbinden. In diesem Sinne hat Rudolf Steiner einmal auf die Jungfrau von Orleans hingewiesen. Das einzige, worüber ihre Feinde eine gewisse Macht gewinnen konnten, war ihr physischer Leib, der getötet werden konnte, wodurch sich ihre geistige Wirksamkeit aber erhöhte. Immer handelt es sich dabei um Opfertode, die sich nicht aus dem eigenen Schicksal, sondern aus der Erfüllung einer übergeordneten Aufgabe ergeben[159].

Geht man nun der Frage nach, womit der Tod Rudolf Steiners unmittelbar zusammenhängt, so kann die Antwort nur lauten: Mit der Begründung der Allgemeinen Anthroposophischen Gesellschaft in Dornach zu Weihnachten 1923. 21 Jahre nach dem Beginn seiner spirituellen Tätigkeit innerhalb der Theosophischen Gesellschaft (im Jahre 1902) entschliesst er sich ein Jahr nach dem Brand des Goetheanums (Silvester 1922) zu einem radikal neuen Ansatz für sein Wirken. Nach der Gründung von Landesgesellschaften in fast allen Ländern Europas übernimmt er erstmals selbst den Vorsitz der neu begründeten Allgemeinen Anthroposophischen Gesellschaft. Seit der Begründung der Anthroposophischen Gesellschaft im Jahre 1913 hat er in dieser als geistiger Lehrer gewirkt. Er bekleidete keine Funktion, er war nicht einmal Mitglied dieser Gesellschaft. Die Übernahme des Vorsitzes und die Bildung eines Vorstandskreises in Dornach um Rudolf Steiner sind weit mehr als verwaltungsmässige Veränderungen. Sie ergeben sich aus dem Willen, nach der furchtbaren Zerstörung des Goetheanums die Arbeit auf dem physischen Plan wesentlich zu verstärken, um die übernommenen Aufgaben für die Menschheit doch noch zu erfüllen. Dieser Wille ist getragen von der umfassenden Einsicht, dass das denkbar grösste Unglück eintreten muss, wenn es nicht gelingt, die in der anthroposophischen Bewegung liegenden Möglichkeiten stärker zu realisieren.

Die geschichtlichen Ereignisse, die nach dem Tode Rudolf Steiners – insbesondere in den dreissiger Jahren – eingetreten sind, stellen dieses Unglück dar. Mit dem Hingang Rudolf Steiners, der eine tiefgehende Veränderung im Verhältnis der geistigen zu der physischen Welt zum Ausdruck bringt, wird das Unglück unvermeidlich, nimmt das Verhängnis seinen Lauf. Nun besteht die Aufgabe, dies klar zu erkennen, um dadurch die Möglichkeit zu gewinnen, das Unglück in Zukunft zu wandeln.

Zu dem Kraftquell, aus dem damals, heute und zukünftig unendliches, spirituelles Leben erfliessen kann, gestaltete Rudolf Steiner den Grundstein der Anthroposophischen Gesellschaft zu Weihnachten 1923. Diese Grundsteinlegung ist als ein Akt höchster geistiger Ordnung anzusehen, weil durch sie in konzentrierter Form gemeinschaftsbildende Kräfte den Menschen in die Hand gegeben werden, die zu bedeutenden Wandlungen auf dem physischen Plan führen können. Daher ist es nicht verwunderlich, dass aus dem Hintergrund diejenigen mit aller Kraft gegen Rudolf Steiner gekämpft haben, die eine solche Verwandlung nicht wollen.

In dem Grundstein von Weihnachten 1923 hat Rudolf Steiner zwei Ströme seines geistigen Wirkens verschmolzen, die bis dahin so nicht verbunden waren. Der eine ist der Grundsteinlegungsimpuls im engeren Sinne, der die Erde ergreift, um sie zu wandeln, und der zutiefst mit dem Bau des Goetheanums zusammenhängt. Der zweite ist der Dreigliederungsimpuls, der von Rudolf Steiner 1917 nachdrücklich ergriffen und dann immer wieder ausgesprochen wird. Es ist hier die Dreigliederung des Menschen wie des sozialen Organismus gemeint. Nun lässt sich finden, dass beide Impulse durch tiefgehende, entscheidende Spuren mit Kaspar Hauser verbunden sind.

Der Modellbau in Malsch

Sucht man zunächst den ersten Ansatzpunkt des Grundsteinlegungsimpulses, so wird man erstaunlicherweise nach Malsch, 16 km südlich von Karlsruhe, geführt. Dort hat Rudolf Steiner in der Nacht vom 5. auf den 6. April 1909 unter dem ersten Frühlingsvollmond den Grundstein für den Rosenkreuzertempel «Franz von Assisi» gelegt. Dieser Tempel, der später unter dem Namen «Modellbau in Malsch» bekanntgeworden ist, ist so klein (2,5 × 3,5 m), dass er wie das Samenkorn zu einem Bau wirkt. Eigentlich sollte er auch wirklich wie ein Samenkorn in der Erde liegen, in den Granit hineingehauen. In aller Kleinheit werden in der architektonischen, plastischen und malerischen Gestaltung des Baues die Urmotive des Rosenkreuzertums zur Erscheinung gebracht. Der Bau geht auf Impulse zurück, die E.A.K. Stockmeyer auf dem theosophischen Kongress zu Pfingsten 1907 in München durch die Siegel und Säulen erhielt, die Rudolf Steiner für den dortigen Versammlungsraum hatte malen und zeichnen lassen[160]. In Stockmeyer entstand der Wille, zu den Säulen das Räumlich-Architektonische zu finden und zu schaffen. Auf eine diesbezügliche Frage zeichnete Rudolf Steiner Stockmeyer «in wenigen Strichen auf, wie die sieben Säulen in zwei von Westen nach Osten verlaufenden Reihen einen elliptischen Raum umschliessen und eine Kuppel in Form eines dreiachsigen Ellipsoids tragen sollten, dessen grosse Achse von Westen nach Osten läuft. Der Eingang sollte im Westen sein, und dort sollten die beiden Säulenreihen mit der Saturnsäule beginnen. Hinter den Säulen sollte ein Umgang sein, der ebenfalls von dreiachsigen Ellipsoiden ‹muschelartig› überdeckt werden sollte. Eine elliptische Wand sollte das Ganze nach aussen abgrenzen. Sie hat keine Fenster. Auf ihr sind die Siegel anzubringen, das erste zwischen der Saturnsäule und der Sonnensäule, das zweite zwischen Sonnen- und Mondsäule und so weiter, bis das siebte jenseits der Venussäule in der Ostnische zweimal rechts und links von der Mitte angebracht wird.

Licht empfängt der Raum nur durch eine einzige Öffnung im Hauptgewölbe, die so anzubringen ist, dass zur Zeit der Frühlings-Tagundnachtgleiche morgens gegen neun Uhr das Sonnenlicht auf einen ‹bestimmten Punkt› im Innern fällt. Die Wand ist rot, die Kuppeln sind blau zu bemalen. An das Hauptgewölbe soll der Tierkreis gemalt werden, beginnend mit den Fischen im Westen über der Saturnsäule[161].» In dieser Weise wurde der Modellbau «im Waldesdickicht beim Waldhaus in Malsch» wirklich errichtet. «Das auf 2 × 7 Säulen neuer Gestaltung ruhende Gewölbe in der Form eines dreiachsigen Ellipsoids ist das architektonische Urmotiv, das Rudolf Steiner mir im Sommer 1908 auf meine Frage hin übergab. Dieses Gestaltungsmotiv steht in seiner Bewegung zwischen dem griechischen Tempel mit seiner eindeutig geradlinigen Bestimmtheit und dem Kuppelbau mit seiner ruhelosen Kreisetendenz, die er erst durch den Kreuzgrundriss überwindet. Der antike Tempel kennt nur zwei wirkliche Dimensionen, man bewegt sich beim Schreiten von der Tür zum Bilde in der Wirklichkeit nicht vorwärts, sondern man wiederholt die gleichen Zustände. Der Kuppelbau macht den alten Tempel erst zum christlichen Bauwerk [160].»

Der Wille zur Verchristlichung der Erdenwelt, der in der künstlerischen Gestaltung liegt, kommt als Urbild aller von Rudolf Steiner vollzogenen Grundsteinlegungen in seinen so zu Herzen gehenden Worten bei der ersten Grundsteinlegung zum Ausdruck.

«Unter Schmerzen hat unsere Mutter Erde sich verfestigt. Unsere Mission ist es, sie wieder zu vergeistigen, zu erlösen, indem wir sie durch die Kraft unserer Hände umarbeiten zu einem geisterfüllten Kunstwerk. Möge dieser Stein zugleich ein erster Grundstein zur Erlösung und Umwandelung unseres Erdenplaneten sein und möge die Kraft dieses Steines sich vertausendfältigen. Als wir noch im Schosse der Gottheit ruhten, umhegt von göttlichen Kräften, da webte in uns der alles durchdringende und umhüllende Vatergeist. Aber noch waren wir unbewusst, nicht im Besitze der Selbständigkeit. Darum stiegen wir in die Materie herab, um hier das Selbstbewusstsein entfalten zu lernen. Da kam das Böse, da kam der Tod. Aber in der Materie wirkte auch der Christus und half uns, den Tod zu besiegen. Und indem wir also in Christo sterben, leben wir. Wir werden überwinden den Tod und durch unsere starke Kraft die Materie vergöttlichen, vergeistigen. So wird in uns erwachen die Kraft des heiligenden, heiligen Geistes[160].»

Besiegelt wurde der Grundstein, für den Rudolf Steiner «den Segen aller hohen und höchsten Wesen, aller geistigen Hierarchien, die mit der Erdenevolution verbunden sind», herabgefleht hatte, mit den Rosenkreuzersprüchen.

Was Rudolf Steiner erst 2½ Jahre später in Karlsruhe aussprechen konnte, die Erkenntnis des Phantomleibes und seiner zukünftigen Entfaltung, das ist hier als wirkendes Geheimnis noch wie unter einem Schleier verborgen. Es ist eine nur mit Erschütterung zu verfolgende Schicksalsführung, dass Rudolf Steiner seine erste Grundsteinlegung in einem räumlichen und spirituellen Bezug zu Kaspar Hauser vollzieht, der vor ihm in gleicher Richtung zu wirken berufen war.

Der Eindruck des inneren Bezuges Kaspar Hausers zu dem, was von Rudolf Steiner in Malsch vollbracht wurde, verstärkt sich wesentlich, wenn man in die Betrachtung die rätselhafte Tatsache einbezieht, dass es sich in Malsch um einen Rosenkreuzer-Tempel handelt, den einzigen, den es auf der Erde noch gibt. Schon durch den Karlsruher Zyklus «Von Jesus zu Christus» wird in der oben gegebenen Darstellung eine enge innere Beziehung Kaspar Hausers zum Rosenkreuzertum deutlich, und sein Lehrer Daumer wird ja von Rudolf Steiner ausdrücklich als «der letzte Rosenkreuzer» bezeichnet. Weit darüber hinaus gehen jene Aussagen, die Graf Polzer-Hoditz nach dem Gespräch mit Rudolf Steiner am 3. März 1925 aufgezeichnet hat. Es heisst da: «Jene Individualität, welche sich hinter dem Kaspar-Hauser-Schleier verhüllen soll, sei eine Wesenheit, welche inspirierend in den Rosenkreuzer-Zusammenhängen seit Anfang an gewirkt und sich dann am 29. September 1812 als Sohn des badischen Grossherzogs Karl und seiner Gemahlin Stéphanie de Beauharnais inkarniert habe. Dieser habe eine wichtige Mission des esoterischen Christentums zu erfüllen» (vergleiche Seite 76 und Anhang 1, Nr. 7).

Diese Aussagen, auf die im 5. Kapitel näher eingegangen wird, zeigen noch eine andere unmittelbarere Verbindung von Kaspar Hauser und Christian Rosenkreutz als die schon im ersten Kapitel erwähnte. Damit aber tritt die Beziehung dieses Rosenkreuzer-Tempels zu Kaspar Hauser selbst klar hervor.

Schliesslich findet sich noch ein drittes Verbindungsglied zwischen Malsch und Kaspar Hauser. Von der Familie Stockmeyer wird überliefert, dass Rudolf Steiner bei dem Betreten der Umgebung des Malscher Baues von «einem geweihten, heiligen Boden» gesprochen habe. Ein alter Eingeweihter, Aren oder Eren, habe in uralten Zeiten an dieser Stelle gewirkt. Man ist wohl an die Zeiten des atlantischen Untergangs verwiesen. Ein Meeresarm erfüllte damals die tieferliegende, jetzt vom Rhein durchflossene Ebene. Man wird wiederum auf verborgene Hintergründe des Wirkens und Sprechens Rudolf Steiners nachdrücklich hingewiesen, wenn man in dem Vortrag, den Rudolf Steiner zur Einweihung des Franz-von-Assisi-Zweiges am 6. April 1909 in Malsch gehalten hat, liest, wie er das Leben an diesem Ort und in diesem Augenblick einbezieht, dann aber überraschenderweise vor allem anknüpft an die Atlantis. Er berichtet, wie im letzten Drittel der atlantischen Zeit der grosse Eingeweihte des Sonnenorakels ein kleines Häuflein von Menschen um sich sammelte, die das geistige Leben aus der atlantischen in die nachatlantische Zeit hinübertrugen und die verschiedenen nachaltlantischen Kulturen entwickelten. «Wir sind als Theosophen heute in einer Lage, die wir nur vergleichen können mit der Lage, in der die Menschheit war in der alten atlantischen Zeit. Und wie seit der Zeit das Leben anders geworden ist, so wird das Leben in eine gewisse Zukunft hinein wiederum bis nach einer Katastrophe anders werden.» Ausdrücklich heisst es später: «Die Erscheinungen der alten atlantischen Zeit wiederholen sich[161].»

Damals war es für eine kleine Zahl von Menschen notwendig, unter der Führung des Sonneneingeweihten die Inkarnation Christi im vierten nachatlantischen Zeitraum vorzubereiten und möglich zu machen. In unserer Zeit ist eine entsprechende Gruppe aufgerufen, den Christus verstehen zu lernen, damit der Menschheit in der technischen Zivilisation in Zukunft nicht das spirituelle Leben verlorengeht.

Rudolf Steiner hat Kaspar Hauser einmal als «versprengten Atlantier[162]» bezeichnet. Von der damit charakterisierten Ausnahmesituation abgesehen, ist dadurch auf eine unmittelbare Anknüpfung an die Atlantis hingedeutet. Eine

Individualität ist unberührt geblieben von der ganzen nachatlantischen Kulturentwicklung, um in einem entscheidenden Menschheitsaugenblick im Sinne des rosenkreuzerischen Christentums in die Entwicklung einzugreifen. Welche Ziele dieses Eingreifen im einzelnen verfolgte, ist vielfältig gezeigt worden.

So können drei Wurzeln für den Bau des Rosenkreuzer-Tempels gefunden werden. In seinem Grundstein waltet die Substanz der Auferstehung, die die Erde erlöst. Im Bau selbst ist die rosenkreuzerische Weisheit künstlerisch gestalteter Raum geworden. Die Umgebung vermittelt über Jahrtausende hinweg den Kontakt zu Atlantis. Alle drei Elemente sind mit Kaspar Hauser verwoben. Der Rosenkreuzer-Tempel in Malsch schaut unsichtbar nach Norden hin zu dem Karlsruher Schloss, in dem Kaspar Hauser geboren wurde. Im Verborgenen, im Unausgesprochenen, durch den Gang der geschichtlichen Ereignisse selbst ist er dem Geist, den Manen* Kaspar Hausers geweiht.

Das erste Goetheanum in Dornach

Als Rudolf Seiner am 20. September 1913 auf dem Dornacher Hügel den Grundstein für den Johannesbau – wie er damals noch hiess, erst ab September 1918 wurde er Goetheanum genannt – legte, da war der Keim von Malsch durch eine Metamorphose geschritten und hatte sich entfaltet. In dieser Grundsteinlegung waltete die Substanz des Christentums unmittelbar, es wurden die ersten Schritte zur Verkündigung des fünften Evangeliums getan. Man kann auch sagen, dass diese Grundsteinlegung selbst der Beginn des fünften Evangeliums ist. Erstmals ertönte das kosmische Vaterunser auf Erden, «das makrokosmische Weltengebet, enthalten im Fünften, uralten Evangelium, das verbunden ist mit dem Mond und dem Jupiter, so wie die vier Evangelien verbunden sind mit der Erde[163].» Dieses Gebet, das mit der spirituellen Mission Rudolf Steiners eng zusammenhängt, ist die Segenskraft für das entstehende Haus des Wortes, das als Erkenntnis der geistigen Welt in dem Bau erklingen sollte. Der Grundstein selbst konkretisiert die Kraft der Liebe in zwei zusammengefügten kupfernen Dodekaedern. Es ist die Kraft der Liebe, die erkennend die Brücke schafft zwischen den beiden Welten. Dieser Brückenschlag – von dem Goethe im «Märchen» erzählt – lässt den unterirdischen Tempel offenbar werden. Das Entstehen des Goetheanums ist dieses Offenbarwerden des Verborgenen, es ist das Ergebnis des Brückenbaues.

Wie im Malscher Grundstein und später bei der Grundsteinlegung von 1923 bilden die Rosenkreuzer-Sprüche den das ganze Menschsein umfassenden Kern, die trinitarische Wachstumsstelle, aus der unsichtbar-sichtbar der Bau hervorgeht. Wenn Rudolf Steiner nach der Zerstörung des Baues (Silvester 1922) anlässlich der Weihnachtstagung sagen konnte: «Vor unserem geistigen Blick steht das Goetheanum da[164]», so deutet er auf diese unzerstörbare geistige Gestalt hin, die in Erscheinung treten, aus dem Sichtbaren aber auch wieder verschwinden kann.

In Goethes «Märchen» ist noch ein weiteres Entwicklungsmoment für den Dornacher Bau gegeben. Der Bau sollte den Vorträgen, vor allem der Aufführung der Mysteriendramen dienen, deren erstes «Die Pforte der Einweihung» 1910 in München uraufgeführt wurde. Dieses erste Mysteriendrama knüpft bewusst und direkt an Goethes «Märchen» an. Die Imaginationen, die Goethe 1794 aus der Geistesquelle der Rosenkreuzer in Vorahnung des Michaelszeitalters empfangen hat, werden von Rudolf Steiner ins Menschliche metamorphosiert, die Märchengestalten werden individuelle Menschen, die ihr gemeinsames Schicksal auf der Erde erfahren. Einfachster Ausdruck dieser Tatsache ist die Namengebung, die Rudolf Steiner für die endgültige Fassung schafft, die aber im ersten Entwurf noch fehlt[165]. Der Entwicklungsschritt, der von Rudolf Steiner über Goethe hinaus vollzogen wird, kommt im Verhältnis des «Märchens» zu dem ersten Mysteriendrama klar zum Ausdruck. In diesem Entwicklungsschritt liegt auch der mächtige Impuls, für diese Dramen einen würdigen, ihrem Wesen gemässen Bau zu schaffen. Goethes «Märchen», in dem der notwendige Brückenbau zwischen der sinnlichen und übersinnlichen Welt zum erstenmal bildlich erfasst wird, ist wie ein Geisteskeim, der sich in der Hülle des Dornacher Baues entfalten wollte. Der Name «Goetheanum» ist so Ausdruck geistiger Realität.

Das Brückenprinzip ist in schlichter Weise auch im Grundkonzept des ersten Goetheanums anschaubar. Den beiden Pentagondodekaedern des Grundsteins entsprechen in der Bauentfaltung zwei aus Holz gebaute Kuppeln, die ineinanderschwingen – Ausdruck der sich durchdringenden Welten. Die grössere Kuppel barg den Zuschauerraum, in dem sich die Menschen zusammenfanden, die sich dem Geiste öffnen wollten. Die kleinere Kuppel umschloss die Bühne, auf ihr sollte sich künstlerisch das vollziehen, was den Menschen lebensvoll Einblick gewährt in die geistigen Welten.

Das kehlkopfartig geschnitzte, gewaltige Rednerpult, von dem aus Rudolf Steiner in diesem Haus des Wortes sprach, stand bezeichnenderweise da, wo sich die beiden Kuppeln durchdrangen. Es darf nicht vergessen werden, dass in der kleinen Kuppel im Osten in der Längsachse des Baues die Statue des Menschheitsrepräsentanten stehen sollte, die von Rudolf Steiner selbst geschnitzte Christusgestalt, die den Christus zwischen Luzifer und Ahriman zeigt. Bei allem, was der in der grossen Kuppel Miterlebende aus der kleinen Kuppel in Wort oder Kunst empfing, hätte er diese Christus-Gestalt wie im Hintergrund wirkend erblickt. Was die Geisteswissenschaft will, aus welchen Kräften der Brückenbau vollzogen wird, das alles war unmittelbar anschaulich, für jedermann erfahrbar im Goetheanumbau gegeben*. Nach dem Brand hat Rudolf Steiner dieser Tatsache lapidar Ausdruck gegeben: «Im Grunde ist ja der Dornacher Bau durch Liebe aufgebaut. Im Grunde ist er im Zeichen der Liebe zugrunde gegangen ... In Dornach waltete, während ringsherum überall der Hass wütete (1914–1918), wirkliche Liebe und wurde in den Bau hineingebaut. Es war jene Liebe, die aus dem Geiste kommt[166].»

Das Epochenjahr 1917 – Der Impuls der Dreigliederung – 1841 – 1879 – 1917

Das zweite, kraftvoll wirkende Motiv der Weihnachtstagung von 1923, der Impuls der Dreigliederung, wird von Rudolf Steiner zuerst im Epochenjahr 1917 als grundlegende Erkenntnis der Michaelweisheit unmittelbar ausgesprochen. Rudolf Steiner hat – wie schon oben zitiert – am 14. Oktober 1917 das Spiegelungsgesetz dargestellt, wonach der zunächst – vom Jahre 1841 an – im Übersinnlichen sich vollziehende Geisteskampf Michaels gegen die ahrimanische Geistigkeit im Jahre 1917 physische Wirklichkeit wird. Man muss dabei beachten, dass sich in diesem Jahr nicht nur die ahrimanischen Impulse deutlich auf dem geschichtlichen Feld etablieren, sondern dass vor allem Rudolf Steiner als unmittelbarer Ausdruck der Michaeltätigkeit die Dreigliederung für die Erkenntnis der Menschen zugänglich gemacht und in den Wirkensstrom der Erdgeschichte hineingestellt hat.

Dabei ist der Impuls der Dreigliederung als ein dreifacher zu verstehen. In dem Buch «Von Seelenrätseln» hat Rudolf Steiner – wie er selbst an anderer Stelle sagt, nach über dreissigjähriger Forschungsarbeit – erstmals das Sinnes-Nerven-System, das rhythmische System und das Stoffwechsel-Gliedmassen-System als Grundlage des Denkens, Fühlens und Wollens dargestellt[167]. Dieser Dreigliederung der menschlichen Natur als etwas Gegebenes tritt die Dreigliederung des sozialen Organismus an die Seite, die nur aufgrund eines entsprechenden Bewusstseins von Menschen willentlich hervorgebracht werden kann. Etwas später (1919) wird von Rudolf Steiner in dem Zyklus «Die Sendung Michaels» die Dreigliederung des Menschen auf den Hintergrund des geistig-kosmischen Wirkens von Luzifer, Ahriman und Christus gestellt. Erst hier wird die michaelische Kraft der Erkenntnis dieser das Menschliche umgreifenden Dreiheit spürbar. Diese Kraft kann zu dem führen, was Rudolf Steiner mit dem Wort Nietzsches «Die Umwertung aller Werte» nennt.

Allen diesen Dreiheiten ist gemeinsam, dass wesenhaft Unterschiedliches in einer Drei-Einheit zusammenwirkt. Diese Drei-Einheit zu erfassen oder zu schaffen erfordert ein immer neues Erwachen an den Differenzierungen. Es ist nicht ein Schema gegeben, sondern ein bewusstseinschaffendes Element, das entsteht, wenn sachgemäss unterschieden, begrenzt, polarisiert und vereinigt wird. Gegenüber der Wirklichkeit droht das Denken des Menschen immer einzuschlafen. Der Impuls der Dreigliederung ist der Stachel des Bewusstseins, das Mittel zum Erwachen gegenüber dem Menschengemässen, das errungen wird, wenn das Gleichgewicht zwischen den Extremen geschaffen wird.

Vom Jahre 1917 an formierten sich gegenüber der von Rudolf Steiner vertretenen dreifachen Dreigliederung deutlich die Gegenbewegungen. Mit der Dreigliederung wird von Rudolf Steiner in Mitteleuropa aus der rosenkreuzerischen Initiationsströmung der Kern-Impuls des Michael-Zeitalters öffentlich ausgesprochen und zur Wirksamkeit erhoben. Was Goethe und Schiller durch ihre Freundschaft an Dreigliedrigkeit in Imaginationen und Gedanken ahnend erfassen konnten, wird hier einen entscheidenden Schritt fortgeführt. Der von ihnen für die Zukunft ersehnte Brückenschlag wird von Rudolf Steiner bis zu Gedanken gebracht, die das physisch-soziale Leben in seiner Dreigliederung durchschaubar und gestaltbar machen. Gegen diese in Mitteleuropa auftretende spirituelle Durchdringung des sozialen Organismus wenden sich drei der menschlichen Entwicklung in Wahrheit feindliche geistige Bewegungen, zwei alte, die seit diesem Epochenjahr 1917 mit einer neu hinzutretenden in einer höchst gefährlichen Trias zusammenwirken. Rudolf Steiner spricht von diesen Bewegungen, die nicht äussere sind, sondern auf speziellen Einweihungen beruhen, im Vortrag vom 13. Juni 1920: «Initiationswissenschaft haben, wenn auch in einer für die Menschheit durchaus nicht vorteilhaften Weise, diejenigen, die ich oftmals genannt habe die eigentlichen Macher innerhalb der anglo-amerikanischen Weltbewegung. Initiationswissenschaft hat alles dasjenige, was vom Jesuitismus abhängig ist. Und eine Initiationswissenschaft eigentümlicher Art hat auch der Leninismus. Denn dass der Leninismus versteht, sich in einer so klugen Weise durch die Verstandesformen des Kopfes auszudrücken, das hat seinen ganz bestimmten Grund. Im Leninismus arbeitet sich an die Oberfläche der Menschheitsentwickelung die Klugheit des menschlichen Tieres, die Klugheit der menschlichen Animalität. Alles dasjenige, was aus den menschlichen Instinkten, aus menschlicher Selbstsucht fliesst, das nimmt Interpretationen und Formen an in dem, was im Leninismus und Trotzkismus in einer äusserlich so klug scheinenden Weise zutage tritt. Das Tier will sich einmal als gescheitestes Tier an die Oberfläche arbeiten und will alle ahrimanischen Kräfte, welche das Ziel haben, Menschliches, spezifisch Menschliches auszuschliessen, und alles dasjenige, was an Klugheit verbreitet ist in der Tierreihe – ich habe es oftmals betont –, zu menschheitsgestaltenden Kräften machen ... Und wenn Sie zusammennehmen alles dasjenige, was in der Tierheit ausgebreitet ist an solcher Klugheit, und wenn Sie sich denken, dass die ahrimanischen Kräfte dieses aufnehmen, um es heraufzuschöpfen in die menschlichen Köpfe derjenigen, die nur nach egoistischen Instinkten gehen, dann werden Sie begreifen, dass eine Wahrheit darin sein kann, wenn man sagt, Lenin, Trotzki und ähnliche Leute sind die Werkzeuge dieser ahrimanischen Mächte. Das ist eine ahrimanische Initiation, die einfach einer anderen Weltensphäre angehört, als unsere Weltensphäre ist. Aber es ist eine Initiation, die in ihrem Schosse die Macht hat, die menschliche Zivilisation von der Erde hinwegzubekommen, alles dasjenige, was sich als menschliche Zivilisation gebildet hat, hinwegzubekommen von der Erde.

Mit drei Initiationsrichtungen hat man es zu tun: mit zwei auf dem Plane der Menschheitsentwickelung liegenden und mit einer unterhalb des Planes der Menschheitsentwickelung liegenden, aber ungeheuer willensstarken, fast unbegrenzt willensstarken Initiation. Und das, was Ordnung, was ein menschenwürdiges Ziel in diese ganze Richtung bringen kann, das ist allein dasjenige, was innerhalb wahrer Geisteswissenschaft liegt[168].»

Was Rudolf Steiner hier ausspricht, kann man zu einem Bild gestalten. Die sich in Mitteleuropa entwickelnde christliche Initiationsströmung wird durch drei feindliche Strömungen vom Westen, Süden und Osten angegriffen. Die westliche und südliche Gegenbewegung ist in dieser Schrift schon behandelt worden. Das Hinzutreten der dritten muss im Zusammenhang mit dem Michaels-Kampf von 1841 gesehen werden.

Das Tier, das von den michaelischen Kräften aus der geistigen Welt herausgeworfen wurde, wütet nun von der Erdsphäre und aus den Menschen gegen seinen Bezwinger. Die drei Gegenströmungen kann man so verstehen, dass vom Westen aus das Denken, vom Süden das Gefühl, vom Osten her der Wille – worauf Rudolf Steiner ja hindeutet – des Menschen angegriffen werden.

Die westliche Initiation bringt das Denken ganz in den Bann des Physisch-Materiellen. Das Denken erscheint daher als ein Gehirnvorgang, der geeignet ist, die Verhältnisse der materiellen Welt zu erfassen und zu regeln. Die Herrschaft über die physische Welt zu erlangen, wird in dieser Initiationsströmung als die entscheidende Aufgabe hingestellt. Im sozialen Leben bringt diese Initiationsströmung den mächtigen Impuls hervor, das Wirtschaftsleben durch das Profitstreben zu gestalten, was im wesentlichen durch das Geld- und Zinssystem bewirkt wird.

Die südliche, jesuitische Strömung ist ein besonderer Feind der freien Individualität, die mit der geistigen Welt in eine selbständige Beziehung tritt. Die Faustgestalt als Repräsentant des neuzeitlichen Erkenntnisstrebens ist den Vertretern dieser Strömung tief verhasst. Das Fühlen des Menschen wird durch geistige Erkenntnis geweckt und geläutert, der bewusste Weg vom Kopf zum Herzen führt zur Individualität. Da diese nicht gewollt wird, spricht man Gefühl und Willen unter Umgehung des Bewusstseins an, wie es oben ausführlich dargestellt wurde. Gefühl und Wille können eine gewaltige Stärke erreichen, sie bleiben aber in einem Halbdunkel, wodurch eine freie, auf selbständigem Urteil beruhende Beziehung zur geistigen Welt verhindert wird. Im gesellschaftlichen Bereich werden dadurch falsche Autoritäten aufgebaut, eine überholte Hierarchie gängelt den Menschen, ohne dass er sich über diese Tatsache klarwerden kann. Die Menschen werden geistig bevormundet, sie werden als Menschen nicht gleichgestellt, sie können letztlich nicht zu gleichberechtigten individuellen Menschen werden, weil dies das Gefühl voraussetzt, selbst ein Bürger *beider* Welten zu sein. Die Quellen des Rechtslebens, die nur im Individuum zu suchen sind, werden hier verstopft.

In der östlichen Initiationsströmung wird der Wille entfesselt, die Menschen aber sind durch eine vollkommene, rücksichtslose Tyrannis beherrscht. An die Stelle des Geistes tritt das Tier. Der Mensch ist nicht mehr der Wahrheit verpflichtet, er verfällt den egoistischen Instinkten.

Diese drei durchaus geistig bestimmten Strömungen, die natürlich mit- und ineinanderwirken, umklammern das mitteleuropäische Geistesleben wie in einer gewaltigen Zangenbewegung. Man kann den Eindruck eines Drachenmaules gewinnen, das – aufgerissen – bereit ist, sein Opfer zu verschlingen. Bei aller Unterschiedlichkeit sind sich diese drei Initiationsrichtungen in dem Vernichtungswillen gegenüber der Anthroposophie einig.

Die Spiegelung der geistigen Ereignisse von 1841 im Jahre 1917 führt auch zu der Tatsache, dass die Menschheit als ganze über die Schwelle der geistigen Welt geht. Die Michael-Wesenheit will, dass die Menschheit die geistige Welt ergreifen kann. Dazu ist notwendig, dass die bis dahin führenden und tragenden Geschichtskräfte ihre Wirksamkeit verlieren. Das geschieht eben 1917. So wie an der Schwelle zur geistigen Welt dem Menschen das durch den physischen Leib gegebene Zusammenwirken von Denken, Fühlen und Wollen genommen wird, so geht beim Menschheitsgang über die Schwelle die bisherige Einheit des Staates verloren. In dem erkenntnismässigen Erfassen der Dreigliederung des sozialen Organismus realisiert Rudolf Steiner, in Mitteleuropa wirkend, diesen Schwellengang und schafft dadurch die Möglichkeit, mit der in der Geistesentwicklung der Menschheit gegebenen Tatsache des Schwellenübertritts fertigzuwerden.

Der Einheitsstaat ist seitdem das Gefäss finsterer, abwärtsziehender Gewalten. Die Tatsache des menschheitlichen Schwellenübertritts wird in historischen Dimensionen sichtbar in der pervertierenden Vereinseitigung, die die drei Initiationsströmungen jeweils einem Teil geben. Was bewusst zur höheren Einheit organisiert werden muss, wird – auseinandergefallen und unverbunden – zum Zerrbild. Die Repräsentanten dieser einseitigen Bewegungen sind Wilson im Westen und Lenin im Osten. An der Spitze der südlichen Strömung steht das Papsttum. In der Mitte bereitet sich die verhängnisvolle, alles zusammenfassende Gegenbewegung schon vor. Dies alles muss man im Bewusstsein zu halten versuchen, wenn man die Bedeutung erspüren will, die der von 1917 an von Rudolf Steiner vertretene Impuls der Dreigliederung des sozialen Organismus hat.

Dieser Dreigliederungsimpuls steht in einem geschichtlichen und schicksalsmässigen Bezug zu Kaspar Hauser. Die geschichtliche Beziehung ist in der Tatsache gegeben, dass es zu Kaspar Hausers Mission gehörte, die menschlich-spirituellen Kräfte der Goethe-Zeit in eine gesellschaftliche Gestaltung in einem süddeutschen Reich überzuführen. Es wäre natürlich ahistorisch gedacht, wenn man meinte, Kaspar Hauser hätte die Dreigliederung des sozialen Organismus bringen können. Das war eben erst ab 1917 in dieser Form notwendig und möglich. Es ist aber sehr wohl eine Form der Gesellschaft denkbar, die der Dreigliederung näher steht als das Deutsche Reich im Jahre 1917. Vor allem aber ist zu berücksichtigen, dass durch Kaspar Hauser eine Verbindung zu den Impulsen des deutschen Volksgeistes geschaffen werden sollte und konnte, die anstelle der katastrophalen Geistesleere einen Anknüpfungspunkt für die weitere Entfaltung geistiger Impulse in dem sozialen Leben bieten konnte.

Der Wendepunkt im Jahre 1918

Diese nicht realisierte, verhinderte Geschichtsmöglichkeit wandelt sich im Zeitverlauf in ein bedeutsames, einschneidendes Schicksal um. Die Geschichtskräfte selbst sprechen durch das Schicksal eine beredte Sprache für jeden, der sie hören will.

Mit der Dreigliederung wandte sich Rudolf Steiner in den Memoranden von 1917 zunächst an die Regierungen in Wien und Berlin. Für Deutschland spielte im Jahre 1918 zweifellos Prinz Max von Baden, der spätere letzte Reichskanzler der Monarchie, die entscheidende Rolle. Prinz Max von Baden aber stammte aus der Hochbergischen Linie des Zähringischen Hauses, die nur durch das Verbrechen an Kaspar Hauser auf den Thron gekommen war.

Der Grossvater des Prinzen Max von Baden, Leopold, der Sohn der Reichsgräfin von Hochberg, kam 1830 noch zu Lebzeiten Kaspar Hausers an die Regierung. Es ist zweifelsfrei, dass Prinz Max von Baden von dem Schicksal Kaspar Hausers wusste und ihn für den rechtmässigen Thronprätendenten hielt[11]. In seine Hand war nicht nur der Ausgleich für das in dem Hause begangene Verbrechen an Kaspar Hauser gegeben, auch eine entscheidende, schicksalswendende Tat für das deutsche Volksschicksal lag bei ihm. Beide Schicksalszusammenhänge, Familie und Volk, hätten in einer Tat ihren Ausgleich finden können. Er hat sie nicht vollbracht.

Rudolf Steiner sprach am 20. oder 21. Januar 1918[169] in Karlsruhe mit dem Prinzen Max von Baden. Das Gespräch drehte sich nicht nur um die notwendige Neugestaltung der Gesellschaft im Sinne der Dreigliederung, sondern der Nachfahre des Kindes von Europa bat Rudolf Steiner, ihm einen Weg zum Verständnis der europäischen Völker zu vermitteln. Rudolf Steiner hat daraufhin den Zyklus «Die Mission einzelner Volksseelen» eigenhändig mit Anmerkungen und Zusätzen für den Prinzen Max von Baden versehen und diesem zukommen lassen.

Von seriösen Zeugen wird von einem zweiten Gespräch zwischen dem

Prinzen Max von Baden und Rudolf Steiner in dessen Berliner Wohnung im Jahre 1918 berichtet[170]. In diesem zweiten Gespräch muss es darum gegangen sein, dass Rudolf Steiner den Prinzen Max von Baden, der damals als einzig noch möglicher Kanzler der Monarchie galt, auf die von ihm als notwendig angesehene geistige Tat beim sich vollziehenden Zusammenbruch Deutschlands vorbereitete.

Dieser Rückschluss auf den Inhalt des Gespräches ergibt sich aufgrund der mündlichen Überlieferung und vor allem durch die Tatsache, dass Rudolf Steiner bedeutende Hoffnungen an die Kanzlerschaft des Prinzen knüpfte. «Nach Hans Kühn erwartete Rudolf Steiner, ‹dass der neue Reichskanzler vor dem Beginn der sich ankündigenden Revolution schon bei der Antrittsrede das richtige Wort fände, das heisst, den Mut habe, die Idee der Dreigliederung als Beweis eines tiefgreifenden Umschwungs und Friedenswillens des deutschen Volkes sofort zu proklamieren›. Rudolf Steiner war sehr gespannt auf den Inhalt der Antrittsrede, als er die Zeitung in die Hand bekam. So tief erschüttert sah ich Rudolf Steiner niemals wieder als bei dieser Enttäuschung, die den Niedergang und Leidensweg des deutschen Volkes bedeutete[169 171].» Die ihm schicksalsmässig auferlegte Tat konnte der Prinz eben nicht vollbringen. Er bekannte sich vielmehr zu den «auf das künftige Glück der Völker gerichteten Gedanken, die Herr Wilson verkündete». Bisher kaum bemerkt und gewürdigt, vollzieht sich fast im Verborgenen eine entscheidende Wendung in der deutschen Geschichte. «Zu der Nichtigkeit der Politik vom Anfange des Krieges kam die andere vom Oktober 1918; kam die furchtbare geistige Kapitulation, herbeigeführt von einem Manne, auf den viele in deutschen Landen so etwas wie eine letzte Hoffnung setzten[172].» Mit dieser geistigen Kapitulation stellt sich der Prinz Max von Baden, ohne es zu wissen, in die Linie der Feinde Kaspar Hausers und der Gegner der von Mitteleuropa ausgehenden Geistesentwicklung.

Tatsächlich beginnt wenige Tage nach diesem Ereignis in bestimmter Weise die Entwicklung des Mannes, der in dieser Schrift bereits als das reine Gegenbild Kaspar Hausers dargestellt wurde, nämlich Hitlers. Mit einer gewissen Notwendigkeit ergibt sich das aus der nicht vollzogenen Tat des Prinzen Max von Baden, die für das deutsche Volk einen Ausgleich schaffen und eine neue Entwicklung hätte einleiten können. In der Nacht vom 13. zum 14. Oktober 1918 erleidet Hitler an der Westfront (in Ypern) eine Gelbkreuzvergiftung, die ihn an den Rand des Todes bringt und ihn für einige Wochen erblinden lässt. Durch diese Vergiftung vollzieht sich mit Hitler jene verhängnisvolle Veränderung, die diese menschliche Organisation zu einem willfährigen Werkzeug bösartiger geistiger Wesensart macht.

Es ist unumgänglich, diese Aussage eingehender zu begründen. Zunächst muss darauf aufmerksam gemacht werden, dass auch in diesem ungeheuren Fall kein Recht vorhanden ist, über die Individualität dieses Menschen ein moralisches Urteil abzugeben. Dies ist auch gar nicht notwendig, da sich eben die Frage erhebt, inwieweit diese Individualität für die vollbrachten Taten überhaupt in Betracht zu ziehen ist. Es ist vielmehr auf die wichtige geisteswissenschaftliche Erkenntnis hinzuweisen, wonach die körperliche und die seelisch-geistige Entwicklung keineswegs parallel verlaufen müssen. Diese Erkenntnis formuliert Rudolf Steiner charakteristischerweise im Zyklus «Die Hintergründe der äusseren Welt – Der Sturz der Geister der Finsternis» 1917: «Es kann Ihnen ein Mensch begegnen und ein anderer, und im Sinne der Augustinischen Lehre könnte man sagen: *Der* ist zum Guten, *der* ist zum Bösen bestimmt. Aber nur seine äussere Körperlichkeit, nicht die Individualität! – Über die wirkliche Individualität hat das Augustinische Zeitalter überhaupt nicht gesprochen. Wenn man nun eine Anzahl von Menschen vor sich hat, so kann man sagen – aber das hat erst einen Sinn von der neueren Zeit an, bei den Griechen hätte es keinen Sinn gehabt –: Da sind die Menschenseelen; die sind natürlich die Schmiede ihres eigenen Schicksals. Da gibt es keine Prädestinationsimpulse. Aber die wohnen in Leibern, die zum Guten oder zum Bösen bestimmt sind. * – Und immer weniger werden in der Erdenentwickelung die Menschen in der Lage sein, ihre Seelenentwickelung ganz parallel der Leibesentwickelung zu nehmen. Warum sollte es nicht sein können, dass eine Individualität sich verleiblicht in einem Körper, der nach seiner ganzen Konstitution zum Bösen bestimmt ist? Der Mensch kann ja trotzdem drinnen gut sein, weil die Individualität nicht mehr in einem intimen Zusammenhang mit der Körperlichkeit ist. Das ist wieder keine bequeme Wahrheit, aber eine Wahrheit, mit der man sich bekanntmachen muss[173].»

Es ist weiterführend, diese unbequeme Erkenntnis auf Hitler anzuwenden, dessen Leib wirklich so erscheint, als sei er in historisch einmaliger Form zum Bösen prädestiniert. Diese Prädestination kommt aber erst und nur zur Wirksamkeit, als ihr diese durch einen entscheidenden Ausfall an anderer Stelle ermöglicht wird. Das Volksschicksal muss als ein höher organisiertes Ganzes erfasst werden. Die Beziehungen sind daher geistig-schicksalhafter Natur.

In Betracht zu ziehen ist auch die noch weiter gehende Aussage Rudolf Steiners, dass sich das Geistig-Seelische ganz vom Körper trennt, das heisst also,

* Leiblichkeit meint hier im weiteren Sinn die gesamte karmische Konstitution — Aus all dem läßt sich kein Urteil über die Auswirkung dieser bestimmten menschlichen Individualität fällen, denn es ist Gegebenheit. Worauf man schauen muß ist die Tendenz des Individuums in dieser Gegebenheit, ob die positiv oder negativ ist, in welche Richtung handelt sie im Rahmen der Gegebenheit, diese bessernd oder verschlechternd. Die äußerliche Wirklichkeit des Tuns ist dafür belanglos

real durch den Tod geht, dass aber die Leiblichkeit weiterlebt, weil sich der physische und der ätherische Leib nicht trennen. Ein solcher Leib wird dann zur Wohnung eines dämonischen ahrimanischen Wesens*.

Zu den Aufgaben zukünftiger Geistesforschung gehört es natürlich, die im Entwicklungsgang der Individualität liegenden Voraussetzungen für eine solche Trennung aufzufinden. Die tiefgehende Veränderung, die zum Ausgangspunkt des historischen Wirkens von Hitler wird, kann in der von ihm selbst gegebenen Darstellung in «Mein Kampf» erkannt werden. Am Ende des siebten Kapitels des ersten Buches «Die Revolution» schreibt Hitler über seine Erlebnisse nach dem 9. November 1918: «Je mehr ich mir in dieser Stunde über das ungeheuere Ereignis klar zu werden versuchte, um so mehr brannte mir die Scham der Empörung und der Schande in der Stirn. Was war der ganze Schmerz der Augen gegen diesen Jammer? – Was folgte, waren entsetzliche Tage und noch bösere Nächte – ich wusste, dass alles verloren war. Auf die Gnade des Feindes zu hoffen, konnten höchstens Narren fertigbringen oder – Lügner und Verbrecher. In diesen Nächten wuchs mir der Hass, der Hass gegen die Urheber dieser Tat[174].»

Man muss sich der historischen Situation erinnern, um das Verdrehte der Darstellung klar zu durchschauen. Die Tatsache der militärischen Niederlage Deutschlands wurde von keinem anderen als von Ludendorff selbst festgestellt. Nach dem 8. August 1918, dem «schwarzen Tag der deutschen Geschichte» (Ludendorff), forderte er die Reichsregierung dringend auf, Friedensverhandlungen einzuleiten, die eigentlich Kapitulationsverhandlungen waren. Am 29. September 1918 musste er schliesslich der Reichsregierung erklären, dass der Waffenstillstand unverzüglich herbeigeführt werden musste, da der militärische Zusammenbruch unabwendbar sei. Daraufhin wurde eben am 3. Oktober 1918 Prinz Max von Baden Reichskanzler, der die militärische Kapitulation durchzuführen hatte und die geistige verhängnisvoll ihr folgen liess. Die Monarchie und ihr letzter schicksalsbeladener Kanzler hatten sich als unfähig erwiesen, im Sinne der weiteren Entwicklung des deutschen Volkes fruchtbare und zukunfttragende Schritte zu tun. Daraufhin wurde mit geschichtlicher Notwendigkeit durch die Revolution das weggefegt, was doch seine Lebensuntüchtigkeit im Übermass bewiesen hatte. Diese Tatsachenfolge kann Hitler nicht wahrnehmen, Ursache und Wirkung werden vertauscht, die Revolution wird zur Ursache der längst eingetretenen militärischen Niederlage gemacht. Hier beginnt in Hitler jener natürlich in seiner Entwicklung schon vorbereitete Realitätsverlust, der am Ende seines Lebens pathologisch-groteske Züge annimmt. Man muss davon sprechen, dass anstelle des Wahr-Nehmens der Tatsachenwelt ein Falsch-Nehmen tritt. Dieses Falsch-Nehmen, das darauf beruht, dass das Ich die äussere Wirklichkeit nicht mit ihrer inneren Wahrheit denkend verbinden kann, führt zu einem Falsch-Setzen und Falsch-Prägen einer Wirklichkeit, deren Grund die Lüge ist. Das hier Gemeinte kommt bildhaft in der Tatsache zum Ausdruck, dass Hitler durch die Gasvergiftung vorübergehend das Augenlicht verliert. – Was nach der Genesung aus diesen Augen in die Welt schaut, ist ein anderes Leuchten. Was da hereinschaut in die Menschenwelt, ist der Abgrund der Lüge.

Derselbe Ludendorff, der doch die militärische Niederlage selbst eingestehen musste, gibt wenig später der Revolution in der Heimat die Schuld an der Niederlage und schafft so die unselige Dolchstosslegende. Diese Persönlichkeit, deren Lügen weltgeschichtliche Folgen hatten, wird zum entscheidenden Steigbügelhalter für Hitler. Gemeinsam unternehmen Hitler und Ludendorff am 9. November 1923 in München jenen Putsch, dessen «Blutzeugen» das Buch «Mein Kampf» gewidmet ist. Diese «Blutzeugen» spielten später für die Ausbreitung der nationalsozialistischen Bewegung propagandistisch-rituell eine entscheidende Rolle.

Was Hitler schreibt, schliesst die Behauptung ein, eine militärische Niederlage habe es noch nicht gegeben, womit er Ludendorff zum Lügner stempeln würde. Aus dieser unsinnigen Verdrehtheit wächst und nährt sich der Hass, der sich gegen die Urheber der Tat vom 9. November richtet, wobei infolge der schon vorhandenen Verlogenheit die Personalisierung dieser Urheberschaft unklar bleibt. Da der innere Zusammenhang der Gedanken unterbrochen ist, kann sich der Hass als ursprüngliches Prinzip dieser ganzen Bewegung hier allgemein in den «Führer» einnisten.

Wohl selten hat in der Weltgeschichte im Ausgangspunkt einer geschichtlichen Bewegung der Hass als menschenverneinende und menschenzerstörende Kraft so eindeutig dagestanden. Im Kontext konkretisiert sich dieser Hass im Zerstörungswillen gegenüber den Juden. «Kaiser Wilhelm II. hatte als erster deutscher Kaiser den Führern des Marxismus die Hand zur Versöhnung gereicht, ohne zu ahnen, dass Schurken keine Ehre besitzen. Während sie die kaiserliche Hand noch in der ihren hielten, suchte die andere schon nach dem Dolche. Mit dem Juden gibt es kein Paktieren, sondern nur das harte Entweder-Oder. Ich aber beschloss, Politiker zu werden[174].» In diesem Text kann, abgesehen von den inhaltlichen Unrichtigkeiten, die Sprunghaftigkeit der Gedankenführung, ja das Abreissen des Gedankenfadens gespürt werden. Das

Ich ist es aber, das nach den inneren Gesetzen des Denkens Gedanken an Gedanken knüpft. Die Ungedankenfolge läuft über folgende Stationen: Führer des Marxismus – Schurken – Dolchstoss bei der Versöhnung (ein ausgesprochen rührselig sentimentaler Satz) – kein Pakt mit dem Juden (es wird die den Einzelnen nivellierende Formulierung «mit dem Juden» gebraucht) – Härte der Entscheidung – Entschluss, Politiker zu werden. Nur eine Philosophie des Unmenschen mag in diesen Worten eine Scheinlogik entdecken. Was in Wahrheit mit erschütternder Offenheit vorgeführt wird, ist die Einpflanzung eines gegen die Menschheit gerichteten umfassenden Zerstörungsimpulses, der sich in den berüchtigten Worten: «Ich aber beschloss, Politiker zu werden» verbirgt. Was hier als Keim gelegt worden ist, hat sich in der geschichtlichen Wirklichkeit beweiskräftig offenbart.

Die Bedeutung dieser so entscheidenden Textstelle kann in einer noch tieferen Schicht enthüllt werden, wenn man sie an dem Wort aus dem Johannesevangelium: «Ich bin der Weg, die Wahrheit und das Leben», misst. Was Hitler hinschreibt, heisst mit klaren Worten: Das Anti-Ich ist der Hass, die Lüge und die Zerstörung. Nach diesem Gesetz ist er angetreten und nach ihm hat er bis zum bitteren selbstzerstörenden Ende gewirkt.

Das anschliessende Evangelienwort: «Niemand kommt zum Vater, denn durch mich», soll hier zur Verdeutlichung frei umschrieben werden: Kein Mensch kann sich zu der geistigen Welt in eine menschenwürdige Beziehung setzen als durch das Ich. Demgegenüber kann der zitierte Satz Hitlers so klargestellt werden: Dieser Leib wird zum Diener des Anti-Ich, das am besten durch das Mittel der Politik wirkt, weil aus dieser die Wahrheit herausgetrieben wurde.

Eine Beobachtung am Zeitenleib der Menschheitsgeschichte ist geeignet, die hier vorgebrachte Auffassung dessen, was sich wirklich mit Hitler vollzieht, zu stützen. Am 11., 12. und 13. Oktober 1918 spricht Rudolf Steiner in Dornach zuerst über Sorat, das Tier oder den Sonnendämon als in die Geschichte eingreifende Kraft in Verbindung mit dem Impuls von Gondhishapur und der Bedeutung des Jahres 666 (vergleiche 3. Kapitel, Seite 178). Unmittelbar bevor in einem mitteleuropäischen Menschen der Sorat im geschichtlichen Feld zu wirken beginnt, wird von Rudolf Steiner die Erkenntnis dieses Wesens und seiner bisherigen Wirkung in die Menschheit hineingestellt. Dies kann wieder als ein Beweis des von Rudolf Steiner aus geistiger Realität vollzogenen Menschheitsdienstes verstanden werden. Und gerade am Abend jenes schicksalträchtigen 13. Oktober 1918 spricht Rudolf Steiner nochmals von dem

Gegensatz zwischen dem Mysterium von Golgatha und dem Sorat-Impuls von Gondhishapur, wendet sich dann aber dem grössten Ereignis des 20. Jahrhunderts zu, das mit dem Jahr 1933 zusammenhängt, für das die Gegenmächte durch die in dieser Nacht beginnende innere Veränderung Hitlers die entscheidende Gegenwirkung vorbereiten. Rudolf Steiner sagt: «So stehen wir heute im ersten Drittel des 20. Jahrhunderts vor dem Herankommen eines wichtigen Menschheitsereignisses. Und alle Erschütterungen, alle Katastrophen sind nichts anderes als die erdbebenartigen Vorgänge, die einem grossen geistigen Ereignisse des 20. Jahrhunderts vorangehen. Es ist das jetzt nicht ein Ereignis in der physischen Welt, sondern ein Ereignis, das die Menschen als eine Art Erleuchtung haben werden, das herangekommen sein wird, ehe das erste Drittel des 20. Jahrhunderts abgelaufen ist. Man kann es nennen, wenn man das Wort nicht missversteht, das Wiedererscheinen des Christus Jesus. Aber der Christus Jesus wird nicht im äusseren Leib erscheinen wie zur Zeit des Mysteriums von Golgatha, sondern als wirkend im Menschen, und man wird ihn empfinden übersinnlich: im Ätherleib ist er da. Derjenige, der sich darauf vorbereitet, kann immerfort in Visionen ihn empfinden, immerfort Ratschläge von ihm empfangen, kann gewissermassen in ein unmittelbar persönliches Verhältnis zu ihm treten. Das alles, was uns so bevorsteht, ist vergleichbar dem, was die Römer vor dem augusteischen Zeitalter als das physisch reale Mysterium von Golgatha empfanden, das sich näherte[175].»

Nicht nur an der erstaunlichen Tatsache, dass Rudolf Steiner unmittelbar vor dem entscheidenden Ereignis den geistigen Vorgang verständlich macht, kann abgelesen werden, welcher Natur die sich an Hitler vollziehende Veränderung war. Diese wird vor allem durch die Wirkung offenbar, die daraufhin eintritt. Drei Stufen lassen sich deutlich in der Darstellung Hitlers selbst unterscheiden. Zunächst macht er bei seiner Tätigkeit als «Bildungsoffizier» die für ihn selbst überraschende Entdeckung: «Ich konnte ‹reden›[176].» Was durch dieses «reden» bewirkt wurde, kann man an dem Erfolg ablesen, den er so beschreibt: «Viele Hunderte, ja wohl Tausende von Kameraden habe ich im Verlaufe meiner Vorträge wieder zu ihrem Volk und Vaterland zurückgeführt. Ich ‹nationalisierte› die Truppe und konnte auf diesem Wege auch mithelfen, die allgemeine Disziplin zu stärken[176].»

In dem Dreiklang: Soldatentum (Kameraden) – Volk und Vaterland (nationalisieren) – Disziplin ist leicht das Gegenteil von dem zu hören, was das Zeitalter in Wahrheit sucht: Menschliche Gemeinschaft – Ergreifen der Individualität – Dienen dem menschlich-spirituellen Leben.

Die nächste Stufe wird in der «ersten als öffentlich anzusprechenden Versammlung» vor 111 Personen[176] sichtbar. Wiederum spricht Hitler selbst das Entscheidende aus, das nur im Zusammenhang richtig gehört werden muss: «Ich sprach dreissig Minuten, und was ich früher, ohne es irgendwie zu wissen, einfach innerlich gefühlt hatte, wurde nun durch die Wirklichkeit bewiesen: ich konnte reden! Nach dreissig Minuten waren die Menschen in dem kleinen Raum elektrisiert, und die Begeisterung äusserte sich zunächst darin, dass mein Appell an die Opferwilligkeit der Anwesenden zur Spende von dreihundert Mark führte.» Es ist von einer erstaunlich sachgemässen Offenheit, wenn hier von dem «Elektrisieren» gesprochen wird.

Diese «elektrische Wirkung» ist oben (Seite 173) als Ausdruck der Verbindung von Ahriman und Sorat mit dem physischen Plan gekennzeichnet worden. Es handelt sich hier um ein Affizieren des menschlichen Willens, ohne dass diese Wirkung durch das menschliche Bewusstsein geht, sei es beim Redner, sei es beim Zuhörer.

Die dritte Stufe der Inkorporierung dessen, was Hermann Kükelhaus 1938 als «kosmisches Karzinom» bezeichnete, vollzieht sich bei der «ersten grossen Volksversammlung der noch unbekannten Bewegung[176]» am 24. Februar 1920. Wiederum werden im Text selbst die entscheidenden Punkte genannt, durch die ein solches Wirken zustande kommt. Wie sich im weiteren zeigt, sind Ausgangs- und Zielpunkt die Masse, die auf die öffentliche Meinung einwirkt und wiederum von dieser beeinflusst wird. Hitler schreibt: «Wenn ich als Abschluss dieses Bandes diese erste grosse Massenversammlung der Bewegung nehme, so geschieht es deshalb, weil mit ihr die Partei den engen Rahmen eines kleinen Vereins sprengte und an Stelle dessen zum ersten Male bestimmend auf den gewaltigen Faktor unserer Zeit, die öffentliche Meinung einwirkte[176].» An die «Masse» wendet sich Hitler in seiner folgenden Rede mit dem «Programm». In seiner Darstellung muss vor allem beachtet werden, dass von ihm eine Wirkung ausgeht, die auch Gegner und Störenfriede schliesslich zur Zustimmung bringt. Auch wenn man annimmt, dass einige Gegner am Anfang herausgeprügelt werden, so ist die Umkehr der Willensrichtung in dieser entscheidenden Versammlung bezeichnend für das weitere Wirken. Es handelt sich dabei in Wirklichkeit nicht um das Begründen einer Überzeugung, die ja nur jeder einzelne Mensch haben kann, sondern um das Zusammenschliessen von Menschen in einem dumpfen Willen, der eine gewaltige Stärke durch das Ausschalten der Ich-Wirkungen, das heisst aber mit anderen Worten, eben durch die Masse erhält. Wenn man so vorbereitet den Text liest, kann man nur mit Schaudern verfolgen, was sich vollzieht.

«Um 7.30 Uhr sollte die Eröffnung stattfinden. 7.15 Uhr betrat ich den Festsaal des Hofbräuhauses am Platzl in München, und das Herz wollte mir fast vor Freude zerspringen. Der gewaltige Raum, denn gewaltig kam er mir damals noch vor, war mit Menschen überfüllt, Kopf an Kopf, eine fast zweitausend Menschen zählende Masse. Und vor allem – es waren die gekommen, an die wir uns wenden wollten. Weit über die Hälfte des Saales schien von Kommunisten und Unabhängigen besetzt. Unsere erste grosse Kundgebung war von ihnen zu einem schnellen Ende bestimmt worden.

Allein es kam anders. Nachdem der erste Redner geendet, ergriff ich das Wort. Wenige Minuten später hagelte es Zwischenrufe, im Saal kam es zu heftigen Zusammenstössen, eine Handvoll treuester Kriegskameraden und sonstige Anhänger schlugen sich mit den Störenfrieden und vermochten erst nach und nach einige Ruhe herzustellen. Ich konnte wieder weitersprechen. Nach einer halben Stunde begann der Beifall das Schreien und Brüllen langsam zu übertönen.

Und nun ergriff ich das Programm und begann es zum ersten Male zu erläutern. Von Viertelstunde zu Viertelstunde wurden die Zwischenrufe mehr und mehr zurückgedrängt von beifälligen Zurufen. Und als ich endlich die fünfundzwanzig Thesen Punkt für Punkt der Masse vorlegte und sie bat, selber das Urteil über sie zu sprechen, da wurden sie nun eine nach der anderen unter immer mehr sich erhebendem Jubel angenommen, einstimmig und immer wieder einstimmig, und als die letzte These so den Weg zum Herzen der Masse gefunden hatte, stand ein Saal von Menschen vor mir, zusammengeschlossen von einer neuen Überzeugung, einem neuen Glauben, von einem neuen Willen[176].»

Will man diese Beschreibung des Einbruchs der Finsternis, von dem alles Folgende mit einer gewissen Notwendigkeit ausgeht, in die Sprache der Wirklichkeit übersetzen und dadurch entlarven, so müsste man etwa sagen: Hier erscheint eine antimenschliche Kraft, die sich deswegen nicht an den einzelnen Menschen, sondern an die Masse wendet. Das Bewusstsein der Menschen wird nicht mit den einzelnen Tatsachen des Lebens denkend und urteilend verbunden, sondern durch ein leeres, abstraktes Programm umnebelt. In dieses herabgedämpfte Bewusstsein tritt der Geist der Finsternis ein und löscht Gewissen und Gesinnung aus. Dieser finstere Geist verbindet die Menschen zur Masse, die nichts davon wissen will, was hier geschieht, und durchsetzt

Denken, Fühlen und Wollen in verrückender Weise. Die Masse, heisst es, wird «zusammengeschlossen von einer neuen Überzeugung, einem neuen Glauben, von einem neuen Willen». Das Wort «neu» muss man hier als einen Vorgang verstehen, der sich in dieser Form in der Menschheit tatsächlich noch nicht ereignet hatte. Der Durchbruch, der hier erreicht wurde, wird von Hitler selbst deutlich als solcher erlebt und geschildert: «Als sich nach fast vier Stunden der Raum zu leeren begann und die Masse sich Kopf an Kopf wie ein langsamer Strom dem Ausgange zuwälzte, zuschob und zudrängte, da wusste ich, dass nun die Grundsätze einer Bewegung in das deutsche Volk hinauswanderten, die nicht mehr zum Vergessen zu bringen waren. – Ein Feuer war entzündet, aus dessen Glut dereinst das Schwert kommen muss, das dem germanischen Siegfried die Freiheit, der deutschen Nation das Leben wiedergewinnen soll[176].»

Die Täuschung, die in solchen Sätzen liegt, wird überwunden, wenn man sieht, dass dieses Feuer sich konsequent zum Weltbrand entwickeln sollte, dass nicht die Wiederkehr Siegfrieds, sondern ein nibelungenartiger Untergang dem deutschen Volk bestimmt war. Die Worte haben hier fast alle charakteristischerweise die umgekehrte Bedeutung, so heisst Leben hier in Wahrheit Tod. Wer die abschliessenden Sätze dieses ersten Teils des Buches «Mein Kampf» liest, kann nur betroffen sein darüber, dass irgendein Mensch hat glauben können, dass diese Bewegung etwas Gutes bringen könnte. Denn unverhüllt tritt in den Worten die «Ehe» von Rache und Lüge auf, die sich auf den 9. November 1918 bezieht. Aus dieser «Ehe» sind, nach dem Gesetz, wonach sie angetreten, fortzeugend die Übel des Untergangs hervorgegangen. «Und neben der kommenden Erhebung fühlte ich die Göttin der unerbittlichen Rache schreiten für die Meineidstat des 9. November 1918. So leerte sich langsam der Saal. Die Bewegung nahm ihren Lauf[176].»

Man muss, was hier in die Welt tritt, unbedingt an dem messen, was an den geschichtlichen Knotenpunkten von 1933 und 1945 ans Licht gekommen ist. In den Ausführungen Hitlers sind auf Schritt und Tritt die luziferischen und ahrimanischen Komponenten zu spüren. Das Besondere ist aber, dass es zu dem kommt, was Rudolf Steiner – wie schon einmal erwähnt – die «Kompagniearbeit von Luzifer und Ahriman» genannt hat[177], die auslöscht, zugrunderichtet, «was dem individuellen Menschen frommt». Indem die Polarität Luzifer-Ahriman zusammenwirkt, erreicht sie offenbar eine Steigerung, die über die polarisierende Wirkung weit hinausgeht und sich dem magischen Einfluss Sorats dienend öffnet. Von vornherein geht von Hitler eine Kraft der willentlichen Beeinflussung aus, die sachgemäss nur als eine okkult-magische im Sinne des Sonnendämons verstanden werden kann. Daraus wird verständlich, dass kein menschliches oder bisher geschichtlich angewandtes Mittel demgegenüber aufkommen konnte. Darin liegt es auch begründet, dass in Wirklichkeit und Wirksamkeit nur von einer eingeweihten Individualität wie Rudolf Steiner und den Menschen, die sich frei und individuell um ihn scharten, eine ausgleichende Kraft ausgehen konnte.

Natürlich kann man umgekehrt auch sagen, dass in Hitler die eigentliche Gegenkraft zu der christlich-spirituellen Bewegung erschien. Vom Oktober/November 1918 an ist diese Kraft wirksam, nach dem Gesetz, dass der Dämon herrscht, wenn der Genius, wenn die Schicksalsstunde nicht frei ergriffen wird. Rudolf Steiner hat – wie sich im folgenden zeigen wird – alles getan, um das Gleichgewicht zu halten, und hat damit Unermessliches für die Zukunft getan, was nicht verlorengehen kann. Sein dienendes Wirken ist von nun an aber begleitet von den heftigsten Gegenwirkungen. Auf dem Hintergrund der Geschichte, der sich ins Unsichtbare und Verborgene erstreckt, findet seitdem ein ungeheurer Geisteskampf statt. Was äusserlich sichtbar wird, ist symptomatischer Ausdruck dieses Ringens.

Dazu gehört, dass sich das, was sich in Hitler vom Oktober 1918 an geltend macht, in einem Sieben-Jahres-Rhythmus auslebt. Nach gut 14 Jahren kommt es 1933 zur Machtergreifung, nach knapp 21 Jahren wird im September 1939 der 2. Weltkrieg entfesselt. Und knapp 6½ Jahre nach diesem Ereignis von 1918 muss Rudolf Steiner den physischen Plan verlassen. Weihnachten 1924 wurde Hitler vorzeitig aus der Landsberger Festungshaft entlassen, und ausgerechnet am 27. Februar 1925, Rudolf Steiners letztem Geburtstag, wird in München die NSDAP wiederbegründet, in München, wo Rudolf Steiner ursprünglich den Johannes-Bau, das spätere Goetheanum, errichten wollte. Wer den Zusammenhang überschaut, kann das für keinen Zufall halten, so wenig wie die Tatsache, dass auch der Reichstagsbrand 1933, der zum Ermächtigungsgesetz und damit zur endgültigen Alleinherrschaft Hitlers führte, am selben Tag ausbricht.

Bemerkenswert ist auch, dass die Inkorporation dieser gefährlichen Geistigkeit in Hitler sich nach dem vollendeten dreissigsten Lebensjahr ereignet und dann 26½ Jahre währt. Beide Lebenszeiten sind nicht ohne Bedeutung. Die Christus-Wirksamkeit in Jesus erfährt in dessen 30. Lebensjahr eine entscheidende Veränderung, und so ist es verständlich, dass das antichristliche Prinzip diesen Zeitpunkt auch zu erfüllen strebt, wie das ja auch von Solowjow für die Inkarnation des Anti-Christen dargestellt ist. In den Vorträgen über Buddha und die Bodhisattvas hat Rudolf Steiner auf die entscheidende Bedeutung des 30. Lebensjahres für eine höhere geistige Wirksamkeit hingewiesen[178].

Der Zeitraum von 26 bis 27 Jahren ist derjenige, in dem heute das Physisch-Leibliche des Menschen für seine seelisch-geistige Entwicklung noch eine gewisse Stütze hergibt. Danach bedarf eine weitere tatsächliche Entwicklung des Menschen des inneren geistigen Antriebs. Die Wirkenszeit eines der Menschheit feindlichen Geistwesens in Hitler füllt nun merkwürdigerweise gerade diesen Zeitraum aus, wodurch der Oktober/November 1918 einen besonderen Stellenwert erhält. Dann wäre dieser Zeitpunkt für die folgende Entwicklung wie ein Nullpunkt, wie eine Geburtsstunde. Man müsste sich die eigentümliche Vorstellung bilden, dass hier in einem dreissigjährigen Menschen eine bis ins Physisch-Leibliche gehende Neuorganisation stattgefunden hat. Muss dies wie ein Gegenbild zu dem Phantom aufgefasst werden? Muss mit diesem Anfang das Ende in der selbstmörderischen Zerstörung der Leiblichkeit zusammengeschaut werden?

Unabhängig von diesen Fragestellungen kann man gewiss sein, dass das, was durch das Jahr 1945 an weit in die Zukunft gehenden Wirkungen erreicht wurde, von vornherein in den Absichten der hier arbeitenden Kräfte lag.

Das Dreigliederungsjahr 1919

Nachdem der Oktober/November 1918 in diesem Sinne als eine weltgeschichtliche Einbruchstelle dämonischer Mächte erkannt worden ist, muss die Betrachtung nun zu Rudolf Steiner und zu seiner Tätigkeit zurückführen. Als das endgültige Versagen der Herrschenden klargeworden ist, stellt sich Rudolf Steiner sofort auf die gegebene neue Situation ein. Hinfort sah er es als überflüssig an, über die Dreigliederung mit einem Regierungsvertreter noch zu sprechen[179]. Er wandte sich jetzt zunächst an die ihm nahestehenden Menschen innerhalb der Anthroposophischen Gesellschaft, dann an das deutsche Volk und die Kulturwelt mit einem Aufruf (Februar 1919) und Ende April 1919 mit dem Buch «Die Kernpunkte der sozialen Frage in den Lebensnotwendigkeiten der Gegenwart und Zukunft»[180]. Das Jahr 1919 kann als das Jahr der Dreigliederung in dem Sinne verstanden werden, dass alles auf die erste praktische Verwirklichung ankam. Man kann den Eindruck gewinnen, dass Rudolf

Steiner in dem Bewusstsein handelt, dass dieser Augenblick der richtige und entscheidende ist. In Württemberg, in Stuttgart werden tatsächlich in der Bildung von Betriebsräten, im assoziativen Zusammenschluss von Betrieben (Der Kommende Tag AG) zur Finanzierung geistiger Unternehmungen und vor allem in der Gründung der Freien Waldorf-Schule erste Schritte in dieser Richtung unternommen. Von all dem hat nur die von der Freien Waldorf-Schule ausgehende Schulbewegung als Teil eines freien Geisteslebens historische Wirksamkeit erlangt. Durch das Unverständnis der wirklichen sozialen Forderungen der unmittelbaren Gegenwart, über die Rudolf Steiner von 1918–1920 immer wieder gesprochen hat, und durch den wachsenden Widerstand derjenigen, die letztlich das Alte erhalten wollen, ist die Dreigliederungsbewegung zunächst steckengeblieben. Ist der 24. Februar 1920 der Ausdruck der Tatsache, dass nicht genügend Menschen gegenüber der geistigen Wirklichkeit erwachen konnten? Konnte die Dreigliederungsbewegung nach diesem Tag noch auf der Erde Fuss fassen? Wann und wodurch wird das Menschheitsschicksal wieder eine solche Stunde heraufführen, die eine soziale Gestaltung im Hinblick auf den Schwellengang der Menschheit erlaubt? Man kann den Schmerz Rudolf Steiners über das Zurückweisen der Dreigliederung ahnen, wenn man weiss, dass er die inzwischen eingetretenen Konsequenzen kannte.

Ohne die geringste Verbitterung wendet sich Rudolf Steiner im Frühjahr 1920 einem anderen Gebiet seiner geistigen Arbeit zu. Unter dem bezeichnenden Titel «Der Mensch in seinem Zusammenhang mit dem Kosmos[181]» sind in neun Bänden die Vorträge veröffentlicht worden, die er bis Weihnachten 1921 gehalten hat. Es bestand aber weiterhin die Frage, wie der geistige Impuls, der im Sinne des Michael-Zeitalters in der Dreigliederungsbewegung steckt, vor der Heimatlosigkeit bewahrt werden konnte.

Im Laufe des Jahres 1922 spitzte sich die Entwicklung spürbar zu. Auch das Verständnis, das Rudolf Steiner bei seinen Freunden finden konnte, entsprach nur teilweise dem, was durch die Sache gefordert war. Seine Impulse wurden dadurch – wie er selbst 1924 einmal sagte – abgestumpft[182]. Andererseits blickte gerade in dieser Zeit eine breite Öffentlichkeit auf Rudolf Steiner, so wie es in seinem Leben schon einmal um die Jahrhundertwende gewesen war. Innerhalb der öffentlichen Vortragsreihe, die ihn damals durch verschiedene deutsche Städte führte, wurde er am 15. Mai 1922 in München am Schluss seines Vortrages von einer «Hitler-Garde» tätlich angegriffen und in Lebensgefahr gebracht[183]. Dieser gezielte und geplante Angriff auf Rudolf

Steiner, der seinem öffentlichen Wirken in Deutschland nach Abschluss der damals laufenden Tournee ein Ende setzte, muss in dem hier gegebenen Zusammenhang als ein Ausdruck des innerlich wachsenden Widerstandes gegen die spirituelle Arbeit Rudolf Steiners gewertet werden. Die im Geistigen begründete Feindseligkeit war so stark geworden, dass sie erstmals offen und unverhüllt hervortreten konnte. Das Zeichen der Zeit ist damals nur von wenigen gespürt worden. Für eine Erkenntnis der wahren Geschichtszusammenhänge darf es nicht vergessen werden.

Der Goetheanum-Brand

Durch die Einschränkung der öffentlichen Wirksamkeit Rudolf Steiners wurde der Dreigliederungsimpuls nochmals zurückgedrängt, denn die Begründung eines neuen Geisteslebens, dem die Vorträge Rudolf Steiners dienten, gehört ja vornehmlich dazu. Die wachsende Gefahr, in der sich Rudolf Steiner und sein Werk befanden, wurde dann im Goetheanum-Brand an Silvester 1922 manifest. Dieser Brand – hervorgehend aus einer weltgeschichtlichen Herostrates-Tat[184], deren Hintergründe im einzelnen noch im Dunkel geblieben sind – kann wirklich als ein weithin leuchtendes Flammenzeichen erlebt werden, die Menschheit mahnend, aufweckend, aufrüttelnd, was sie hier zu verlieren begann.

Das Goetheanum war hervorgewachsen aus dem Grundstein der Liebe, der die Wandlung und Erlösung der Erde einleitet. In dem Architektonisch-Plastischen dieses Baues hatte Rudolf Steiner das Kosmische und das Irdische in künstlerisch-lebendiger Gestalt vereint, der Bau war ein von einem ätherischen Organismus durchpulstes physisches Gebilde, ein ätherisches Abbild all dessen, was der Erdenentwicklung zugrunde liegt und sie erfüllt. Der Ätherleib der Menschheit selbst wurde in diesem Bau sichtbar. In dem Wachsen und Werden des noch unvollendeten und noch nicht feierlich eröffneten Goetheanums steckte die ganze vom Spirituellen in das Physisch-Ätherische gehende Gestaltungskraft der Individualität Rudolf Steiners. Mit dem Goetheanum-Brand wurde nicht nur ein unersetzbares, einmaliges Bauwerk innerhalb der Menschheitsgeschichte vernichtet – es wurde ein böser, verheerender Schlag gegen das Leben Rudolf Steiners, gegen seinen Ätherorganismus geführt, der darauf abzielte, sein Wirken von der Erde zu entfernen. Durch die Flammen wurde das geistig-ätherische Gebilde des Goetheanums in das Unsichtbare der

Erdumgebung versetzt – dort hoffend und wartend auf den Augenblick, in dem es sein Heimatrecht auf der Erde wieder erfüllen kann.

Durch den Goetheanum-Brand wurde Rudolf Steiners Leben wie durch einen Tod geführt, der Vernichtung aber rang er ein Werden, eine Auferstehung ab.

Nach dem Dreigliederungsimpuls befand sich nun auch der ältere Grundsteinlegungsimpuls von Malsch und Dornach in grösster Gefahr. Wie sollte dem begegnet werden, dass die Menschen diese Impulse nicht in entsprechender Weise verstanden? Was konnte unternommen werden, der wachsenden spirituellen Christus-Feindschaft zu begegnen, die die Menschheit in einem rauschhaften Wahn in den Abgrund reissen will?

Die Weihnachtstagung 1923

Im Jahr 1923 stellte sich Rudolf Steiner die Aufgabe, den Versuch zu unternehmen, das grösste Unglück, das eingetreten war, in ein Glück zu verwandeln. In diesem Sinne hat er die Arbeit der die menschheitliche Entwicklung tragenden Geister charakterisiert. Diese Arbeit erwächst aus dem Christus-Impuls; sie gehört zu seiner Verwirklichung. In der Begründung der Allgemeinen Anthroposophischen Gesellschaft in Dornach zu Weihnachten 1923 ist die Tat Rudolf Steiners zu sehen, durch die er den notwendigen Ausgleich herbeiführen wollte. Gegenüber dem feindlichen Willen, ihn an seinem weiteren Wirken zu hindern, vereint er erstmals die spirituelle und verwaltungsmässige Führung der Gesellschaft in seiner Hand. In dem Grundstein für die Allgemeine Anthroposophische Gesellschaft erneuert und verwandelt er den Grundsteinlegungs- und Dreigliederungsimpuls; beide werden in der Grundsteinlegung den Herzen derer anvertraut, die die Anthroposophie wollen. Das «dodekaedrische Liebesgebilde» wird hier nicht unmittelbar in die Erde, sondern zu seiner Rettung in die Herzen der Menschen versenkt. Der Grundstein selbst aber trägt und fasst die Dreigliederung des Menschen in seiner kosmischen und irdischen Gestalt. Sein Quellpunkt aber ist – wie in der ersten Grundsteinlegung in Malsch – das Mysterium von Golgatha. Dieser Grundstein wurde Weihnachten 1923 stellvertretend für die Menschheit einer Gemeinschaft anvertraut, die aus ihm den sozialen Bau als den Heilungsimpuls für den kranken Menschheitsleib errichten sollte.

Noch während der Weihnachtstagung, als gerade der Goetheanum-Brand sich jährte, am 1. Januar 1924, wurde Rudolf Steiner von einem zweiten furchtbaren Hieb getroffen. Bei dem geselligen Beisammensein im grossen Saal der Schreinerei wurde er von einer plötzlichen Übelkeit befallen. «Dr. Steiner kam mir wankend entgegen, schneebleich und heftig stöhnend», berichtet Ilona Schubert[185]. «Wir fragten, was denn geschehen sei, und da sagte er: ‹Man hat mich vergiftet›.» – Auch auf die Frage von Marie Steiner, seiner hinzukommenden Frau: «Was ist denn?», antwortet er wieder: «Man hat mich vergiftet – wie geht es den anderen Vorstandsmitgliedern?» Diese anschliessende Frage zeigt nicht nur in dieser für ihn lebensbedrohenden Situation die Sorge um die mit ihm verbundenen Freunde, sondern auch die Befürchtung, dass gegen das Leben der anderen Vorstandsmitglieder ein Schlag geführt werden könnte. Diese Befürchtung hat sich nicht bestätigt. Es genügte wohl, ihn allein zu treffen. An dem Vorfall als solchem, der von verschiedenen Augenzeugen im wesentlichen gleichartig berichtet wird, gibt es keinen Zweifel[186].

Was Rudolf Steiner geschehen ist, wie es dazu kommen konnte und welches die Hintergründe des Ereignisses bildeten, das ist bisher rätselhaft und unerklärt geblieben. Rudolf Steiner bat die unmittelbar Miterlebenden zu schweigen. – Das historische Gewissen fordert zunächst, einen derartig bedeutsamen Vorfall nicht zu vergessen und für die Zukunft nach einer Lösung des Rätsels zu suchen. Nicht nur die Aussage Rudolf Steiners, sondern auch sein eigenes Verhalten und die nachfolgende Behandlung sprechen eindeutig von einem Ereignis, das von aussen auf seinen Organismus plötzlich einwirkte. Und es unterliegt auch keinem Zweifel, dass dieser Schlag Rudolf Steiners Tod herbeiführen sollte. Der Goetheanum-Brand zehrte an seinen Lebenskräften. Ein Jahr später sollte die physische Grundlage seines Wirkens zerstört werden. Mit Recht schreibt Rudolf Grosse, dass es ihm «aus den grenzenlosen Kräften seines Geistes gelang», der Vergiftung Herr zu werden[186]. Rudolf Steiner lebte fortan und vollbrachte seine unermessliche Arbeit durch die Verwirklichung des Schillerschen Satzes «Es ist der Geist, der sich den Körper baut». Durch diesen Geist-Körper konnte Rudolf Steiner 1924 mit ständig abnehmenden, versiegenden physischen Kräften noch 9 Monate wirken. Dann musste er sich niederlegen, und ein halbes Jahr später – am 30. März 1925 – konnte der Kontakt zu dem physischen Körper nicht mehr aufrechterhalten werden. Damit verstummte derjenige, der durch die Tat der Weihnachtstagung zu einem Kehlkopf der Götter geworden war; denn die geistigen Wesen, die von der geistigen Welt aus die Anthroposophie impulsieren, liessen ihre Kräfte und

Offenbarungen 1924 in Überfülle in die Tätigkeit Rudolf Steiners einströmen. So kam es zu einer einzigartigen Manifestation der Michael-Kräfte auf der Erde und innerhalb der Menschheitsgeschichte. Rudolf Steiner konnte in bis dahin nicht möglich gewesener Art und Weise seine ureigenste Schicksalsaufgabe, die Erforschung und Darstellung der konkreten Zusammenhänge individueller Lebensläufe in aufeinanderfolgenden Erdenleben erfüllen. Dies erforderte eben einen Kreis von Menschen, der sich durch einen kraftvollen geistigen Impuls anschickte, mit dem spirituellen Leben völlig ernstzumachen. In dem geradezu übermächtigen, menschliches Mass sprengenden Geistes-Wirken, das von Rudolf Steiner aber in jedem Augenblick souverän beherrscht wird, erscheint als Mittelpunkt ein heilender Impuls, der sich für die Heilpädagogik, für die Landwirtschaft, für die Medizin und eben auch für das Schicksals-Verstehen in spezieller Weise ausgestaltet hat. Für eine weite Zukunft werden Keime gelegt, die ihrer Entfaltung noch harren. Die kraftvolle Geistes-Manifestation, die für die michaelischen Wesen durch die freie Tat Rudolf Steiners möglich wurde, stellte an die Miterlebenden eine ungeheure Frage: Reichen die Kräfte des ernsthaften, durchgreifenden Verstehens und die opferbereite Selbstlosigkeit aus, diese Geistesoffenbarung für die Menschheit gegenüber den stärksten dämonischen Angriffen zu erhalten? Denn es ist nach allem, was in dieser Schrift vorgebracht worden ist, wohl ohne weiteres verständlich, dass die der Menschheit feindlichen Geister die Tat Rudolf Steiners als eine ungeheure Herausforderung ansahen. Sie wollten Rudolf Steiner ausschalten – und standen nun vor der Tatsache eines Geistessieges, der aus einer Auferstehung erwuchs.

Eine heiss umkämpfte Stelle ist deutlich erkennbar. Sie ist dadurch gegeben, dass sich Rudolf Steiner durch die Begründung der Allgemeinen Anthroposophischen Gesellschaft als deren verantwortlicher Leiter stärker als bis dahin in die Wirksamkeit auf den physischen Plan hinstellte. Dies wurde nun von den michaelischen Wesen intensiv unterstützt und von den gegnerischen Mächten entsprechend heftig bekämpft. Es ist dies eben im gegenwärtigen Zeitalter die entscheidende Frage: Kann innerhalb der physischen Welt spirituell gewirkt werden? Einmal hat Rudolf Steiner folgendermassen darüber gesprochen: «Es war ein ganz bedeutender Entschluss, auch gegenüber der geistigen Welt, den ich damals (– zur Weihnachtstagung –) fassen musste. Denn es war ein Wagnis. Ein Wagnis aus dem Grunde, weil mit der Übernahme der äusseren Führung ebensogut es hätte sein können, dass die Offenbarungen von seiten geistiger Wesenheiten, auf die wir doch durchaus angewiesen sind, wenn es sich um Verbreitung der Anthroposophie handelt, dass diese Offenbarungen geistiger Wesenheiten hätten weniger werden können dadurch, dass ich mich in Anspruch nehmen liess von der äusseren Verwaltung der Gesellschaft. Ich darf heute schon auf die ausserordentlich bedeutsame Tatsache hinblicken, dass dieses nicht der Fall ist, sondern dass im Gegenteil seit der Weihnachtstagung der geistige Impuls, der aus den spirituellen Welten herunterkommen muss, wenn die anthroposophische Bewegung ihren richtigen Fortgang nehmen soll, durchaus gewachsen ist, so dass unsere anthroposophische Bewegung seit unserer Weihnachtstagung immer esoterischer und esoterischer werden konnte und es weiter werden wird. Es ist damit verbunden, dass allerdings auch – ich meine von der geistigen Seite her – sehr starke gegnerische Mächte, dämonische Mächte gegen die anthroposophische Bewegung anstürmen. Aber es steht durchaus zu hoffen, dass die Kräfte des Bündnisses, das wir durch die Weihnachtstagung mit guten geistigen Mächten schliessen durften, in der Zukunft imstande sein werden, alle diejenigen gegnerischen Mächte auf geistigem Gebiete, die sich doch der Menschen auf Erden bedienen, um ihre Wirkungen zu erzielen, alle diese gegnerischen Mächte aus dem Felde zu schlagen[187].»

Hier ist das geistige Kampffeld des Michael-Zeitalters abgesteckt. Die gegnerischen Mächte bedienen sich, wie das für die Hitler-Gestalt gezeigt wurde, der Menschen für ihre Ziele, indem sie ihre Unfreiheit benützen. Der michaelische Zeitgeist erfüllt die freien Taten der Menschen, die das Notwendige vollbringen, mit seiner Kraft. So ist alles auf das Ich des Menschen gestellt. Für den Impuls der Weihnachtstagung 1923 kam es darauf an, dass er von Menschen auf der Erde beheimatet wurde. Das konnte weder von Rudolf Steiner noch von geistigen Wesen geleistet werden, er hatte sich selbst, sein Schicksal und sein Werk mit einer Menschengemeinschaft verbunden, von deren weiterer Entwicklung nun alles abhing. Schon am 18. Januar 1924 sprach Rudolf Steiner mahnend, zum verantwortlichen Wachen rufend: «Wenn diese Weihnachtstagung nur so genommen wird, wie man so gern frühere Tagungen nahm, dann verduftet sie allmählich, dann verliert sie ihren Inhalt, und es wäre besser gewesen, man hätte sich nicht versammelt. Denn das Geistige hat einmal die Eigenschaft, dass es, wenn es nicht festgehalten wird, verschwindet, nicht verschwindet selbstverständlich im Kosmos, aber verschwindet für den Ort, wo es eben nicht weiter gepflegt wird. Es sucht sich eben dann andere Orte im Kosmos. Und für so etwas, wie unsere Weihnachtstagung, ist man ja nicht angewiesen auf dasjenige, was innerhalb des Erdenbereiches geschieht. Sie dürfen sich also nicht vorstellen, es müsste dasjenige, was zur Weihnachtstagung durch die Nicht-Ausführung der Impulse verduftet, irgendwo anders auf der Erde erscheinen. Das ist nicht nötig. Es kann in ganz anderen Welten seinen weiteren Zufluchtsort suchen. – Alles also hängt davon ab, dass man die Möglichkeit findet, sich um diese Weihnachtstagung stark zu bekümmern, wirklich ihren Inhalt aufzunehmen[188].»

In der Weihnachtstagung verband Rudolf Steiner den Grundsteinlegungs- und den Dreigliederungsimpuls, die dadurch verwandelt und erhoben wurden. Auf diese Weise konnten sie für die Menschheit gerettet werden. Mit diesen Kräften und Impulsen hatte Rudolf Steiner sein eigenes Leben und Schicksal verbunden, daher hing seine Existenz auf dem physischen Plan von dem Ergreifen des Weihnachtstagungsimpulses ab. «Für so etwas, wie unsere Weihnachtstagung, ist man (d.h. doch Rudolf Steiner selbst) nicht angewiesen auf dasjenige, was innerhalb des Erdenbereiches geschieht[188].» Das verstehende, ernste Ergreifen musste hier inkarnierend, beheimatend, schützend wirken, das mangelhafte Erwachen des Bewusstseins, die selbstbezogene Lässigkeit wirkten exkarnierend, krankmachend, schwächend auf Rudolf Steiner. Von seinen Feinden machtvoll bekämpft, erkannten seine Freunde trotz der immer wieder gegebenen Warnungen nicht die Gefahr, in der er schwebte, und schafften für ihn nicht den Schutz des Verstehens, der ihn auf der Erde allein hätte erhalten können. Im Grunde musste er – wie Kaspar Hauser – das Martyrium erleben, das durch die Trägheit des Herzens gegeben ist. Dies ist als historische Feststellung einer Tragödie gemeint, nicht als anmassende Anklage eines Nachgeborenen*.

Natürlich darf durch eine solche die Selbsterkenntnis weckende Betrachtung keinen Augenblick die ungeheure, brutale Bosheit des Verdrängungsprinzips vergessen werden. Die Kräfte des Verdrängungsprinzips wurden in Hitler – wie schon beschrieben – in nie dagewesener Form dadurch gesteigert, dass die magische Willensverführungskraft des Sonnendämoniums zusätzlich hineinwirkte. Man kann gewiss sein, dass Rudolf Steiner genau wusste, welche Folgen sein Hingang für die Menschheit haben musste. Daher kann man den Tenor seiner Äusserungen im Jahr 1925 in den letzten Wochen und Tagen verstehen: «Ich muss wieder gesund werden!» Darin liegt keine Auflehnung gegen das über ihn verhängte Schicksal, das er persönlich ja geduldig trug, sondern der von vorausschauender Erkenntnis getragene Wille, ein Verhängnis von den Menschen abzuwenden. Als Rudolf Steiner am 30. März 1925 den physischen Plan verliess, tat er dies, ohne letzte Anweisungen zu geben und ohne einen eigentlichen Abschied. Erlebte er – wie Christian Rosenkreutz – als grössten Schmerz, dass die Menschheit das «Ich bin die Wahrheit» so schwer annehmen kann? Liess ihn der Seelenblick auf das unermessliche Leid, das aus dem Verhängnis kommen musste, verstummen im Mitleid? Rudolf Steiner musste erfahren, dass die unmittelbare Brücke zwischen der geistigen und der physischen Welt abgebrochen wurde, weil die Menschheit ihrer nicht würdig war und sich zunächst nicht für diesen Kontakt reif machen konnte.

Seit dem Ende des Kali Yuga hatte die geistige Welt vernehmlich und unaufhörlich wachsend durch sein Ich zu der Menschheit gesprochen. Diese Tatsache allein zeigt schon die Realität des neuen lichten Zeitalters an. Nicht die Götter haben die Menschen verlassen, sondern die Menschen wollten nichts wissen von den Göttern, die sich ihnen näherten.

Die Opfer Kaspar Hausers und Rudolf Steiners

Rudolf Steiners Opfer trat nun – wie das Kaspar Hausers – an die Stelle dessen, was die Menschheit durch ihr freies Tun hätte ermöglichen können. Ohne eine damals lebende Individualität in ihrer Bedeutung herabsetzen zu wollen, muss festgestellt werden, dass mit dem Hingang Rudolf Steiners der Einzige dem physischen Plan genommen war, der dem menschenfeindlichen, unglückbringenden Treiben, das sich dann 1932/33 durchsetzte, hätte begegnen können. * Verschiedentlich hat Rudolf Steiner in seiner letzten Lebenszeit mit den Worten: «Dann muss Karma (Schicksal) wirken», auf die Konsequenzen hingewiesen, die sich ergeben müssen, wenn die Möglichkeiten des Michael-Zeitalters nicht ergriffen werden. Indem Rudolf Steiners Wirken zurückgewiesen und vom physischen Plan verdrängt wurde, musste das eintreten, was insbesondere für die Jahre 1932/33 und 1944/45 als notwendige Erfüllung des Kaspar Hauser bereiteten Schicksals dargestellt wurde. Rudolf Steiner hat das feine Schicksalsgewebe, das ihn mit der Aufgabe Kaspar Hausers verband, behutsam ergriffen, und es zu erfüllen und zu wandeln gesucht. Der letzte Rettungsversuch in der Weihnachtstagung führte ihn – eben spiegelbildlich zu Kaspar Hauser – in den Opfertod. «Denn ich setze für die Gesellschaft gewissermassen *letzte* Hoffnungen auf die Weihnachtszusammenkunft», schreibt er in einem Brief vom 1. Dezember 1923[189].

Es ist gewiss, dass für einen Eingeweihten wie Rudolf Steiner der Tod selbst als Erdenabschied eine ganz andere Bedeutung hat wie für einen

* Aber auch: der Tod erfolgte, weil der Ablauf nicht mehr aufzuhalten war, er war Konsequenz des Vorangegangenen, wie schon davor der Brand des Goetheanums

gewöhnlich Sterblichen. Hier aber wird vor allem auf die Wichtigkeit eines Lebens für die Erde und die Menschheit aufmerksam gemacht, das in sich wesentliche kosmische Vorgänge mitvollzog. Zwar kann der Eingeweihte auch befreit von seinem Leibe wirken, insbesondere wenn sich Menschen durch eine ernste esoterische Schulung für eine solche Wirkung empfänglich machen. Aus der Tatsache aber, dass die Gegner der Menschheitsentwicklung, die Feinde des Christus alles getan haben, um die physische Existenz von Kaspar Hauser und Rudolf Steiner zu vernichten, geht klar hervor, welche überragende Bedeutung im gegenwärtigen Weltaugenblick das Wirken solcher Geister auf dem physischen Plan hat.

Wenn hier von dem Opfertod dieser Geister für die Menschheit gesprochen wird, obwohl dieser aus der Bosheit der Menschheit hervorgeht, so heisst das im christlichen Sinne, dass sie zwar ihre Aufgabe im Physischen zunächst nicht erfüllen konnten, dass ihr Wirken aber im Tod besiegelt und dadurch in die Unbesiegbarkeit erhoben wurde. So haben diese Geister für die christliche Zukunft der Menschheit etwas Unverlierbares geleistet. Es wäre daher auch abwegig, von einem Scheitern der Weihnachtstagung zu sprechen. Gewiss hat sich vieles durch den Hingang Rudolf Steiners nicht realisiert. Er selbst spricht von dem kosmischen Zufluchtsort, den ein solcher Impuls finden kann. Heisst das nicht aber auch, dass dieser Impuls dann aus dem Kosmischen fortwirkt und es an den Menschen ist, ihm wieder Heimat zu schaffen auf der Erde?

Alles, worauf in diesem Kapitel hingewiesen werden sollte, kann in einem Bild zusammengefasst werden. Gleich weit in der Zeit entfernt vom Beginn des Michael-Zeitalters stehen die Opfertode Kaspar Hausers und Rudolf Steiners vor dem Blick. Sie beziehen sich dienend auf den Mittelpunkt, in dem als menschliche Repräsentanz des Christus-Impulses unsichtbar-sichtbar Christian Rosenkreutz steht, dem beide Geister zutiefst verbunden sind. Hinter der Gestalt Christian Rosenkreutz' kann die Michaels-Wesenheit gefühlt werden, die in ihrem Zeitalter die kosmische Bedeutung der irdischen Taten des Christus für die Menschen erkennbar und verständlich werden lassen will. Dem durch Christus erneuerten Menschen den Weg zu bereiten, haben mit ihrem Leben und Opfertod Kaspar Hauser und Rudolf Steiner gedient.

5. Von der Wesensart Kaspar Hausers

«Er wäre ein seltsamer Betrüger gewesen: Denn sein Schicksal hat ein Echo erweckt, wie es sonst nur die Wirkung eines erlauchten Geistes vermag.»

Sophie Hoechstetter: Das Kind von Europa, 1924

In diesem abschliessenden Kapitel soll in einem Bilde zusammengefasst werden, was sich als Wesentliches aus den bisherigen Betrachtungen ergeben kann. Dadurch wird sichtbar werden, dass Kaspar Hauser nicht nur die Wirkung eines erlauchten Geistes hervorrief, sondern wie sich in ihm selbst ein erlauchter Geist auf der Erde inkarniert hat. Wegweisend sind wiederum all die verstreuten Hinweise und Aussagen Rudolf Steiners, die, zusammengeschaut, zu einem überraschend klaren und einheitlichen Bild der Wesenheit Kaspar Hausers führen und zugleich einen Schritt zur Lösung der Frage ermöglichen, die Rudolf Steiner am 3. März 1925 dem Grafen Polzer-Hoditz gestellt hat. Rudolf Steiner sprach von den Aufgaben, deren Lösungen für die Zukunft von besonderer Wichtigkeit seien, und nannte als letzte die Frage: «Woher kam Kaspar Hauser?» Rudolf Steiner hat zur Entschlüsselung dieses Rätsels den weiteren Hinweis gegeben, «dass die Blickrichtung nicht auf den Tod hin gewählt würde, sondern auf die Geburt hin». Dann folgt in den Notizen die wichtigste Mitteilung Rudolf Steiners zu der Wesenheit Kaspar Hausers: «Jene Individualität, welche sich hinter dem Kaspar-Hauser-Schleier verhüllen soll, sei eine Wesenheit, welche inspirierend in den Rosenkreuzer-Zusammenhängen seit Anfang an gewirkt und sich dann am 29. September 1812 als Sohn des Badischen Grossherzogs Karl und seiner Gemahlin Stéphanie de Beauharnais inkarniert habe. Dieser habe eine wichtige Mission des esoterischen Christentums zu erfüllen» (siehe Seite 206).

Zunächst bleibt festzuhalten, dass Rudolf Steiner in Kaspar Hauser den badischen Thronfolger sah, der sich – was aus allen Zusammenhängen zu erspüren ist – planvoll zu einem bestimmten Zeitpunkt in dieser Familie inkarniert hat. Diese Aussage Rudolf Steiners über die Abstammung Kaspar Hausers stimmt mit dem Ergebnis der lebenslangen Forschungen von Hermann

Pies überein. Es möge aber auch nie vergessen werden, dass das Rätsel der Identität Kaspar Hausers schon von Feuerbach in seinem «Mémoire» (1832) gelöst wurde.

Da für Rudolf Steiner die Identität Kaspar Hausers mit dem badischen Thronfolger bereits geklärt war, kann sich seine Frage: «Woher kam Kaspar Hauser?» offensichtlich nicht auf seine Herkunft der Geburt nach beziehen, sondern es ist die Frage nach der geistigen Herkunft Kaspar Hausers gestellt. Allenfalls könnte die Frage auch auf die Gefangenschaft Kaspar Hausers bezogen werden, aus der er von Unbekannten in die Welt entlassen wurde. In dem Gespräch mit dem Grafen Polzer-Hoditz macht Rudolf Steiner die entscheidende Mitteilung, dass Kaspar Hauser eine Wesenheit sei, die inspirierend in den Rosenkreuzer-Zusammenhängen seit Anfang an gewirkt habe. Durch diese Aussage weist Rudolf Steiner selbst weit über die Geburt hinaus. Hält man diesen Hinweis mit anderen zusammen, die er über Kaspar Hauser gemacht hat, so erhellen sie sich überraschenderweise untereinander.

Rudolf Steiner gibt – in zeitlicher Folge angeführt – als erstes den Hinweis, es handle sich bei Kaspar Hauser um einen «versprengten Atlantier». Der Sinn dieser Aussage kann nur darin bestehen, dass Kaspar Hauser seit der Atlantis nicht wieder als Mensch verkörpert war. Dieses Verständnis der Aussage Rudolf Steiners wird durch den Bericht, den die Gräfin von Keyserlingk von einem Gespräch mit ihm im Juni 1924 gab, bestätigt. Rudolf Steiner teilte auf eine Frage nach einer vorhergehenden Inkarnation von Kaspar Hauser mit, «er habe weder eine vorhergehende noch eine nachfolgende Verkörperung finden können[190].» Dies besagt letztlich auch die weitere Aussage, es handle sich hier um ein höheres Wesen, das eine besondere Mission auf Erden hatte[190]. Die zugrundeliegende Tatsache veranlasste wohl Rudolf Steiner im September 1924 dazu, Kaspar Hauser als «Engel» zu bezeichnen.

Geht man nun diesem Rätsel der seit der Atlantis fehlenden Inkarnation von Kaspar Hauser nach, so leitet wiederum Rudolf Steiners Hinweis auf das Engelwesen weiter. Der Engel ist eine geistige Wesenheit, die als unterstes Wesensglied einen Ätherleib besitzt, als oberstes den Heiligen Geist, wodurch eine fortwährende bewusste Verbindung mit den höheren Geisteswelten vorhanden ist*. Einen solchen Wesensaufbau können auch die Eingeweihten zeigen, wie zum Beispiel Buddha. Diese hohen Eingeweihten unterliegen nicht mehr der Notwendigkeit der Inkarnation, sie teilen aber, indem sie sich selbst bewusst zur Inkarnation entscheiden, helfend das Schicksal ihrer Menschenbrüder.

Das Besondere, ja fast Einmalige der Wesenheit Kaspar Hausers ist nun, dass sie sich, um der Menschheit helfen zu können, seit der Atlantis von einer Inkarnation zurückgehalten hat, dass sie selbst im Sinne eines geistigen Opfers auf eine Inkarnation verzichtete. Dies Opfer, das die einzigartige Aufgabe dieser hochentwickelten Individualität war, entsprang einem hohen Mass von Selbstlosigkeit, die ein tiefer Wesenszug Kaspar Hausers ist. Den Eindruck einer ursprünglichen Selbstlosigkeit haben alle gehabt, die Kaspar Hauser unmittelbar und unbefangen begegneten.

Von anderer Seite her betrachtet, lässt sich auch sagen, dass die geistige Menschheitsführung, wie sie in dem atlantischen Sonnenorakel erschien[191], in weise planender Vorausschau der Inkarnation Christi und der Aufgabe, den Christus-Impuls mit der Erdenmenschheitsgeschichte in Zukunft zu verbinden, eine hochentwickelte Individualität dazu auserkoren hat, sich zunächst der Inkarnationen zu enthalten und ätherisch im Erdenumkreis zu verbleiben. So verstanden, ist Kaspar Hauser ein für würdig befundener Diener der heiligen Menschheitsgeschichte, was durch das Bild seiner Erdenerscheinung ebenso hindurchglänzt wie das hohe Mass seiner Selbstlosigkeit.

Es muss nun die Frage auftreten, wie Kaspar Hauser, der also seit der Atlantis keine Inkarnation durchgemacht hat, den Christus-Impuls selbst aufgenommen hat, da doch Rudolf Steiner verschiedentlich betont, dass das Verständnis des Christus-Impulses nach dem Mysterium von Golgatha nur auf dem physischen Plan erfolgen kann[192]. Schaut man in die atlantische Vergangenheit, so kann man Kaspar Hauser wohl nur im Zusammenhang mit dem Sonnenorakel sehen und ihn als einen der «Sonnenmenschen[191]» bezeichnen, der zur Erkenntnis des Sonnengeistes, des Christus gelangt ist. So kann es verständlich werden, dass er von Anfang an in der Rosenkreuzer-Strömung erscheint, da doch das Rosenkreuzertum als die Fortentwicklung des Sonnenorakels zu sehen ist.

Das Rätsel, wie Kaspar Hauser ohne eine Inkarnation zur Aufnahme des Mysteriums von Golgatha gekommen ist, lässt sich lösen, wenn man seine spezielle Beziehung zu Christian Rosenkreutz berücksichtigt. Im ersten Kapitel konnten beide als Gefährten Christi erkannt werden (siehe Seite 66). Man kann sich nun zunächst denken, dass die Individualität Kaspar Hausers in einem so innigen brüderlichen Verseelungsprozess mit Christian Rosenkreutz lebte, dass er miterlitten hat, was dieser in der Nachfolge Christi durchlebt und durchlitten hat[193]. Der mit einem gewissen Vorbehalt überlieferte Satz Rudolf Steiners, dass «nächst Christian Rosenkreutz Kaspar Hauser die Leiden Christi am stärksten nachempfunden habe», ist also nicht nur als ein vergleichendes Nebeneinanderstellen zu verstehen, sondern Ausdruck einer unmittelbaren Wesensbeziehung dieser Individualitäten.

Der Eindruck von dieser Wesensbeziehung kann sich vertiefen und konkretisieren, wenn die Äusserung Rudolf Steiners, dass «diese Wesenheit inspirierend in den Rosenkreuzer-Zusammenhängen *von Anfang an* gewirkt» habe, mit anderen diesbezüglichen Darstellungen zusammengeschaut wird. Dadurch wird es auch möglich sein, die spezielle Aufnahme des Christus-Impulses durch Kaspar Hauser zu verstehen. Wenn von den Anfängen des Rosenkreuzertums gesprochen wird, so kann sich das nur auf die erste Einweihung des Christian Rosenkreutz beziehen. «Im engeren Sinne nahm die rosenkreuzerische Bewegung im 13. Jahrhundert ihren Anfang», heisst es in einem Vortrag Rudolf Steiners vom 27. September 1911 in Neuchâtel. «Den Ausgangspunkt einer neuen Kultur haben wir in der Mitte des 13. Jahrhunderts zu suchen[194].»

Mit diesem Ausgangspunkt muss nach der Aussage Rudolf Steiners die Individualität Kaspar Hausers eng verbunden sein. Die nähere Betrachtung führt nun in der Tat zu der Entdeckung, dass die weit auseinanderliegenden Äusserungen Rudolf Steiners aus einem Gesamtbild stammen. Damals versammelte sich, so die Ausführung Rudolf Steiners, ein Kollegium von 12 hervorragenden Individualitäten, die als Repräsentanten die ganze siebengliedrige atlantische Kultur und die (bis jetzt fünf) nachatlantischen Kulturen vertraten. In diesen 12 Männern, durchdrungen von dem Christus-Impuls, lebte als Kollegium alles Wissen und alle Weisheit der Menschheitsgeschichte. Zugleich wirkten in diesem Kreis die 12 Weltanschauungen oder Geistesrichtungen als Gesamtumfang der durch den Makrokosmos gegebenen 12gliedrigen Wahrheit.

Im Hinblick darauf, dass der Dreizehnte, der später Christian Rosenkreutz genannt wurde, als erster die volle Souveränität über den durch Christus erneuerten physischen Leib erringen sollte, ist der Hinweis bedeutungsvoll, dass «die Erziehung, die ihm die zwölf angedeihen liessen, bis in seinen physischen Leib hinein» wirkte, weil er «ein sehr schwächliches Kind in jener Inkarnation des 13. Jahrhunderts» war, das heisst mit anderen Worten, dass der Widerstand, der sonst von der materiellen Wesenheit des Menschen gegenüber dem geistigen ausgeübt wird, so gering wie nur möglich war. «Im Zusammenströmen der Weisheiten der zwölf wachsen die geistigen Kräfte des Dreizehnten ins Unendliche.»

«Es kam aber so weit, dass der Dreizehnte alle Nahrung verweigerte und dahinsiechte. Da trat ein Ereignis ein, das nur einmal in der Geschichte eintreten konnte. Es war eines der Ereignisse, die dann eintreten können, wenn die makrokosmischen Kräfte – der Früchte wegen, die ein solches Ereignis zeitigen soll – zusammenwirken. Nach einigen Tagen wurde der Körper dieses Dreizehnten ganz durchsichtig, und er war wie tot durch Tage hindurch. Um ihn herum versammelten sich nun die Zwölf in bestimmten Zeiträumen. Es entströmte ihrem Mund alles Wissen und alle Weisheit in diesen Momenten. In kurzen Formeln, die wie Andachtsgebete waren, liessen sie dem Dreizehnten ihre Weisheit zuströmen, während der Dreizehnte wie tot dalag. Man kann sich am besten die Zwölf in einem Kreis um den Dreizehnten herum vorstellen. Dieser Zustand endete damit, dass die Seele dieses Dreizehnten erwachte wie eine neue Seele. Eine grosse Umwandlung seiner Seele hatte er erlebt. Es war in ihr etwas vorhanden wie eine ganz neue Geburt der zwölf Weisheiten, so dass auch die zwölf Weisen etwas ganz Neues lernen konnten von dem Jüngling. Aber auch dessen Körper wurde dadurch in einer solchen Weise belebt, dass diese Belebung des ganz durchsichtigen Körpers mit nichts verglichen werden kann. Der Jüngling konnte nun von ganz neuen Erlebnissen sprechen. Die Zwölf konnten erkennen, dass er das Erlebnis von Damaskus hinter sich hatte: es war eine Wiederholung der Vision des Paulus vor Damaskus. Im Verlauf weniger Wochen gab nun der Dreizehnte alle Weisheit wieder, die er von den Zwölfen erhalten hatte, aber in einer neuen Form. Wie von Christus selbst gegeben war diese neue Form[194].»

Bei dieser ursprünglichen Einweihung des Christian Rosenkreutz wird die Stellung des Hierophanten von dem Kollegium der Zwölf erfüllt. Der Einweihende, der als einende Kraft in diesem Zwölfer-Kreis lebt, ist der Christus selbst, der die Frucht der Auferstehungstat auf Golgatha dem verleiht, der dadurch zum Führer des wahren Christentums wird. Der physische Körper, der in den Tod hineingeführt wird, um dem Christus begegnen zu können, wird der Wirkung der Materialität, des Schweren, Undurchdringlich-Undurchsichtigen entkleidet. Durch die Erfahrung der Auferstehung in der Einweihung geht nicht nur eine Umwandlung mit dem Geistig-Seelischen vor sich, sondern vor allem eine Belebung des Körpers, so dass «diese Belebung des ganz durchsichtigen Körpers mit nichts verglichen werden kann». So wird hier von Rudolf Steiner das tiefere Geheimnis der Christus-Tat noch angedeutet; wenige Tage später spricht er in Karlsruhe im Zyklus «Von Jesus zu Christus» ausführlich und eingehend davon (siehe 3. Kapitel).

Nach dem Tode des Dreizehnten widmeten sich die Zwölf – wie es heisst

– «der Aufgabe, in Imaginationen – denn nur so konnte es geschehen – aufzuzeichnen, was der Dreizehnte ihnen geoffenbart hatte»[194].

Wichtiger als die Erwähnung, dass die «Geheimen Figuren der Rosenkreuzer» (1785–88) und später Blavatzkys Werk «Die entschleierte Isis» (1877) so zustande gekommen sind, ist in diesem Zusammenhang die Erklärung, die Rudolf Steiner dafür gibt: «Der okkulte Vorgang muss so vorgestellt werden, dass sich die Frucht der Einweihung des Dreizehnten als dessen Ätherleib-Rest innerhalb der Geist-Atmosphäre der Erde erhalten hat. Dieser Rest wirkte auf die Zwölf ebenso wie auf ihre folgenden Schüler inspirierend, so dass aus ihnen hervorgehen konnte die rosenkreuzerische okkulte Strömung[194].»

Man steht nun vor der Tatsache, dass hier die rosenkreuzerischen Inspirationen, die den Imaginationen zugrunde liegen, von dem nach dem Tode erhaltenen Ätherleib des Christian Rosenkreutz ausgehen, während nach der zitierten Äusserung von 1925 Kaspar Hauser «inspirierend in den Rosenkreuzer-Zusammenhängen seit Anfang an» gewirkt hat. Beide Aussagen sprechen über die ursprüngliche Rosenkreuzer-Inspiration sinngemäss gleich, doch scheint sich ein Widerspruch zu ergeben, weil einmal der Ätherleib-Rest des Christian Rosenkreutz –, das andere Mal die Wesenheit Kaspar Hausers als Inspirator angegeben werden.

Der scheinbare Widerspruch löst sich, wenn man den eigentümlichen Aufbau der Wesenheit Kaspar Hausers berücksichtigt, die – wie schon ausgeführt – als unterstes Wesensglied einen Ätherleib umfasste. So war Kaspar Hauser in der Lage, als eine im Geist lebende Individualität den Ätherleib, den Christian Rosenkreutz durch die Einweihung geführt hatte, von innen zu ergreifen und zu erfüllen, wodurch er auch dem darin lebenden Abdruck des Christus-Impulses begegnete. Von diesem von der Wesenheit Kaspar Hausers geistig erfüllten Ätherleib gingen nun die Inspirationen aus, die von den besonders weit entwickelten Rosenkreuzern aufgenommen werden konnten. Über diese höhere Art in einer Einweihungsschule zu lehren, sagt Rudolf Steiner in bezug auf den im Geistleib lehrenden Buddha: «In solchen Schulen gibt es Lehrer, die im physischen Leibe lehren; aber für die vorgerückteren Schüler ist es auch möglich, Unterweisungen von einem Lehrer zu bekommen, der nur im ätherischen Leibe lehrt[195].»

Der ganze Vorgang wird hier so verstanden, dass Kaspar Hauser diejenige geistige Wesenheit ist, die diesen Ätherleib des Christian Rosenkreutz hütet und pflegt, wenn dieser von Christian Rosenkreutz verlassen wird. Dadurch ergibt sich eine besonders enge Beziehung zwischen Christian Rosenkreutz und Kaspar Hauser. Hinsichtlich der Erdenerfahrungen in Inkarnationen ist andererseits eine ausgesprochene Polarität vorhanden. In Christian Rosenkreutz hat man nach den Darstellungen Rudolf Steiners eine Individualität vor sich, die weit über das normale Mass hinaus durch Inkarnationen hindurchgeht, wobei zu erspüren ist, dass es sich um einen Jahrhundertrhythmus handelt[196]. Dies ist wohl auch der tiefere Grund für das Einhundert-Jahr-Gesetz der Rosenkreuzer, von dem Rudolf Steiner als einem notwendigen Schutz vor inneren und äusseren Anfechtungen spricht[194].

Durch die Fülle der Inkarnationen bereitete sich Christian Rosenkreutz für die Aufnahme des durch die Auferstehung Christi wiederhergestellten geistig-physischen Leibes in seiner ursprünglichen Einweihung im 13. Jahrhundert vor. In der nächsten Inkarnation, die ungefähr in der Mitte des 14. Jahrhunderts beginnt und über 100 Jahre währt, werden die Einweihungserlebnisse wiederholt und dadurch verstärkt. Die geistige Erfahrung des Paulus vor Damaskus, die Christian Rosenkreutz spirituell in der vorigen Inkarnation durchgemacht hatte, wird nun auf einer Orientreise in Damaskus, dem physischen Ort dieses Ereignisses, wiederholt. Doch innerhalb dieser Inkarnation, etwa 200 Jahre nach der ersten Einweihung, wird Christian Rosenkreutz noch tiefer initiiert, wohl, um in dem Zeitalter der Bewusstseinsseele, das sich mit dem Bösen wie kein anderes auseinanderzusetzen hat, der wahre Führer des Christentums sein zu können. Rudolf Steiner schreibt darüber im September 1907: «Als ein ‹höherer Grad› wird innerhalb dieser ganzen Strömung die Initiation des *Manes* angesehen, der 1459 auch Christian Rosenkreutz initiierte: sie besteht in der wahren Erkenntnis von der Funktion des Bösen[157].» Dadurch erreichte Christian Rosenkreutz auch die Stufe, so wirken zu können, dass von ihm aus die Einweihung vor sich gehen konnte[197].

Nimmt man alles zusammen, so kann Christian Rosenkreutz wohl mit Fug und Recht als «Meister des wahren physischen Leibes» bezeichnet werden, über den er in der Nachfolge Christi eine solche Souveränität gewonnen hat, dass er in freier Weise die Inkarnation handhaben kann, aber auch, dass er auf dem physischen Plan spirituell so wirken kann, wie es einem inkarnierten Menschen-Ich entspricht.

Dieser Individualität stand und steht – neben anderen – die des Kaspar Hauser zur Seite, der sich als polare Wesenheit der Inkarnation enthielt. Diese Polarität ist ein Zusammenwirken in höherem Sinne, die Steigerung, die zustande kommt, liegt in dem Dienst, den beide dem Dritten, dem Christus, leisten.

Der Augenblick, in dem diese lange bestehende Polarität durch die Inkarnation Kaspar Hausers aufgegeben wurde, zeigt sich schon dadurch als ein entscheidender, planvoll vorgesehener, der mit der weiteren Entwicklung der Rosenkreuzer-Arbeit zusammenhängt. Diese Rosenkreuzer-Arbeit ist darauf gerichtet, den Ätherleib des Christian Rosenkreutz und damit die Wirkungen, die von ihm ausgehen, immer kräftiger und mächtiger werden zu lassen*.

«Alles, was als Theosophie (Anthroposophie) verkündet wird, wird vom Ätherleib des Christian Rosenkreutz gestärkt, und diejenigen, die Theosophie (Anthroposophie) verkündigen, lassen sich überschatten von diesem Ätherleib, der auf sie wirken kann, sowohl wenn Christian Rosenkreutz inkarniert ist als auch dann, wenn er nicht inkarniert ist[194].» Der Vorgang ist anzuschauen als ein sich steigernder Kreislauf, wobei die selbstlose Opfer-Arbeit der Rosenkreuzer sozusagen von unten nach oben wirkt, während die spirituellen Kräfte der Intuition, Inspiration, Imagination gnadevoll von oben nach unten strömen, wo sie befruchtend, anfeuernd auf das vom Menschen Geleistete wirken. Die ganze Rosenkreuzer-Arbeit – und damit auch die Einweihung des Christian Rosenkreutz –war auf das Ziel gerichtet, das grösste Ereignis des 20.Jahrhunderts, das Wiedererscheinen des Christus im Ätherischen, vorzubereiten.

«Die Hingabe an den mächtig gewordenen Ätherleib des Christian Rosenkreutz wird den Menschen das neue Hellsehen bringen können und wird hohe spirituelle Kräfte zutage fördern. Aber das wird nur für diejenigen Menschen möglich sein, die richtig die Schulung des Christian Rosenkreutz befolgen. Bis jetzt war esoterische rosenkreuzerische Vorbereitung dazu notwendig. Das zwanzigste Jahrhundert hat aber die Mission, diesen Ätherleib so mächtig werden zu lassen, dass er auch exoterisch wirken wird. Die davon ergriffen werden, dürfen das Ereignis erleben, das Paulus vor Damaskus erlebte. Es hat dieser Ätherleib bis jetzt nur eingewirkt in die Rosenkreuzerschule; im zwanzigsten Jahrhundert wird es immer mehr und mehr Menschen geben, die diese Wirkung erfahren können und dadurch die Erscheinung des Christus im Ätherleib werden erleben dürfen. Die Arbeit der Rosenkreuzer ist es, die es möglich macht, die Äther-Erscheinung des Christus zu haben. Die Zahl derjenigen, die fähig sein werden, sie zu schauen, wird immer grösser und grösser werden. Wir müssen diese Wiedererscheinung zurückführen auf das grosse Ereignis der Arbeit der Zwölf und des Dreizehnten im dreizehnten und vierzehnten Jahrhundert[194].»

Mit diesem Ziel der Rosenkreuzer-Arbeit ist nun aber Kaspar Hauser nicht nur dadurch verbunden, dass er als Inspirator innerhalb der Rosenkreuzer-

Zusammenhänge gewirkt hat. Es war die ihm innerlich zukommende Aufgabe, die Heilsamkeit dieses spirituellen Ereignisses des 20. Jahrhunderts im 19. Jahrhundert vorzubereiten. Als Wesenheit, die in einmaliger Weise in dem Ätherleib, der durch die Einweihung des Christian Rosenkreutz entstanden war, leben konnte, war er berufen, die gesunde Wahrnehmung des im Ätherischen wiedererscheinenden Christus durch das Äther-Hellsehen möglich zu machen. In der Betrachtung der Beziehung der Jahre 1812 und 1911/12 und insbesondere der Jahre 1833 und 1933 ist im dritten Kapitel darauf von einem anderen Gesichtspunkt aus schon hingewiesen worden. Hier wird offenkundig, wie diese Aufgabe mit der Wesenheit und der den ganzen Geschichtsprozess umgreifenden Entwicklung Kaspar Hausers zusammenhängt.

Als inspirierende Wesenheit in den Rosenkreuzer-Zusammenhängen ist Kaspar Hauser zugleich auch die verbindende, gemeinschaftsbildende Kraft. In der gemeinsamen Inspirationsquelle sind alle, die wahrhaft an ihr teilhaben, objektiv verbunden. So wirkte Kaspar Hauser als ein merkuriales Element im Kreis der Rosenkreuzer, Begrenztes und Vereinzeltes auflösend, zu höherer Einheit und gemeinsamem Wirken verbindend. Rudolf Steiner weist einmal darauf hin, wie das Wirken des Merkur, des Quecksilbers, in der Natur dem Wirken der Liebe in der menschlichen Seele entspricht[194]. Dies aber war und ist – wie sich am Schluss bestätigen wird – das Element Kaspar Hausers, so wie er ja auch in seinem Leben – insbesondere gegenüber dem marshaften Napoleon – das Merkuriale zur Erscheinung brachte[198].

Wenn man – Rudolf Steiners Hinweis folgend – in Kaspar Hauser tatsächlich jene inspirierende Wesenheit in den Anfängen des Rosenkreuzertums sehen kann, dann ist er – von Christian Rosenkreutz selbst abgesehen – der erste Rosenkreuzer, derjenige nämlich, der sich als erster mit dem Ätherleib des Christian Rosenkreutz in der geistigen Welt verbindet. Kann man den Vorgang so anschauen, so fällt dadurch Licht auf eine andere, recht rätselhafte Bemerkung, die Rudolf Steiner über Daumer gemacht hat, indem er ihn als «letzten» Rosenkreuzer bezeichnete[199]. Der «erste» begegnet dem «letzten» Rosenkreuzer, weil durch das Wirken des «ersten» tatsächlich ein gewisser Abschluss, ja eine entscheidende Wendung im Wirken der Rosenkreuzer herbeigeführt werden sollte. Mit der Inkarnation Kaspar Hausers und seinem geplanten Eingreifen in die Geschichte wurde das bis dahin weitgehend verborgene, die Zukunft vorbereitende Arbeiten der Rosenkreuzer abgeschlossen. Ein Entwicklungsabschnitt ging zu Ende, und in diesem Sinne war Daumer eben der «letzte» Rosenkreuzer.

Im ersten Entwicklungsabschnitt hatte das Rosenkreuzertum im Beginn des 17. Jahrhunderts versucht, in den Geschichtsprozess und in die soziale Gestaltung direkt einzugreifen. Gegen Ende des 16. Jahrhunderts hatte Christian Rosenkreutz jene grosse okkulte Konferenz einberufen, in der er die führenden Individualitäten der Menschheit vereinigte, um das drohende Auseinanderfallen der Menschheit in «Praktiker» und «Mystiker» zu verhindern. Man darf wohl gewiss sein, auch die Individualität Kaspar Hausers in diesem Kreise zu finden. Rudolf Steiner betont ausdrücklich, dass nicht nur Persönlichkeiten an dieser Konferenz teilnahmen, die auf der Erde inkarniert waren, sondern auch solche Individualitäten, die sich in geistigen Welten befanden[200].

Das Entscheidende zur Überwindung dieser kommenden Krise der Menschheit wurde im Dienst des Christian Rosenkreutz von Buddha auf dem Mars geleistet, dessen Entwicklung Buddha im Jahre 1604 durch ein kosmisches Opfer in eine andere Bahn lenkte. Dadurch wurde es erst möglich, die rosenkreuzerische esoterische Entwicklung zu vereinbaren «mit jeder Art von Lebenslage und Beschäftigung». Das Wesentliche bei der Rosenkreuzerschulung ist, «dass der Mensch nicht herausgerissen wird aus der Tätigkeit, die sein Karma auf Erden von ihm verlangt»[200]. Durch das Buddha-Opfer auf dem Mars im Jahre 1604 wird die kosmische Grundlage für das Wirken geschaffen, das im 19. Jahrhundert durch Kaspar Hauser eingeleitet werden sollte und das dann Rudolf Steiner tatsächlich weitgehend ausgeführt hat. Aber auch damals, im Beginn des 17. Jahrhunderts, wird sogleich etwas von dieser Veränderung sichtbar. In dem Erscheinen des Demetrius lebt dieser zukünftige Impuls. Vor allem aber tritt das Rosenkreuzertum durch die Veröffentlichung der «Chymischen Hochzeit Christiani Rosencreutz Anno 1459» durch Johann Valentin Andrae und durch die Rosenkreuzer-Schriften erstmalig historisch in Erscheinung*.

Vor dem Ausbruch der Französischen Revolution wirkte dann Christian Rosenkreutz selbst in der Gestalt des Grafen Saint-Germain, um diese Revolution zu verhindern und eine heilsame Entwicklung an ihre Stelle zu setzen. Geschah dies, um das Auftreten Napoleons zu vermeiden und die Inkarnation Kaspar Hausers vorzubereiten? Auf die zwiespältige Rolle Napoleons im Verhältnis zu Kaspar Hauser wurde bereits eingegangen (siehe Seite 140 ff.).

Es ist offenkundig, dass das Eingreifen des Grafen Saint-Germain keinen äusseren Erfolg hatte. Der nächste Schritt in der Entwicklung des Rosenkreuzertums sollte nun aber der sein, die in weiser Voraussicht zurückgehaltene Individualität Kaspar Hausers auf den physischen Plan zu stellen, um von einer bedeutenden Lebensstellung aus geschichtlich wirken zu können. Dieser Umschwung im Wirken der Rosenkreuzer war notwendig, um die Menschen auf das herankommende Michael-Zeitalter und das bevorstehende Ende des Kali-Yuga vorzubereiten. Von der Aufgabe und Bedeutung, die Kaspar Hauser in diesem Zusammenhang haben sollte, ist im dritten Kapitel gesprochen worden. Der angedeutete Umschwung ist dann tatsächlich erst von Rudolf Steiner vollzogen worden.

Galt es bisher, all das zusammenzufassen, was Aufschluss über die geistige Herkunft Kaspar Hausers zu geben vermag, so soll nun herausgestellt werden, wie sich die Merkmale dieser geistigen Herkunft in dem Erdenleben der hochentwickelten Individualität offenbaren.

Knüpft man zunächst an das Wirken der Wesenheit Kaspar Hausers während der atlantischen Entwicklung an, so fällt der Blick sogleich auf den Geburtsort Karlsruhe, der sich in unmittelbarer Nachbarschaft zu Malsch befindet. Hier ist die physische Anknüpfung an die Atlantis spürbar und sichtbar, und es kann einem bewusst werden, dass offensichtlich eine tiefe Notwendigkeit bestanden hat, für die Geburt dieser Wesenheit wie durch einen feinen Faden an die Atlantis anzuknüpfen. Der Modellbau von Malsch, der physisch mit der Atlantis und ätherisch mit dem Impuls der Rosenkreuzer verbunden ist, ist im 4. Kapitel als Mahnmal für Kaspar Hauser angesehen worden. Im Bau und seiner Umgebung sind die atlantische und die christliche Komponente miteinander verschmolzen.

Zu einem weiterführenden Verständnis der unmittelbaren Lebenserscheinung Kaspar Hausers kann man kommen, wenn man in ihr eine atlantische und eine christliche Schicht zu entdecken vermag. Auf die erstere stösst man, sobald man sich des vorintellektuellen, schier unglaublichen Gedächtnisses Kaspar Hausers erinnert, worüber auch Rudolf Steiner im Vortrag vom 17. Juni 1908 spricht. Der zweiten, der christlichen Schicht in Kaspar Hauser begegnet man in einer ausserordentlichen Differenziertheit. Man muss sich nur vergegenwärtigen, wie in der reinen, verchristlichten Individualität eine denkbar starke Anziehungskraft auf das «Phantom», den «neuen Adam», wirkte[201]. Nicht nur in der Ernährung und Erhaltung Kaspar Hausers während seiner Gefangenschaft, sondern auch in seinen ungewöhnlichen Sinnesqualitäten als Ausdruck des erneuerten physischen Leibes und in seiner unfassbaren Lebensstärke kann man dies bestätigt finden.

Kaspar Hausers Erscheinen in Nürnberg 1828 offenbart einen weiteren christlichen Wesenszug: Sein Auftreten ist durch eine vollkommene Unschuld und Herzensreinheit charakterisiert. Unabhängig voneinander haben Daumer und Tucher ihn als «paradiesischen Urmenschen» (Daumer) oder als «ersten Menschen im Paradiese vor dem Sündenfall» (Tucher) erkannt und bezeichnet. Feuerbach sah in ihm «eine lebendige Widerlegung des Lehrsatzes von der Erbsünde»[202]. Ein Ausdruck dessen, was die Zeitgenossen zu diesen Äusserungen veranlasste, ist das intensive Mitleid, das Kaspar Hauser gegenüber Menschen und Tieren empfand. «Er konnte nicht dahin gebracht werden, Jemanden auch nur zum Scherz einen Schlag zu versetzen; das tue ihm selbst gar zu weh», berichtet Daumer. Sein Mitleid erstreckte sich auch auf den, der ihn gefangenhielt[203], und lebte im Sterben in der Vergebung für seinen Mörder*.

Diese reinen Kindheitskräfte in Kaspar Hauser waren ja auch der wahre Grund dafür, ihn als «Kind Europas» zu bezeichnen. Die engelhafte Kindhaftigkeit rückt Kaspar Hauser empfindungsgemäss in die Nähe der nathanischen Jesus-Wesenheit. Ein Herzensmensch wie der Gefangenenwärter Hiltel, bei dem er zuerst wohnte, nahm diese unmittelbare menschliche Wirkung seelisch stark auf. «Seine Unschuld sei ihm so gewiss, dass er sie würde bezeugen müssen, wenn Gott selber das Gegenteil behaupte», sagte Hiltel später[13]. Was ist in einem gläubigen Menschen vorgegangen, der eine solche Formulierung gebraucht, um die tiefste Gewissheit von einem Eindruck wiederzugeben, den er als Mensch empfangen hat? Die Beziehungen zu der nathanischen Jesus-Wesenheit gehen aber weit über eine empfindungsmässige Nähe hinaus. Diese nathanische Jesus-Wesenheit, eine noch höher organisierte Individualität, ist seit der Lemuris (vor dem Sündenfall) plan- und sinnvoll durch die Menschheitsführung von einer Inkarnation zurückgehalten worden. In diesem nicht inkarnierten, engelartigen Wesen verseelte der Christus seine dem Mysterium von Golgatha vorausgehenden Heilstaten für die Menschheit[204].

Etwas Vergleichbares vollzog sich mit der Wesenheit Kaspar Hausers. Auch sie ist, wohl schon bevor die Atlantis in die Dekadenz und in den Untergang hineinging, von der geistigen Menschheitsführung in der übersinnlichen Welt zurückgehalten worden*, um nach dem Mysterium von Golgatha, das schon im Menschheitsplane lag, zur Vorbereitung eines entscheidenden Wendepunktes in der Menschheitsgeschichte auf Erden zu erscheinen. Diesen Wendepunkt in der Geschichte bildet das Erscheinen des Christus in der ätherischen Welt, das grösste Ereignis des 20. Jahrhunderts. Ein Jahrhundert vorher inkarnierte sich der Inspirator der Rosenkreuzer-Bewegung. Seine auf das Christus-Ereignis vorbereitende Aufgabe bestand – wenn man alles zusammenschaut, was im dritten Kapitel entwickelt wurde – darin, auf Erden

Lebensverhältnisse zu gestalten und Geisteskräfte zu erwecken, die einer möglichst grossen Zahl von Menschen ein Erfassen und Verstehen der fortschreitenden Entwicklung des Christus-Impulses ermöglichen sollten. Das Christus-Wort: «Mein Reich ist nicht von dieser Welt» bleibt wahr; der Sinn der Inkarnation eines Ichs aber schwindet dahin, wenn dieses Reich des Christus-Geistes nicht mehr und mehr in die irdische Welt hereinwirken kann, um sie schliesslich zu durchleuchten und zu durchstrahlen.

Kaspar Hauser wurde 1833, genau 100 Jahre vor dem Beginn der ätherischen Christus-Offenbarung, getötet. Man muss sich in diesem Zusammenhang der eigentümlichen Tatsache erinnern, die auch Rudolf Steiner in den beiden Vorträgen, in denen er über Kaspar Hauser sprach, erwähnte. Jakob Wassermann schreibt in seinem Roman über das Begräbnis Kaspar Hausers am 20. Dezember 1833: «Es war nachmittags und der Himmel von wolkenloser Bläue. Die ganze Stadt war in Bewegung. Ein berühmter Zeitgenosse, der Caspar Hauser das Kind von Europa nennt, erzählt, es sei zu der Stunde Mond und Sonne gleicher Zeit am Firmament gestanden, jener im Osten, diese im Westen, und beide Gestirne hätten im selben fahlen Glanz geleuchtet[44].» Rudolf Steiner macht darauf aufmerksam[205], dass früher die Menschen bei wichtigen Ereignissen auch auf die Himmelskonstellationen und die Wetterverhältnisse achteten und sie im Gedächtnis bewahrten. Ein Zusammenklingen der kosmischen und atmosphärischen Verhältnisse mit den Schicksalsereignissen, die eine Individualität treffen, setzt voraus, dass die Individualität mit dem Kosmischen in Beziehung steht, dass sie ins Kosmische hineingewachsen ist. Eine solche Individualität vollzieht nicht den Eigenwillen, sondern dienend den Gotteswillen.

In diesem kosmischen Licht muss der Opfertod Kaspar Hausers gesehen werden, ohne den – wie Rudolf Steiner an anderer Stelle ausspricht – «der Kontakt zwischen der Erde und der geistigen Welt vollkommen unterbrochen» worden wäre[49]. Allein die Grösse der Aufgabe, die Kaspar Hauser übernommen hatte und vollbringen wollte und die er nun dem Schicksal hingab, vermochte im Opfer für die Menschheit diese kosmische Wirkung zu erzielen. Durch den Opfertod Kaspar Hausers und durch das Erscheinen der Anthroposophie ist der Menschheit trotz aller Widerstände die spirituelle Zukunftsmöglichkeit erhalten geblieben; ob sie ergriffen und verwirklicht wird, hängt nicht zuletzt davon ab, dass die Wesenheit, die Aufgabe und das Schicksal Kaspar Hausers erkannt werden.

An dieser Stelle wird es möglich, von einem anderen Gesichtspunkt als im ersten Kapitel das Vorgehen der Gegner Kaspar Hausers zu beleuchten und zu verstehen. Das Verbrechen an Kaspar Hauser setzte das Wissen von Ort und Zeit seines Erscheinens voraus. Die Gegner wussten, woher Kaspar Hauser kam, und sie hatten Kenntnis von der Aufgabe, die er im Sinne des Christentums für die Erdenentwicklung zu erfüllen hatte. Man kann nun die Behandlung, die Kaspar Hauser in der Gefangenschaft widerfuhr, so verstehen, dass sie den Versuch darstellte, in ihm nur die atlantischen Züge seiner Wesenheit erscheinen zu lassen. Man versuchte gewaltsam, ihn in einer fernen Lebens- und Bewusstseinslage zurückzuhalten, um das Aufleben und Bewusstwerden dessen zu verhindern, was er als Christus-Impuls in seine Seele aufgenommen hatte. Man richtete seine Behandlung so ein, dass er dadurch in eine vorchristliche Entwicklungsperiode zurückgedrängt wurde. Nichts von dem Christlichen sollte in ihm aufleuchten, nur Uraltes sollte in ihm zur Erscheinung kommen. Tatsächlich gelang es den Gegnern, Kaspar Hauser in einen solchen Bewusstseinszustand zu versetzen, wie er vor der Ich-Entwicklung gegeben war – man verhinderte das Aufrichten des Kindes und liess es weder Tag noch Nacht, weder Sonne noch Mond und Sterne sehen. Dieses Halten in Dämmerung und Dunkel, diese Einschränkung des Sehsinnes, der stark mit dem Erwachen des Sinnesbewusstseins und der intellektuellen Entwicklung zusammenhängt, erinnert an das dämmerhafte, durch Nebel verschwommene Gesichtswahrnehmen der Atlantier.

Auf diesen uralten Bewusstseinszustand weist Rudolf Steiner im Vortrag vom 17. Juni 1908, in dem er über Kaspar Hauser spricht, bezeichnenderweise hin. Der heutige Bewusstseinszustand hat sich herausentwickelt «aus einem uralten anderen Bewusstseinszustand, in dem der Mensch nicht in einer unmittelbaren Berührung mit den Sinnesgegenständen im heutigen Sinne stand, dafür aber mit den geistigen Tatsachen und Wesen in Beziehungen war[206]».

Das furchtbare Experiment, Kaspar Hauser in den Kräften seiner letzten Inkarnation zurückzuhalten, wurde vollzogen in der Absicht, ihn damit für seine besondere Aufgabe der Entfaltung spirituell bestimmter Lebensverhältnisse und der bewussten Entwicklung des Christus-Impulses untauglich zu machen.

Als Kaspar Hauser 1828 von seinen Feinden in die Welt gestossen wurde, bot er zunächst – soweit das unter den tiefgehend veränderten Umständen der Menschheitsentwicklung möglich war – eben das Bild eines «versprengten Atlantiers», wobei allerdings die Entwicklungshöhe der Individualität berücksichtigt werden muss.

Man darf freilich daraus keineswegs schliessen, dass die Rechnung der Gegner aufging. Gerade durch die Behandlung, die man ihm angedeihen liess, wurde er in kindlicher Entrückung – an der Schwelle des Bewusstseins – in die Tiefe des Menschenleidens geführt, in dem der Schmerzensweg und der Tod Christi nacherlebt werden können. So zeigten sich nach seinem Erscheinen in der Welt zwar die uralten atlantischen Züge an ihm, aber mit dem Erwachen seiner Individualität macht sich Zukünftiges in dem umfassenden Mitleid, dessen Kaspar Hauser fähig war, geltend, stieg aus der Tiefe des Erlebens der christliche Impuls auf, als Letztes wohl – wie es Rudolf Steiner formulierte – das «Wissen von Reinkarnation und Karma».

Das Unternehmen der Gegner entwickelte sich, je länger Kaspar Hauser lebte, mehr und mehr zu einem Fehlschlag. Man kann es als eine tragische Paradoxie bezeichnen, dass gerade der Opfergang, den man ihm weiterhin bereitete, ihn nun auch in einer Inkarnation auf Erden zutiefst mit dem Christus-Impuls verband. Entscheidend wirkte in diese Entwicklung der ehrliche Auferstehungsglaube des Pfarrers Fuhrmann herein.

Der Leidensweg, den Kaspar Hauser bis zu seinem Tode zu gehen hatte, zeichnet sich deutlich in vier Stationen ab: 1. Der Mordanschlag im Oktober 1829, der ihn in Todesangst versetzte. 2. Die Verführung und Verwirrung, die durch Lord Stanhope bewirkt wurden. 3. Die Qual und Enge im Lernen und Leben bei dem Lehrer Meyer. 4. Verwundung und Sterben.

Auf jeder Stufe dieses Leidensweges errang Kaspar Hauser etwas Positives, eine Vervollkommnung, wobei man freilich sein jugendliches Alter und die stark beeinträchtigte Entwicklung berücksichtigen muss. Das Erlebnis mörderischer Gewalt führte ihn zu völliger Gewaltlosigkeit, zur Abscheu vor Waffen und aller Tätlichkeit. Gegenüber der raffinierten Verführungskunst Lord Stanhopes, die er nicht durchschauen konnte, rettet er sich wohlwollend und gutmütig sein Vertrauen in die Menschen. Nichts Schlimmeres konnte ihm passieren, als ausgerechnet durch Lord Stanhope dem Lehrer Meyer ausgeliefert zu werden. Er trug es schicksalsergeben, duldsam, tolerant, ja letztlich dankbar. Im Sterben konnte er all das zusammenfassen, was ihm im Leiden geworden war. Er wurde der Christus-Nähe teilhaftig, für die er erwacht war.

Es ist anzunehmen, dass die Gegner etwas von der umfassenden Bedeutung seines Opfertodes wussten. Nur so kann man das geradezu agitatorische Treiben Lord Stanhopes nach Kaspar Hausers Tode verstehen. Es ist, als sollte eine strahlende Erscheinung, die in die Zukunft geht, durch Schmutz verdeckt und verdunkelt werden[207].

Die Individualität, die in Kaspar Hauser lebte, ist dadurch ausgezeichnet, dass sie, die ganze bekannte Geschichte umgreifend, dem Christus-Impuls dient. In dem selbstlosen Dienen offenbart diese Wesenheit den Grad ihrer eigenen Entwicklung. Deshalb ist sie von der Menschheitsführung seit langem ausersehen, in einem einzigartigen Geschichtsaugenblick entscheidend in den Gang der Ereignisse einzugreifen. Dies wird verhindert durch die vereinigten Kräfte des Bösen, die auf Erden Gewalt gewinnen über den materiellen Leib. Indem die Individualität Kaspar Hausers alles hinopfert, womit sie der Menschheit dienen wollte, wandelt sie die notwendige äussere Niederlage in einen Sieg des Geistes. Das Dienen steigert sich in der Nachfolge Christi zur Opfertat, die kosmische Bedeutung für die Erde hat, indem der Kontakt (die Brücke) zur geistigen Welt erhalten wird. Für Gegenwart und Zukunft gehen fruchtbare übersinnliche Impulse von der Wesenheit Kaspar Hausers aus, die in der Kraft des Christentums leben. Nicht nur als Inspirator des Rosenkreuzertums ist Kaspar Hauser eine christliche Gestalt, er lebt in dem Kreise derer, die in Zukunft die Menschen zum Verstehen und Erfassen des Christus führen wollen.

So weit in der Geschichte zurückgegriffen werden muss, um die Wesenheit Kaspar Hausers verständlich zu machen, so weit muss in die Zukunft vorausgeschaut werden, um seine Bedeutung zu erspüren. Was diese Wesenheit durch ihre Inkarnation, ihr Schicksal und ihren Opfertod im Übersinnlichen für die Zukunft bewirkt hat, ist zu unterscheiden von dem, was auf dem geschichtlichen Feld durch die Verhinderung der zunächst gestellten Aufgabe nicht gelungen, beziehungsweise was an die Stelle des Vorgesehenen getreten ist, wie es im 3. Kapitel dargestellt wurde. Fasst man beide Bereiche ins Auge, kann der sich darbietende Gegensatz mit dem Faust-Wort verstanden werden: «Die Nacht scheint tiefer tief hereinzudringen, allein im Innern leuchtet helles Licht.»

Gibt es etwas, was wie in einem Licht die Wesenheit Kaspar Hausers aufleuchten lässt? In der eigentümlichen Beziehung zu dem Metall Quecksilber kann dies gefunden werden. «Quecksilber wirkte unter den Metallen am stärksten auf Hauser», berichtete Daumer[208]. Der kindliche Sinn, der sich freudig zu dem Glänzend-Beweglichen der Sinneserscheinung der Quecksilbertropfen hingezogen fühlt, offenbart hier zugleich auch das Geheimnis der Wesenheit, in der Atlantisches und Christliches leben. In der Wirkung, die er durch das Metall des Planeten Merkur erlebte, liegt etwas, das in den Kräften der Welt Kaspar Hausers Wesen beglaubigt. In der Substanz des Quecksilbers kann das Siegel der Wesenheit Kaspar Hausers gefunden werden, wenn das Geheimnis dieses Metalls so enthüllt wird, wie es Rudolf Steiner einmal ausgesprochen hat: «Wenn die Menschen nun sich immer mehr vergeistigen werden, dann wird das Quecksilber (Merkur) fest werden. So wie das Wasser jetzt, so bildeten einstmals auch das Gold und das Silber Tropfen. Es hängt mit dem ganzen Prozess der Erdenentwicklung zusammen, dass das Merkur jetzt noch flüssig ist. Es wird fest werden, wenn der Götterbote Merkur seine Aufgabe erfüllt haben wird. Vom Merkur ist damals, in der Mitte der atlantischen Wurzelrasse, in ätherischer Form das Quecksilber geholt worden. Hätten wir nicht das Quecksilber, so hätten wir nicht das Christus-Prinzip. In den Tropfen des Quecksilbers hat man das zu sehen, was in der Mitte der atlantischen Zeit der Erde einverleibt wurde[209].»

Die Verbindung des atlantischen und des christlichen Elementes in Kaspar Hauser erscheint durch diese Merkur-Aufgabe in einem höheren Licht. In der Mitte der atlantischen Zeit liegt in der Folge der grossen Entwicklungsepochen zugleich der Mittelpunkt der Erdentwicklung. Damals war es notwendig, der Erde ätherisch die Christus-Kraft einzupflanzen, durch die sie erlöst und die Menschenseele durch die Vergeistigung befreit werden kann. Der flüssige Zustand des Metalls Quecksilber spricht von dem Unmittelbaren, Gegenwärtigen, Lebendigen dieses Vorgangs. Die zukünftige, in Erdenfernen kommende Verfestigung des Quecksilbers wird anzeigen, dass dieser Vorgang an ein Ende gekommen ist. Mit Ursprung und Ziel dieses Merkur-Dienstes für den Christus ist das Wesen Kaspar Hausers in Hingabe verbunden. Die Merkur-Wirkung des Christus-Prinzips in der atlantischen Entwicklung steht nicht in Widerspruch zu der Inkarnation Christi und dem Mysterium von Golgatha; diese haben ihre einmalige Bedeutung in der Schöpfung des Auferstehungsleibes, in der Wiederherstellung des geistig-physischen Phantoms. Die Erlösung der Erde und die Befreiung des Menschen als ein ineinandergehender Prozess bedürfen vieler Schritte, vieler Stufen. Die hier gemeinte Tat des Christus ist im Verhältnis zu Anfang und Ende der Erdentwicklung zu sehen. In der «Theosophie des Rosenkreuzers» teilt Rudolf Steiner eine Erkenntnis mit, die dem Verstehen weiterhelfen kann.

«In der ersten Hälfte des Erdendaseins ist das Massgebende für die Erdenentwicklung der Einfluss des Planeten Mars, ebenso wie es für die zweite Hälfte der Einfluss des Planeten Merkur ist. Der Mars hat der Erde das Eisen gegeben, und der Merkur-Einfluss zeigt sich auf der Erde dadurch, dass er die Menschenseele immer freier macht, so dass sie immer unabhängiger werden kann. Man fasst daher im Okkultismus die Erdenentwicklung so auf, dass man von zwei Hälften derselben spricht, von der Marshälfte und der Merkurhälfte. Während die übrigen Namen einen ganzen Planeten bezeichnen, wird die Erden-Entwicklung ausgesprochen als ‹Mars-Merkur›[210].»

Auf diese zweite Hälfte der Erdentwicklung, auf das Wirken des Planeten Merkur, ist die geistig-seelische Arbeit Kaspar Hausers gerichtet. Der Merkur-Geist, der durch die Wesenheit Kaspar Hausers vermittelt wird, wirkte zunächst von der Mitte der Atlantis bis ins 19. Jahrhundert, um jene befreiende Lockerung im Wesensgefüge möglichst vieler Menschen hervorzurufen, durch die sie fähig werden sollten, nach dem ersten Drittel des 20. Jahrhunderts sich zu dem Erleben des ätherischen Christus zu erheben. Der Strom der Rosenkreuzer-Arbeit, in dem Kaspar Hauser inspirierend lebte, war jahrhundertelang darauf gerichtet, dieses Ereignis der Christus-Erscheinung in der ätherischen Welt von der Menschenseite her vorzubereiten. Damit steht der dem Christus dienende Merkur-Geist aber erst im Beginn seiner Wirksamkeit. Eine weite, eben aufs Erdenende zielende Zukunft liegt noch vor ihm. Für diese Zukunft lebt Kaspar Hauser. In drei Strömen ist dieses Leben mit und für den Christus wahrzunehmen. Der eine wendet sich zur Erde und ergreift sie, um sie zu erlösen, wie es in der Grundsteinlegung für den Rosenkreuzertempel «Franz von Assisi» in Malsch sichtbar geworden ist. Der zweite will den Menschen aus den Fesseln des Materiellen und Schweren befreien, der physische und ätherische Leib des Menschen werden durch den Geist so gewandelt, dass der Mensch ein würdiger Bürger der geistigen Welt werden kann. An die Stelle des Mars-Geistes, der in der Kraft des Schwertes lebte, tritt in der Entwicklung immer mehr der Merkur-Geist, der helfend den Frieden bringt. Die höchste Gabe aber des Merkur-Geistes kommt der Seele des Menschen zu. «Welche Seeleneigenschaft wirkt so, wie in der Natur draussen Quecksilber oder Merkur? Der mittelalterliche Rosenkreuzer wusste, dass das, was diesem Merkur in der Seele entspricht, alle Formen der Liebe in der Seele bedeutet[211].»

Kaspar Hausers Opfer, das für die Menschheit den Kontakt zwischen der Erde und der geistigen Welt aufrechterhielt, wuchs aus diesem Quell der Liebe in der Seele. Als ein Merkur-Gesandter dient Kaspar Hauser dem Christus und leitet die Menschheit als einer ihrer Genien in die Zukunft.

Literaturhinweise

1 Johann Wolfgang von Goethe, Sprüche in Prosa. Nr. 310, Taschenbuchausgabe 1967, Seite 71.

2 Georg Friedrich Daumer, Mitteilungen über Kaspar Hauser. Nürnberg 1831.
– Enthüllungen über Kaspar Hauser. Frankfurt a.M. 1859.
– Kaspar Hauser. Regensburg 1873.
Anselm Ritter von Feuerbach, Kaspar Hauser – Beispiel eines Verbrechens am Seelenleben des Menschen. Ansbach 1832.
Heinrich Fuhrmann, Kaspar Hausers Konfirmationsfeier am 20. Mai 1833. Ansbach 1833.
– Kaspar Hauser – Beobachtet und dargestellt in der letzten Zeit seines Lebens. Ansbach 1834.
– Trauerrede, bei der am 20. Dezember 1833 erfolgten Beerdigung des am 14. desselben Monats meuchlings ermordeten Kaspar Hauser gehalten und nur auf vielseitiges Verlangen herausgegeben. Bamberg 1833.

3 Jakob Wassermann, Caspar Hauser oder die Trägheit des Herzens (1907). Hamburg 1968 (Fischer Bücherei).
Hermann Pies, Kaspar Hauser – Eine Dokumentation. Ansbach 1966 (darin Nachweis der vorherigen Piesschen Veröffentlichungen und der gesamten wichtigen Literatur).
Karl Heyer, Kaspar Hauser und das Schicksal Mitteleuropas im 19. Jahrhundert. Stuttgart (Kressbronn) 1958.

4 Julius Meyer, Authentische Mitteilungen über Kaspar Hauser. Ansbach 1872.

5 Daumer, 1873, Seite XXII f.

6 Daumer, 1873, Seite XXIII.

7 Daumer, 1873, Seite 37.

8 Gegenwärtig bereitet Pies eine Neuherausgabe seiner gesamten Forschungsergebnisse in drei grossen Bänden vor (Verlag Urachhaus, Stuttgart).

9 Feuerbach bei Pies, Die Wahrheit über Kaspar Hausers Auftauchen und erste Nürnberger Zeit. Saarbrücken 1956, Seite 10.

10 Näheres in diesem Zusammenhang findet man bei Pies, Kaspar Hauser – Eine Dokumentation, im Kapitel «Kaspar Hausers badisches Prinzentum», insbesondere ab Seite 263 ff.

11 Heyer, Kaspar Hauser. Seite 274.

12 Anselm von Feuerbach, Merkwürdige Verbrechen. München 1963, Seite 205; in diesem Buch findet sich auch das schon erwähnte Memoire.

13 Pies, Dokumentation, Seite 20.

14 Pies, Dokumentation, Seite 18.

15 Pies, Dokumentation, Seite 19.

16 Pies, Dokumentation, Seite 24.

17 Pies, Die Wahrheit über Kaspar Hausers Auftauchen, Seite 140 f.

18 Pies, Die Wahrheit über Kaspar Hausers Auftauchen, Seite 144.

19 Pies, Die Wahrheit über Kaspar Hausers Auftauchen, Seite 157. Das ganze Gutachten ist auf den Seiten 145–157 abgedruckt.

20 Pies, Dokumentation, Seite 161.

21 Pies, Dokumentation, Seite 31.

22 Pies, Dokumentation, Seite 160.
23 Daumer bei Pies, Dokumentation, Seite 43 ff.
24 Daumer, 1873, Seite 457 ff.
25 Feuerbach bei Pies, Die Wahrheit über Kaspar Hausers Auftauchen, Seite 57 ff.
26 Feuerbach bei Pies, Die Wahrheit über Kaspar Hausers Auftauchen, Seite 53 ff.
27 Feuerbach, Merkwürdige Verbrechen, Seite 240.
28 Feuerbach, Merkwürdige Verbrechen, Seite 225.
29 Tucher bei Pies, Die Wahrheit über Kaspar Hausers Auftauchen, Seite 63 ff.
30 Feuerbach, Merkwürdige Verbrechen, Seite 230 f.
31 Rudolf Steiner, Die Philosophie der Freiheit, Kapitel: Die Welt als Wahrnehmung. GA 4, 14. Aufl. Dornach 1978, Seite 57.
32 Feuerbach, Merkwürdige Verbrechen, Seite 243.
33 Pies, Dokumentation, Seite 76.
34 Fuhrmann, Trauerrede, Seite 9.
35 Tucher bei Pies, Dokumentation, Seite 97.
36 Daumer, 1873, Seite 254 f.
37 Feuerbach, Merkwürdige Verbrechen, Seite 252.
38 Fuhrmann, Trauerrede, Seite 10.
39 Einfügung des Verfassers.
40 Fuhrmann bei Pies, Dokumentation, Seite 110.
41 Wassermann, Caspar Hauser, Seite 315.
42 Fuhrmann, Trauerrede, Seite 6 f.
43 Daumer, 1873, Seite 246.
44 Wassermann, Caspar Hauser, Seite 316.
45 Fuhrmann, Trauerrede, Seite 13.
46 Friedrich Rittelmeyer, Meine Lebensbegegnung mit Rudolf Steiner. Stuttgart 1970, Seite 62.
47 Siehe Heyer, Kaspar Hauser, Seite 51.
48 Vergleiche hierzu: Rudolf Steiner, Der pädagogische Wert der Menschenerkenntnis und der Kulturwert der Pädagogik, Arnheim 18. Juli 1924. GA 310, Dornach 1965.
49 Rudolf Steiner; in: Heyer, Kaspar Hauser, Seite 287.
50 Pies, Die Wahrheit über Kaspar Hausers Auftauchen, Seite 10.
51 Merker, Kaspar Hauser – Nicht unwahrscheinlich ein Betrüger. Berlin 1830.
52 Verhör Kaspar Hausers vom 6. November 1829, abgedruckt in Pies, Dokumentation, Seite 175.
53 In Memoriam Adolf Bartning, Altes und Neues zur Kaspar-Hauser-Frage. Ansbach 1930, Seite 74.
54 Heyer, Kaspar Hauser. Seite 90.
55 Siehe: Rudolf Steiner, Allgemeine Menschenkunde als Grundlage der Pädagogik, Stuttgart 22. August 1919. GA 293, Dornach 1973.
56 Lukas-Evangelium, 9. Kapitel, 33. Vers.
57 Daumer, 1873, Seite 2 f.
58 Zitat nach Reinhart Buchwald, Schiller, Band 2, Wiesbaden 1954, Seiten 381 und 382.
59 Goethe, Faust II, 1. Akt, Finstere Galerie.
60 Rudolf Steiner, Wahrspruchworte. GA 40, 4. Aufl. Dornach 1978.
61 Vergleiche Rudolf Steiner, Alte und neue Einweihungsmethoden, Dornach 26. Februar 1922. GA 210, Dornach 1967, Seite 214 ff.
62 Rudolf Steiner, Anthroposophische Leitsätze. GA 26, Dornach 1976, Seite 156: Michaels

Leid über die Menschheitsentwickelung vor der Zeit seiner Erdenwirksamkeit (21. 12. 1924).

63 Rudolf Steiner, Alte und neue Einweihungsmethoden, Dornach 19. Februar 1922 (s. Nr. 61).

64 Rudolf Steiner, Alte und neue Einweihungsmethoden, Dornach 26. Februar 1922, Seite 209 (s. Nr. 61).

65 Matthäus-Evangelium, 18. Kapitel, 3. Vers.

66 Rudolf Steiner, Et incarnatus est, Basel 23. Dezember 1917; in: Mysterienwahrheiten und Weihnachtsimpulse. Alte Mythen und ihre Bedeutung. GA 180, Dornach 1966.

67 Johannes-Evangelium, 8. Kapitel, 32. Vers.

68 Friedrich Schiller im Gedicht «Resignation».

69 Rudolf Steiner, Der Sturz der Geister der Finsternis, Vortrag vom 14. 10. 1917; in: Die spirituellen Hintergründe der äusseren Welt. GA 177, Dornach 1977.

70 Rudolf Steiner, Die Kernpunkte der sozialen Frage. GA 23, Dornach 1976, 1. Kapitel.

71 Heyer, Kaspar Hauser, Kapitel «Heimatlose Seelen».

72 Rudolf Steiner, Die geistige Signatur der Gegenwart (1888); in: Methodische Grundlagen der Anthroposophie 1884 bis 1901. GA 30, Dornach 1961, Seite 253 f; und: Weltsilvester und Neujahrsgedanken, Stuttgart 1. Januar 1920. GA 195, Dornach 1962.

73 Rudolf Steiner, Die Kernpunkte der sozialen Frage. Seite 157 (s. Nr. 70).

74 Vergleiche Rudolf Steiner, Die Sendung Michaels. GA 194, Dornach 1977.

75 Rudolf Steiner, Mein Lebensgang. GA 28, Dornach 1962, 7. und 26. Kapitel.

76 Rudolf Steiner, Von Jesus zu Christus. GA 131, Dornach 1974.

77 Rudolf Steiner, Der Ostergedanke. Die Himmelfahrtsoffenbarung und das Pfingstgeheimnis, Dornach 7. Mai 1923. Dornach 1970.

78 Rudolf Steiner, Wie erlangt man Erkenntnisse der höheren Welten? GA 10, Dornach 1975.

79 Rudolf Steiner, Von Jesus zu Christus, Karlsruhe 5. Oktober 1911.

80 Rudolf Steiner, Grundelemente der Esoterik, Berlin 17. Oktober 1905. GA 93a, Dornach 1976, S. 150.

81 Rudolf Steiner, Wie erlangt man Erkenntnisse der höheren Welten, Seite 18 (s. Nr. 78).

82 Siehe Nummer 57 und Anhang 1, Nummer 3, 6 und 7.

83 Rudolf Steiner, Zeitgeschichtliche Betrachtungen. GA 173/175, Dornach 1978 und 1966; und: Rudolf Steiner, Heilfaktoren für den sozialen Organismus, Dornach 3. Juli 1920, Vortrag über Jesuitismus und Freimaurertum. GA 198, Dornach 1969.

84 Vergleiche Wassermann, Caspar Hauser, Kapitel: Ein unterbrochenes Spiel, S. 283 (s. Nr. 3).

85 Rudolf Steiner, Gegensätze in der Menschheitsentwickelung, Stuttgart 13. Juni 1920. GA 197, Dornach 1967.

86 Rudolf Steiner, Die Geheimwissenschaft im Umriss. Kapitel: Die Weltentwicklung und der Mensch. GA 13, Dornach 1977.

87 Siehe: Rudolf Steiner, Von Jesus zu Christus, Karlsruhe 10. Oktober 1911.

88 Rudolf Steiner, Von Jesus zu Christus, Karlsruhe 11. Oktober 1911.

89 Rudolf Steiner, Von Jesus zu Christus, Karlsruhe 14. Oktober 1911.

90 Siehe: Rudolf Steiner, Vorstufen zum Mysterium von Golgatha. Vorträge vom 27. 5. und 1. 6. 1914. GA 152, Dornach 1964.

91 Emil Funk/Joachim Schultz, Zeitgeheimnisse im Christus–Leben. Dornach 1970, Seite 67 f.

92 Rudolf Steiner, Der Ostergedanke, Dornach 7. Mai 1923. (s. Nr. 77).

93 Heyer, Kaspar Hauser, Seite 36 ff.

94 Daumer, 1873, Seite 139 ff.

95 Pies, Dokumentation, Seite 175.

96 Siehe hierzu: Beiträge zur Rudolf Steiner Gesamtausgabe. Aufzeichnungen Rudolf Steiners zur Sinneslehre. Nr. 34, Dornach, Sommer 1971, Seite 16: «Das zwölffach gespaltene Ich».

97 Siehe: Rudolf Steiners Vortrag «Die zwölf Sinne des Menschen in ihrer Beziehung zu Imagination, Inspiration und Intuition», Dornach 8. August 1920. Dornach 1976.

98 Daumer, 1873, Seite 172 ff.

99 Heyer, Kaspar Hauser, Seite 43, enthält die Nachweisungen Daumers und Tuchers.

100 Rudolf Steiner, Die Mission der neuen Geistesoffenbarung, Zürich 25. Feburar 1911. GA 127, Dornach 1975.

101 Pies, Dokumentation, Seite 223 ff.

102 Daumer behandelt in seinem Werk von 1873 diese Angelegenheit unter dem Titel «Beispiele eines ärztlich bezeugten Hauserschen Wunders unleugbarer Art», Seite 30 ff.

103 Vortrag Rudolf Steiners vom 17. Juni 1908 in Nürnberg; in: Die Apokalypse des Johannes. GA 104, Dornach 1979. Heyer bespricht Rudolf Steiners Ausführung in seinem Buch auf Seite 13 ff.

104 Rudolf Steiner, Die geistige Führung des Menschen und der Menschheit. GA 15, Dornach 1974.

105 Emil Funk, Der Kalender von 1912/13. Dornach 1973. Und «Beiträge zur Rudolf Steiner Gesamtausgabe» Nr. 37/38, Dornach 1972.

106 Rudolf Steiner, Allgemeine Menschenkunde als Grundlage der Pädagogik, Stuttgart 1. September 1919. GA 293, Dornach 1973.

107 Rudolf Steiner, Aufsätze über die Dreigliederung des sozialen Organismus und zur Zeitlage 1915–1921. GA 24, Dornach 1961, Seite 355.

108 G. Glöckler, Zur Frage der Kernenergie. Mitteilungen aus der anthroposophischen Arbeit in Deutschland, Michaeli 1977, Seite 197.

109 Rudolf Steiner, Grundelemente der Esoterik, Berlin 5. Oktober 1905. GA 93a, Dornach 1976.

110 Rudolf Steiner, Geisteswissenschaftliche Menschenkunde, Berlin, 22. März 1909. GA 107, Dornach 1979.

111 Rudolf Steiner, Die Theosophie des Rosenkreuzers, München 6. Juni 1907. GA 99, Dornach 1979.

112 Johannes Tautz, Der Eingriff des Widersachers, Fragen zum okkulten Aspekt des Nationalsozialismus. Freiburg i.Br. 1976.

113 Mephistopheles in Faust II, 5. Akt, Grablegung, Vers 11690 ff.

114 Alexander Solschenizyn, Offener Brief an die Sowjetführung. Luchterhand, Neuwied/Rh. 1974, Seite 22.

115 Rudolf Steiner, Geisteswissenschaft und soziale Frage. Drei Aufsätze 1905/06. Dornach 1977.

116 Zitate aus: R. Steiner, Aufsätze über die Dreigliederung des sozialen Organismus und zur Zeitlage 1915–1921. Seite 359, 344 ff. und 372.

117 Albrecht Haushofer, Moabiter Sonette, Berlin 1946. Haushofer wurde am 23. April 1945 in Berlin ermordet.

118 Jacques Lusseyran, Das wiedergefundene Licht. Stuttgart 1963; Kapitel: Leben und Tod.

119 Goethe, Faust I, Vor dem Tor, Vers 1136 f.

120 Heyer, Kaspar Hauser, Seite 94 ff.

121 Siehe hierzu Heyer, Kaspar Hauser, Seite 197 ff. und – vom selben Autor – Die Französische Revolution und Napoleon, Seite 328 ff.

122 Rudolf Steiner, Das esoterische Christentum und die geistige Führung der Menschheit,

Neuchâtel 18. Dezember 1912. GA 130, Dornach 1977.

123 Rudolf Steiner, Weltsilvester und Neujahrsgedanken, Stuttgart 1. Januar 1920. Dornach 1962.

124 Siehe im zweiten Kapitel «Kaspar Hauser und der deutsche Volksgeist», Seite 75.

125 Beide Zitate aus: Rudolf Steiner/Marie Steiner-von Sivers, Briefwechsel und Dokumente 1901–1925. GA 262, Dornach 1967, Aufzeichnungen S. 13, Brief vom 9. Januar 1905, S. 48.

126 Aus: In memoriam Adolf Bartning, Altes und Neues zur Kaspar-Hauser-Frage. Ansbach 1930, Seite 181 f. Der Brief ist an ihren Neffen Anselm Feuerbach gerichtet.

127 Rudolf Steiner, Das Ereignis der Christus-Erscheinung in der ätherischen Welt, Karlsruhe 25. Januar 1910. GA 118, Dornach 1977.

128 Rudolf Steiner, Das Ereignis der Christus-Erscheinung in der ätherischen Welt, Stuttgart 6. März 1910.

129 Hermann Kükelhaus, ... ein Narr der Held. Zürich 1964, Seite 9.

130 Rudolf Steiner, Der innere Aspekt des sozialen Rätsels, Zürich 27. Oktober 1919. GA 193, Dornach 1977.

131 Rudolf Steiner, Soziales Verständnis aus geisteswissenschaftlicher Erkenntnis, Dornach 2. November 1919. GA 191, Dornach 1972.

132 Rudolf Steiner, Der innere Aspekt des sozialen Rätsels, Bern 4. November 1919.

133 Ira Levin, Rosemaries Baby. Heine Taschenbuch Nr. 978, Seite 125.

134 Levin, Rosemaries Baby. Seite 128.

135 Levin, Rosemaries Baby. Seite 169.

136 Rudolf Steiner, Esoterische Betrachtungen karmischer Zusammenhänge, Band VI, Arnheim 19. Juli 1924. GA 240, 3. Aufl., Dornach 1977, Seite 183.

137 Rudolf Steiner, Esoterische Betrachtungen karmischer Zusammenhänge, Band VI, Arnheim 19. Juli 1924, Seite 180 f.

138 Siehe Wladimir Solowjow, Drei Gespräche. Bonn 1954, Seiten 193–219.

139 Rudolf Steiner, Geisteswissenschaftliche Erläuterungen zu Goethes «Faust» (Band II). Vortrag vom 2. November 1917 in Dornach: Fausts Gang zu den Müttern. GA 273, Dornach 1967.

140 Siehe hierzu: Rudolf Steiner, Der Zugang zum Christentum durch die Geisteswissenschaft, Vortrag vom 27. April 1907 in Berlin; in: Ursprungsimpulse der Geisteswissenschaft. GA 96, Dornach 1974.

141 Rudolf Steiner, Die Apokalypse des Johannes, Nürnberg 29. Juni 1908. GA 104, Dornach 1979.

142 Rudolf Steiner, Geisteswissenschaft als Erkenntnis der Grundimpulse sozialer Gestaltung. GA 199, Dornach 1967.

143 Rudolf Steiner, Die Polarität von Dauer und Entwickelung im Menschenleben, Vortrag vom 11. Oktober 1918. GA 184, Dornach 1968.

144 Rudolf Steiner, Die Polarität von Dauer und Entwickelung im Menschenleben, Vorträge vom 11. und 12. Oktober 1918. – Rudolf Steiner, Wie finde ich den Christus? Vortrag vom 16. Oktober 1918 in Dornach; in: Der Tod als Lebenswandlung. GA 182, Dornach 1976.

145 Rudolf Steiner, Wie finde ich den Christus? Dornach 16. Oktober 1918.

146 Rudolf Steiner, Die Polarität von Dauer und Entwickelung im Menschenleben, Dornach 12. Oktober 1918.

147 Näheres siehe in Rudolf Steiners Vortrag vom 12. Oktober 1918 in Dornach; in: Die Polarität von Dauer und Entwickelung im Menschenleben.

148 Rudolf Steiner, Mysterienwahrheiten und Weihnachtsimpulse. Alte Mythen und ihre Bedeutung, Dornach 26. Dezember 1917. GA 180, Dornach 1966.
149 Rudolf Steiner, Individuelle Geistwesen und ihr Wirken in der Seele des Menschen, Dornach 18. November 1917. GA 178, Dornach 1974.
150 Rudolf Steiner, Die Ätherisation des Blutes. Das Eingreifen des ätherischen Christus in die Erdenentwickelung, Basel 1. Oktober 1911; in: Das esoterische Christentum und die geistige Führung der Menschheit. GA 130, Dornach 1977.
151 Siehe: Rudolf Steiner, Goethe als Vater einer neuen Ästhetik. Dornach 1963 (auch in GA 30: Methodische Grundlagen der Anthroposophie).
152 Siehe hierzu: Rudolf Steiner, Die Sendung Michaels, Dornach. GA 194, Dornach 1977, 1. Vortrag 21. November 1919.
153 Rudolf Steiner, Die spirituellen Hintergründe der äusseren Welt. Der Sturz der Geister der Finsternis, Dornach 14. Oktober 1917. GA 177, Dornach 1977.
154 Zitate aus: Rudolf Steiner, Die spirituellen Hintergründe der äusseren Welt. Der Sturz der Geister der Finsternis, Dornach 27. Oktober 1917.
155 Rudolf Steiner, Mein Lebensgang. GA 28, Dornach 1962, Seiten 51–61.
156 Zitate aus: Rudolf Steiner, Mein Lebensgang. Seite 364 ff.
157 Rudolf Steiner/Marie Steiner-von Sivers, Briefwechsel und Dokumente 1901–1925. GA 262, Dornach 1967, Seite 15.
158 Rudolf Steiner, Geisteswissenschaftliche Behandlung sozialer und pädagogischer Fragen, Stuttgart 6. Juli 1919. GA 192, Dornach 1964.
159 Rudolf Steiner, Menschenschicksale und Völkerschicksale. Schicksalsbildung und Leben nach dem Tode, Berlin 19. Januar 1915. GA 157, Dornach 1960.
160 Rudolf Steiner, Bilder okkulter Siegel und Säulen. GA 284/285, Dornach 1977, Seiten 113–122.
E.A. Karl Stockmeyer, Der Modellbau in Malsch. Malsch 1969, Seiten 5 und 7.
161 Rudolf Steiner, Das Prinzip der spirituellen Ökonomie im Zusammenhang mit Wiederverkörperungsfragen, Malsch 6. April 1909. GA 109/111, Dornach 1979.
162 Heyer, Kaspar Hauser, Seite 21.
163 Rudolf Steiner, Anweisungen für eine esoterische Schulung, Ansprache zur Grundsteinlegung des Dornacher Baues am 20. September 1913. GA 245, Dornach 1979.
164 Rudolf Steiner, Die Weihnachtstagung zur Begründung der Allgemeinen Anthroposophischen Gesellschaft 1923/24. GA 260, Dornach 1963.
165 Siehe: Rudolf Steiner, Entwürfe, Fragmente und Paralipomena zu den vier Mysteriendramen. GA 44, Dornach 1969, Seite 13 ff.
166 Rudolf Steiner, Anthroposophische Gemeinschaftsbildung, Stuttgart 23. Januar 1923. GA 257, Dornach 1974.
167 Rudolf Steiner, Von Seelenrätseln. GA 21, Dornach 1976.
168 Rudolf Steiner, Gegensätze in der Menschheitsentwickelung, Stuttgart 13. Juni 1920. GA 197, Dornach 1967.
169 Siehe hierzu: Hella Wiesberger, Rudolf Steiners öffentliches Wirken für die Dreigliederung des sozialen Organismus. Eine Chronik; in: Nachrichten der Rudolf-Steiner-Nachlassverwaltung Nr. 24/25, Ostern 1969, Seite 8 und Seite 11 f.
170 Das genaue Datum dieses Gesprächs konnte bisher nicht ermittelt werden.
171 Hans Kühn, Dreigliederungs-Zeit. Dornach 1978.
172 Rudolf Steiner, Die Kernpunkte der sozialen Frage. GA 23, Dornach 1976, Seite 155 ff.
173 Rudolf Steiner, Die spirituellen Hintergründe der äusseren Welt. Der Sturz der Geister der Finsternis, Dornach 7. Oktober 1917.

174 Hitler, Mein Kampf. München 1934, Seite 224 f.
175 Rudolf Steiner, Die Polarität von Dauer und Entwickelung im Menschenleben, Dornach 13. Oktober 1918.
176 Zitate aus: Hitler, Mein Kampf, Seiten 235, 390, 401–406.
177 Rudolf Steiner, Weltsilvester und Neujahrsgedanken, Stuttgart 1. Januar 1920.
178 Rudolf Steiner, Das esoterische Christentum und die geistige Führung der Menschheit. Vortrag vom 21. September 1911, Mailand: Buddha und Christus. Die Sphäre der Bodhisattvas (s. Nr. 122).
179 Siehe hierzu: Emil Leinhas, Aus der Arbeit mit Rudolf Steiner. Basel 1950, Seite 38 f.
180 Rudolf Steiner, Die Kernpunkte der sozialen Frage.
181 Rudolf Steiner, Entsprechungen zwischen Mikrokosmos und Makrokosmos. GA 201.
- Die Brücke zwischen der Weltgeistigkeit und dem Physischen des Menschen. GA 202.
- Die Verantwortung des Menschen für die Weltentwickelung. GA 203.
- Perspektiven der Menschheitsentwickelung. GA 204.
- Menschenwerden, Weltenseele und Weltengeist. Teil 1 und 2, GA 205 und 206.
- Anthroposophie als Kosmosophie. Teil 1 und 2, GA 207 und 208.
- Nordische und mitteleuropäische Geistimpulse. GA 209.

182 Rudolf Steiner, Die Konstitution der Allgemeinen Anthroposophischen Gesellschaft und der Freien Hochschule für Geisteswissenschaft 1924/25. Dornach 18. Januar 1924. GA 260a, Dornach 1966. Siehe dazu auch: Friedrich Rittelmeyer, Meine Lebensbegegnung mit Rudolf Steiner. Stuttgart 1970, Seite 115 ff. und Emil Leinhas, Aus der Arbeit mit Rudolf Steiner. Seite 118 ff.
183 Leinhas, Aus der Arbeit mit Rudolf Steiner. Seite 116. Rittelmeyer, Meine Lebensbegegnung mit Rudolf Steiner. Seite 108.
184 Rudolf Steiner, Die Weltgeschichte in anthroposophischer Beleuchtung und als Grundlage der Erkenntnis des Menschengeistes, Dornach 31. Dezember 1923. GA 233, Dornach 1979.
185 Ilona Schubert, Selbsterlebtes im Zusammensein mit Rudolf Steiner und Marie Steiner. Basel 1977, Seite 65 f.
186 Siehe auch: Rudolf Grosse, Die Weihnachtstagung als Zeitenwende. Dornach 1976, Seite 88 f.
187 Rudolf Steiner, Die Konstitution der Allgemeinen Anthroposophischen Gesellschaft und der Freien Hochschule für Geisteswissenschaft, Paris 23. Mai 1924.
188 Rudolf Steiner, Die Konstitution der Allgemeinen Anthroposophischen Gesellschaft und der Freien Hochschule für Geisteswissenschaft, Dornach 18. Januar 1924.
189 Rudolf Steiner/Marie Steiner-von Sivers, Briefwechsel und Dokumente 1901–1925, Seite 192 (s. Nr. 125).
190 Koberwitz 1924, herausgegeben von Adalbert Graf von Keyserlingk, Teil I: Johanna Gräfin von Keyserlingk, Zwölf Tage um Rudolf Steiner, Stuttgart 1974, Seite 67.
191 Vergleiche Rudolf Steiner, Die Geheimwissenschaft im Umriss, Kapitel «Die Weltentwikkelung und der Mensch». GA 13, Dornach 1977, S. 261.
192 Siehe zum Beispiel den Vortrag vom 21. September 1911 in Mailand; in: Das esoterische Christentum und die geistige Führung der Menschheit.
193 Heyer, Kaspar Hauser, Seite 51.
194 Zitate aus: Rudolf Steiner, Das esoterische Christentum und die geistige Führung der Menschheit, Neuchâtel 27. September 1911.
195 Rudolf Steiner, Das esoterische Christentum und die geistige Führung der Menschheit, Neuchâtel 18. Dezember 1912.

196 So heisst es zum Beispiel: «Schon im 14. Jahrhundert wurde die Individualität des Dreizehnten wiederverkörpert.» Vortrag vom 27. September 1911 in Neuchâtel; in: Das esoterische Christentum und die geistige Führung der Menschheit.

197 Rudolf Steiner, Vortrag vom 15. Dezember 1907 in Düsseldorf. (Vorgesehen in GA 98.)

198 Siehe: Heyer, Kaspar Hauser, Seite 94 f.

199 Siehe: Heyer, Kaspar Hauser, Seite 23.

200 Zitate aus: Rudolf Steiner, Das esoterische Christentum und die geistige Führung der Menschheit, Neuchâtel 18. Dezember 1912.

201 Vergleiche 3. Kapitel; und: Rudolf Steiner, Von Jesus zu Christus, Karlsruhe 14. Oktober 1911.

202 Heyer, Kaspar Hauser, Seiten 75–79.

203 Daumer in: Pies, Kaspar Hauser – Augenzeugenberichte und Selbstzeugnisse I, Stuttgart 1925, Seite 179. Oder: Heyer, Kaspar Hauser, Seite 78.

204 Rudolf Steiner, Vorstufen zum Mysterium von Golgatha. GA 152, Dornach 1964.

205 Rudolf Steiner, Die Impulsierung des weltgeschichtlichen Geschehens durch geistige Mächte, Dornach 23. März 1923. GA 222, Dornach 1976.

206 Rudolf Steiner, Die Apokalypse des Johannes, Nürnberg 17. Juni 1908. GA 104, Dornach 1979.

207 Siehe hierzu: Pies, Die Wahrheit über Kaspar Hausers erste Zeit. Seiten 175–223, Abschnitt über Lord Stanhope.

208 Pies, Kaspar Hauser – Augenzeugenberichte und Selbstzeugnisse I, Seite 242.

209 Rudolf Steiner, Grundelemente der Esoterik, Berlin 28. Oktober 1905. GA 93a, Dornach 1976.

210 Rudolf Steiner, Die Theosophie des Rosenkreuzers, München 31. Mai 1907. GA 99, Dornach 1979.

211 Rudolf Steiner, Das esoterische Christentum und die geistige Führung der Menschheit, Neuchâtel 28. September 1911.

Bildnachweis

Seite 2:
J. F. C. Kreul (1804–1867), Kaspar Hauser 1830, Pastell. Martin von Wagner Museum der Universität Würzburg.

Seite 86, 87, 287:
Aufnahmen Heydebrand, Dornach. Philosophisch-Anthroposophischer Verlag, Goetheanum, Dornach/Schweiz.

Seite 195:
Der Abdruck erfolgt mit freundlicher Erlaubnis des Fotoateliers Louis Held, Eberhard Renno, DDR–Weimar.

Anmerkungen

(im Text mit * bezeichnet)

Seite

16 «Die Gestalt Kaspar Hausers war ein entscheidendes Jugenderlebnis für mich gewesen, eine Vision seit dem Erwachen des Bewusstseins beinahe.» Zitiert nach Heyer, Seite 106, aus dem Aufsatz von Jakob Wassermann «Meine persönlichen Erfahrungen mit dem Kaspar-Hauser-Roman».

27 Hier muss Pies die Feststellung machen, dass Meyer in seinen «Authentischen Mitteilungen» gerade den entscheidenden letzten Satz ausgelassen hat.

60 Rudolf Steiner erwähnt diese von Wassermann beschriebene Konstellation in den beiden Vorträgen, in denen er über Kaspar Hauser spricht (siehe Anhang 1, Nummer 2, 4 und 12).

65 Auf die Existenz solcher Hintergründe und Hintermänner hat Rudolf Steiner – ohne Bezug auf Kaspar Hauser – 1916 und 1917 hingewiesen in: Zeitgeschichtliche Betrachtungen, 1. und 2. Teil. GA 173 und 174, Dornach 1978.

74 In den Bildern des holländischen Malers Hieronymus Bosch werden in diesem Sinne die Verstorbenen oder Ungeborenen schwarz, die lebenden Menschen weiss gemalt (Wertheim Aymès, Hieronymus Bosch – Eine Einführung in seine geheime Symbolik, Berlin 1957).

76 Die Aufzeichnungen der Gespräche mit Rudolf Steiner werden hier aus dem Nachlass des Grafen Polzer-Hoditz erstmalig veröffentlicht. Dem Verfasser dieser Schrift sind diese Äusserungen aufgrund seiner Arbeiten über Kaspar Hauser bekanntgegeben worden. Sie bildeten nicht den Ausgangspunkt, sondern sie fügten sich wie selbstverständlich in die Arbeit ein (siehe Anhang 1, Nummer 3). Auf weitere Teile der Aufzeichnungen wird an geeigneter Stelle eingegangen.

77 Die Worte «auf deutschem Grund und Boden», die den Nachgeborenen verständlicherweise fatal klingen können, sollten indes niemanden irritieren. Daumer war weder Nationalist noch Materialist. Er meinte wirklich einen geistigen Grund und Boden (Daumer, 1873, Seite XXIV).

81 Die fünfte nachatlantische Kulturepoche (1413–3573 n. Chr. – Mitte: 2493) währt noch etwa 1500 Jahre. Die deutsche Volksentwicklung zeigt eine rhythmische Verstärkung beziehungsweise Abschwächung der Wirkungen des Volksgeistes. In der Völkerwanderungszeit (etwa ab dem 7. Jahrhundert) löst sich das deutsche Volk von den anderen germanischen Völkern. Die deutsche Sprachentwicklung beginnt. Um 1200 kommt es zu einer ersten kulturellen Blüte in der höfisch-staufischen Zeit. Die vierte Phase dieses Rhythmus wird sich im 25. Jahrhundert vollziehen, in zeitlicher Nähe zur Mitte der fünften nachatlantischen Kultur (2493). Man muss in diesen zeitlichen Dimensionen denken, wenn man über die Volksentwicklung spricht und die bestehende Situation ernst nimmt, die in dieser Hinsicht zunächst keine Lösungsmöglichkeit zeigt.

82 Nach einer Bemerkung Rudolf Steiners war Karl IV. der letzte Eingeweihte auf dem deutschen Kaiserthron. In seiner Burg Karlsstein hat seine Beziehung zum Grals-Königtum bleibenden Ausdruck gefunden. Im übrigen aber liess Karl IV. seine okkulten Impulse der Zeit gemäss im Verborgenen walten.

83 Der innere Strom der Grals-Gemeinschaft setzte sich später im Templerorden fort, dessen Impulse nach seiner Vernichtung im Verborgenen von den Rosenkreuzern weiter

gepflegt wurden (siehe Rudolf Steiner, Die Tempellegende und die Goldene Legende, Vortrag vom 22. Mai 1905, Berlin. GA 93 Dornach 1979).

89 Ein Hinweis auf den 33-Jahr-Rhythmus findet sich schon im «Seelenkalender» von 1912 in der Formulierung: 1879 Jahre nach des Ich Geburt.

98 Kaspar Hauser lebte im Karlsruher Schloss vom 29. September bis 15. Oktober 1812. Der Zyklus «Von Jesus zu Christus» fand vom 4. bis 15. Oktober 1911 statt.

113 «So wie ich diesen Menschen gefunden und geschildert habe, mit seiner natürlichen, unmittelbaren Reinheit und Selbstbewusstlosigkeit gab er im vollkommensten Grade *das Bild des ersten Menschen im Paradiese vor dem Sündenfall.»* (Aufzeichnungen des Freiherrn von Tucher aus dem Jahre 1828, zitiert nach Daumer, Kaspar Hauser, Regensburg 1873, Seite 123.)

«Die kalte, hartherzige Isolierung menschlicher Selbstheit und Besonnenheit, dieser wahre Sündenfall, war hier noch nicht zur Erscheinung gekommen; es stand ein paradiesischer Urmensch im Sinne der moralischen Fassung vor Augen, ein anbetungswürdiges Wunder in einer grundverderbten, in einen Abgrund von Selbstsucht und Bosheit versunkenen Menschenwelt.» (Daumer, Enthüllungen über Kaspar Hauser, Frankfurt 1859, Seite 299 f.)

114 Ein bestimmter Zusammenhang zwischen dem Phantomleib und einer andersartigen Ernährung wird durch die Stigmatisierten deutlich. Rudolf Steiner sagt im Zyklus «Von Jesus zu Christus»: «Die Empfindungen der christlichen Einweihung dringen ja auch wirklich bis zum physischen Leib vor; denn es kommen die Stigmata, die von Blut durchtränkten Stellen der Wundmale des Christus Jesus hervor» (Vortrag vom 14. Oktober 1911).

Nun ist bekannt, dass bei einigen Stigmatisierten – auch wenn dies immer wieder bezweifelt wird – das Phänomen der mehr oder weniger vorhandenen Nahrungslosigkeit auftritt. Bei der bekanntesten Stigmatisierten unserer Zeit, Therese von Konnersreuth, trat sogar über Jahrzehnte eine vollkommene Nahrungslosigkeit ein (vergleiche Luise Rinser, Die Wahrheit über Konnersreuth, Fischer Taschenbuch Nr. 65, Frankfurt a.M. 1957). Dies wird verständlich, wenn man sich daran erinnert, dass der Phantomleib geistig-physischer Natur ist und dadurch das Verhältnis des Menschen zur materiellen Stoffeswelt tiefgehend verändert wird.

120 Welche verhängnisvolle Rolle die direkte Beziehung von Deutschen und Russen vor allem für die letzteren spielt, hat Rudolf Steiner in einem Vortrag in Berlin am 17. Januar 1915 ausgesprochen (Menschenschicksale und Völkerschicksale, Dornach 1960, GA 157, Seite 82 f.).

122 Die gleiche Aussage Rudolf Steiners findet sich auch in folgendem Zusammenhang: «Am 8. Juni 1918 war Rudolf Steiner bei Graf Polzer-Hoditz in Tannbach bei Gutau im unteren Mühlviertel. Beim Besuch einer radioaktiven Quelle in der Nähe sagte Rudolf Steiner im Laufe eines Gespräches, dass Radioaktivität erst seit dem Mysterium von Golgatha in der Erde sei.» (Erinnerungen an den grossen Lehrer Dr. Rudolf Steiner. Lebensrückschau eines Österreichers von Ludwig Graf Polzer-Hoditz, Prag 1937.) Vergleiche den Aufsatz von Walter Cloos «Was ist die natürliche Radioaktivität in Wirklichkeit?» (Die Kommenden, 33. Jahrgang, 10. Januar 1979).

136 Welche Wirkung mögen die Atombombenexplosionen von 1945 auf den Erdorganismus haben? Zwei Fragen können in diesem Zusammenhang auftreten. Erstens kann man sich fragen, ob der Erdorganismus – neben zweifellos vorhandenen anderen Rhythmen – überhaupt auch einen 33-Jahr-Rhythmus zeigt. Folgende Gedanken legen es nahe, den beobachtenden Blick darauf zu lenken. Einmal ist das geschichtliche Werden der Menschheit engstens mit der Erde verknüpft, so dass die Erde am Geschichtsrhythmus teilnehmen

kann; zum anderen ist ja der lebendige Erdorganismus der Leib des Christus, und so scheint es berechtigt, in diesem Leib, auf den durch den inkarnierten Sonnengeist geschaffenen Rhythmus zu achten.

Zweitens muss natürlich gefragt werden, worin die Wirkungen liegen könnten. Grundsätzlich ist darauf hinzuweisen, dass auf den sich steigernden Materialismus und Egoismus der Menschheit der Erdorganismus unter anderem mit Erdbeben reagiert (siehe hierzu drei Vorträge Rudolf Steiners: 1. Erdinneres und Vulkanausbrüche, 16. April 1906, GA 96. 2. Das Innere der Erde, 21. April 1906, GA 97. 3. Mephistopheles und die Erdbeben der Erde, 1. Januar 1909, GA 107).

Man kann das bildlich so verstehen, dass der Leib des Christus unter der wachsenden Amoralität der Menschheit zittert. Das Gesetz des Ausgleichs des Menschheitsschicksals, das oben erwähnt wurde, ist auch hier wirksam. Die Leiden der meist unschuldigen Opfer, die mit den Ursachen unmittelbar nichts zu tun haben müssen, schaffen für die Menschheit den Ausgleich. Im Hinblicken auf den Wohnplatz der Menschheit geben jedenfalls die Erdbeben Anlass zu grösster Sorge.

Nach den Hinweisen Rudolf Steiners muss in Zukunft mit einer Zunahme der Erdbeben gerechnet werden. Die Erdbebenforschung bestätigt diese Hinweise aber zunächst nicht. Es muss allerdings berücksichtigt werden, dass die Kriterien der Beobachtung ungeklärt sind. Geht es, weltweit gesehen, um Häufigkeit und Intensität der Erdbeben – um einen noch unbekannten, sich ändernden Rhythmus? Oder um die Folge von Erdbeben an einem bestimmten Ort? Rudolf Steiners Vesuv-Beispiel im Vortrag vom 16. April 1906 legt dies nahe. Geht es um die Zahl der Opfer oder um das Auftreten von Erdbeben in bisher von Erdbeben verschonten Gebieten? So wurden in Berlin in den letzten Jahren mehrfach leichte Erdstösse bemerkt, eine Tatsache, die von Fachleuten vor 20 Jahren noch als unmöglich bezeichnet wurde. Es ist hier ein grosser Kreis von Fragen vorhanden, der einer zukünftigen Bearbeitung harrt.

142 Was hier ausgeführt wird, meint meines Erachtens Rudolf Steiner mit dem Konstruktiven, Ausschliessenden des Prinzips des Schwarz-Weiss. Es wird eine Konstruktion geschaffen, die an ihrer Stelle eine andere ausschliesst. Der Aufstieg Preussens zur Grossmacht und die spätere Gründung des Deutschen Reiches schlossen eine andere Entwicklung in Mitteleuropa aus.

168 «Wenn heute die Welt revoltiert, da ist es der Himmel, der revoltiert, das heisst der Himmel, der zurückgehalten wird in den Seelen der Menschen, und der dann nicht in seiner eigenen Gestalt, sondern in seinem Gegenteil zum Vorschein kommt, der in Kampf und Blut zum Vorschein kommt, statt in Imaginationen. Es ist daher gar kein Wunder, wenn jene Menschen, die sich an solchem Zerstörungswerk der sozialen Ordnung beteiligen, eigentlich das Gefühl haben, sie tun etwas Gutes. Denn was spüren sie in sich? Den Himmel spüren sie in sich; er nimmt aber nur karikaturhafte Gestalt an in ihrer Seele. So ernst sind die Wahrheiten, die wir heute einsehen sollen!» (Rudolf Steiner, Geisteswissenschaft als Erkenntnis der Grundimpulse sozialer Gestaltung, Dornach 11. September 1920. GA 199, Dornach 1967.)

172 Der Gedanke, dass es Ursachen gibt, die in der Zukunft liegen und die Gegenwart bestimmen, ist für alle Schicksalsbetrachtungen von entscheidender Bedeutung. Er wird von Rudolf Steiner grundlegend in «Die Offenbarungen des Karma», Hamburg 19. und 20. Mai 1910 (GA 120, Dornach 1975) entwickelt. Zu diesem Gedanken gelangt man auch, wenn man sich eine tiefere Auffassung über das Wesen der Zeit erwirbt – wie es Rudolf Steiner einmal für seine eigene Entwicklung kurz charakterisiert hat: «In diese Zeit fiel – und dies gehört schon zu den äusseren okkulten Einflüssen – die völlige Klarheit über

die Vorstellung der Zeit. Diese Erkenntnis stand mit den Studien in keinem Zusammenhang und wurde ganz aus dem okkulten Leben her dirigiert. Es war die Erkenntnis, dass es eine mit der vorwärtsgehenden interferierende rückwärtsgehende Evolution gibt – die okkult-astrale. Diese Erkenntnis ist die Bedingung für das geistige Schauen.» (Rudolf Steiner/Marie Steiner-von Sivers, Briefwechsel und Dokumente 1901–1925. GA 262, Dornach 1967, Seite 7.)

178 Es entspricht die Swastika, das *Hakenkreuz, nicht* dem in den beiden genannten Vorträgen von Rudolf Steiner gegebenen Zeichen des Sorat.

178 Das Zweifache von 666 ist 1332. In dem Kampf Philipps des Schönen gegen den Templer-Orden (1307–1314) drückt sich unmittelbar vor diesem Zeitpunkt eine Sorat-Wirkung aus. (Vergleiche Rudolf Steiner, Innere Entwicklungsimpulse der Menschheit, Dornach 25. September und 2. Oktober 1916. GA 171, Dornach 1964.)

182 «Es wurde festgesetzt, dass alle Entdeckungen, die sie machten, hundert Jahre lang als Geheimnis bei den Rosenkreuzern bleiben müssten und dass erst dann, nach hundert Jahren, diese Rosenkreuzer-Offenbarungen der Welt gebracht werden dürften. Erst nachdem hundert Jahre darüber gearbeitet worden war, durfte in entsprechender Weise darüber gesprochen werden. So wurde vom siebzehnten bis zum achtzehnten Jahrhundert vorbereitet, was 1785 in dem Werk «Die geheimen Figuren der Rosenkreuzer» zum Ausdruck kam.

Nun ist es auch von grosser Bedeutung, zu wissen, dass in jedem Jahrhundert die rosenkreuzerische Inspiration so gegeben wird, dass niemals der Träger der Inspiration äusserlich bezeichnet wurde. Nur die höchsten Eingeweihten wussten es. Heute kann zum Beispiel äusserlich nur von solchen Geschehnissen gesprochen werden, welche hundert Jahre zurückliegen, denn das ist die Zeit, welche jeweils verflossen sein muss, bevor davon äusserlich gesprochen werden darf. Die Versuchung ist zu gross für die Menschen, einer solchen ins Persönliche gezogenen Autorität – was das Schlimmste ist, was es gibt – fanatische Heiligenverehrung entgegenzubringen. Es liegt dies eben zu nahe. Es ist diese Verschwiegenheit aber nicht nur eine Notwendigkeit gegen die äusseren Anfechtungen des Ehrgeizes und des Hochmutes, deren man sich ja vielleicht noch erwehren könnte, sondern auch vor allem gegen die okkulten astralen Attacken, die fortwährend auf eine solche Individualität gerichtet sein würden. Deshalb ist die Bedingung, dass erst hundert Jahre nach einem solchen Faktum davon gesprochen werden darf, eine notwendige.» (Rudolf Steiner, Das esoterische Christentum und die geistige Führung der Menschheit, Neuchâtel 27. September 1911. GA 130, Dornach 1977.)

Am 100. Todestag Kleists, am 21. November 1911, spricht Rudolf Steiner über dessen Sehnsucht, die erst durch die Geisteswissenschaft hätte Befriedigung finden können. Er erwähnt da selbst, dass es «ein sonderbarer karmischer Zusammenschluss» ist, dass er genau 100 Jahre nach dem tragischen Tod Kleists geisteswissenschaftlich über das zu sprechen hatte, was dieser suchte. Hier kann man den Eindruck haben, dass etwas wie eine Heilung an dem Schicksal Kleists vollzogen wird. (Siehe Rudolf Steiner, Die Evolution vom Gesichtspunkte des Wahrhaftigen, Berlin 21. November 1911. GA 132, Dornach 1979.)

Am 23. April 1912 in Berlin weist Rudolf Steiner auf den Sinn und die Bedeutung der 100 Jahre im Rosenkreuzertum hin. «Innerhalb des Rosenkreuzertums ist es eine alte Regel, dass der äusseren exoterischen Welt gegenüber nie gesprochen wird bei der Zeitgenossenschaft von irgendeinem, der als ein Lehrer der rosenkreuzerischen Richtung zu gelten hat, sondern erst 100 Jahre nach seinem Tode. Nicht vorher, weil dadurch allein das unpersönliche Element hineingebracht werden kann in eine wirkliche spirituelle Bewegung.» (Der irdische und der kosmische Mensch. GA 133, Dornach 1964.)

185 Zu berücksichtigen ist, dass zwischen Daumer und Kaspar Hauser dasselbe Jahresverhältnis besteht. Daumer wurde 1800 geboren, also 12 Jahre vor Kaspar Hauser. Er war 28 Jahre, als ihm Kaspar Hauser übergeben wurde – und 33, als dieser mit 21 Jahren ermordet wurde.

In dem 33jährigen Leben des Christus Jesus tritt dieses Verhältnis der Jahre dadurch hervor, dass in dem 12jährigen Jesus eine entscheidende Veränderung vor sich geht, nämlich die Vereinigung der beiden Jesusknaben.

191 Dies ist wieder ein Fall, an dem sich 99 Jahre präzise ergeben.

192 Beim Kriegsausbruch 1914 soll die damalige Grossherzogin von Baden gesagt haben: «Das ist die Rache für das Verbrechen an Kaspar Hauser!»

196 Ich verdanke den Hinweis auf dieses Bild Herrn Dr. Wagenknecht.

208 Unter den Manen versteht man das Geistselbst, das Manas, die Wesenheit des Menschen, die sich nach dem Tode des Menschen als eine auf die Planeten- und Tierkreiswelt bezogene Vielheit ergibt. Rudolf Steiner erläutert die Manen einmal mit folgenden Worten:

«Da ist zunächst das vorhanden, eben nur der Anlage nach, was wir nennen das Geistselbst. Das Geistselbst werden wir nicht unter die Bestandteile, unter die Glieder der menschlichen Natur ohne weiteres aufnehmen können, wenn wir von dem gegenwärtigen Menschen sprechen; aber ein deutliches Bewusstsein vom Geistselbst ist insbesondere bei solchen Menschen vorhanden, die auf das Geistige zu sehen vermögen. Sie wissen, dass das gesamte morgenländische Bewusstsein, insofern es gebildetes Bewusstsein ist, dieses Geistselbst ‹Manas› nennt und dass von Manas als etwas im Menschen Lebendem in der morgenländischen Geisteskultur durchaus gesprochen wird. Aber auch in der abendländischen Menschheit, wenn sie nicht gerade ‹gelehrt› geworden ist, ist ein deutliches Bewusstsein von diesem Geistselbst vorhanden. Und zwar sage ich nicht ohne Bedacht: ein deutliches Bewusstsein ist vorhanden; denn man nennt im Volke – hat wenigstens genannt, bevor das Volk ganz ergriffen worden ist von der materialistischen Gesinnung – das, was vom Menschen übrigbleibt nach dem Tode, die Manen. Man spricht davon, dass nach dem Tode übrigbleiben die Manen; Manas = die Manen. Ich sagte: ein deutliches Bewusstsein hat das Volk davon; denn das Volk gebraucht in diesem Falle den Plural, die Manen. Wir, die wir wissenschaftlich mehr das Geistselbst noch auf den Menschen vor dem Tode beziehen, sagen in der Einzahl: das Geistselbst. Das Volk, das mehr aus der Realität, aus der naiven Erkenntnis heraus über dieses Geistselbst spricht, gebraucht die Mehrzahl, indem es von den Manen redet, weil der Mensch in dem Augenblick, wo er durch die Pforte des Todes geht, aufgenommen wird von einer Mehrzahl von geistigen Wesenheiten. Ich habe das schon in einem anderen Zusammenhang angedeutet: Wir haben unseren persönlichen führenden Geist aus der Hierarchie der Angeloi, die sich sogleich einschalten; darüberstehend aber haben wir die Geister aus der Hierarchie der Archangeloi, die sich sogleich einschalten, wenn der Mensch durch die Pforte des Todes geht, so dass er dann sofort sein Dasein in gewisser Beziehung in der Mehrzahl hat, weil viele Archangeloi in sein Dasein eingeschaltet sind. Das fühlt das Volk sehr deutlich, weil es weiss, dass der Mensch, im Gegensatz zu seinem Dasein hier, das als eine Einheit erscheint, sich dann mehr oder weniger als eine Vielheit wahrnimmt. Also die Manen sind etwas, was im naiven Volksbewusstsein von diesem der Mehrzahl nach vorhandenen Geistselbst, von Manas, lebt.» (Allgemeine Menschenkunde als Grundlage der Pädagogik, Vortrag Stuttgart, 25. August 1919. GA 293, Dornach 1973, S. 63 f.)

210 Es muss angemerkt werden, dass das erste Goetheanum nie eröffnet oder eingeweiht – aber schon benutzt wurde. Die feierliche Einweihung wurde wohl deshalb von Rudolf Steiner aufgeschoben, weil vor allem die Statue des Menschheitsrepräsentanten noch nicht

fertiggestellt war. Aus diesem Grunde befand sie sich während des Brandes nicht an dem für sie vorgesehenen Orte und ist dadurch dem Brand nicht zum Opfer gefallen.

218 «Die Komplikation in der Menschennatur tritt heute besonders dadurch ein, dass die Menschen eigentlich nur – wie ich es Ihnen von einem anderen Gesichtspunkte aus auseinandergesetzt habe –, das Menschengeschlecht als solches nur siebenundzwanzig Jahre alt wird, das heisst, von selbst sich nur entwickelt bis zum siebenundzwanzigsten Jahre. Was dann noch kommt, das entwickelt sich nicht von selbst wie in alten Zeiten, für das muss die Entwickelung gesucht werden. Und so ist es heute so, dass der junge Mensch bis zu seinem siebenundzwanzigsten Jahre eine Entwickelung durchmacht, wo ihm die Elemente des Menschentums anfliegen. Er erwartet sie bis zu diesem siebenundzwanzigsten Jahr vom Leben. Jetzt kommt das siebenundzwanzigste Jahr, da gibt das Leben selber nichts mehr her. Er tut aber nichts dazu. Daher beginnt von da ab das Leben hohl und leer, öde zu werden, wenn der Mensch sich nicht aufschwingt, das geistige Leben, von dem ich gesagt habe, dass es wie eine Welle sich über die Menschheit ergiesse, heute in sich aufzunehmen.

Diese Krisis, die eigentlich in jeglichem Menschenleben heute ist um das siebenundzwanzigste Jahr – sie dauert dann bis um das fünfunddreissigste Jahr herum –, die drückt sich in charakteristischen Erscheinungen heute aus. Denn alles dasjenige, was in der allgemeinen Menschennatur lebt, das drückt sich in einzelnen Erscheinungen besonders radikal, besonders stark aus. So hat es bis vor kurzer Zeit eine als sehr führend – obwohl sie nicht viel führte – angesehene Persönlichkeit gegeben, die war zu einem bestimmten Zeitpunkt vor eine wichtige Entscheidung gestellt. Aber gleichzeitig mit dieser Entscheidung zeigte sich etwas anderes bei dieser Persönlichkeit. Diese Persönlichkeit war früher einmal inkarniert im 9. Jahrhunderte der christlichen Zeitrechnung und war in diesem 9. Jahrhunderte an einem südlicheren Orte Europas eine Art schwarzer Magier. Das hat in die jetzige Inkarnation dieser Persönlichkeit so hereingewirkt, dass, als diese Entscheidung eintrat, das entscheidungsvolle Ereignis, diese Persönlichkeit eigentlich starb, das heisst, der Leib von der Seele, die da sich wieder inkarniert hatte, verlassen worden ist. Aber die Persönlichkeit lebte weiter, äusserlich, war trotzdem da. Denken Sie, welche Gelegenheiten für allerlei ahrimanische Geister und Individualitäten, in einem solch gestorbenen Menschen weiterzuleben! Das ist ein Fall von solchen Fällen, wie sie die Komplikation des heutigen Lebens mehrfach hervorbringt. Solche Dinge spielen hinein in dasjenige, was heute Menschenhandlungen sind, in dasjenige, was heute auch Menschenschicksale sind. Man kann heute nicht, ohne wenigstens ein Gefühl zu haben für so einschneidende Dinge, wie ich jetzt einen Fall erwähnt habe, ein Urteil über dasjenige gewinnen, was geschieht. Ich habe oftmals betont, und auch hier sind Persönlichkeiten, denen gegenüber ich öfter betont habe: Über die sogenannte Vorgeschichte dieser Weltkriegskatastrophe wird nicht so geurteilt werden können, wie man früher Geschichte gemacht hat, weil überall Fenster geöffnet waren für ahrimanische Wesenheiten, die hereinkamen. Und weil geistige Ursachen der zweifelhaftesten und sonderbarsten Art hereingespielt haben in die Ereignisse vom Juli 1914, wird man nicht ohne Zuhilfenahme von geistigen Faktoren über dasjenige sprechen können, geschichtlich, was zu dieser Weltkriegskatastrophe geführt hat.» (Rudolf Steiner, Vergangenheits- und Zukunftsimpulse im sozialen Geschehen, Dornach 6. April 1919. GA 190, Dornach 1980.)

233 Ein besonders eindringlicher Hinweis in dieser Richtung findet sich schon im Vortrag vom 17. April 1921, Dornach, in dem auch auf den möglichen Verlust des Lebens hingewiesen wird: «Für uns kommt es aber an auf die Kraft, festzustehen auf dem als richtig erkannten Boden. Ja, es wird nichts unversucht bleiben, um diesen Boden zu untergraben,

dessen können Sie sicher sein. Ich musste das noch einmal aussprechen, gerade in Anlehnung an die Betrachtungen des Herganges der europäischen Zivilisation, denn es ist notwendig, dass wenigstens die Absicht entsteht, sich fest zu stellen auf den Boden, den wir als den richtigen erkennen müssen. Und es ist notwendig, dass man unter uns sich nicht den ja auch so beliebten Illusionen über die Gegnerschaften hingibt. Es wird darauf ausgegangen, uns den Boden zu unterhöhlen. An uns ist es, so viel zu arbeiten, als nur irgend geht, und wenn der Boden unterhöhlt werden sollte und wir hineinfielen in den Spalt, dann müsste unsere Arbeit dennoch so gewesen sein, dass sie ihren geistigen Weg durch die Welt findet. Denn was da auftritt, es ist das letzte Zucken einer untergehenden Welt; aber sie kann auch noch, wenn es das letzte Zucken ist, wie ein Tobsüchtiger um sich schlagen; man kann unter diesem tobsüchtigen Umsichschlagen sein Leben verlieren. Deshalb muss wenigstens erkannt werden, aus welchen Impulsen heraus das tobsüchtige Umsichschlagen geschieht. Mit kleinen Mitteln wird nichts erreicht; an das grosse müssen wir appellieren. Versuchen wir, gewachsen zu sein einem solchen Appellieren!» (Rudolf Steiner, Perspektiven der Menschheitsentwickelung. GA 204, Dornach 1979.)

237 Die siebengliedrige Wesenheit eines Angelos umfasst: Ätherleib, Astralleib, Ich, Geistselbst, Lebensgeist, Geistesmensch, Heiliger Geist. Durch die Teilhabe an dem Heiligen Geist ist der Engel ein «Bote Gottes». (Siehe hierzu: Rudolf Steiner, Die Theosophie des Rosenkreuzers, München 2. Juni 1907. GA 99, Dornach 1979.)

243 Von dieser Rosenkreuzer-Arbeit ist die des Christian Rosenkreutz selbst in gewisser Hinsicht zu unterscheiden. Seine Arbeit richtet sich jetzt und in die Zukunft hinein durch viele weitere Inkarnationen offenbar auf die Entwicklung und Ausgestaltung des Auferstehungsleibes selbst, womit er einem fernen Menschheitsziel dient. (Siehe den Vortrag Rudolf Steiners in Neuchâtel vom 18. Dezember 1912; in: Das esoterische Christentum und die geistige Führung der Menschheit. GA 130, Dornach 1977.

245 Die Chymische Hochzeit wurde 1604 verfasst und handschriftlich verbreitet, 1616 gedruckt. Die Rosenkreuzer-Schriften erschienen in Kassel 1614–1615. Eine historische Wirkung wurde damals durch den 30jährigen Krieg verhindert. Die kriegerischen Ereignisse verdeckten die geistige Gestalt, die erscheinen wollte.

247 «Das konkrete Mit-Leiden Kaspar Hausers hat sich in manchen Äusserungen einen zum Teil rührenden Ausdruck verschafft. Daumer erzählt zum Beispiel folgende Äusserungen aus dem Oktober 1828: ‹Er denke auch deshalb ungern an seine Einsperrung zurück, weil er sich die Angst vorstelle, in der der Unbekannte, der ihn gefangen hielt, gelebt haben müsse. Dieser habe wahrscheinlich immer auf seinen Tod gehofft, der nicht erfolgt sei, und so glaube er, dass der Unbekannte, bis er sich seiner entledigt habe, in der qualvollsten Unruhe gelebt habe, was ihm wehe tue, wenn er sich's vorstelle.› – Daumer bemerkt dazu: ‹Solche Äusserungen waren damals bei Hauser weder durch Erziehung und Bildung überhaupt, noch insbesondere durch religiösen Einfluss begründet, sie flogen rein und selbständig aus seiner in ihrer Ursprünglichkeit noch ungetrübten Menschennatur, die aber das Leben in der Welt bald zum Abfall von sich selber nötigte.› » (In: Heyer, Kaspar Hauser. Seite 78.)

247 Rudolf Steiners Ausspruch vom «versprengten Atlantier» sollte nicht Veranlassung geben, in dem Vorgang etwas Ungewolltes, Zufälliges, Planloses zu sehen.

Anhang 1

Zusammenstellung der Äusserungen Rudolf Steiners zu Kaspar Hauser

Zeitlich bestimmte

1	1905/6	Gespräch mit Frau M. Rissmann in Nürnberg – überliefert durch Rudolf Rissmann Karl Heyer, Kaspar Hauser und das Schicksal Mitteleuropas
2	1908	Vortrag vom 17. Juni in Nürnberg
3	1916	November in Dornach – Notizen von Ludwig Graf Polzer-Hoditz
4	1923	Vortrag vom 23. März in Dornach
5	1924	Johanna Gräfin Keyserlingk, Zwölf Tage in Koberwitz Karl Heyer, Kaspar Hauser und das Schicksal Mitteleuropas
6	1925	3. März in Dornach – Notizen von Ludwig Graf Polzer-Hoditz
7	1925	3. März in Dornach – Notizen von Ludwig Graf Polzer-Hoditz

Zeitlich unbestimmte

8	Karl Heyer, Kaspar Hauser und das Schicksal Mitteleuropas
9	Karl Heyer, Kaspar Hauser und das Schicksal Mitteleuropas

Unbelegte

10	Wieder-Inkarnation
11	«Engel»

*

Zitat aus: Jakob Wassermann, Caspar Hauser

1 *Rudolf Rissmann, Rudolf Steiner Anfang des Jahrhunderts*

«Einige Jahre vorher sagte Dr. Steiner zu meiner Mutter, Kaspar Hauser sei ein ‹versprengter Atlantier›. Meine Mutter hat mir dies öfter erzählt, wenn wir am Hause Daumers vorübergingen.»

Siehe Rudolf Rissmann, Rudolf Steiner Anfang des Jahrhunderts; in: Erinnerungen an Rudolf Steiner. Stuttgart 1979, Seite 29.

Karl Heyer, Kaspar Hauser und das Schicksal Mitteleuropas

Rudolf Steiner «hat nämlich einmal nach einer gut verbürgten Mitteilung Kaspar Hauser als einen *versprengten Atlantier* bezeichnet. Das geschah etwa 1905/6 in einem Gespräch mit einer Nürnberger Persönlichkeit, von der Rudolf Steiner nach Kaspar Hauser gefragt wurde und deren eigene Eltern eng mit dem Professor Daumer befreundet gewesen waren. In diesem Worte Rudolf Steiners liegt ausser dem, was man sonst in ihm finden mag, ja mindestens auch dieses, dass Kaspar Hauser Wesenszüge aufwies, wie sie den Atlantiern eigentümlich gewesen sind. Und das trifft eben gerade auch auf die Stärke seines Gedächtnisses zu.»

Karl Heyer, Kaspar Hauser und das Schicksal Mitteleuropas. Kressbronn 1958, Seite 21.

2 *Rudolf Steiner, Vortrag vom 17. Juni 1908 in Nürnberg*

«Wer mit einigermassen sehenden praktischen Augen in die Welt blickt, kann heute noch erkennen, dass dasjenige, was so aus der Geisteswissenschaft heraus gesagt wird, nicht in der Luft schwebt. Man könnte sagen: Wenn das wahr ist, dann müssten die heutigen Menschen, die durch irgendeinen Zufall zurückgeblieben sind, zeigen, dass sie gerade im Gedächtnis am wenigsten zurückgeblieben sind. Sie müssten auch zeigen, dass, wenn man bei künstlich zurückgehaltenen Menschen sich bemüht, ihnen Intellektualität beizubringen, das Gedächtnis darunter leidet. Hier in dieser Stadt konnte man einen charakteristischen Fall dieser Art betrachten.

Der nicht hoch genug zu schätzende Professor *Daumer* hat diesen Fall gut beobachtet an jenem für viele so rätselhaften Menschen, der einmal auf geheimnisvolle Weise in diese Stadt hier hereinversetzt worden ist, und der auf ebenso geheimnisvolle Weise in Ansbach den Tod gefunden hat; derselbe, von dem ein Schriftsteller sagt, um das Geheimnisvolle seines Lebens anzudeuten, dass, als man ihn hinausgetragen hat, ein Tag war, wo an der einen Seite am Rande des Himmels die Sonne unterging und auf der entgegengesetzen Seite der Mond aufstieg. Sie wissen, dass ich von *Kaspar Hauser* rede. Wenn Sie absehen von allem Pro und Kontra, das in bezug auf diesen Fall geltend gemacht worden ist, wenn Sie nur auf das sehen, was unter allen Umständen belegt ist, so werden Sie wissen, dass dieser Findling, der einfach einmal da war auf der Strasse, der, weil man nicht wusste, woher er gekommen war, das Kind Europas genannt worden ist, dass er nicht lesen, nicht rechnen konnte, als man ihn fand. Er hatte in einem Alter von zwanzig Jahren nichts von dem, was durch den Intellekt erworben wird, aber merkwürdigerweise hatte er ein wunderbares Gedächtnis. Als man anfing ihn zu unterrichten, als die Logik in seine Seele trat, schwand das Gedächtnis. Dieser Übergang im Bewusstsein war auch noch mit etwas anderem verbunden. Eine unbegreifliche, geradezu eingeborene Wahrhaftigkeit war ursprünglich in ihm, und gerade an dieser Wahrhaftigkeit wurde er immer mehr und mehr irre. Je mehr er an der Intellektualität naschen durfte, desto mehr schwand sie dahin.

Wir könnten manches studieren, wenn wir in diese Seele uns vertieften, die künstlich zurückgehalten worden war. Und gar nicht so unbegründet ist für denjenigen, der auf dem Boden der Geisteswissenschaft steht, die Volkstradition, die die gelehrten Leute von heute nicht glauben und die da berichtet, dass Kaspar Hauser, als er noch gar nichts wusste, noch gar keine Ahnung davon hatte, dass es Wesen ausser ihm von verschiedener Gestalt gebe, dass er da eine merkwürdige Wirkung ausübte, wenn er mit ganz wütenden Tieren zusammengebracht wurde. Die wilden Tiere duckten sich und wurden ganz sanftmütig. Es strömte von ihm etwas aus, was bewirkte, dass solch ein Tier, das jeden anderen zornig anfiel, sanft wurde. Wie gesagt, wir könnten, weil sich solch ein Fall darbietet, der aus der Geisteswissenschaft heraus verstanden werden kann, tief in die Seele dieser merkwürdigen und für viele so rätselhaften Persönlichkeit eindringen, und es würde sich Ihnen ein Fall vormalen, aus dem Sie sehen könnten, dass alles das, was aus dem gewöhnlichen Leben nicht zu erklären ist, durch die Geisteswissenschaft zurückgeführt wird auf geistige Tatsachen. Freilich können solche geistigen Tatsachen nicht durch Spekulation, sondern nur durch geistige Beobachtung gewonnen werden, aber verständlich sind sie für das allseitig umfassende und logische Denken.»

Rudolf Steiner, Vortrag in Nürnberg vom 17. Juni 1908, in: Die Apokalypse des Johannes. GA 104, Dornach 1979, S. 18 ff.

«Jene Kreise, die alles verhüllen und auch heute noch versuchen zu verhüllen, was mit dem Kaspar Hauser-Schicksal tatsächlich zusammenhängt, sind jene Mitglieder der westlichen Logen und der Jesuiten, die ja in ihren Spitzenorganisationen seit mehr als 150 Jahren, aber seit Januar 1802 nachweislich, zusammenarbeiten. Diese also wollen nicht, dass enthüllt werde, was sie als ein Experiment, als einen grossangelegten Versuch inszenierten, um jene Individualität, durch eben ihr Experiment, von ihren Aufgaben zu trennen. Sie in einem Zwischenreich zu halten. Die Ichheit dieses Wesens soll nicht durchdringen können ihren Leib, soll draussen bleiben in einem Zwischenreiche, nicht reine Geistgestalt und nicht reiner Erdenmensch. Von ihren Aufgaben abgelenkt und wie in geistiger Verbannung bleiben. Das heisst, einen Leib zu formen, aber nicht tätig, als Ichheit, ihn ergreifen können. Dieses Experiment aber glückte nicht, und darum musste Kaspar Hauser sterben. Sie mussten erleben, wie durch ihr Experiment gerade erreicht wurde, was sie zu verhindern strebten: Das Wachwerden der Individualität. Ja, dass sie wusste von Reinkarnation und Karma. Das aber sollte ja eben nicht sein. Süddeutschland hätte werden sollen die neue Gralsburg der neuen Geistesstreiter und die Wiege künftiger Ereignisse. Wohlvorbereitet war der Geistesraum durch alle jene Persönlichkeiten, die wir als Goethe, Schiller, Hölderlin, Herder usw. kennen. Kaspar Hauser sollte wie um sich herum sammeln all das, was da lebte in diesem so vorbereiteten Geistesraum. Das aber wurde von jenen Kreisen (westlichen Logen und Jesuiten) nicht gewollt. Sie konnten keine erwachende Mitte zulassen, wenn sie sich nicht ihrer Macht und Machtbestrebungen entäussern wollten. Goethes Geistesart erschreckt sie. Napoleon zwingt sie zueinander und zum Bündnis der anzustrebenden Weltherrschaft auf weltanschaulichem und wirtschaftlichem Gebiete. Napoleon hatte schon ihre Bestrebungen durchkreuzt; Napoleon ist es im Grunde, der die beiden Strömungen zu einem Bündnis treibt. Von da ab sind die Aufgabenbereiche klar abgegrenzt, aber in ihrer Zielsetzung umso wirksamer auf die eindeutige Weltherrschaft gerichtet. Die weltanschaulichen und geistigen Angelegenheiten sind ausschliesslich in die Hand der Jesuiten gegeben; die wirtschaftlichen in die der anglo-amerikanischen Logen, der Logen des Westens. Diese Pläne aber werden mehr und mehr zu tragischen Konflikten und Katastrophen führen, weil alle diese Pläne ja nicht mit dem Menschen und der menschlichen Entwicklung rechnen. Was Kaspar Hauser vorgesehen, wurde von Menschen zerschlagen. Auf diesen «geplanten» Trümmern konnte das Prinzip des Schwarz-Weiss zur Herrschaft gelangen. Das Prinzip des Schwarz-Weiss aber ist ein konstruktives, ein ausschliessendes. Hier liegt auch die Tragik im Leben Bismarcks, der wohl ein Modell eines Bundesstaates geben konnte, das Konstruktive einer wahrhaften Föderation der Mitte, aber nicht die tragende Idee, das, was eine solche Staatenbildung als notwendig und berechtigt hätte erscheinen lassen. Das war es, was Bismarck auch in Frankfurt suchte, den Goetheschen Geist, das was durch Kaspar Hauser hätte leben können im süddeutschen Raume, aber nicht lebte. In Frankfurt war es eigentlich, wo Bismarck dem Prinzip des Schwarz-Weiss begegnete und alledem, was ihn dann auch dem König von Preussen verband. Von da beginnt die Aera der Juristen; aber Politik ist kein juristisches Problem.»

4 Rudolf Steiner, Vortrag vom 23. März 1923 in Dornach

«Man hat grossen Wert darauf gelegt in dieser zweiten nachatlantischen Periode, ob der Mensch geboren wurde – so paradox uns das heute erscheint, es ist so – bei freundlichem Wetter, ob der Mensch etwa geboren wurde bei Nacht oder bei Tag, zur Winterszeit oder zur Sommerszeit. Intellektuelles gab es nicht, aber man hatte die Empfindung: Was die Götter für eine Himmelskonstellation sein lassen, ob schönes Wetter oder Schneegestöber, ob Tag oder Nacht, wenn sie einen Menschen auf die Erde herunterschicken, das drückt ihre Gedanken aus, das drückt diese göttlichen Gedanken aus. Und wenn etwa gerade zur Gewitterszeit oder sonst irgendwie bei merkwürdigen Wetterkonstellationen ein Kind geboren wurde, so betrachtete man das im laienhaften Leben als den Ausdruck für diese oder jene dem Kinde gegebenen göttlichen Gedanken.

Wenn das im Laienhaften der Fall war, so war es auf der andern Seite da, wo die Priesterschaft, die wiederum abhängig war von den Mysterien, sozusagen Protokoll führte über die Geburten – aber das ist nicht im bürokratischen Sinne von heute zu verstehen –, durchaus so, dass man aus diesen Konstellationen von Wetter, Tageszeit, Jahreszeit und so weiter darauf sah, wie dem Menschen seine göttliche Gedankengabe mitgegeben war. Das war in der zweiten nachatlantischen Periode, in der urpersischen Periode.

Solche Dinge haben sich in unsere Zeit herein sehr wenig erhalten. In unserer Zeit gilt es als etwas ausserordentlich Langweiliges, wenn man von jemandem sagen muss: Der redet vom Wetter. – Denken Sie nur, das gilt als etwas Abträgliches, wenn man von jemandem heute sagt: Der ist ein langweiliger Mensch, da er von nichts anderem zu reden weiss als vom Wetter. – Das hätten die Leute in der urpersischen Zeit nicht verstanden, sie hätten den Menschen ungemein langweilig gefunden, der nichts Interessantes über das Wetter zu sagen wusste. Denn in der Tat, es heisst schon, sich ganz herausgehoben haben aus der natürlichen Umgebung, wenn man nicht mehr etwas richtig Menschliches empfindet gegenüber den Wettererscheinungen. Es war ein intensives Miterleben der kosmischen Umgebung, das sich darinnen ausdrückte, dass man überhaupt Ereignisse – und die Geburt eines Menschen war eben ein wichtigstes Ereignis – in Zusammenhang dachte mit dem, was nun vorgeht in der Welt.

Es würde durchaus ein Fortschritt sein, wenn die Menschen – sie brauchen ja nicht bloss zu der Redensart zu kommen: es ist gutes und schlechtes Wetter, das ist sehr abstrakt –, wenn die Menschen wiederum dazu kommen würden, indem sie das oder jenes sich erzählen, nicht zu vergessen, was bei diesem oder jenem Ereignis, das erlebt worden ist, für Wetter war, für Erscheinungen überhaupt in der Natur waren.

Es ist dies ausserordentlich interessant, wenn bei auffälligen Erscheinungen dies noch da oder dort erwähnt wird, wie das zum Beispiel für den Tod des *Kaspar Hauser* erwähnt wird, weil es eine auffällige Erscheinung war, dass auf der einen Seite die Sonne unterging, während auf der andern Seite der Mond aufging, und so weiter. So können wir uns also hineinfühlen in menschliches Wesen dieser zweiten nachatlantischen Periode.»

Rudolf Steiner, Vortrag vom 23. März 1923, in: Die Impulsierung des weltgeschichtlichen Geschehens durch geistige Mächte. GA 222, Dornach 1976.

5 *Johanna Gräfin Keyserlingk, Zwölf Tage in Koberwitz 1924*

«Ein anderer Ausspruch, der mich später sehr beschäftigt hat, war folgender: Herr Winkler hatte Rudolf Steiner gefragt, ob er ihm nicht etwas über die Vorinkarnation des Caspar Hauser mitteilen wolle. Am anderen Tag brachte Rudolf Steiner die Antwort: er habe geistig untersucht da, wo Caspar Hauser in das physische Dasein trat und dort, wo er ermordet wurde. Er habe aber weder eine vorhergehende, noch eine nachfolgende Verkörperung finden können. Es handle sich hier um ein höheres Wesen, das eine besondere Mission auf Erden hatte.»

Aus: Koberwitz 1924, Stuttgart 1974, Seite 67.

Dazu – offenbar identisch:
Karl Heyer, Kaspar Hauser und das Schicksal Mitteleuropas

«Dazu kommt aber noch ein weiteres sehr wichtiges Wort Rudolf Steiners, an dessen Authentizität nach dem, was ich ermitteln konnte, kein Zweifel bestehen kann: dass nämlich im Jahre 1924 Rudolf Steiner von einer Persönlichkeit nach dem Karma des Kaspar Hauser befragt wurde und dass dieser Mann – am nächsten Tage – von Rudolf Steiner die Antwort bekam, *er habe eine frühere Inkarnation Kaspar Hausers nicht finden können.*»

Karl Heyer, Kaspar Hauser ... Seite 53 f.

6 *Notizen von Ludwig Graf Polzer-Hoditz vom 3. März 1925 in Dornach*

«Tragen Sie aber stets in Ihrem Bewusstsein: Die Jesuiten haben die Religiosität, die Frömmigkeit den Menschen genommen, sind ganz identisch mit der römischen Staatsgewalt. Der Kampf, das heisst die Sünde gegen den Geist, ist ihr Herrschaftsgewaltmittel, die einzige Sünde, von der die Schrift sagt, dass sie nicht vergeben wird. Und doch kann der Geist nicht ganz ausgerottet werden, aber nur wenige werden ihn hinübertragen in die Zukunft. ... Der Kampf gegen den Geist lag immer und liegt weiter im Hintergrund allen äusseren Geschehens.»

7 *Notizen von Ludwig Graf Polzer-Hoditz vom 3. März 1925 in Dornach*

«Dann sprachen wir über die Bestrebungen römischer und westlicher Logen, und mit grösstem Ernst betonte Herr Doktor, dass drei Aufgaben zu lösen seien, deren Ergebnisse für die Zukunft von ganz besonderer Wichtigkeit seien:
1. Die Frage nach den beiden Johannessen.
2. Wer war Demetrius?
3. Woher kam Kaspar Hauser?
Bei allen Problemen sei es von besonderer Wichtigkeit, dass die Blickrichtung nicht auf den Tod hin gewählt würde, sondern auf die Geburt hin. Woher kamen sie und mit welchen Aufgaben? Jene Individualität, welche sich hinter dem Kaspar-Hauser-Schleier verhüllen soll, sei eine Wesenheit, welche inspirierend in den Rosenkreuzer-Zusammenhängen seit Anfang an gewirkt und

sich dann am 29. September 1812 als Sohn des badischen Grossherzogs Karl und seiner Gemahlin Stefanie von Beauharnais inkarniert habe. Dieser habe eine wichtige Mission des esoterischen Christentums zu erfüllen ...

Es ist ganz unwesentlich, wer Demetrius war, wer Kaspar Hauser war, denn eine so gestellte Frage soll ablenken von dem tatsächlichen Geschehen. Nicht wer Demetrius war, wer Kaspar Hauser war, ist wichtig, sondern was wurde durch sie gewollt. Was durch sie gewollt wurde, das sollte uns beschäftigen, denn in einer solchen Blickrichtung werden wir stets einen Schlüssel zum Verständnis finden mancher Schwierigkeiten.»

8 *Karl Heyer, Kaspar Hauser und das Schicksal Mitteleuropas*

«Bedeutungsvoll erscheint insbesondere, was Fuhrmann über die Art berichtet, wie Kaspar Hauser das Geheimnis der Versöhnungslehre und dergleichen Lehren (entgegen dem, was Feuerbach erwartet hatte) aufnahm: ‹Gerade hier sprach Hauser das meiste, das erhabenste Gefühl aus, gerade hier zeigte er eine Rührung und Eifer, der jeden, der ihn so sah, wie ich, zur Bewunderung hingerissen hätte. Seine Tränen flossen unzählig bei der Erzählung der Geschichte Jesu Christi, sein Wort und seine Gebärde drückten die tiefste Ehrfurcht, die heiligste Bewunderung gegen den leidenden Erlöser aus.› ...

Mit diesen letzten Mitteilungen Pfarrer Fuhrmanns stimmt ein angebliches Wort überein, das Rudolf Steiner über Kaspar Hauser gesprochen haben soll und das wir, weil wir seine Authentizität nicht mit restloser Sicherheit feststellen konnten, unerwähnt lassen würden, wenn nicht diese Mitteilungen Pfarrer Fuhrmanns geeignet erschienen, ihm von der einen Seite her eine Stütze zu geben. Rudolf Steiner soll nämlich ausgesprochen haben: nächst Christian Rosenkreuz habe Kaspar Hauser die Leiden des Christus am stärksten nachempfunden.»

Karl Heyer, Kaspar Hauser ... Seite 51.

9 *Karl Heyer, Kaspar Hauser und das Schicksal Mitteleuropas*

«In welchen Dimensionen Rudolf Steiner die Gestalt des ‹Kaspar Hauser› sah, zeigt sein (wohlverbürgtes) Wort: Wenn Kaspar Hauser nicht gelebt hätte und gestorben wäre, wie er tat, so wäre der Kontakt zwischen der Erde und der geistigen Welt vollkommen unterbrochen, – ein Wort, das noch weitere grösste Perspektiven eröffnet, hindeutend auf eine positive Kehrseite dessen, was mit Kaspar Hauser geschehen, was ihm angetan worden ist. Es lässt, um ein Kleineres mit dem zentral Grössten der Erdentwicklung zu vergleichen, eben an dieses zentral Grösste denken.»

Karl Heyer, Kaspar Hauser ... Seite 289.

Es gibt zwei bisher unbelegte Äusserungen Rudolf Steiners, die aber inhaltlich als gesichert gelten können:

10 *Wieder-Inkarnation*

Wenn Kaspar Hauser als Kind ermordet worden wäre, hätte er sich schnell wieder inkarnieren können. Die Täter haben in Kenntnis dieser Tatsache gehandelt. Es ist dies *ein* Grund für die Behandlung, der man Kaspar Hauser unterzog.

Der Inhalt dieser Aussage wird durch gleichsinnige Angaben Rudolf Steiners gestützt. So hat er einem Münchner Ehepaar einmal die seltene Tatsache enthüllt, dass ein Kind, das die Familie im Säuglingsalter verloren hatte, in Jahresfrist wieder in dieser Familie geboren wurde. Das zugrunde liegende menschenkundliche Gesetz besagt, dass ein Kind, das mit einem für ein ganzes langes Menschenleben entwickelten Schicksalsnetz ins Dasein tritt, sich einen neuen, zweiten Leib aufbauen kann, wenn der erste zerstört wird oder sich als nicht lebensfähig erweist. Der zweite Leib muss dabei keineswegs in derselben Familie aufgebaut werden.

11 *«Engel»*

Im Kreis der Priester der Christengemeinschaft soll Rudolf Steiner anlässlich des Theologen-Kurses im September 1924 in Dornach geäussert haben, dass Kaspar Hauser ein «Engel» gewesen sei. Wie diese bedeutungsvolle Äusserung verstanden werden kann, ist im 5. Kapitel dargelegt worden.

*

Die Stelle in Wassermanns Roman, auf die sich Rudolf Steiner in beiden Vorträgen (17. Juni 1908 und 23. März 1923) über Kaspar Hauser bezieht, lautet folgendermassen:

«Zwei Tage später wurde er begraben. Es war nachmittags und der Himmel von wolkenloser Bläue. Die ganze Stadt» (Ansbach) «war in Bewegung. Ein berühmter Zeitgenosse, der Caspar Hauser das Kind von Europa nennt, erzählt, es sei zu der Stunde Mond und Sonne gleicher Zeit am Firmament gestanden, jener im Osten, diese im Westen und beide Gestirne hätten im selben fahlen Glanz geleuchtet.»

Jakob Wassermann, Caspar Hauser. Hamburg 1968, Fischer Taschenbuch Nr. 867, Seite 316.

Karl Heyer bemerkt zu dieser Stelle:

«Ob der hier von Wassermann eingeführte ‹berühmte Zeitgenosse› wirklich existiert hat oder ob er eine dichterische Erfindung Wassermanns war und wer es ersterenfalls gewesen ist, konnte ich nicht feststellen. Das Wahrscheinlichere dürfte nach den von mir angestellten Erkundigungen sein, dass er eine Erfindung Wassermanns war. Jene Stellung von Sonne und Mond kann zur Zeit des Begräbnisses Kaspar Hausers jedenfalls nicht zu sehen gewesen sein, denn das Begräbnis fand am 20. Dezember (also auch nicht zwei, sondern drei Tage nach Kaspar Hausers am 17. Dezember erfolgten Tode) ‹vormittags› statt. Das wird ausdrücklich festgestellt in einem Bericht des Magistrats der Stadt Ansbach vom 22. Dezember 1833.

Es können aber, wie man mich versichert, darüber hinaus Sonne und Mond zu keiner der hier in Frage kommenden Zeiten: weder am Tage der tödlichen Verwundung Kaspar Hausers (14. Dezember) noch am Todestage (17. Dezember) noch irgendwann am Begräbnistage die gekennzeichnete Stellung gehabt haben, da erst am 26. Dezember 1833 Vollmond gewesen sei.

Die Frage ist freilich dann ohne besondere Bedeutung, wenn man es nur darauf abstellt, dass Wassermann jene Gestirnstellung sehr wohl dichterisch erfunden haben kann, um eben ‹das Geheimnisvolle› von Kaspar Hausers Leben ‹anzudeuten›. Aber dieser Auslegung steht eine Äusserung in einem Vortrage Rudolf Steiners entgegen. So bleibt eine Frage übrig, die zu lösen vielleicht Astronomen oder Astrosophen auf anthroposophischem Boden sich angelegen sein lassen könnten.»

Karl Heyer, Kaspar Hauser ... Seite 24.

Steiner sagt nicht, daß diese Konstellation vorlag, sondern daß sie für »den Tod Kaspar Hausers erwähnt wird«

Anthroposophische Kaspar-Hauser-Literatur

Bock, Emil, Wiederholte Erdenleben. Die Wiederverkörperungsidee in der deutschen Geistesgeschichte. 6. Aufl. Stuttgart 1975, S. 102 Kurzer Hinweis im Zusammenhang mit Daumer.
Grunelius-Schacht, Sonja von, Caspar Hauser. Mon Cher – der namenlose Prinz. Stuttgart 1975.
Heyer, Karl, Kaspar Hauser und das Schicksal Mitteleuropas im 19. Jahrhundert. Stuttgart (Kressbronn) 1958.
König, Karl, Mignon – Versuch einer Geschichte der Heilpädagogik. Der Beitrag der Geisteswissenschaft zur Erweiterung der Heilkunst, Bd. I. Dornach 1950.
Krell-Werth, Emma, Ruf des Pirol – Gedichte über Kaspar Hauser. Dornach 1976.
Kunze, Wilhelm, Mythos, Gestalt und Schicksal von Kaspar Hauser. Nürnberg-Leipzig o.J. (1931).
Lampe, Bernd, Kaspar Hauser in Treblinka. Schauspiel. Stuttgart 1979.
Maikowski, René, Auf der Suche nach dem lebendigen Geist. Freiburg 1971.
Pietzner, Carlo, ... und aus der Nacht: Kaspar. Ein Spiel in sieben Szenen. Manuskript-Druck 1975.
Schuster, Volkfried, Niklaus von Flüe – Monroe-Doktrin – Kaspar Hauser. Dornach 1978. Kaspar Hauser in der Universalität der Geschichte, S. 36 ff. – Siehe auch die gleichnamigen Aufsätze in «Das Goetheanum» 58. Jg., 1979, Nr. 18 und 19.
Steffen, Albert, Krisis, Katharsis, Therapie, Kapitel Das Kaspar Hauser-Problem. Dornach 1944.
Wohlbold, Hans, Kaspar Hauser. Anthroposophie XIV, 4/5 Jan./Febr. 1932.
Wohlbold, Hans, Das eigentliche Problem Kaspar Hauser. Blätter für Anthroposophie. VI, 2. Februar 1954.

Neueste Veröffentlichungen über Kaspar Hauser

Kramer, Kurt, Kaspar Hauser – Kein Rätsel unserer Zeit. Ansbach 1978.
«Ich möchte ein solcher werden wie ...». Materialien zur Sprachlosigkeit des Kaspar Hauser. Herausgegeben von Jochen Hörisch. Suhrkamp Taschenbuch Wissenschaft 283. Frankfurt am Main 1979.

Anhang 2

Offene Fragen der Kaspar-Hauser-Forschung

Die Kaspar-Hauser-Forschung des 20. Jahrhunderts hat es hinsichtlich der Frage der Identität, des Kindestausches und der Ermordung zu sicheren Ergebnissen gebracht. Diese sind insbesondere von Pies in seinem Buch «Kaspar Hauser – Eine Dokumentation» (1966) dargestellt worden. Drei andere Bereiche haben sich dagegen nicht in gleicher Weise erhellen lassen:

1. Das dynastische Verbrechen,
2. Die Gefangenschaft,
3. Die okkulten Hintergründe.

Das dynastische Verbrechen als solches kann als sicher gelten. Es wird dies vor allem durch das Verhalten vieler Angehöriger des Hauses Baden belegt. So wird mit Recht angenommen, dass Sophie von Schweden – die Frau Leopolds, des Sohnes der Reichsgräfin von Hochberg, der 1830 auf den Thron kam – von dem Verbrechen an Kaspar Hauser wusste und 1833 zur Mitveranlasserin seiner Ermordung wurde. Als Sophie Leopold dies Weihnachten 1833 offenbarte, kam es zum Bruch zwischen den Ehegatten. Leopold, der offenbar ahnungslos war, ergab sich dem Trunk. Ludwig II., der Sohn Leopolds und Sophies, wurde über dem an Kaspar Hauser begangenen Verbrechen wahnsinnig und musste 1856 die Regentschaft deswegen aufgeben. Luise von Preussen, die Frau des seit 1856 regierenden Grossherzogs Friedrich (des Bruders des unglücklichen Ludwig II.), hat dann alle Hebel in Bewegung gesetzt, die zweifellos vorhanden gewesenen belastenden Dokumente in ihre Hand zu bekommen und zu vernichten. Dies ist ihr insbesondere gegenüber Henriette von Feuerbach gelungen. Sie veranlasste den deutschen Kaiser Wilhelm I. 1875 zur Veröffentlichung der Dokumente über Geburt und Tod des Erbprinzen vom September/Oktober 1812. Darüber ist im 1. Kapitel dieses Buches schon berichtet worden. Auch das Treiben der badischen Polizei nach dem Tode Hennenhofers, der ohne Zweifel seitens des Hauses Baden in den Fall verwickelt war, ist für jeden Unbefangenen ein tatsächliches Schuldgeständnis: Hennenhofers Wohnung wurde nach seinem Tode in einer Blitzaktion vollständig ausgeräumt.

Viele Einzelheiten des vollbrachten dynastischen Verbrechens sind bisher unklar geblieben. Als gewiss kann wohl nur gelten, dass die Reichsgräfin von Hochberg an dem Kindestausch entscheidend beteiligt war oder ihn gar selbst ausgeführt hat. Was dann weiter geschah, bleibt dunkel. Das dynastische Verbrechen forderte immer die endgültige Beseitigung Kaspar Hausers, denn jedes spätere Auftreten des vorberechtigten Thronprätendenten musste alle Aussichten für die Söhne der Reichsgräfin von Hochberg, auf den Thron zu kommen, vernichten. So ist *ein* Grund für die Ermordung Kaspar Hausers – wie schon gesagt – in dieser dynastischen Schicht zu suchen, denn es war 1833 immerhin die Möglichkeit vorhanden, dass Kaspar Hauser als rechtmässiger Thronerbe anerkannt wurde.

Dies war deswegen durchaus denkbar, weil die Identität Kaspar Hausers als badischer Thronfolger durch das «Mémoire» Feuerbachs (1832) für die Tante Kaspar Hausers, die Königin Karoline von Bayern, geklärt worden war. Der Sinn dieses damals streng geheimen «Mémoire» war doch zweifellos, Kaspar Hauser von verwandter, höchster Stelle aus in seine angestammten Rechte einzusetzen. Hat die Furcht vor der dadurch unvermeidlichen grossen Staatsaffäre die Wissenden bestimmt, nichts zu unternehmen?

Entscheidende Fragen beziehen sich auf die Reichsgräfin von Hochberg, – was wusste sie tatsächlich? Hat sie das Kind gegen das Versprechen, dass ihre Söhne auf den Thron kommen werden, weggegeben? Wem hat sie es übergeben? In diesem Falle wäre ihr Wissen zwar schwerwiegend, aber begrenzt gewesen. Ihre Söhne scheinen zu ihren Lebzeiten von dem Verbrechen nichts erfahren zu haben. Sie mussten ihre krankhaft verschwendungssüchtige Mutter unter Kuratel stellen. Sie starb nach schwerer Krankheit schon 1820. Wusste sie bei ihrem Tode, dass das entführte Kind noch lebte? Es sind viele Fragen vorhanden, die wohl auf der historisch-dokumentarischen Ebene keine Beantwortung mehr finden werden, weil die Belege planmässig vernichtet worden sind. Es ist daher höchst unwahrscheinlich, dass in Zukunft noch Dokumente aufgefunden werden, die diese Zusammenhänge erhellen, zumal das Archiv des Hauses Baden beim Brand des Karlsruher Schlosses im September 1944 vollständig vernichtet worden sein soll. Allenfalls dort hätten sich vielleicht noch Spuren oder Hinweise finden lassen, die den vorherigen selektiven Vernichtungen entgangen waren.

In seinem Buch «Kaspar Hauser, Kein Rätsel unserer Zeit» (1978), hat Kurt Kramer versucht, das dynastische Verbrechen auch als ein politisches hinzustellen. Danach gab es sowohl in Baden wie in Bayern Cliquen, die um die Wahrheit wussten und sich gegenseitig auszustechen suchten. Was waren das für Leute und womit wollten sie sich beikommen? Ist es wirklich berechtigt, anzunehmen, dass derartig viele Menschen von einem einzigartigen Verbrechen an einem Kinde wussten – und schwiegen? Dadurch machten sie sich ja notwendigerweise zu Mittätern. Nimmt man das aber tatsächlich an, dann konnten sie wiederum *niemals* ihr Wissen preisgeben, da sie sich dabei selbst als Teilnehmer an diesem Verbrechen blossstellen mussten. Sie hätten damit Kaspar Hauser auf den Thron, sich selbst aber in den Kerker gebracht. Man sieht, dass derartige Betrachtungen weder zu belegen noch logisch zu begründen sind.

Die Frage der Gefangenschaft und Einkerkerung Kaspar Hausers hat sich noch weniger klären lassen als das dynastische Verbrechen. Dabei muss die Einkerkerung selbst als sicher gelten. Sie stützt sich auf vielfältige psychische und physische Beobachtungen an Kaspar Hauser, die keinen anderen Schluss zulassen. Sein Gesamteindruck beim Erscheinen bestätigt die Annahme einer langen Einkerkerung. Im übrigen ist fast alles unsicher geblieben. Man nimmt an, dass Kaspar Hauser vor seiner Einkerkerung mit Frau von Dalbonne in Beuggen am Rhein gewesen ist. Eine Wappenzeichnung Hausers hat eine auffallende Ähnlichkeit mit den Wappenschildern in Schloss Beuggen (Pies, Dokumentation S. 55) – ein Hinweis, eine Möglichkeit! Dann verliert sich der Weg Kaspar Hausers in vollkommenes Dunkel, wenn man auf das tatsächlich Belegte zurückgreifen will. Selbst Fritz Klee, dem es gelang, die Geschichte des Austauschkindes aufzudecken, ist es trotz intensiver Bemühungen nicht gelungen, Licht in dieses Dunkel zu bringen. Die letzte Station des Leidensweges Kaspar Hausers scheint Schloss Pilsach gewesen zu sein, wie Clara Hofer 1924 meinte. Von dort könnte Kaspar Hauser zu Pfingsten 1828 nach Nürnberg gebracht worden sein. Es ist vielleicht möglich, dass Kaspar Hauser *für diesen Übergang* einer hypnotischen Behandlung unterzogen wurde. Wahrscheinlicher ist aber, dass er bei dem Transport – wie auch im Kerker bei der gelegentlichen Körperpflege – durch Opium betäubt wurde. Bei all dem steht man aber keineswegs auf einem sicheren Boden.

Der Wunsch, diese zunächst bestehende Unsicherheit zu überwinden, hat wohl Grunelius-Schacht und Kramer dazu geführt, Gefangenschaft und Einkerkerung überhaupt zu leugnen und den Übergang von einem mehr oder weniger normalen Leben in das in der Welt durch Hypnose bewirkte zu denken. Das letztlich Unhaltbare dieser Annahme soll hier kurz dargelegt werden, abgesehen von der Tatsache, dass für das «normale Leben» keinerlei ernstzunehmender Beleg geliefert werden konnte.

Die Hypnose-Hypothese wird von Kramer vorgebracht, ohne dass es ihm in irgendeiner Weise gelingt, glaubhaft zu machen, dass in einem solchen Umfang und so lange andauernd eine hypnotische Sperre überhaupt möglich ist. Aus dem unsachgemässen und undurchdachten Umgang Kramers mit okkulten Dingen kommt eine neue Gefahr für Kaspar Hauser auf: Er wird zum Medium gemacht, das unter Hypnose stand. Dies ist nur möglich, weil die Hypnose überschätzt und verkannt wird. Kramer zitiert zum Beleg Du Prel mit seinem Werk «Rätsel des Menschen» (1892): «Denken wir uns den folgenden Fall: Auf einem Schiffe, das im Stillen Ozean segelt, wird ein Matrose in hypnotischen Schlaf versetzt und erhält die Suggestion, bis gegen Abend fortzuschlafen, dann aber ohne jede Erinnerung an seine Vergangenheit zu erwachen. Nachdem ihm diese Suggestion fest eingeschärft worden ist, wird der Matrose in ein Boot hinabgetragen und auf einer kleinen Insel ausgesetzt; das Schiff fährt aber mit vollen Segeln davon. Nach dem Erwachen nun würde dieser Matrose vollkommen einem neugeborenen Menschen gleichen, mit dem Unterschiede nur, dass er als ausgereiftes verständiges Wesen auf seine Welt gekommen wäre; er würde sein Dasein als Mann beginnen. Ganz vergeblich würde er darüber nachsinnen, wer er sei und wie er in diese ihm vollkommen fremde Natur gekommen. Ohne jede Erinnerung an seine Vergangenheit würde er über sich selbst und den Ort, wo er erwacht, in einem Grade staunen, ja erschrecken, dass er leicht tiefsinnig werden könnte ...» (Kramer, S. 267 f.). Zunächst übersieht Kramer, dass es sich um eine hypothetische Verdeutlichung, keineswegs aber um die Darstellung einer tatsächlichen Begebenheit handelt. Auch im weiteren kann Kramer kein einziges Beispiel für die Tatsächlichkeit eines solchen Vorganges angeben. Soweit mir bekannt ist, ist ein irgendwie vergleichbarer Fall niemals berichtet worden. Selbst aber wenn man unterstellt, dass der dargestellte Fall Tatsache wäre, so muss man ihn genau erfassen, um zu begreifen, dass dadurch gar nichts für den Kaspar-Hauser-Fall folgert. Denn: Es kann dem Matrosen zwar durch die Hypnose etwas genommen (Erinnerungen an seinen Namen, seine ganze Vergangenheit), nichts aber gegeben werden. Es werden ihm z.B. durch die Hypnose keine neuen Fähigkeiten verliehen. «Er würde sein Dasein als Mann beginnen.» Die Hypnose schafft kein neues Sein, sie erzeugt nicht ein Wesen. Feuerbach aber beschreibt, was alle, die Kaspar Hauser zuerst beobachtet haben, erfuhren: «Sein ganzes Wesen und Benehmen zeigte an ihm ein kaum zwei- bis dreijähriges Kind in einem Jünglingskörper*.»

Kaspar Hauser zeigte bei seinem Erscheinen eine unfassbare Kindhaftigkeit, Reinheit und Unschuld, und er verfügte über einzigartige Fähigkeiten des Gedächtnisses und der Sinne. Kann ein solches Gedächtnis durch Hypnose erzeugt werden? Kann jemand durch Hypnose nachtsichtig gemacht werden? Es muss festgehalten werden, dass weder die hypothetischen Darstellungen noch die tatsächlichen Erfahrungen mit der Hypnose den Schluss zulassen, dass durch sie ein vollkommen neuer Zustand in einem Menschen geschaffen werden kann. Man müsste annehmen, dass Kaspar Hauser einerseits seinen kindlichen Zustand bewahrt, andererseits aber wie ein normales Kind gelebt hat. Es ist klar, dass eine solche Annahme einen unauflösbaren Widerspruch in sich selbst bildet.

Darüber hinaus muss aber auch daran erinnert werden, dass sich die Ansicht des jahrelangen Kerkerleidens Kaspar Hausers vor allem auch auf *physische* Beobachtungen stützt. In unverantwortlicher Selektion lässt Kramer alles weg, was seiner Hypothese widerspricht. Er erwähnt zwar (Seite 66) die von Dr. Preu konstatierten Anomalien der Kniee, er räsoniert darüber, warum diese nicht noch einmal im Sektionsbericht erwähnt werden (warum sollten sie das eigentlich?), aber er vergisst schlechtweg, durch irgendeinen Gedanken das Phänomen verständlich zu machen. Er hätte im Sektionsbericht die Veränderungen an Gehirn und Leber beschrieben finden können, die von den Ärzten mit der jahrelangen Gefangenschaft bei geringfügiger Bewegung und einseitiger Ernährung erklärt wurden.

Die Hypnose-Hypothese muss endgültig fallengelassen werden, wenn es um das Verständnis der Wesenheit Kaspar Hausers geht. Für die Tatsache der jahrelangen Einkerkerung bei Wasser und Brot spricht der Umstand, dass Daumer Kaspar Hauser nur unter grössten Schwierigkeiten von dieser gewohnten Ernährung abbringen konnte. Der durch die naturwissenschaftliche Ernährungslehre gestützte Unglaube, dass eine solche einseitige Ernährung jahrelang möglich sei, veranlasst Kramer einerseits dazu, die Einkerkerung überhaupt zu leugnen, andererseits ihn als Medium hinzustellen: «Jedoch die Sache mit dem Kerkertum, mit dem Gruftaufenthalt ist Unsinn. Und dies von einem Arzt mit naturwissenschaftlicher Ausbildung, der doch eigentlich wissen müsste, dass kein Mensch auf der ganzen Welt imstande wäre, eine so lange Dunkelhaftzeit bei Wasser und Brot lebend durchzustehen. Herr Stadtgerichtsphysikus Dr. Preu scheint mitsamt seinem freipraktizierenden Kollegen Dr. Osterhausen noch nie etwas von Skorbut oder Avitaminose gehört zu haben» (Kramer, S. 67).

Zur Erklärung der auch von Kramer nicht bestrittenen Tatsache, dass Kaspar Hauser selbst nur Wasser und Brot angenommen hat, dient im weiteren die Suggestion bzw. Autosuggestion eines Mediums: «Daumer irrte aber, wenn er glaubte, sein Wasser-und-Brot-Kaspar sei diesbezüglich von einmaliger Beschaffenheit gewesen. Kaspar war zwar ausserordentlich auch als Medium, er war besonders sensibel, hypersensibel und aussergewöhnlich somnambul veranlagt – eine Laune der Natur –, aber einmalig war er keineswegs, wie wir noch sehen werden. Es gab und gibt Medien, die sich zu gewissen Zeiten und auf gewisse Dauer Nahrungsbeschränkungen unterwerfen oder selbst auferlegen» (Kramer, S. 83).

Die groteske Unlogik seiner Aussagen bemerkt Kramer nicht: Erst behauptet er, ein Mensch könne ohne «normale Ernährung» nicht leben, dann schafft es plötzlich die Suggestion bzw. die Autosuggestion. Hier wird wahrhaftig kein Rätsel gelöst, hier wird aus materialistischem Ernährungsaberglauben Kaspar Hausers Kerkerleiden wegdiskutiert. Alles hat man im Laufe der Zeit Kaspar Hauser nehmen wollen: Jetzt versucht Kramer ihm als Letztes sein Leiden zu nehmen.

Kaspar Hausers aussergewöhnliche Sinnesqualitäten und seine gelegentlichen übersinnlichen Wahrnehmungsmöglichkeiten werden von Kramer ohne irgendeine sachgemässe Prüfung dazu benutzt, ihn als Medium, als Spielball aller möglichen unklaren Einflüsse erscheinen zu lassen. Man verstehe recht, was das heisst: Er ist keine zurückgehaltene Individualität, er ist *nur* ein Medium. Diese Art, die Rätsel zu lösen, besteht in Wahrheit darin, das Rätselhafte einfach zu zerstören.

Die Einkerkerung Kaspar Hausers, die als Tatsache angesehen werden muss, stellt ein besonderes Problem im Zusammenhang mit dem dynastischen Verbrechen dar. Es ist im ersten Kapitel erläutert worden, dass hier ein gewisser Gegensatz besteht. Das dynastische Verbrechen forderte den Tod, die okkult begründeten Manipulationen forderten das Leben im Kerker. Inwieweit überhaupt ein Zusammenhang zwischen beiden Bereichen bestand, ist fraglich. Die planvolle Behandlung Kaspar Hausers schliesst für diese Zeit eigentlich einen Zusammenhang mit dem dynastischen Verbrechen aus, das höchstens ein Verbergen forderte, obwohl auch das schwer vorstellbar ist.

Man wird sich wohl zunächst mit der recht unbefriedigenden Situation abfinden müssen, dass über den Verlauf der Gefangenschaft und Einkerkerung Kaspar Hausers nichts Genaueres bekannt geworden ist. Auch auf diesem Gebiet ist wohl kaum noch mit neuen Entdeckungen zu rechnen. Letztlich wird erst eine zukünftige Geistesforschung Licht in die Einzelheiten des Leidensweges Kaspar Hausers bringen können. Solche geistigen Offenbarungen aber sind nur möglich durch den Willen der geistigen Welt selbst und durch die Fähigkeit eines Menschen, diese Offenbarungen wahrheitsgemäss zu erfassen und auszusprechen.

Das gilt auch für die Aufdeckung der okkulten Hintergründe im einzelnen. Es dürfte von vornherein aussichtslos sein, die okkulten Hintermänner historisch-dokumentarisch dingfest zu machen. Spuren können bestenfalls da gefunden werden, wo sie tatsächlich gewesen sind. Der Begriff des Okkulten muss hier in diesem verbrecherischen Sinne so gefasst werden, dass die Täter ihre Bewusstheit auch darauf richten, von Anfang an keine greifbaren Spuren zu hinterlassen. Der Kontakt zu dem äusseren Geschehen wird über Bindeglieder hergestellt, die die Aufmerksamkeit ablenken. Ein solches Bindeglied war in Beziehung auf die westlichen Logen zweifellos Lord Stanhope. Welche anderen Beziehungen er noch hatte, muss offen bleiben, bemerkenswert ist aber, dass ihn Wassermann auch mit den Jesuiten in Beziehung bringt (Fischertaschenbuch Nr. 867, S. 127). Bei Wassermann wird Lord Stanhope durch Briefe des Grauen über sein Vorgehen unterrichtet. Die Kraft des Dichters findet hier die Wahrheit – historisch zu dokumentieren ist dies jedoch nicht. Wenn aber selbst aus dem Nachlass von Lord Stanhope ein solches belastendes Dokument bekannt würde – was nicht geschehen und kaum anzunehmen ist –, käme man damit doch nur eine Station weiter und keineswegs schon an den Kern heran. Man wird die geistige Sicherheit in der Beurteilung dieser Dinge nur finden, wenn man das, was offenkundig in den Tatsachen liegt, auch innerlich unbefangen zu sich sprechen lässt.

* Feuerbach, Kaspar Hauser oder Beispiel eines Verbrechens am Seelenleben eines Menschen, Ausgabe München 1963, Seite 206.

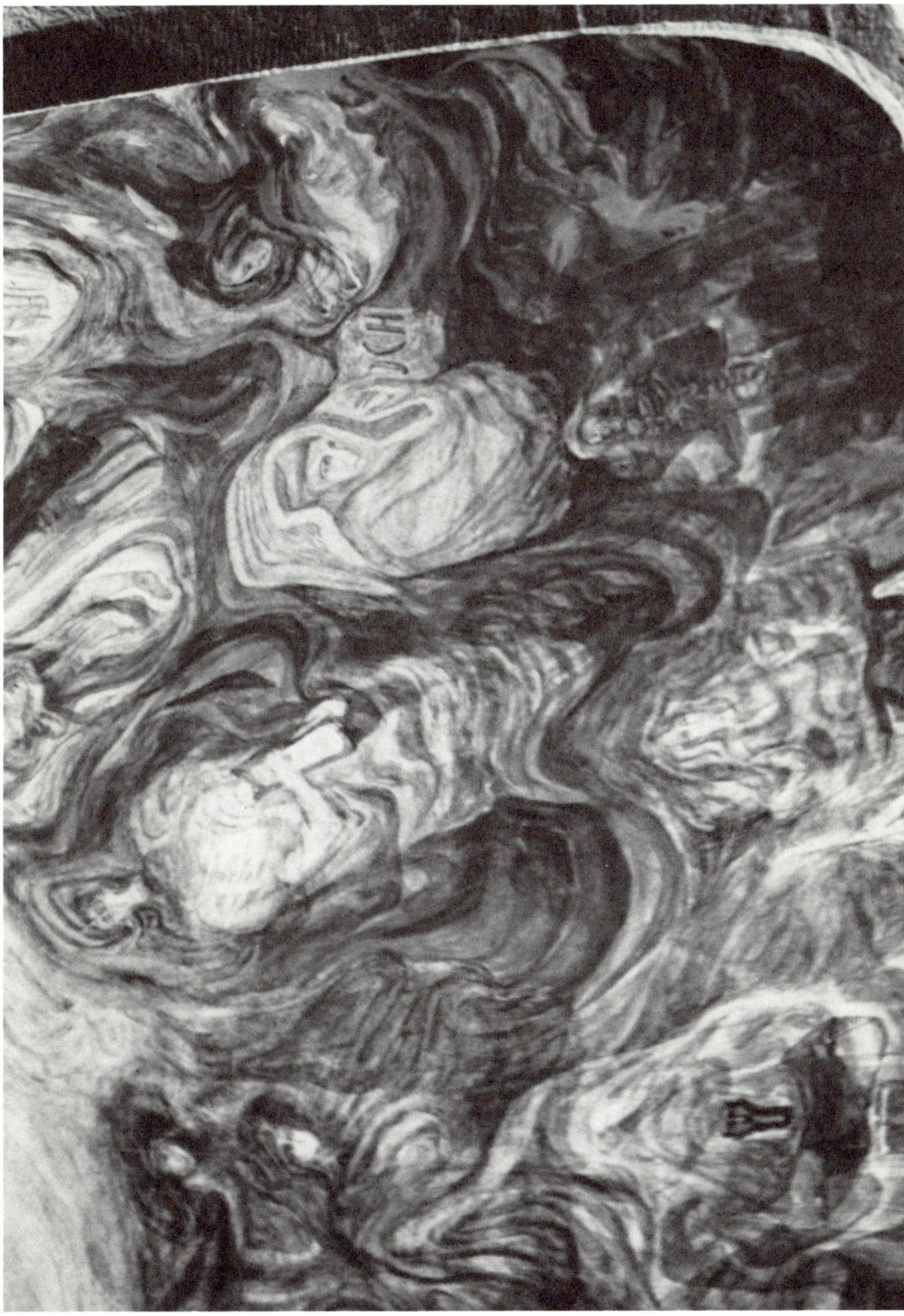

Rudolf Steiner, Teil der Deckenmalerei der kleinen Kuppel im ersten Goetheanum in Dornach.